LES CONTES

Dans la même collection :

CHATEAUBRIAND
MÉMOIRES D'OUTRE-TOMBE. Édition du Centenaire (4 volumes).

PAUL FORT
BALLADES FRANÇAISES.

PAUL GUTH
HISTOIRE DE LA LITTÉRATURE FRANÇAISE 1 (du Moyen Age à la Révolution).
HISTOIRE DE LA LITTÉRATURE FRANÇAISE 2 (de la Révolution à la Belle Époque).

HUGO
POÈMES *choisis et présentés par* Jean Gaudon.

LAS CASES
LE MÉMORIAL DE SAINTE-HÉLÈNE (2 volumes).

MAURIAC
MÉMOIRES INTÉRIEURS — NOUVEAUX MÉMOIRES INTÉRIEURS.

Jacob et Wilhelm GRIMM

LES CONTES

Kinder — und Hausmärchen

1.

Texte français de présentation
par Armel Guerne

FLAMMARION

ISBN : 2-08-213003-7

préface

Dans l'énorme, patiente et laborieuse entreprise de leur vie de savants, qui abolit chez les frères Grimm toute autre forme d'existence : à savoir la restauration érudite des sources linguistiques et du passé littéraire de l'Allemagne (qu'ils menèrent pendant plus de vingt ans dans la morne et silencieuse petite ville provinciale de Cassel où ils étaient nés), la publication, en 1812, de leur recueil de contes populaires ne représentait pas grand-chose, à l'origine, et n'avait guère d'importance à leurs yeux.

« Si tu peux déterminer là-bas (à Berlin) quelque libraire à publier les contes pour enfants que nous avons rassemblés, fais-le donc, écrivait Jacob Grimm à son ami romantique Achim d'Arnim ; nous irions jusqu'à renoncer à toute rétribution, réservant cela pour l'éventualité d'une seconde édition. Peu importe que l'impression et le papier soient bons ou mauvais : dans le dernier cas, le volume sera meilleur marché, donc plus aisé à écouler et plus léger ; nous n'avons qu'un souhait : c'est d'encourager par cet exemple des recueils du même genre... »

Ce fut pourtant cet incident mineur de leur carrière d'érudits qui leur valut, comme par un coup de baguette magique, le succès immédiat et une gloire prolongée bien au delà des frontières allemandes, où l'on ignore assez généralement que leur Dictionnaire est pour la langue allemande l'équivalent de notre Littré, et où il n'y a guère que les spécialistes de la philologie romantique et germanique pour apprécier l'importance et la qualité de leurs arides travaux.

De ces figures un peu tristes, un peu décourageantes aussi, de purs et minutieux savants, capables de consacrer une existence à l'étude méthodique de chaque lettre de l'alphabet dans chacune des langues germaniques, que fût-il resté, s'ils n'avaient pas eu le bonheur de naître avec le prodigieux élan romantique et d'être sentimentalement aimantés par ses poètes, façonnés, en quelque sorte, par leurs inspirations désordonnées, mais toujours enthousiastes et souvent visionnaires ? Que fût-il resté s'ils n'avaient pas eu, avec des qualités de méthode, de scrupule, de patience et de conscience scientifiques qu'ils avaient acquises à l'école de Savigny, la grâce de toucher aux contes, dont le merveilleux, à son tour, allait les transformer en poètes aux yeux de la postérité ?

Pour ceux qui nient bêtement la vertu magique et le pouvoir merveilleux des contes, pour ceux qui haussent inconsidérément les épaules, cette impossible métamorphose et la célébrité même des frères Grimm doit se trouver bien difficile à expliquer ! Germanistes farouchement germaniques, inventeurs de la théorie « aryenne » en mythologie comparée, pionniers de la linguistique allemande, initiateurs du folklore germanique, investigateurs des runes allemandes, éditeurs scrupuleux et traducteurs avertis des monuments haut-allemands de la légende et de l'épopée, phonéticiens, étymologistes, lexicographes et grammairiens, illustrateurs fervents, dans leur immense érudition, de ce nationalisme patriotique qui devait être l'aboutissement fatal du trop large cosmopolitisme embrassé par les premiers romantiques allemands, c'est pourtant dans le monde entier que la gloire des frères Grimm a fait carrière sur les ailes du Conte, dont ils se sont, une fois dans leur vie, appliqués à parler le langage universel. Non pas le conte inventé, l'œuvre d'art chère à tous les poètes romantiques, mais le conte brut de la tradition ancestrale, l'humble fleur anonyme et mystérieuse que portaient encore, ici et là, les buissons épineux des dialectes et des patois, fidèlement, comme l'ultime fleur de cette poésie naturelle éclose avec les racines mêmes de la race, avant que naissent les premiers poètes, et beaucoup plus authentique qu'eux. Car telle était la conviction profonde de ces ardents scrutateurs du langage qui ne pouvaient douter, en connaissance de cause, d'une divine origine dont le peuple seul avait gardé, dans le secret de son instinct, le plus précieux dépôt. Les écrivains sont toujours embarrassés de pensées et de réflexions, de considérations esthétiques et philosophiques qui faussent les données ; le conte populaire, par contre, est antérieur à toute théorie et ne veut rien démontrer à personne : il n'a le souci d'aucun public, d'aucun temps, ni d'aucun lieu particuliers ; nul auteur ne l'a conçu, et il s'est implanté spontanément dans l'esprit des hommes. « Leur existence seule suffit à les défendre, écrit Guillaume Grimm au sujet des contes. Une chose qui a, d'une façon si diverse et toujours renouvelée, charmé, instruit, ému les hommes, porte en soi sa raison d'être nécessaire et vient nécessairement de cette source éternelle où baigne toute vie. Ce n'est peut-être qu'une petite goutte de rosée retenue au creux d'une feuille, mais cette goutte étincelle des feux de la première aurore. »

L'idiote superstition moderne qui contraint la plupart des hommes — au nom d'une « réalité » qui se cogne à ses apparences comme un prisonnier fou aux murs de sa cellule — les oblige à déserter leur cœur, leur esprit et leur âme pour ne plus habiter que leur peau ; l'absurde quête, pour cette peau, d'un confort extérieur qui ne peut pas la consoler de son inconfort intérieur : voilà comment, pourquoi et quand nous nous sommes soudain arrachés à l'esprit d'enfance pour nous précipiter dans le fatal désespoir de l'adulte déçu, irrémédiablement déçu, parce que son enfance *n'a rien su.* Le deuil est là, indéniable : d'une génération à l'autre, tout d'un coup, nous avons atrocement mutilé l'enfance de nos enfants en cessant de leur raconter des contes, tout en veillant avec amour sur le nombre des calories et le compte des vitamines contenues dans leurs aliments, pour les jeter cruellement et le plus tôt possible dans toutes les cruautés de l'existence, armés tout au plus d'une panoplie d'astronaute. Hélas pour eux ! Et tant pis pour nous. Mais si les générations, de siècle en siècle, se sont transmis sans défaillance et comme un legs universel le patrimoine de ces Contes, c'est qu'il y avait en eux une respiration éternellement véritable et qui donnait du souffle, une sagesse qui se posait d'emblée, et sans même qu'elle le sût, dans l'innocence des âmes : une expérience préalable que rien ne pourra remplacer. Parmi les ogres terrifiants, chez les géants épouvantables, auprès des nains malicieux, devant ces fées, dont on ne sait pas trop si elles sont bonnes ou mauvaises, à l'écoute d'une nature où tout est encore vivant, où les pierres, les plantes, les animaux domestiques ou sauvages retrouvent leur vérité et dialoguent avec les hommes comme ils l'ont toujours fait dans les mythes qui nous parlent de l'âge d'or, en présence des bons et des mauvais sentiments qui s'empoignent et s'entre-déchirent, devant les triomphes enfin, d'autant plus souverains que la démarche qui y conduit est irrationnelle, oui, l'âme à peine éclose, un cœur encore muet mais souple comme il ne le sera plus jamais, un esprit qui devine sans avoir à apprendre, et qui comprend sans savoir ce qu'il sait : bref, un enfant tel que le sont encore et tel que l'ont toujours été les enfants des hommes, recevait sa leçon de vie, entrait dans le drame par tous ses pores, goûtait le charme jusque dans le battement secret de son sang. Et quel plus délicieux apprentissage que son refuge dans l'amour au moment des pires effrois ?

Cet enfant-là, je vous le dis, faisait un tout autre homme, quand il avait grandi, que celui que nous ne craignons pas, dans notre barbarie, de jeter tout nu, dans sa peau, en proie aux monstres invisibles et aux fauves du monde.

Voilà pourquoi, si les frères Grimm ont répondu justement à leur vocation philologique, en s'empressant de fixer par écrit, quand elle allait mourir, une tradition orale qui rejoignait intimement, en dépit des chaos de l'histoire, non seulement les fraîches sources des temps gothiques et romans, mais bien au delà, les eaux claires des plus hautes enfances de l'humanité ; nous répondons aussi à notre vocation et aux urgences poétiques en apportant ici, et aujourd'hui, pour réveiller de son engourdissement ou pour ressusciter une imagination qui se meurt, le jeu complet de ces images profondes dont il est démontré, critiquement parlant, qu'elles sont immortelles quand nous ne le sommes pas.

La vérité a de tout temps été défaite par le mensonge ; et la vérité se refait toujours.

Armel Guerne.

le roi-grenouille ou henri-le-ferré

Dans l'ancien temps, quand les désirs s'exauçaient encore, vivait un roi dont les filles étaient toutes très jolies ; mais la cadette était si belle que le soleil, qui a pourtant vu tant de choses, s'émerveillait aussi souvent qu'il lui éclairait le visage. Tout près du château du roi s'étendait une forêt grande et sombre ; et sous un vieux tilleul de la forêt il y avait une fontaine. Aussi, quand la journée était bien chaude, la fille du roi allait-elle dans la forêt s'asseoir au bord de la fraîche fontaine. Pour ne pas s'ennuyer, elle avait une boule d'or qu'elle jetait en l'air et rattrapait dans ses mains ; et ce jeu-là était celui qu'elle aimait le plus.

Mais voilà qu'une fois, la boule d'or de la fille du roi retomba à côté de ses petites mains après qu'elle l'eût jetée en l'air, roula sur le sol et s'en alla tout droit retomber dans l'eau de la fontaine, où elle s'engloutit. La fille du roi ne l'avait pas quittée des yeux, mais la boule avait disparu dans l'eau de la fontaine qui était profonde, si profonde qu'on ne voyait pas le fond. Elle se mit alors à pleurer et à pleurer toujours plus fort et sans pouvoir se consoler ; et comme elle sanglotait de la sorte, quelqu'un l'interpella : « Qu'as-tu donc, fille du roi, à pousser des cris qui fendraient une pierre ? » En cherchant autour d'elle d'où venait cette voix, elle vit une grenouille qui pointait sa grosse vilaine tête hors de l'eau. « Ah c'est toi, vieille barboteuse ! lui dit-elle : je pleure à cause de ma boule d'or qui est allée tomber au fond de la fontaine. »

— Calme-toi et ne pleure plus, dit la grenouille, je peux très bien y porter remède ; mais que me donneras-tu si je te ramène ton jouet du fond de l'eau ?

— Tout ce que tu voudras, ma chère rainette, répondit-elle : mes robes, mes perles et mes joyaux, et même encore la couronne d'or que je porte.

— Je n'ai envie ni de tes robes, ni de tes perles ou de tes pierres précieuses, ni de ta couronne d'or non plus, dit la grenouille ; mais je voudrais que tu me traites avec sympathie et que tu m'acceptes comme compagnon de jeux et camarade; j'aimerais m'asseoir à côté de toi à table et manger dans ta petite assiette d'or, boire dans ton petit gobelet, dormir dans ton petit lit, voilà ! Et si tu me le promets, je plongerai tout au fond et je te ramènerai ta boule d'or.

— Oh oui ! dit-elle, tout ce que tu peux désirer je te le promets, pourvu que tu me rapportes ma boule d'or. Mais en elle-même, elle se disait : « Qu'est-ce qu'elle me chante là comme niaiseries, cette pauvre grenouille qui est faite pour vivre dans l'eau avec ses pareilles, à coasser, et non pour tenir compagnie à un humain ! »

La grenouille, dès qu'elle eut sa promesse, plongea la tête la première et s'enfonça dans l'eau, puis, au bout d'un petit moment, réapparut en nageant à la surface avec la boule, qu'elle jeta dans l'herbe. La fille du roi fut toute joyeuse en revoyant son beau jouet, le ramassa et s'en alla en sautillant.

— Attends, attends ! cria la grenouille, emmène-moi ! Je ne puis pas courir aussi vite que toi.

Mais à quoi bon crier après elle et lancer ses couacs et ses couacs aussi fort que possible ? Elle n'entendit rien de tout cela, courut chez elle et eut bientôt oublié la pauvre grenouille, qui n'avait plus qu'à s'en retourner à sa fontaine.

Le lendemain, comme elle était à table avec le roi et tous les courtisans, mangeant dans sa petite assiette d'or, voici que, flic-floc, flic-floc, quelque chose monta le grand escalier de marbre ; et quand ce fut en haut, on frappa à la porte et on appela : « Fille du roi, la cadette, ouvre-moi ! » Elle se leva pour aller voir qui était dehors, et lorsqu'elle eut ouvert, la grenouille se tenait devant elle. Alors elle referma précipitamment la porte et revint s'asseoir à table, tout effrayée. Le roi s'aperçut bien que son cœur lui battait fort, et il lui adressa la parole : « Qu'y a-t-il, mon enfant, pour que tu aies si peur ? Est-ce un géant qui se tient à la porte, et qui veut t'enlever ? »

— Oh non ! répondit-elle, ce n'est pas un géant, mais une dégoûtante grenouille !

— Et que veut-elle de toi, cette grenouille ?

— O mon cher père, lorsque je suis allée hier dans la forêt jouer auprès de la fontaine, ma boule d'or est tombée dans l'eau. Et parce que je pleurais tellement, la grenouille me l'a ressortie ; et parce qu'elle le désirait tellement, je lui ai promis que nous serions compagnes et amies, mais je n'aurais jamais imaginé qu'elle serait capable de quitter ses eaux. Et à présent elle est dehors et veut entrer chez moi.

Là-dessus, on frappa pour la seconde fois à la porte et la voix appela :

Fille du roi,
La cadette, ouvre-moi !
Ne sais-tu pas
Ce qu'hier tu m'as dit
A la fraîche fontaine ?
Fille du roi,
La cadette, ouvre-moi !

Alors le roi déclara : « Ce que tu as promis, tu dois le tenir ; va donc, et ouvre-lui. » Elle se leva et alla lui ouvrir la porte ; et la grenouille entra et s'avança, saut après saut, sans quitter ses talons jusqu'à sa chaise. Une fois là, elle s'arrêta et cria : « Allons, prends-moi pour que je vienne près de toi ! » Mais la cadette répugna à le faire jusqu'à ce que, finalement, le roi lui en donna l'ordre. A peine sur la chaise, la grenouille voulut être posée sur la table ; et dès qu'elle y fut, elle dit : « Approche à présent ta petite assiette d'or vers moi, que nous puissions manger ensemble. » Et si la fille cadette du roi le fit, en effet, il était facile de voir qu'elle ne le faisait pas de bon gré. Et tandis que la grenouille faisait honneur à ce qu'il y avait dans l'assiette, elle-même n'arrivait qu'à grand-peine à avaler de minuscules bouchées qui lui restaient dans la gorge.

— J'ai mangé à ma suffisance, finit par dire la grenouille, et je commence à sentir la fatigue : emporte-moi dans ta chambrette et prépare ton petit lit de soie, que nous allions nous coucher.

La fille du roi se mit à pleurer, dans l'horreur qu'elle avait de cette froide grenouille qu'elle n'avait pas le cœur de toucher, et qui devait à présent dormir avec elle dans son beau petit lit bien douillet. Le roi se mit en grand courroux et déclara : « Celui qui t'aide dans ton besoin, tu ne dois pas le dédaigner ensuite. » Alors elle prit la grenouille entre deux doigts et l'emporta en-haut, où elle la posa dans un coin. Mais à peine était-elle couchée, que l'autre se glissa vers elle et lui dit : « Je suis lasse et je veux dormir tout comme toi : mets-moi donc dans ton lit, sinon je le dirai à ton père ! » Prise d'une furieuse colère, elle la saisit et la jeta de toutes ses forces contre le mur en disant : « Là, tu l'auras le repos, maintenant, horrible grenouille ! »

Mais ce qui retomba ne fut pas une grenouille, non ! c'était un prince aux beaux yeux pleins de tendresse, que son père lui donna comme compagnon charmant et comme époux. Alors il lui conta qu'il avait été ensorcelé par une méchante sorcière et que nulle autre qu'elle n'aurait pu le libérer des eaux de la fontaine ; et il lui dit que le lendemain ils iraient ensemble dans son royaume. Puis ils s'endormirent, et le lendemain matin, quand le soleil les réveilla, vint un carrosse attelé de huit chevaux blancs qui avaient de blanches plumes d'autruche sur la tête et qui n'étaient tenus que par des chaînes d'or, et derrière se dressait le serviteur du jeune roi : et c'était le fidèle Henri. Le fidèle Henri s'était tellement désespéré quand son maître avait été changé en grenouille, qu'il avait fait barder son cœur d'un triple cercle de fer pour qu'il n'éclatât pas de douleur et de chagrin. Quant au carrosse, il était là pour ramener le jeune roi dans son royaume ; et le fidèle Henri y fit monter le couple, pour reprendre aussitôt sa place derrière ; et il était empli de joie par la délivrance. Et lorsqu'ils eurent fait un bout de route, le jeune prince entendit un craquement derrière lui, comme si quelque chose s'était rompu. Il se retourna et cria :

« Henri, le carrosse a cassé. »
« Non, non seigneur, il est entier !
Mais c'est un cercle de mon cœur
Qui est resté dans la douleur
Pendant que vous étiez vous-même
Ensorcelé dans la fontaine. »

Une fois encore en cours de route, et encore une fois le craquement se fit entendre, et chaque fois le fils du roi crut que c'était le carrosse qui se cassait ; mais ce n'étaient que les cercles de fer, dont le fidèle Henri avait le cœur bardé, qui sautaient maintenant parce que son cœur était libre et heureux.

chat et souris associés

Un chat avait lié connaissance avec une souris et lui en avait tant dit et raconté sur l'amour immense et la grande amitié qu'il lui portait, que pour finir elle avait consenti à ce qu'ils vivent ensemble dans la même maison, où ils partageraient tous les soins et soucis du ménage. « Mais pour l'hiver, il nous faut faire provision, sinon on va souffrir la faim, affirma le chat ; toi, petite souris, tu ne peux pas te risquer à courir sans cesse de tous côtés, ou tu vas finir par tomber dans un piège ! » Le conseil étant sage, on le suivit sur l'heure en achetant, pour provision, un petit pot empli de graisse. Mais ils ne savaient pas où le ranger. Enfin, et après mûre réflexion, le chat parla : « Je ne vois pas de meilleur endroit que l'église pour le bien garder : personne n'aurait l'audace d'en enlever quelque chose ; nous irons donc le cacher là-bas, sous l'autel, et nous n'y toucherons plus tant qu'il ne nous sera pas devenu nécessaire. » Et ainsi le petit pot de graisse fut mis en sécurité. Il ne devait pourtant pas se passer beaucoup de jours avant que le chat s'y sentît poussé par l'envie, et il parla ainsi à la souris : « A propos, je voulais te dire, petite souris, ma cousine me demande comme parrain : elle a mis au monde un fiston tout blanc avec des taches rousses, et c'est moi qui dois le tenir sur les fonts baptimaux. Tu veux bien, n'est-ce pas, t'occuper seule de la maison et me laisser sortir aujourd'hui ? » — Mais bien sûr, répondit la souris, vas-y, et si tu manges quelque chose de bon, pense à moi, et n'oublie pas non plus que quelques gouttes du bon vin doux des relevailles ne seraient pas pour me déplaire !

Mais il n'y avait rien de vrai dans tout cela : le chat n'avait pas plus de cousine qu'il n'était invité comme parrain. Il s'en alla tout droit à l'église, se glissa jusqu'au pot de graisse qu'il commença à lécher, et lécha tant et si bien qu'il en ôta toute la fine graisse du dessus. Cela fait, il s'en alla se promener sur les toits de la ville, inspectant tout, puis se coucha et paressa au soleil en se pourléchant chaque fois qu'il songeait au petit pot de graisse. Ce ne fut pas avant le soir qu'il s'en revint à la maison. « Ah, te voilà ! dit la souris, tu as sûrement passé une bonne journée... » Et le chat répondit que tout avait été pour le mieux. « Et quel nom a-t-on donné à l'enfant ? demanda la souris. — « Dessus-Parti », laissa tomber le chat d'un ton sec. — « Dessus-Parti ! » s'écria la souris, quel drôle de nom c'est là, vraiment étrange ! Est-ce qu'il est usuel dans votre famille ? — Et alors ? répondit le chat, il n'est pas plus mal que Chipe-miettes, comme s'appellent ceux qui t'ont baptisée. »

Peu de temps après, le chat fut repris par son envie. « Il faut que tu me rendes service et que tu t'occupes seule encore de la maison, dit-il à la souris ; je suis une deuxième fois invité à être parrain, et comme l'enfant est né avec un collier blanc, je ne peux pas refuser. » La brave petite souris consentit de bonne grâce, mais le chat rampa derrière le mur d'enceinte jusqu'à l'église, et engloutit la moitié du pot. « Rien n'a plus de saveur que ce qu'on mange seul », se dit-il ; et il était bien content et satisfait de son ouvrage. Quand il rentra, la souris questionna : « Et de quel nom a-t-on baptisé cet enfant-là ? — Mivide, répondit le chat. — Mivide ! reprit la souris, mais que me dis-tu là ? De ma vie, je n'ai entendu ce nom et je parierais qu'il ne se trouve pas dans le calendrier. »

Le chat ne tarda pas à se sentir de nouveau l'eau à la bouche en rêvant de la gourmandise. « Les bonnes choses vont par trois, dit-il à la souris, je dois encore être parrain ; l'enfant est complètement noir, avec seulement le bout des pattes blanches et pas un seul poil blanc sur tout le corps, ce qui n'arrive guère qu'une fois tous les deux ans. Tu me laisses sortir, n'est-ce pas ? »

— Dessus-Parti, Mivide, répondit la souris, quels curieux noms, en vérité, et qui me laissent toute pensive...

— A toujours rester à la maison dans ta robe gris foncé à longue queue, tu te fais des idées, déclara le chat ; voilà ce qui arrive quand on reste des jours et des jours sans sortir.

La souris s'activa pendant que le chat n'était pas là, fit le ménage et mit tout en ordre dans la maison ; et le gros chat gourmand nettoya tout le pot de graisse et le laissa bien net. « Quand il ne reste rien, alors on est tranquille ! » se dit-il à lui-même, et gros et gras, et satisfait, il ne rentra à la maison qu'avec la nuit. La première question de la souris fut pour lui demander quel nom on avait donné à l'enfant. « C'est un nom qui ne te plaira guère, dit le chat : on l'a appelé Toutnet.

— Toutnet ! s'écria la souris. Celui-là, c'est bien le plus problématique de tous les noms et je ne l'ai jamais vu imprimé nulle part. Toutnet, qu'est-ce que cela peut bien vouloir dire ? » Et elle hocha gravement la tête avant de se mettre en rond pour dormir.

A partir de ce moment-là plus personne ne demanda au chat d'être parrain ; mais quand l'hiver fut venu et qu'on ne trouva plus rien dehors, la souris pensa à leurs provisions et dit : « Tu viens, chat ? Nous allons chercher le pot de graisse que nous avons mis en réserve et on va bien se régaler.

— Oh, pour ça oui ! dit le chat, tu vas t'en régaler, et ce sera pour ta fine langue comme si tu la mettais à la fenêtre. »

Ils se mirent donc en route et quand ils arrivèrent, le pot de graisse se trouvait bien à sa place, mais il était vide. « Ah ! s'exclama la souris, maintenant je comprends ce qui s'est passé et tout est clair à présent : toi, au moins, tu es un véritable ami ! Tu as tout dévoré quand tu étais le soi-disant parrain : d'abord Dessus-Parti, et ensuite Mivide, et ensuite...

— Veux-tu te taire ! coupa le chat. Encore un mot et c'est toi que je croque ! »

Mais la malheureuse souris avait déjà lâché le « Toutnet » qu'elle avait sur la langue et le chat, aussitôt, avait bondi sur elle, l'avait prise et avalée d'un coup.

Ainsi va le monde, vois-tu.

l'enfant de marie

A la lisière d'une grande forêt vivaient un bûcheron et sa femme, qui n'avaient pour unique enfant qu'une fillette de trois ans. Ils étaient si pauvres qu'ils n'avaient même pas le pain de chaque jour et ne savaient comment la nourrir. Mais voilà qu'un matin, tout soucieux, le bûcheron était allé à son travail dans la forêt, et comme il coupait le bois, il y eut devant lui une belle grande dame qui avait sur la tête une couronne d'étoiles scintillantes, et qui lui dit : « Je suis la Vierge Marie, la Mère du Petit Jésus ; tu es pauvre et dans le besoin : laisse-moi emmener ton enfant avec moi, je serai sa mère et je m'occuperai d'elle. » Le bûcheron l'écouta, s'en fut chercher l'enfant qu'il confia à la Vierge Marie, et la Vierge l'emporta avec elle dans le ciel. Rien ne pouvait convenir mieux à la petite qui ne mangeait que des pains de brioche, ne buvait que lait doux et crémeux, n'avait plus à porter que des vêtements d'or, et qui avait les anges comme compagnons de jeu. Elle atteignit ainsi l'âge de quatorze ans, et un jour, la Vierge Marie l'appela près d'elle et lui dit : « Ma chère enfant, je m'en vais pour un long voyage et je te donne en garde les clefs des treize portes du royaume des cieux : il y en a douze que tu peux ouvrir, et tu pourras contempler les splendeurs qui y sont ; mais la treizième, à laquelle correspond cette petite clef-ci, t'est défendue : garde-toi bien de l'ouvrir, sinon tu ferais ton malheur. »

La fillette promit d'être bien obéissante, et dès que fut partie la Vierge Marie elle commença sa visite des demeures du royaume céleste : chaque jour elle ouvrait une porte et fit ainsi le tour des douze résidences ; et dans chacune demeurait un apôtre, et il était tout rayonnant d'un merveilleux éclat, et elle était tout inondée de joie devant tant de splendeur et de magnificence ; et les petits anges aussi, qui l'accompagnaient partout, se réjouissaient avec elle. Or, il ne lui restait plus à présent que la porte interdite, et voilà qu'une grande envie la prit de savoir ce qu'il pouvait y avoir là derrière. Elle dit aux petits anges : « Je ne l'ouvrirai pas toute grande et je ne vais pas entrer : je vais juste l'entrebâiller pour que nous puissions jeter un coup d'œil par la fente.

— Oh ! non, firent les angelots : ce serait un péché ; la Vierge Marie l'a défendu et tu pourrais facilement en être malheureuse. »

Alors elle se tut et ne dit plus rien ; mais la curiosité qu'elle avait dans son cœur ne se tut point, bien au contraire : elle ne cessa de la piquer et de la tourmenter sans lui laisser un moment de repos. Et comme il se trouva, une fois, que les anges s'étaient tous en allés, elle pensa aussitôt : « Puisque je suis tout à fait seule, je peux bien maintenant jeter un petit coup d'œil à l'intérieur, personne n'en saura rien si je le fais. » Et vite, elle choisit la petite clef parmi les autres ; et elle l'avait à peine dans sa main qu'elle la mettait dans la serrure ; et elle venait à peine de la mettre dans la serrure que déjà elle la faisait tourner. La porte s'ouvrit toute grande, et elle contempla la Trinité qui était là, dans le feu et dans la lumière. Elle demeura un instant interdite devant ce spectacle, regardant tout avec étonnement, immobile et émerveillée, puis elle avança un tout petit peu son doigt pour toucher la splendeur, et son doigt en fut tout doré. Prise aussitôt d'une terrible peur, elle referma brutalement la porte et se sauva bien vite. Mais sa peur ne s'en alla pas, quoi qu'elle pût faire ou essayer, et son cœur battait fort et refusait de se calmer. Et l'or qu'elle avait au doigt ne s'en alla pas non plus, frotte et lave tant que tu voudras !

Très peu de temps après, la Vierge Marie rentra de son voyage. Elle appela la fillette et lui réclama les clefs du royaume des cieux. En lui reprenant le trousseau, la Vierge lui demanda, en la regardant droit dans les yeux : « N'aurais-tu pas ouvert aussi la treizième porte ? — Non ! » répondit la fillette. Alors la Vierge avança la main vers son cœur et sentit comme il battait et battait, et si fort et si fort, et elle s'aperçut bien que son ordre n'avait pas été respecté et que la porte avait été ouverte.

— Vraiment, ne l'as-tu pas fait ? demanda-t-elle encore une fois.

— Non, répéta la fillette pour la seconde fois.

Alors la Vierge Marie regarda le doigt qui s'était doré en touchant la splendeur du feu du ciel, et elle vit bien que le péché avait été commis ; pour la troisième fois elle lui demanda : « Ne l'as-tu pas fait ? » Et pour la troisième fois la fillette lui répondit : « Non. »

Alors la Vierge Marie parla. « Tu ne m'as pas obéi, et par là-dessus tu as menti ; tu n'es plus digne de rester au ciel. »

Aussitôt la fillette tomba dans un profond sommeil, et quand elle s'éveilla, elle était sur la terre, couchée au milieu d'une contrée sauvage. Elle voulut appeler, mais aucun son ne sortit de sa gorge. Elle sauta sur ses pieds et voulut s'enfuir, mais de quelque côté qu'elle se tournât, des buissons épineux et touffus l'arrêtèrent, et elle ne put les franchir. Mais dans la solitude où elle se trouvait emprisonnée, il y avait un vieil arbre au tronc creux, qui lui servit d'habitation. C'était là qu'elle se fourrait pour dormir quand venait la nuit, et c'était là qu'elle allait se mettre à l'abri quand il pleuvait ou quand il y avait de l'orage ; mais c'était une bien misérable existence que la sienne, et en se rappelant combien tout avait été beau dans le ciel et comme elle s'était amusée avec les anges, elle pleurait très amèrement. Pour toute nourriture, elle n'avait que les racines et les baies sauvages qu'elle allait ramasser aussi loin qu'il lui était possible d'aller. En automne, elle se faisait une réserve des noix qu'elle trouvait par terre, et de feuilles mortes qu'elle portait dans le tronc creux. Les noix servaient à la nourrir pendant l'hiver, et sous les feuilles mortes elle se recroquevillait comme une petite bête pour ne pas geler quand arrivait le froid ou quand tombait la neige. Il n'avait pas fallu longtemps aux vêtements qu'elle portait pour s'user et se déchirer et tomber en lambeaux. Mais dès que le soleil revenait avec sa chaleur, elle pouvait de nouveau sortir et s'asseoir au pied de son arbre, avec ses longs cheveux qui la couvraient comme un manteau. Ainsi passaient les années, l'une après l'autre, tandis qu'elle connaissait toute la misère et tout le désespoir du monde.

Une fois, quand les arbres et les buissons reverdissaient, le roi de ce pays chassait dans la forêt et poursuivait un cerf qui vint, pour lui échapper, s'enfoncer dans l'épais taillis entourant la clairière. Le roi sauta à bas de son cheval, écarta le fourré et s'y tailla un passage à coups d'épée. Quand il l'eut enfin traversé, il aperçut, assise au pied d'un arbre, une jeune fille admirablement belle dans le manteau que ses longs cheveux d'or lui faisaient jusqu'aux pieds. Stupéfait, il resta là un long moment, sans bouger, la contemplant de tous ses yeux ; puis enfin il lui adressa la parole et demanda : « Qui es-tu ? Et que fais-tu là dans cette solitude ? » Mais elle ne lui donna pas de réponse, car elle ne pouvait pas ouvrir la bouche.

— Veux-tu venir avec moi dans mon château ? reprit le roi.

Elle lui fit seulement un tout petit signe de tête, et le roi la prit dans ses bras, l'emporta sur son cheval et galopa jusqu'à son château, où elle fut habillée de robes somptueuses et reçut tout en abondance. Même incapable de parler, elle était cependant si belle et si gracieuse que le roi s'éprit d'elle au plus profond du cœur et ne put guère attendre avant de l'épouser.

A peu près une année s'était écoulée, quand la reine mit au monde un garçon. Et dans la nuit, alors qu'elle était seule, allongée dans son lit, la Vierge Marie lui apparut et lui dit : « Si tu veux avouer la vérité et reconnaître que tu as ouvert la porte interdite, je rouvrirai ta bouche et te rendrai la parole ; mais si tu t'obstines dans le péché et persistes dans le mensonge, je prendrai avec moi ton enfant nouveau-né. »

La reine avait alors permission de répondre, mais elle garda son endurcissement et dit : « Non, je n'ai pas ouvert la porte interdite. » Et la Vierge Marie prit dans ses bras le nouveau-né pour disparaître avec lui. Le lendemain, lorsqu'on eut constaté que le bébé avait disparu, le bruit courut parmi les gens que la reine était une ogresse, et qu'elle avait assassiné son propre enfant. Bien qu'elle entendît tout, elle ne pouvait rien dire, ni se défendre ; mais le roi, qui l'aimait tellement, ne voulut rien en croire.

L'année d'après, la reine mit au monde un second garçon, et dans la même nuit la Vierge Marie parut encore devant elle et lui dit : « Si tu veux reconnaître que tu as ouvert la porte interdite, je te rendrai l'enfant et ta langue sera déliée ; mais si tu t'endurcis dans le mensonge et t'obstines dans le péché, j'emporterai aussi ton dernier-né. » A nouveau, la reine répondit : « Non, je n'ai pas ouvert la porte défendue. » Et la Vierge prit le bébé dans ses bras et s'en fut avec lui dans le ciel.

Au matin, comme une nouvelle fois le nouveau-né avait disparu, les gens accusèrent tout haut la reine de l'avoir mangé, et le conseil du roi réclama qu'on la fît passer en jugement. Mais le roi, qui l'aimait tellement, ne voulut rien en croire et menaça ses conseillers de torture et de mort s'ils revenaient jamais à en parler.

Un an après, la reine donna le jour à une belle fille, et dans la même nuit, pour la troisième fois, la Vierge Marie lui apparut et lui dit : « Suis-moi ! » En lui tenant la main, elle la conduisit dans le ciel et lui fit voir ses deux premiers garçons qui riaient et s'amusaient avec le globe terrestre. Et tandis que la reine en était toute réjouie, la Vierge Marie lui demanda : « Est-ce que ton cœur ne s'est pas encore assoupli ? Reconnais enfin que tu as ouvert la porte interdite, et je te rends tes deux enfants. »

Mais la reine obstinée répondit pour la troisième fois : « Non, je n'ai pas ouvert la porte interdite ! » Alors, la Vierge la rejeta sur la terre et prit encore le troisième bébé.

Au matin, quand ils s'aperçurent que le nouveau-né avait disparu, les gens se mirent à crier tout haut que la reine était une ogresse et qu'il fallait la juger. Et le roi, cette fois, ne put pas empêcher ses conseillers. On la fit comparaître devant le tribunal, qui la condamna à mourir sur le bûcher parce qu'elle ne pouvait rien répondre, ni se défendre. Le bois fut empilé, mais quand elle fut solidement attachée au poteau et quand les flammes commencèrent à monter autour d'elle, alors la froide glace de son orgueil fondit et son cœur fut touché par le remords. Elle pensa : « Oh ! si seulement je pouvais avouer avant de mourir que j'ai ouvert la porte ! » Elle retrouva aussitôt l'usage de sa voix et elle cria : « Oui, Marie, je l'ai fait ! »

Le ciel, à l'instant même, fit descendre la pluie et éteignit les flammes du bûcher ; puis il y eut au-dessus d'elle l'éclat d'une lumière, et la Vierge Marie descendit vers elle en portant dans ses bras sa fillette nouveau-née, avec ses deux garçons plus grands à côté d'elle. D'une voix douce et affectueuse, la Vierge lui parla et lui dit : « A qui avoue et regrette son péché, il lui est pardonné. » Elle lui rendit ses trois enfants, délia sa langue et lui donna le bonheur pour tout le reste de son existence.

histoire d'un qui s'en alla pour apprendre le tremblement

Un père avait deux fils ; mais si l'aîné était capable et intelligent, sachant fort bien se débrouiller en tout, le cadet, par contre, était stupide et ne comprenait rien, n'apprenait rien, et tous les gens qui le voyaient disaient : « Celui-là, quel fardeau pour son père ! » Aussi était-ce toujours l'aîné qui se chargeait de tout, dès qu'il y avait la moindre chose à faire ; mais quand son père l'envoyait vers le soir lui chercher quelque chose, ou bien en pleine nuit, si le chemin passait le long du cimetière ou de quelque autre lieu inquiétant, il lui répondait carrément : « Oh ! non, père, je n'y vais pas : j'en ai le poil qui se hérisse ! » Et en effet, il était très peureux. A la veillée, devant le feu, lorsque les gens racontaient des histoires terrifiantes, et que ceux qui les écoutaient, en frissonnant, s'exclamaient parfois qu'ils en avaient la chair de poule, le cadet, dans son coin, se demandait en vain ce que cela voulait dire. « Ils répètent sans cesse j'en frissonne, j'en tremble, j'en ai la chair de poule, se disait-il, et moi je n'ai rien de tout cela ; sans doute est-ce encore là un art à quoi je n'entends rien. »

Or, il advint un jour que son père l'apostropha soudain : « Ecoute-moi un peu, toi, là-bas dans ton coin : te voilà devenu un grand et fort gaillard, et tu dois à présent apprendre quelque chose pour gagner ton pain. Regarde donc ton frère, comme il se donne du mal ! Mais avec toi, tout ce qu'on fait n'est que peine perdue. »

— Oh, mon père, je ne demande pas mieux que d'apprendre quelque chose, répondit-il ; et si cela pouvait aller, ce que je voudrais bien apprendre, c'est à trembler. Je n'en sais rien du tout et ne comprends même pas ce que cela peut être.

L'aîné, en l'entendant, pouffa de rire en se disant : « Mon Dieu ! quel benêt que mon frère : que peut-on espérer de lui ? A graine vide, pas de moisson. » Le père, lui, se contenta de soupirer et répondit : « Le tremblement, tu l'apprendras bien assez tôt, mais ce n'est pas avec cela que tu te gagneras ton pain. »

Voilà que peu après le sacristain arrive à la maison pour leur faire visite, et le père se plaignit de ses difficultés avec ce fils cadet qui n'était capable de rien, ne connaissait rien à rien et n'apprenait rien du tout. « Figurez-vous, lui dit-il, que lorsque je l'interrogeai sur ce qu'il voulait faire pour gagner son pain, il m'a dit qu'il aimerait bien apprendre le tremblement ! »

— Si ce n'est que cela, répondit le sacristain, il aura tôt fait de l'apprendre chez moi ; vous n'avez qu'à me le laisser : il ne me faudra pas longtemps pour vous le dégeler.

Le père se réjouit de la chose, parce qu'il se disait qu'au moins son fils cadet serait un peu dressé. Le sacristain emmena donc le garçon chez lui et le mit à tirer les cloches ; et quelques jours plus tard, à minuit, il va le réveiller, le fait sortir du lit et lui commande de monter au clocher pour sonner. « Tu ne vas pas tarder à savoir ce que c'est que le tremblement », se disait le sacristain, qui s'était esquivé pour le précéder en cachette dans le haut du clocher. Le garçon y arriva à son tour, et comme il se retournait pour empoigner la corde, il vit sur l'escalier, se découpant devant les abat-son, une vague forme blanche. « Qui va là ? » cria-t-il. Mais la chose ne répondit ni ne bougea. « Réponds ou file comme tu es venu, cria encore le garçon : tu n'as rien à faire ici en pleine nuit. » Le sacristain, voulant que le garçon le prît pour un fantôme, ne souffla mot et garda l'immobilité complète. « Que viens-tu faire ici ? lança encore une fois le jeune sonneur ; parle, si tu es un honnête corps, sinon je te fais dégringoler l'escalier ! » Le sacristain se dit qu'il n'irait sûrement pas jusque-là et se tint immobile et muet comme s'il avait été de pierre. Le garçon l'avertit une troisième fois sans obtenir plus de résultat et, se jetant sur ce fantôme, il le précipita dans l'escalier en y mettant toute sa force ; et la forme blanche partit à la renverse, franchit d'un coup une dizaine de marches et resta aplatie dans un coin.

Il fit alors chanter la cloche, revint à la maison et regagna son lit sans rien dire à personne, se coucha et dormit comme devant. Mais la femme du sacristain attendit son mari longtemps ; et comme il ne rentrait toujours pas, elle alla, fort inquiète, réveiller le jeune homme. « Sais-tu ce qu'est devenu mon mari ? lui demanda-t-elle ; il était monté à la tour devant toi. »

— Non, je n'en sais rien, répondit-il ; mais il y avait quelqu'un debout au haut des marches, devant l'abat-son, et comme il ne voulait ni me répondre ni s'en aller, je l'ai pris pour un malandrin et jeté en bas. Allez-y et vous verrez bien ; mais si c'était lui, j'en serais désolé.

La femme y fut d'un bond et trouva son mari qui gémissait, affalé dans un coin ; et il s'était cassé la jambe. Elle le redescendit de là, après quoi elle courut en poussant les hauts cris chez le père du garçon. « Votre cadet a fait un grand malheur, hurla-t-elle, il a précipité mon mari du haut de l'escalier et lui a fait casser la jambe ! Ce vaurien, ôtez-le de chez nous ! »

Le père y courut, tout effrayé, et secoua son fils d'importance. « Qu'est-ce que c'est que ces inventions maudites ? Ma parole, c'est le Malin qui te les a soufflées ! »

— Père, écoutez-moi, répondit-il : j'en suis parfaitement innocent ! Il était là, en pleine nuit, comme quelqu'un qui a de mauvaises intentions. Je ne savais pas qui c'était, et je l'ai averti trois fois en lui disant de parler ou de s'en aller.

— Ah ça ! dit le père, tu ne seras jamais bon qu'à faire mon malheur ! Ote-toi de devant mes yeux, je ne veux plus te voir.

— Très bien, père, c'est entendu. Attendez seulement qu'il fasse jour ; je m'en irai au loin et j'apprendrai le tremblement, pour connaître enfin un art qui me fera gagner mon pain.

— Apprends ce que tu voudras, cela m'est complètement égal, dit le père. Prends ces cinquante écus et va-t-en de par le vaste monde. Et que personne ne sache ni d'où tu viens, ni le nom de ton pèrc, car j'ai honte de toi.

— Oui, père, comme vous voulez. Si vous ne me demandez pas plus, il me sera facile d'y faire attention.

A la pointe du jour, le garçon prit ses cinquante écus et s'en alla sur la grand-route en se répétant sans cesse : « Si seulement je savais trembler ! Si seulement je savais trembler ! » Un homme, qui l'avait rejoint dans sa marche, entendit le langage qu'il se tenait à lui-même, et quand ils eurent cheminé un moment ensemble et arrivèrent en vue du gibet, il le lui montra en disant : « Tu vois là-bas cet arbre où sept gaillards se sont mariés avec la fille du cordier et sont en train d'apprendre à voler ? Tu n'as qu'à t'asseoir au-dessous et attendre la nuit : tu ne seras pas long à savoir ce que c'est que trembler. »

— Rien de plus facile, si c'est tout ce qu'il y a à faire ! répondit le jeune homme. Mais si j'apprends aussi vite le tremblement, mes cinquante écus seront à toi. Tu n'auras qu'à revenir demain matin.

Il s'avança vers le gibet, s'assit dessous et attendit la tombée du soir. Parce qu'il avait froid, il se fit un feu ; mais vers les minuit, le vent devint si glacial que, même avec le feu, il n'arrivait pas à se réchauffer. Et comme le vent secouait les pendus et les balançait les uns contre les autres, il se dit : « Toi qui as froid ici en bas près de ton feu, qu'est-ce que ce doit être pour eux là-haut, qui se démènent et grelottent ! » Compatissant comme il l'était, il dressa l'échelle, monta, les dépendit l'un après l'autre et les descendit tous les sept ; puis il activa son feu et les installa tous autour afin qu'ils pussent se réchauffer. Mais ils restaient là et ne bougeaient pas, et le feu commença à leur brûler leurs nippes. « Faites donc un peu attention ! leur cria-t-il, sinon moi, je vous repends là-haut ! » Mais les morts n'entendirent rien, ne dirent rien, et laissèrent le feu consumer leurs loques. Alors il se fâcha vraiment : « Puisque vous voulez pas faire attention, tant pis pour vous ! Moi, je ne veux quand même pas brûler avec vous. » Et il les rependit, bien en rang, comme ils étaient auparavant, après quoi il revint près de son feu, s'allongea et dormit. Le lendemain matin, l'homme revint pour chercher les cinquante écus en lui disant : « Alors, tu sais maintenant ce que c'est que de trembler ? »

— Pas du tout, répondit-il ; et comment le saurais-je ? Ces

idiots, là-haut, n'ont même pas ouvert la bouche, et ils sont tellement stupides qu'ils laissaient brûler les malheureuses hardes qu'ils ont sur le dos !

L'homme vit bien qu'il n'aurait pas les cinquante écus ce jour-là, et il partit en grommelant : « Un comme celui-là, ça non ! je n'en avais jamais rencontré ! »

De son côté, le jeune homme se remit en route sans cesser de se répéter : « Si seulement je savais trembler ! Ah ! si seulement je savais trembler ! » Et comme il parlait tout haut, un charretier qui se trouvait derrière lui l'entendit et lui demanda : « Qui es-tu ? — Sais pas ! lui répondit le jeune homme. — D'où viens-tu ? — Sais pas ! lui répondit le jeune homme. — Qui est ton père ? — Je ne dois pas le dire. — Bon, mais qu'est-ce que tu marmonnes continuellement dans ta barbe ? — Eh bien, répondit le jeune homme, c'est que j'aimerais tant savoir trembler ; mais je ne trouve personne pour me l'apprendre. — Allons, dit le charretier, cesse de dire des idioties et viens plutôt avec moi, je vais tâcher de te trouver un gîte. » Le jeune homme s'en alla avec le charretier, et sur le soir, ils arrivèrent à une auberge où ils comptaient passer la nuit. A peine entrait-il dans la salle qu'il se reprit à répéter : « Si seulement je savais trembler ! Ah ! si seulement je savais trembler ! » Et l'aubergiste, en l'entendant, se mit à rire et lui dit : « S'il n'y a que cela pour te faire plaisir, on peut bien t'en fournir l'occasion par ici.

— Vas-tu te taire et te tenir tranquille ? intervint sa femme. Trop de curieux y ont déjà laissé la vie, et ce serait pitié et grand dommage que ces beaux yeux ne puissent plus revoir le jour !

— Aussi difficile que cela puisse être, dit alors le jeune homme, il faut une bonne fois que j'apprenne, puisque je suis parti de chez moi pour cela. »

Et il se mit à presser l'aubergiste sans répit jusqu'à ce que celui-ci lui eût raconté qu'il y avait, non loin de là, un château enchanté où n'importe qui pouvait apprendre ce que c'est que le tremblement, rien qu'en allant y veiller trois nuits. A l'audacieux qui le ferait, le roi avait promis sa fille, qui était la plus belle vierge que le soleil eût jamais éclairé ; il y avait, en outre, dans le château de grands trésors que gardaient les méchants esprits, et qui seraient à sa disposition une fois libérés. On assurait qu'il y avait là de quoi faire un riche du plus pauvre des hommes. Mais il y en avait plusieurs qui avaient tenté l'aventure ; et si tous étaient bien entrés, il n'en était ressorti aucun.

Dès le lendemain matin le jeune homme alla se présenter devant le roi et lui dit : « Si je pouvais en avoir permission, j'aimerais bien veiller trois nuits dans le château ensorcelé. » Le roi l'examina, trouva qu'il lui plaisait, et dit : « Tu as le droit de me demander trois choses que tu auras avec toi là-bas, mais uniquement des objets matériels et rien qui soit en vie.

— Je voudrais avoir de quoi me faire du feu, un tour et un banc de ciseleur avec la gouge », demanda-t-il.

Ces trois choses, le roi les fit porter dans le château pendant le jour ; et quand il commença de faire nuit le jeune homme y monta à son tour, s'arrêta dans une salle et s'y fit un beau feu bien clair, approcha le banc de ciseleur avec la gouge et s'installa sur le banc du tour. « Ah ! si seulement je pouvais trembler ! se répétait-il ; mais ce n'est pas encore ici que j'apprendrai ! » Vers minuit, comme il voulait ranimer son feu et se penchait dessus pour souffler, voilà que soudain des cris sortirent d'un coin sombre : « Oûûû-Miaoûûû ! ce que nous avons froid ! »

— Bande d'idiots, pourquoi criez-vous ? leur lança-t-il. Si vous avez froid, vous n'avez qu'à venir vous asseoir près du feu et vous réchauffer !

Ces mots étaient à peine dits que deux énormes chats noirs, d'un bond puissant, vinrent tomber à côté de lui, un à droite et l'autre à gauche ; et ils le regardaient férocement avec leurs yeux sauvages où dansaient des flammes. Après un moment, quand ils se furent réchauffés, ils lui proposèrent : « Si nous jouions aux cartes, camarade ?

— Pourquoi pas ? leur répondit-il. Mais montrez-moi un peu vos pattes. »

Ils sortirent leurs griffes et il leur dit : « Oh, mais vos ongles sont bien trop longs ! Attendez, il faut d'abord que je vous les taille. » En les prenant par la peau du cou, il les porta sur son établi et leur serra solidement les pattes dans l'étau. « Vos pattes, leur dit-il, je les vois maintenant d'un peu trop près pour avoir encore envie de jouer avec vous ! » Il les tua, puis alla les jeter à l'eau. Mais comme il avait mis ces deux-là au repos et voulait revenir s'asseoir au coin du feu, voilà que de tous les coins et recoins des chats noirs et des chiens noirs s'avancèrent, avec des colliers de fer rouge, plus nombreux et toujours plus nombreux : il y en avait tant et tant qu'il ne savait plus lui-même où se mettre, et ils hurlaient épouvantablement. Ils se jetèrent sur son feu et le piétinèrent rageusement pour l'éparpiller et l'éteindre. Un court moment, il les regarda faire en conservant son calme ; mais dès qu'il les vit exagérer et dépasser les bornes, il empoigna la gouge en criant : « Arrière ! Fichez-moi le camp, canailles ! » Et il se jeta sur eux en frappant à tour de bras. quelques-uns réussirent à s'enfuir et les autres, il les tua tous et alla les jeter dans l'étang. Quand il fut de retour, il souffla sur la braise de son feu et le ranima, puis se chauffa. Il se sentit bientôt les paupières lourdes et il eut envie de dormir. Il chercha autour de lui et aperçut un grand lit dans une alcôve. « Voilà ce qu'il me faut ! » se dit-il, et il alla s'y coucher. Mais il allait fermer les yeux quand le lit se mit à voyager tout seul et s'en alla se promener par tout le château. « Parfait, parfait ! se dit-il, on ne peut mieux ! » Et le lit cahotait et bondissait comme avec un attelage de six chevaux, traversait les paliers, montait et descendait les escaliers à toute allure, et tout d'un coup, hop ! il se renversa et se retourna sur lui, haut comme une montagne. Il envoya en l'air les couvertures et les oreillers pour se dégager, se releva et dit :

« Voyage là-dedans celui qui en aura envie ! » puis il retourna se mettre au coin du feu où il sommeilla jusqu'au plein jour.

Le matin quand le roi arriva, en le voyant étendu par terre de tout son long, il le crut mort et pensa que les revenants l'avaient exterminé. « Quel dommage ! Un garçon si courageux ! » dit-il à haute-voix. Le jeune homme l'entendit, sauta sur pied et dit : « Oh ! nous n'en sommes pas encore là ! » Et le roi, tout surpris, se félicita de le revoir en vie et lui demanda comment cela s'était passé.

— Très bien, répondit-il, cela fait une bonne nuit de passée, et les deux autres passeront aussi.

Quand il revint à l'auberge, l'aubergiste, en le voyant, se frotta les yeux. « Ma parole, dit-il, si je pensais te revoir en vie !... As-tu au moins appris à trembler ?

— Mais non, répondit-il, rien n'y fait ! Ah ! si quelqu'un pouvait me l'expliquer ! »

La deuxième nuit, il monta de nouveau au vieux château, s'assit au coin du feu et recommença sa litanie de toujours : « Si je pouvais seulement trembler ! Ah ! si seulement je savais trembler ! » Comme minuit approchait, il entendit du bruit et du remue-ménage, assez vaguement d'abord, puis de plus en plus fort jusqu'au fracas ; il y eut ensuite un silence, et enfin, dans un hurlement, une moitié d'homme dégringola par la cheminée et tomba devant lui. « Hé là ! s'écria-t-il, et l'autre moitié ? Avec ceci, il n'y en a pas assez ! » Sur quoi le vacarme reprit de plus belle, avec des hurlements et des gémissements, et la seconde moitié dégringola à son tour.

— Attends, dit-il, je vais te ranimer un peu le feu, que tu puisses te réchauffer.

Mais quand il eut fini de s'en occuper et se releva, les deux moitiés s'étaient ressoudées, et c'était un homme affreux qui avait pris sa place devant le feu.

— Ah ! non, s'écria-t-il, ce n'était pas entendu comme cela : le banc est à moi !

L'horrible personnage ne voulait pas lui rendre sa place, mais qu'à cela ne tienne : il le bouscula violemment pour l'écarter et reprit son siège. Plusieurs autres hommes tombèrent tour à tour, qui apportèrent avec eux neuf tibias et deux têtes de mort. Ils placèrent les tibias convenablement et, se servant des crânes, ils commencèrent une partie de quilles. A les voir, l'envie le prit de jouer aussi. « Ecoutez, vous autres, est-ce que je peux jouer avec vous ? » leur demanda-t-il.

« Oui, si tu as de l'argent.

— J'en ai plus qu'assez, leur dit-il ; mais vos boules ne sont pas suffisamment rondes. »

Et, s'emparant des têtes de mort, il les posa sur le tour et travailla à les arrondir jusqu'à la perfection.

— Voilà, dit-il, et maintenant cela va biller ! Allons-y gaiement, et en avant la musique !

Ils jouèrent, et il perdit un peu de son argent ; mais quand minuit sonna, tout disparut d'un coup de devant lui. N'ayant plus rien à faire, il s'allongea et dormit tout tranquillement. An matin, quand le roi arriva et s'enquit de la façon dont les choses s'étaient passées cette fois-ci, il répondit qu'il avait joué aux quilles et y avait perdu un peu d'argent.

— Mais n'as-tu pas connu le tremblement ? lui demanda le roi.

— Tout ce que je peux dire, c'est que je me suis bien amusé, répondit-il. Ah ! si seulement j'arrivais à savoir ce que c'est que trembler !

La troisième nuit, il s'assit de nouveau à son banc et se répéta avec amertume : « Si seulement je pouvais trembler ! » Comme la nuit s'avançait, six hommes de haute stature arrivèrent, portant un cercueil. « Tiens, tiens, dit-il, ce doit être mon petit cousin qui est mort voilà quelques jours. » Puis, en lui faisant signe du doigt, il appcla : « Entre, petit cousin, entre donc ! » Les hommes posèrent le cercueil à terre, alors il vint auprès et souleva le couvercle : un homme mort y était. Il lui toucha le visage, mais ce visage était glacé. « Attends, dit-il, je vais te réchauffer un peu. » Et il alla se chauffer les mains au feu, puis revint les poser sur ses joues ; mais le mort resta froid. Alors il le tira de son cercueil et, s'asseyant devant le feu, il le prit sur ses genoux et lui frictionna les bras pour lui remettre le sang en circulation. Mais voyant que cela ne servait à rien, il eut une idée : « Quand on couche à deux dans le même lit, on se réchauffe. » Et il alla aussitôt le mettre dans le lit en le couvrant bien, puis il se coucha à côté. Le mort se réchauffa, en effet, et commença à bouger au bout d'un petit moment. « Eh bien, tu vois, petit cousin, lui dit-il, je suis finalement arrivé à te réchauffer !

— Et moi, je vais t'étrangler à présent ! annonça le mort en se redressant.

— Quoi ? C'est là tout ton remerciement ? Allez, ouste ! dans ton cercueil. »

Et tout en parlant, il l'avait déjà soulevé et jeté dedans, et il fixa sur lui le couvercle. Les six hommes réapparurent alors près du cercueil, et l'emportèrent. « Je ne réussis pas à trembler, dit-il, et ce n'est pas encore ici que j'apprendrai. Non, jamais de la vie ! »

Alors entra un homme qui était encore plus grand que les autres et qui avait un air terrible ; mais il était vieux, avec une longue barbe blanche. Et sa voix tonna : « Gamin, tu ne vas pas tarder à l'apprendre, maintenant, ce que c'est que de trembler, parce que tu vas mourir !

— Pas si vite, pas si vite ! lui répondit-il, et pour ce qui est de mourir, je voudrais bien voir ça ! Il faut d'abord que je m'y prête.

— J'aurai tôt fait de t'avoir ! dit le démon.

— Tout doux, tout doux, ne fais pas tellement l'important ; je suis aussi fort que toi et peut être même encore plus fort.

— On va voir cela tout de suite, si tu es plus fort que moi je te laisserai partir. Allons-y, nous allons en faire l'épreuve. »

Il le conduisit par de ténébreux couloirs jusqu'à une forge où, empoignant une cognée, il en frappa une première enclume, et d'un tel coup qu'il l'enfonça complètement dans le sol.

— Je suis capable de faire encore mieux ! déclara le jeune homme en s'avançant vers une seconde enclume. Le vieux s'avança, lui aussi, pour suivre la chose de près, et sa longue barbe blanche frôlait l'enclume. Saisissant la cognée, le jeune homme fendit l'enclume d'un seul coup, en coinçant dedans la barbe du vieillard.

— Maintenant je te tiens, s'exclama-t-il, et c'est toi qui vas mourir !

Attrapant une barre de fer, il l'abattit sur le vieux et ne cessa de frapper que quand l'autre le supplia en gémissant de s'arrêter, lui promettant en échange une grande richesse. Le jeune homme lâcha sa barre, dégagea la cognée et lui rendit sa liberté. Alors le vieillard le ramena dans le château et lui fit voir, dans un caveau, trois caisses d'or.

— Une est pour les pauvres, l'autre est pour le roi, et la troisième est à toi, dit-il.

Minuit sonna sur ces entrefaites et l'esprit disparut, laissant le jeune homme dans les ténèbres. « Il faut pourtant que je me sorte d'ici », se dit-il, et il tâtonna tout autour de lui, retrouva le bon chemin pour regagner la salle avec son feu, devant lequel il s'allongea et s'endormit.

Lorsqu'arriva le roi, le lendemain matin, sa première question fut pour savoir s'il avait enfin appris ce que c'était que le tremblement.

— Non, je n'ai toujours pas idée de ce que cela peut être, répondit-il. Un cousin à moi, qui est mort, a été là, puis est venu un grand homme barbu qui m'a montré en bas une masse d'argent ; mais ce que c'est que le tremblement, personne ne me l'a appris.

— Tu as désensorcelé le château, dit le roi, et tu vas épouser ma fille !

— Tout cela est bel et bon, déclara-t-il, mais je ne sais toujours pas ce que c'est que le tremblement.

Les cloches carillonnèrent et les noces furents célébrées ; mais le jeune roi, tout amoureux qu'il fût de son épouse et aussi heureux qu'on peut l'être, n'en répétait pas moins son antienne et soupirait sans cesse : « Ah ! si seulement je savais trembler ! Si seulement je pouvais trembler ! » Ce qui finit par exaspérer sa jeune épouse. La caméristе lui dit alors : « Je vais trouver un moyen, et il aura tôt fait d'apprendre à trembler, vous verrez ! » Elle alla sur le bord de la rivière qui coulait à travers le parc et se fit remplir un plein seau de goujons. La nuit même, tandis que le jeune roi dormait, la princesse eut soin de le découvrir en rejetant les couvertures, puis elle l'inonda de l'eau froide du seau où frétillaient les goujons.

Il se réveilla en sursaut et s'exclama : « Oh ma chère femme, je tremble, je tremble tellement ! Ah ! je sais à présent ce que c'est, le tremblement. »

le loup et les sept chevreaux

Il était une fois une vieille chèvre qui avait sept chevreaux qu'elle aimait comme une mère sait aimer ses enfants. Un jour qu'elle voulait aller dans la forêt pour leur chercher de quoi manger, elle les appela tous les sept et leur dit : « Mes chers petits, je vais aller à la forêt ; alors prenez bien garde au loup et méfiez-vous bien, car s'il entrait ici, il vous dévorerait sans laisser peau ni poil. C'est un grand scélérat qui sait souvent se faire prendre pour un autre, mais vous le reconnaîtrez tout de suite à sa grosse voix et à ses pattes noires. » Les chevreaux répondirent : « Oui, chère mère, nous allons faire bien attention et vous pouvez partir tranquille. »

La vieille mère approuva d'un chevrotement et se mit en route, rassurée.

Du temps, il ne s'en passa guère avant que quelqu'un vînt devant leur porte frapper et appeler : « Ouvrez, mes chers enfants, c'est votre mère qui revient et qui apporte pour chacun un petit quelque chose ! » Mais les chevreaux reconnurent à sa grosse voix que c'était le loup. « Non, nous n'ouvrirons pas, répondirent-ils ; tu n'es pas notre mère, qui a la voix douce et aimable, parce que tu as une grosse voix et tu es le loup. » Alors le loup courut chez le petit marchand s'acheter un gros morceau de craie, qu'il avala pour se faire la voix douce. Puis il revint, frappa à la porte de la maison et cria : « Ouvrez, mes chers enfants, c'est votre mère qui revient et qui apporte pour chacun un petit quelque chose ! » Mais le loup avait appuyé sa patte noire sur le rebord de la fenêtre, et les petits chevreaux qui l'avaient vue, lui crièrent : « Non, nous n'ouvrirons pas ! Notre mère n'a pas une vilaine patte noire comme toi, et tu es le loup. » Alors le loup courut chez le boulanger et lui dit : « Je me suis donné un coup sur la patte ; pétris-moi un emplâtre dessus. » Et lorsque le boulanger lui eut enduit son membre de pâte, le loup trotta chez le meunier pour lui dire : « Saupoudre-moi cet emplâtre de farine blanche. » Mais le meunier pensa : « Le loup est sûrement en train de vouloir tromper quelqu'un. » Et il refusa. Alors le loup prit sa grosse voix et lui dit : « Si tu ne le fais pas, je te dévore, toi. » Le meunier s'apeura et lui blanchit la patte. Eh ! oui, les gens sont comme cela.

Voilà le méchant loup qui revient pour la troisième fois frapper à la porte de la maison et qui dit : « Ouvrez-moi, mes enfants, c'est votre chère petite maman qui est de retour et qui rapporte de la forêt un quelque chose pour chacun de vous ! » Et les petits chevreaux répondent : « Montre-nous d'abord ta patte, que nous puissions voir si tu es bien notre petite maman chérie. » Le loup posa sa patte à la fenêtre, et comme ils virent que la patte était blanche, ils crurent tous que c'était vrai, ce qu'il leur avait dit, et ils ouvrirent la porte. Mais qui entra ? Le loup. L'épouvante les prit et ils cherchèrent à se cacher. L'un sauta sous la table, le second dans le lit, le troisième dans la cheminée, le quatrième dans la cuisine, le cinquième dans l'armoire, le sixième derrière la bassine et le septième dans la gaine de la haute pendule. Mais le loup sut bien les trouver et ne se perdit pas en discours : il les engloutit tous l'un après l'autre d'un seul coup de gueule. Tous, sauf le dernier qui était le plus jeune, et qui s'était fourré dans la gaine de la pendule. Celui-là, il ne le trouva pas. Ayant ainsi assouvi son envie et satisfait sa faim, le loup quitta les lieux et s'en alla au petit trot se coucher sous un arbre dans le pré, où il ne tarda pas à s'endormir.

Dame Biquette, la pauvre mère, s'en revenait alors de la forêt à la maison ; et quand elle arriva, hélas ! quel horrible spectacle ne découvrit-elle pas ! La porte d'entrée grande ouverte : la table, les chaises et les bancs renversés, la bassine en morceaux, le lit complètement défait, les couvertures arrachées, les oreillers par terre. Elle chercha ses petits, mais ne les trouva nulle part. L'un après l'autre, elle les appela par leur nom, mais en vain : ils ne répondaient pas. Tout à la fin pourtant, quand elle arriva au septième, une toute petite voix se fit entendre : « Maman chérie, je suis caché dans la boîte de l'horloge. » Elle l'en sortit, et il lui raconta que le loup était venu et qu'il avait dévoré tous les autres. Vous pouvez vous imaginer comme elle pleura ses malheureux enfants !

Ecrasée de chagrin, elle finit par quitter sa maison, et son petit chevreau trottina derrière elle. Lorsqu'elle arriva dans le pré, le loup était là, couché sous son arbre, et il ronflait tellement que les feuilles et même les branches en tremblaient. La vieille chèvre l'examina attentivement et de tous les côtés, remarquant alors que dans sa panse rebondie quelque chose semblait bouger et s'agiter. « Mon Dieu ! pensa-t-elle, se pourrait-il que mes enfants, les pauvres petits qu'il a engloutis pour son souper, fussent encore en vie ? » Vite, le petit dernier dut courir à la maison pour chercher des ciseaux, une aiguille et du fil bien solide. Alors elle commença à tailler dans la panse du monstre, et au premier coup de ciseaux il y avait un chevreau, déjà, qui sortait sa petite tête ! Elle continua à tailler et tous les six, l'un après l'autre, bondirent dehors, car tous étaient bien vivants et sans une écorchure : le monstre, sans sa gloutonnerie, les avait avalés tout ronds, sans même un coup de dents. Quelle joie ce fut alors ! Ils n'arrêtaient plus de venir embrasser et cajoler leur mère, sautant et gambadant comme le tailleur à ses noces. Mais maman chèvre leur commanda : « Maintenant, allez vite chercher de gros cailloux, que nous en remplissions la panse de ce maudit fauve pendant qu'il dort encore. Et les sept galopèrent de toute la vitesse de leurs petites pattes pour ramener tant bien que mal de gros cailloux, dont ils lui bourrèrent le ventre autant qu'il pouvait en tenir. Et la vieille mère chèvre s'empressa de recoudre la peau pardessus, si vite et si légèrement que le dormeur ne sentit rien et n'eut même pas un sursaut dans son sommeil.

Lorsque finalement le loup eut dormi tout son soûl, il s'étira et se remit sur ses pattes, mais à cause de la soif que lui donnaient les cailloux qu'il avait dans le ventre, il voulut aller au bord de l'eau pour boire. Il se mit à marcher et aussitôt les cailloux brinquebaIlèrent de côté et d'autre dans sa panse, s'entrechoquant en toquant avec bruit. Alors il s'exclama :

Qu'est-ce qui se poume et patapoume
Là-dedans, dans mon ventre ?
Six chevreaux, je croyais,
Mais des cailloux, c'est ce que c'est !

Et quand il arriva au bord de l'eau et se pencha pour boire, le poids des cailloux l'entraîna et le fit tomber dedans, le tirant tout au fond, où il se noya lamentablement. Les sept chevreaux, qui avaient assisté à la scène de loin, arrivèrent alors en gambadant joyeusement et firent la ronde autour du puits, avec leur mère, en chantant avec allégresse : « Le loup est mort ! Le loup est mort ! »

C'est ainsi que finit l'histoire.

jean-le-fidèle

Il était une fois un vieux roi qui était malade et qui se disait : « Ce lit où me voilà couché sera sûrement mon lit de mort. » Aussi commanda-t-il : « Qu'on me fasse venir Jean-le-Fidèle. » Ce fidèle Jean était son serviteur préféré, et c'était parce qu'il l'avait servi fidèlement tout au long de sa vie que le roi l'appelait ainsi.

— Mon très fidèle Jean, lui dit-il quand il le vit à son chevet, je sens que ma fin approche et je n'aurais pas de souci si ce n'était mon fils : il est encore dans ces jeunes années où l'on ne sait guère trop comment se conduire et obéir à sa raison, et c'est pourquoi mes yeux ne se fermeront pas en paix, si je n'ai pas ta promesse que tu seras pour lui un second père et que tu l'enseigneras en tout ce qu'il lui faudra savoir.

— Je ne le quitterai point, promit Jean-le-Fidèle, et je le servirai fidèlement, même au prix de ma vie.

— Ainsi je mourrai le cœur tranquille et l'esprit en paix, dit le roi. Après ma mort, ajouta-t-il, tu lui montreras tout le château, toutes les chambres et les salles, les caveaux et les souterrains avec tous les trésors qu'ils contiennent ; mais la dernière chambre au bout du grand couloir, tu ne la lui montreras pas : celle où est enfermé le portrait de la fille du roi du Dôme d'Or. S'il voyait ce tableau, il s'éprendrait aussitôt, et si violemment, de la princesse qu'il en tomberait en syncope pour commencer, et qu'ensuite il serait exposé à cause d'elle aux plus graves périls. Tu dois l'en protéger.

Jean-le-Fidèle n'eut pas plutôt étendu la main pour donner une nouvelle fois sa parole au roi, que celui-ci se laissa retomber sur ses oreillers et ferma les yeux pour mourir.

Une fois que le vieux roi eut été conduit au tombeau, Jean-le-Fidèle rapporta au jeune roi la promesse qu'il avait faite à son père sur son lit de mort et ajouta :

— Je la tiendrai certainement et je te servirai aussi fidèlement que je l'ai servi, même au péril de ma vie.

Quand le deuil fut passé, Jean-le-Fidèle dit au roi : « Il est temps que tu connaisses ton héritage et je vais te montrer le château paternel. » Alors il le conduisit partout, du haut en bas, et lui montra tous les trésors et les richesses des appartements et des caveaux, à l'exception d'une seule chambre qu'il n'ouvrit point : celle où était enfermé le dangereux portrait. Il y était placé de telle sorte, qu'on ne voyait que lui dès que la porte était ouverte ; et il était si magnifiquement peint, que celle qu'il représentait semblait présente et bien vivante : et rien ne pouvait être plus adorablement beau sur cette terre. Or, le jeune roi s'était bien aperçu que son fidèle Jean passait toujours devant cette porte sans l'ouvrir, et il lui demanda : « Pourquoi ne m'ouvres-tu jamais celle-là ? »

— C'est qu'il y a dedans quelque chose qui te ferait peur, répondit-il.

Mais le roi ne s'en contenta pas. « J'ai vu tout le château, dit-il, et je veux voir aussi ce qu'il y a ici. » Il s'avança, essayant de forcer la porte. Jean-le-Fidèle l'en empêcha et lui dit, en le tirant en arrière :

— J'ai juré à ton père, au moment de sa mort, que tu ne verrais pas ce qu'il y a dans cette chambre : pour toi comme pour moi il ne peut en sortir que du malheur.

— Que non ! protesta le jeune roi : c'est si je n'y entre pas que ma perte sera certaine, car tant que je ne l'aurai pas vue de mes propres yeux, je ne connaîtrai plus le repos ni jour ni nuit ! Je ne m'en irai pas d'ici avant que tu m'aies ouvert cette porte.

Voyant qu'il n'y avait plus rien à faire et qu'il ne pourrait pas l'en empêcher, Jean-le-Fidèle, le cœur lourd, et non sans force soupirs, tira la clef du gros trousseau et la tourna dans la serrure. Et quand la porte fut ouverte, il entra vite le premier, espérant pouvoir cacher le tableau à la vue du roi. Mais à quoi bon ? Le roi se mit sur la pointe des pieds et le vit pardessus l'épaule du serviteur ; et il n'eut pas plutôt caressé des yeux l'image éblouissante de la belle princesse qu'il tomba en pâmoison, étendu de tout son long sur le sol, car elle était vraiment superbe et toute brillante d'or et de pierres précieuses. Jean-le-Fidèle le releva et le porta sur son lit, tout en se disant avec amertume : « Le malheur s'est produit, Seigneur Dieu ! que va-t-il advenir ? » Il le fortifia avec du vin pour lui faire reprendre ses sens, et le premier mot du roi, quand il revint à lui, fut pour lui demander : « Ah ! de qui est-ce là le portrait ? »

— C'est la fille du roi du Dôme d'Or, répondit Jean-le-Fidèle.

— Je l'aime, déclara le roi ; et mon amour est si grand, que si toutes les feuilles des arbres étaient des langues, elles ne pourraient pas arriver à l'exprimer ! Je donnerais ma vie pour qu'elle soit à moi ; et toi qui es mon fidèle Jean, il faut que tu m'aides !

Le serviteur fidèle y réfléchit longtemps et chercha par où commencer, car la chose était loin d'être facile : parvenir seulement à voir la princesse n'allait pas sans difficulté. Mais il trouva finalement un moyen et dit au roi : « Tout ce qu'elle a autour d'elle est d'or massif : les tables, les chaises, les plats, les gobelets, les vases et tous les ustensiles de ménage. Or, tu as dans ton trésor cinq tonnes d'or : laisses-en une aux orfèvres du royaume, afin qu'ils te façonnent des pots et des récipients de toutes sortes, des oiseaux de toutes espèces, des animaux sauvages ou fabuleux, tout ce qu'il leur plaira de faire, parce que tout cela plaira sûrement à la princesse quand nous irons le lui montrer ; et grâce à cela nous pourrons tenter notre chance. » Le roi fit venir devant lui tous les orfèvres du royaume, qui n'eurent plus qu'à se mettre au travail nuit et jour afin d'accomplir leurs magnifiques chefs-d'œuvre. Lorsque tout eut été chargé sur un navire, Jean-le-Fidèle revêtit le costume d'un marchand et le roi dut s'habiller de même afin de n'être point reconnu. Puis ils mirent à la voile et ne cessèrent leur longue navigation que lorsqu'ils furent arrivés sur la terre qu'habitait la fille du roi du Dôme d'or.

Jean-le-Fidèle recommanda alors au roi de rester sur le navire et de l'attendre. « Peut-être, lui dit-il, pourrai-je revenir en compagnie de la fille du roi : veille donc bien à ce que tout soit parfaitement en ordre à bord, les objets d'or bien exposés et le navire sous le grand pavois. » Après quoi il choisit et bourra sa ceinture de bijoux d'or et d'autres petites pièces d'orfèvrerie particulièrement remarquables, puis il gagna la terre et se rendit tout droit au château royal.

A son entrée dans la cour du château, il y avait, au puits, une fort jolie fille qui tirait de l'eau avec deux seaux d'or ; et comme elle se retournait pour emporter l'eau claire et scintillante, elle aperçut soudain l'étranger et lui demanda qui il était. « Je suis un marchand », répondit-il, en lui laissant voir ce qu'il avait dans sa ceinture. « Oh ! les belles pièces d'orfèvrerie ! » s'exclama-t-elle en se penchant pour mieux les regarder, après avoir posé ses deux seaux à terre. « Il faut que la princesse les voie, ajouta-t-elle après ce premier examen ; elle a une telle passion pour les choses en or, qu'elle va tout vous acheter. » Elle le prit par la main et le mena chez la fille du roi, dont elle était la camériste particulière. Ravie à la vue des délicats chefs-d'œuvre, la princesse dit : « C'est si parfait et d'un si beau travail que je veux tout acheter ! » Mais le fidèle Jean lui répondit : « Je ne suis que le commis d'un riche marchand, et ce que j'ai ici n'est rien à côté de ce que mon maître a sur son navire, car il possède, en fait d'orfèvrerie, tout ce qu'il y a de plus riche et de plus précieux. » Elle voulut sur-le-champ que toute la collection fût apportée devant elle, mais Jean-le-Fidèle lui répondit que cela demanderait plusieurs jours, rien que pour le transport, tant le nombre des pièces était considérable, et que pour leur seule exposition il n'y aurait jamais assez de salles dans le château. Elle en fut si excitée dans sa passion et sa curiosité qu'elle finit d'elle-même par ordonner : « Conduis-moi au navire : je veux voir ton maître et contempler moi-même ses trésors. »

Jean-le-Fidèle ramena donc la princesse sur le navire, et il en était plus qu'heureux. Quant au roi, quand il la vit, il apprit au premier regard qu'elle était bien plus belle encore que son portrait, et la seule chose qu'il pensa, c'est que son cœur allait éclater. Alors la princesse monta à bord et le roi la reçut pour la conduire à l'intérieur, tandis que le fidèle Jean demeurait à l'arrière, auprès du timonier, et faisait lever l'ancre. « Toutes voiles dehors, commanda-t-il, et que le navire vole aussi vite que l'oiseau ! »

Pendant ce temps, à l'intérieur, le roi montrait une à une les pièces de son trésor : la vaisselle plate, les coupes et les aiguières, les services et les autres objets, tous les oiseaux divers, les fauves ciselés et les chimères fabuleuses. Les heures passèrent tandis que la princesse, ravie, contemplait ces merveilles et ne s'apercevait même pas que le navire courait au large. Ce n'est qu'après avoir admiré la dernière pièce, quand elle eut remercié le marchand et voulut rentrer chez elle, qu'elle s'aperçut, en venant à la lisse, que le navire s'était éloigné de la terre à la perdre de vue et qu'il filait toutes voiles dehors en haute mer.

— Ah ! s'écria-t-elle emplie d'effroi, je suis trahie ! C'est un enlèvement et je suis aux mains d'un marchand ! Plutôt mourir !...

Alors le roi lui prit la main et lui dit : « Je ne suis point marchand, mais roi ; et mon sang n'est pas moins noble que le tien. Si j'ai usé de ruse pour t'enlever, la faute en est à mon fol amour. Quand j'ai vu ton portrait pour la première fois, je suis tombé par terre, évanoui.» En écoutant ces paroles, la fille du roi du Dôme d'Or se rassura et son cœur se sentit un tel penchant pour lui, qu'elle consentit bien volontiers à devenir son épouse.

Or, il advint un jour, tandis que le navire continuait à tailler sa route en haute mer, que Jean-le-Fidèle, en train de faire de la musique, installé à la proue, aperçut dans les airs le vol de trois corbeaux qui arrivaient vers lui. Il cessa de jouer pour écouter ce qu'ils disaient, car il comprenait très bien leur langage. Et le premier s'exclama :

— Ho ! le voilà qui ramène chez lui la fille du roi du Dôme d'Or !

— Oui-da, fit le second, mais il ne la tient pas encore.

— Elle est pourtant bel et bien avec lui sur le navire, remarqua le troisième.

— Bah ! repartit le premier, à quoi cela l'avance-t-il ? Dès qu'ils toucheront terre, un cheval roux viendra piaffer devant lui ; alors il voudra le monter, et s'il le fait, sa monture aussitôt bondira avec lui et l'emportera dans les airs, si bien qu'il ne reverra plus jamais sa fiancée.

— Pas de salut ? Aucun recours ? s'inquiéta le second corbeau.

— Oh ! bien sûr, répondit le premier, s'il y a quelqu'un pour sauter en selle avant lui, sortir des fontes l'arme à feu qui doit s'y trouver, et abattre le cheval au plus vite, alors le jeune roi sera sauvé. Mais qui le sait ? Et si quelqu'un le sait et veut le lui apprendre, celui-là sera pétrifié de la plante des pieds à hauteur des genoux.

— Ce n'est pas tout, reprit le second corbeau, j'en connais un peu plus : car même après que le cheval sera abattu et bien mort, le jeune roi ne tiendra pas encore sa fiancée ! Lorsqu'ils arriveront ensemble au château, sur un plat d'or, en effet, on lui apportera une chemise nuptiale qui semblera tissée d'or et d'argent, mais qui n'est en réalité faite que de poix et soufre. S'il l'enfile, il en sera brûlé jusqu'à la moelle des os.

— Pas de salut ? Aucun recours ? s'inquiéta le troisième.

— Oh ! bien sûr, repartit le second, si quelqu'un s'empare vite de la chemise avec des gants pour la jeter au feu, elle brûlera et le jeune roi sera sauvé. Mais à quoi bon ? Si quelqu'un le savait et voulait le lui apprendre, celui là serait pétrifié des genoux jusqu'au cœur.

— Ce n'est pas encore tout, déclara le troisième corbeau, je connais quelque chose de plus : car même après que la chemise aura brûlé, le jeune roi ne tiendra toujours pas son épouse. Parce qu'après le mariage, lorsque la danse commencera et que la jeune reine entrera dans le bal, elle sera tout à coup exsangue et tombera comme morte. Si, alors, il n'y a personne pour la relever bien vite et aspirer sur son sein droit trois gouttes de son sang, qu'il lui faudra recracher au plus vite, la reine sera morte. Mais si quelqu'un le sait et trahit le secret, celui-là sera pétrifié de pied en cap, entièrement.

Ayant ainsi parlé, les corbeaux s'éloignèrent dans leur vol, et le fidèle Jean avait tout entendu et tout compris ; aussi fut-il, de ce moment, mélancolique et taciturne. S'il devait, en effet, ne pas dire à son maître ce qu'il avait appris, à quel malheur ne l'exposait-il pas ? Mais s'il voulait, au contraire, le lui apprendre, il lui faudrait le payer de sa vie. Néanmoins, pour finir, il prit sa décision et se dit : « Je sauverai mon maître, même s'il faut que j'en périsse moi-même. »

Au terme du voyage, quand ils touchèrent terre, tout se passa comme l'avait dit le corbeau, et il y avait là un magnifique cheval roux qui piaffait. « Parfait ! s'exclama le roi, voilà ce qu'il me faut pour me rendre au château ! » Et déjà il voulait monter en selle quand le fidèle Jean le devança, enfourchant prestement l'animal pour l'abattre aussitôt avec l'arme qu'il avait arrachée des fontes. Ce ne fut qu'un cri parmi les autres serviteurs du roi, qui n'aimaient guère Jean-le-Fidèle : « Quelle honte de tuer une aussi belle bête, quand le roi devait la monter pour gagner le château ! » Mais le roi les fit taire en leur criant : « Assez, vous autres ! Il sait bien ce qu'il fait et pourquoi il le fait : c'est mon Jean-le-Fidèle. »

On s'en fut donc jusqu'au château et là, dans la grand-salle, exposée sur un grand plat d'or, la fausse chemise nuptiale les attendait : elle paraissait vraiment n'avoir été tissée que d'or pur et d'argent. Le jeune roi s'avança et voulut la prendre, mais le fidèle Jean l'écarta vivement, saisit la chemise avec des gants et la jeta précipitamment dans le feu, où il la regarda brûler. Après la première stupéfaction, les autres serviteurs reprirent leurs murmures en disant : « Et voilà maintenant qu'il brûle la chemise nuptiale du roi ! » Mais le roi les fit taire encore une fois et leur dit : « Qui sait pourquoi il a voulu le faire ? Laissez-le : c'est mon Jean-le-Fidèle ! »

Enfin on célébra les noces, puis le bal commença et la jeune mariée s'apprêta à entrer dans la danse. Alors Jean-le-Fidèle la surveilla de toute son attention, sans quitter des yeux son visage, et quand il la vit soudain pâlir et tomber comme morte sur le plancher, il s'élança en toute hâte, la releva et l'emporta en courant dans une chambre où il la coucha, puis il s'agenouilla près d'elle et suça sur son sein droit les trois gouttes de sang, qu'il recracha aussitôt. Instantanément la jeune reine retrouva son souffle et reprit connaissance ; mais le roi, qui avait tout vu et qui ne pouvait pas comprendre pourquoi Jean-le-Fidèle avait agi comme cela, en conçut une terrible colère et cria : « Qu'on le jette en prison ! »

Jugé le lendemain matin, Jean-le-Fidèle fut condamné et aussitôt mené à la potence. Et là-haut, sur le point d'être exécuté, il parla : « Tout homme qui doit mourir a le droit de parler encore une fois avant sa fin, dit-il. Ce droit, est-ce que je l'ai aussi ? »

— Oui, répondit le roi, il doit t'être accordé.

— C'est à tort que je suis condamné et je n'ai pas cessé de te rester fidèle, déclara-t-il, après quoi il raconta comment il avait entendu ce qu'avaient dit entre eux les corbeaux sur la mer, et comment lui, pour sauver son maître, il avait dû faire tout ce qu'il avait fait.

— O Jean-mon-Fidèle ! s'exclama le roi. La grâce ! La grâce ! Faites-le redescendre !

Mais à son dernier mot Jean-le-Fidèle était tombé, privé de vie, et il était devenu pierre.

Ce fut une grande douleur pour le roi comme pour la reine, et le roi ne put s'empêcher de soupirer amèrement : « Voilà comment j'ai pu récompenser une si grande fidélité ! » Et il donna l'ordre que la statue de pierre fût portée dans sa chambre à coucher et mise près de son lit. Ses yeux s'emplissaient de larmes à chaque fois qu'il la voyait. « Hélas ! disait-il, que ne puis-je te rendre la vie, ô mon Jean-le-Fidèle ! »

Le temps passa, et la reine avait mis au monde des jumeaux, deux adorables petits bouts d'hommes qui grandissaient et faisaient sa joie. Et un jour que la reine se trouvait à l'église et que les deux bambins, restés avec leur père, s'amusaient devant lui, le roi considéra une fois de plus la statue de pierre avec chagrin et soupira à haute voix : « Hélas ! que ne puis-je te rendre la vie, ô mon fidèle Jean ! » Et la pierre se mit à parler pour lui répondre : « Oui, tu peux me rendre la vie si tu veux y sacrifier ce que tu as de plus cher au monde.

— Je donnerais pour toi tout ce que j'ai au monde ! » s'écria le roi.

Alors la pierre parla de nouveau et dit : « Si, de ta propre main, tu coupes la tête de tes deux enfants et me frictionnes de leur sang, je me retrouverai en vie. »

Quel sursaut d'horreur pour le roi, lorsqu'il entendit qu'il lui fallait tuer lui-même ses deux enfants chéris ! Mais aussi, il pensa à sa grande fidélité, et que Jean-le-Fidèle était mort pour lui. Alors il tira son épée et trancha la tête de ses enfants. Et quand il eut frotté la pierre avec leur sang, la vie revint en elle, et Jean-le-Fidèle fut là, devant lui, bien vivant et plein de santé. Il lui dit aussitôt :

— Ton dévouement ne restera pas sans récompense ! Et il prit dans ses mains la tête des petits, qu'il replaça sur leurs corps menus, puis il frotta la place de la blessure avec leur sang, ce qui leur rendit instantanément vie et santé, si bien qu'ils se remirent à jouer tous les deux comme si de rien n'avait été. Quelle joie immense pour le roi ! Et quand il vit la reine revenir, vite, il cacha Jean-le-Fidèle et les enfants dans une grande armoire.

— As-tu prié à l'église ? demanda-t-il à la reine comme elle entrait.

— Oui, répondit-elle, mais je n'ai cessé de penser au fidèle Jean et à son grand malheur à cause de nous.

— Nous pouvons lui rendre la vie, ma chère femme, lui dit-il ; mais ce serait au prix de celle de nos deux petits, qu'il nous faudrait sacrifier.

La reine en fut livide et son cœur s'emplit d'épouvante, néanmoins elle dit :

— Il a ce droit sur nous, du fait de sa fidélité.

Tout heureux de voir qu'elle pensait comme il avait pensé, le roi courut ouvrir l'armoire et fit sortir ses deux fils et Jean-le-Fidèle en disant : « Dieu soit loué ! Il est délivré, et nos enfants aussi nous sont rendus ! » Puis il lui raconta tout ce qu'il s'était passé.

Alors ils vécurent ensemble et ils furent heureux jusqu'à la fin de leur vie.

la bonne affaire

Il était une fois un paysan qui avait mené sa vache au marché et l'y avait vendue trois gros écus. Sur le chemin du retour, il lui fallait passer près d'un étang, et voilà que de loin, déjà, il entendit les grenouilles qui criaient : Quâat ! quâat ! Quâat ! quâat ! « Naturellement ! se dit-il à lui-même, elles bavardent à tort et à travers sans trop savoir ce qu'elles disent ; mais c'est trois écus, et pas quatre que je rapporte. » Et lorsqu'il fut tout près de l'eau, il les interpella : « Bêtes idiotes que vous êtes ! Est-ce que vous le sauriez mieux que moi ? C'est trois écus, et pas quatre ! » Mais les grenouilles persistaient dans leur quâat, quâat, quâat, quâat.

— Allons ! quand je vous dis que c'est trois ! Si vous ne voulez pas me croire, je vais les compter devant vous !

Il tire les pièces de sa poche et se met à compter : et tant et tant en petite monnaie, cela fait un écu ; et tant et tant, un autre écu ; et encore tant et tant : cela fait trois écus et pas un sol de plus. Mais les grenouilles, sans tenir aucun compte de ses comptes, n'en persistaient pas moins à crier leur quâat ! quâat ! quâat ! quâat !

— Hé ! leur cria le paysan furieux, puisque vous êtes plus fortes que moi, comptez donc vous-mêmes !

Et il leur jeta son argent au beau milieu de l'eau, restant planté là à attendre, et comptant bien qu'elles lui rendraient son argent une fois qu'elle l'aurait compté. Mais les grenouilles, dans leur entêtement, n'en continuaient pas moins à crier de plus belle : « Quâat ! quâat ! quâat ! quâat ! » sans pour autant lui retourner son argent. Il patienta encore un bon moment, mais comme le soir venait et qu'il lui fallait rentrer à la maison, le paysan les traita comme elles le méritaient : « Bande de clapoteuses ! leur cria-t-il, avec vos grosses têtes et vos yeux globuleux, vous pouvez bien crier à nous en casser les oreilles et ne jamais fermer vos grandes gueules ! Vous n'êtes même pas capables de compter jusqu'à trois écus ! Vous croyez peut-être que je vais rester là, à attendre que vous ayez fini ? » Il leur tourna le dos et s'en alla, mais non sans les entendre toujours derrière lui qui criaient : quâat ! quâat ! quâat ! quâat ! — si bien qu'il était de fort méchante humeur quand il rentra chez lui.

Au bout d'un certain temps, s'étant racheté une vache, il l'abattit lui-même en calculant que, s'il en vendait bien la viande, cela ferait tellement d'argent que ce serait comme s'il avait deux vaches, et il aurait encore la peau en sus ! En arrivant à la ville pour y porter sa viande, il trouva toute une meute de chiens devant la porte, et à sa tête un grand lévrier qui vint bondir en reniflant sa viande et ne cessait pas d'aboyer : « Mouah ! Mouah ! Mouah ! » Voyant qu'il ne s'arrêtait pas, le paysan lui dit : « Bon, bon ! j'ai bien compris que tu disais « Moi ! moi ! » parce que tu voudrais de la viande ; mais moi, je m'en voudrais de te la donner ! » Le grand chien ne lui répondit pas autre chose que son « Mouah ! Mouah ! »

— Très bien, dit encore le paysan, mais comme tu ne seras pas seul à la manger, acceptes-tu de te porter garant pour les autres ?

— Mouah ! Mouah ! répondit le chien.

— D'accord, dit le paysan, puisque tu insistes, moi, je veux bien te la laisser: je te connais et je sais chez qui tu es. Mais fais bien attention à ce que je te dis : si dans trois jours je n'ai pas mon argent, cela ira mal pour toi ! Et maintenant débrouille-toi, tu n'as qu'à t'en charger.

Ayant dit, il vida sa charrette de la viande et prit le chemin du retour ; et comme il s'éloignait, il les entendit tous qui aboyaient à qui mieux mieux : « Mouah ! mouah ! mouah ! mouah ! » en se précipitant sur la viande. « Bien sûr ! se dit le paysan à soi-même, à présent ils en veulent tous, c'est facile à comprendre ; mais en ce qui me concerne, c'est le grand qui répond pour tous. »

Quand arriva le troisième jour, le paysan se dit : « Ce soir, tu auras ton argent en poche. » Il en était tout heureux d'avance. Mais il ne vit personne et rien ne fut payé. « On ne peut plus se fier à quiconque », remarqua-t-il, et quand il fut à bout de patience, il se rendit à la ville et entra tout droit chez le boucher à qui il réclama son argent. Le boucher le prit d'abord comme une plaisanterie ; mais quand le paysan lui eut dit que, plaisanterie à part, il voulait son argent, lui demandant si oui ou non le gros chien ne lui avait pas apporté une vache entière trois jours plus tôt, il sentit la moutarde lui monter au nez, attrapa un balai et expulsa l'intrus.

— Attends un peu, mon gaillard ! il y a encore une justice en ce bas monde, cria le paysan, qui se rendit incontinent au palais royal et demanda audience.

Quand il fut introduit devant le roi, celui-ci avait auprès de lui sa fille ; et il s'enquit du sujet de sa plainte et des torts qu'il avait subis. « Oh ! fit le paysan, ce sont les grenouilles et les chiens qui m'ont pris mon bien, et le boucher qui m'a chassé à coups de balai. » Et là-dessus, il raconta toute son histoire point par point, expliquant en long et en large comment les choses s'étaient passées. La fille du roi éclata de rire et, dès qu'il eut fini, le roi dit :

— En justice, je ne puis te donner raison ; mais grâce à cela, tu vas avoir ma fille comme épouse. Depuis le jour de sa naissance elle n'a jamais ri qu'aujourd'hui, et pour toi : or, je l'avais promise à celui qui saurait la faire rire.

— Oh, oh ! dit le paysan, je n'en veux point du tout. Je n'en ai déjà qu'une à la maison, de femme, mais c'est déjà bien trop pour moi : quand je rentre, cela ne se passe pas autrement que s'il y en avait une dans tous les coins !

— Tu n'es qu'un rustre et un impertinent ! dit le roi en colère.

— Ah ! seigneur roi, répondit-il, que voulez-vous tirer d'un bœuf, si ce n'est de la viande de bœuf ?

— Attends, reprit le roi, ce n'est pas la seule récompense que tu te sois méritée ici. Tu peux t'en aller à présent, mais reviens dans trois jours recevoir les cinq cents qu'on te doit.

Comme il passait la porte, la sentinelle arrêta le paysan et lui dit : « Tu as fait rire la fille du roi, ça va te valoir une fameuse récompense, hein ?

— Ça oui, je pense bien ! dit le paysan. Cinq cents, qu'ils vont me compter !

— Ecoute, dit la sentinelle, laisse-m'en une petite part... Qu'est-ce que tu vas faire de tout cet argent ?

— Tu as raison, lui répondit-il ; mais c'est bien parce que c'est toi : je t'en laisse deux cents ; tu n'auras qu'à te présenter dans trois jours devant le roi et te les faire donner.

Un Juif qui passait par là et qui avait surpris leur dialogue, courut derrière le paysan, le tira par la manche et lui dit : « Bonté de Dieu ! une fameuse chance que vous avez. Je vous les changerai, je vous changerai tout en bonne petite monnaie, car vous ne sauriez que faire de vos écus pleins !

— Trois cents qu'il me reste et que tu peux avoir, mon youpin : tu me les donnes tout de suite en menue monnaie, et d'ici trois jours, tu iras te les faire payer chez le roi. »

Le Juif, alléché par le profit et tout heureux du bon bénéfice, lui apporta la somme en mauvais sous de cuivre : de ces pièces dont il faut trois pour en acheter deux bonnes !

Au bout des trois jours le paysan revint, comme il en avait reçu l'ordre, se présenter devant le roi. « Qu'on lui ôte sa blouse, dit le roi ; les cinq cents que nous lui devons, il faut qu'il les reçoive !

— Hélas ! dit le paysan, ils ne sont plus à moi : j'en ai donné deux cents comme cadeau à la sentinelle, et trois cents m'ont été changés par le Juif en monnaie ordinaire ; honnêtement, il ne me revient plus rien.

A ce moment arrivèrent le soldat et le Juif qui réclamèrent leur dû, si judicieusement subtilisé au paysan, et qui le reçurent comme il convenait, chacun ayant sa juste part de la bastonnade. Le soldat, qui connaissait le goût de la chose, la supporta avec patience ; mais le Juif se répandit en jérémiades et en plaintes : « Aïe, aïe ! Oh ! malheur de misère ! Les bons écus sonnants, aïe ! les pièces bien frappées, aïe ! les voilà donc ? holà ! Ouille ! »

Et le roi, qui ne put s'empêcher de rire de ce paysan, en perdit toute sa colère et lui dit : « Puisque tu as perdu ta récompense avant même de l'avoir touchée, je tiens à te donner quelque chose à la place. On va te conduire jusqu'à ma salle du trésor, où tu prendras tout l'argent que tu voudras. »

Le paysan ne se le fit pas dire deux fois, et il bourra ses grosses poches de tout ce qu'elles voulaient bien contenir. Ensuite il alla à l'auberge pour compter son argent ; et le Juif, qui s'était glissé subrepticement derrière lui, l'entendit qui grommelait dans sa barbe, parce qu'il ne se retrouvait pas dans ses comptes : « Ce filou de roi m'a quand même joué un sale tour ! Est-ce qu'il n'aurait pas pu me donner son argent lui-même, que je sache au moins ce que j'ai ? Car comment arriver maintenant à savoir au juste combien j'ai pu fourrer dans mes poches au petit bonheur ? »

— Dieu me garde ! se dit le Juif en soi-même, voilà qu'il parle irrespectueusement de notre souverain et seigneur ! Je vais courir l'en avertir, ce qui me vaudra sûrement une bonne récompense, et à lui une bonne punition par-dessus le marché !

En apprenant les paroles qu'avait dites le paysan, le roi se mit en grand courroux et commanda au Juif d'aller lui chercher le coupable sur l'heure. Empressé, le Juif y courut et dit au paysan : « Il faut que vous vous présentiez devant le roi immédiatement et sans délai.

— Heureusement que je connais un peu mieux les convenances, lui répondit le paysan ; il faut d'abord que je me sois fait faire un nouvel habit. T'imagines-tu qu'un homme qui a autant d'argent en poche puisse se présenter à la cour dans ce costume loqueteux ? »

Le Juif insista et le pressa ; mais quand il vit que le paysan n'irait jamais avant d'avoir son nouvel habit, et craignant que dans l'intervalle la colère du roi ne se fût évaporée, le laissant, lui sans récompense et l'autre sans sa punition, il lui dit : « A titre purement amical et pour un petit moment, je vais vous prêter un beau costume, moi. Ah là là ! que ne fait-on pas par amour du prochain ! »

Le paysan se laissa faire, passa l'habit du Juif et partit avec lui chez le roi, qui lui demanda compte des mauvaises paroles, telles que le Juif les lui avait rapportées. « Oh ! dit le paysan, ce que raconte un Juif est toujours un mensonge ; il ne sort jamais rien de vrai de la bouche de ces gens-là. Ce type-là ? Mais il est capable de prétendre que le costume que j'ai sur le dos est le sien !

— Comment ? Quoi ? s'étrangla le Juif, ce n'est pas mon habit ? Qu'est-ce que cela signifie ? Cet habit, est-ce que je ne viens pas de vous le prêter par pure amitié, afin que vous puissiez comparaître devant notre seigneur le roi ? »

En entendant cela, le roi se dit : « Assurément, le Juif a trompé l'un de nous deux, le paysan ou moi. » Et il fit compter au paysan quelques bons écus pour ajouter aux autres. Alors le paysan s'en alla, portant le bel habit et serrant dans ses poches les belles pièces d'or, et il se dit : « Pour une affaire, ce coup-ci, c'était une bonne affaire ! »

le merveilleux ménétrier

Il y avait une fois un merveilleux musicien qui marchait seul, tout seul dans une vaste forêt. D'abord il s'était laissé aller à ses pensées en songeant à tout et à n'importe quoi ; mais quand il ne trouva plus rien à quoi penser, il se dit : « Le temps commence à me peser dans cette grande forêt, je vais me faire venir une agréable compagnie. » Il prit alors le violon qu'il portait sur son dos et se mit à en jouer de tout son cœur dans sa solitude, parmi les arbres. Survint un loup qui sortit du fourré épais. « Ah, c'est un loup qui vient ? dit le musicien. Mais ce n'est pas du tout la compagnie que je désire. » Le loup ne s'en approcha pas moins et lui dit : « O musicien, mon cher, comme tu joues bien du violon ! J'aimerais tant apprendre aussi !

— Ce sera vite fait, répondit le ménétrier, si seulement tu fais bien tout ce que je te dirai de faire.

— O violoniste, lui promit le loup, je t'obéirai comme un disciple écoute son maître. »

Le ménétrier lui dit de l'accompagner sur son chemin, et quand ils eurent marché un moment ensemble, ils arrivèrent près d'un vieux chêne dont le tronc était creux et le bois fendu. « Voilà ce qu'il nous faut, dit le violoniste ; si tu veux apprendre à manier l'archet, tu dois pouvoir glisser tes pattes de devant dans cette longue fente. » Le loup obéit avec empressement, mais le ménétrier s'empara prestement d'une pierre et lui coinça les deux pattes en enfonçant la pierre d'un bon coup, si bien qu'il fut prisonnier. « Attends-moi là jusqu'à ce que je revienne ! » dit-il au loup ; et il poursuivit son chemin.

Après un bout de temps, le musicien se dit de nouveau, comme précédemment : « Le temps me pèse et je m'ennuie dans cette grande forêt ; je vais me faire venir une agréable compagnie. » Il reprit son violon et se mit à en jouer dans la forêt. Peu après arriva un renard qui sortit de dessous les arbres. « Ah, c'est un renard qui vient ! se dit-il, mais ce n'est pas du tout le compagnon dont j'ai envie. » Le renard s'approcha et lui dit : « O musicien, mon cher, comme tu joues bien du violon : j'aimerais apprendre moi aussi.

— Ce ne sera pas long, dit le ménétrier, si tu fais bien tout ce que je te dirai de faire.

— O musicien, répondit le renard, j'obéirai comme le disciple écoute son maître.

— Suis-moi ! » dit le ménétrier ; et lorsqu'ils eurent fait un bout de chemin ensemble, ils eurent devant eux un sentier très étroit et très creux, bordé haut par de grands buissons. Le ménétrier s'arrêta, choisit un noisetier à droite et le plia jusqu'au sol, où il le maintint en posant le pied sur sa fine extrémité ; puis il saisit un arbuste de la gauche pour le plier de même, après quoi il appela le renard et lui dit : « Arrive ici, mon petit renard, et donne-moi ta patte gauche si tu veux apprendre quelque chose. » Le renard obéit et le ménétrier lui attacha cette patte à l'arbrisseau de gauche. « Donne-moi la droite à présent, mon petit renard. » Et il lui attacha cette patte-là au noisetier de droite. Il vérifia si les nœuds étaient bien serrés et les liens assez solides, puis il lâcha d'un coup les deux arbustes qui se redressèrent en emportant le renard dans les hauteurs, où il resta à gigoter et à se balancer, les pattes écartées. « Attends-moi là jusqu'à ce que je revienne », lui dit le ménétrier ; et il continua son chemin.

Au bout d'un moment, il se dit encore : « Je m'ennuie et le temps me pèse dans cette forêt ; je vais me faire venir une agréable compagnie. » Et il se mit à jouer du violon dans les bois, qui s'emplissaient de sa musique. Survint un lièvre bondissant. « Ah ! c'est un lièvre qui vient, se dit-il, mais ce n'est pas du tout la compagnie que je souhaite.

— O musicien, mon cher, comme tu joues bien du violon ! dit le lièvre. J'aimerais bien apprendre aussi.

— Ce sera vite fait, dit le ménétrier, pourvu que tu fasses bien tout ce que je te dirai de faire.

— O violoniste, répondit le lièvre, je t'écouterai comme un disciple obéit à son maître. »

Ils firent ensemble un bout de chemin, jusqu'à l'orée d'une clairière où se dressait un tremble. Le ménétrier attacha le lièvre par le cou avec une longue ficelle, dont il attacha l'autre bout au tremble. « Ecoute, petit lièvre, tu vas maintenant me faire vingt fois le tour de l'arbre au grand galop », commanda le ménétrier ; et le lièvre obéit et courut à en perdre le souffle. Mais quand il eut fait ses vingt tours et enroulé autant de fois la ficelle autour de l'arbre, il était ligoté de tout près ; il pouvait bien tirer et se débattre pour essayer de se sauver : l'unique résultat était qu'il se coupait de plus en plus la peau tendre de son cou. « Attends-moi là jusqu'à ce que je revienne ! » dit le ménétrier, qui s'en alla plus loin.

Le loup, pendant ce temps, s'était acharné de toutes ses dents sur et autour de la pierre, tirant, poussant et déchiquetant, si bien qu'il avait réussi, finalement, à dégager ses pattes et à se libérer de la fente. Bouillant de fureur et de rage, il s'élança sur les traces de ce ménétrier de malheur, prêt à le dévorer. Le renard, qui le vit accourir, commença à gémir et l'appela de toutes ses forces : « Frère loup, viens à mon secours, le musicien m'a floué ! » Le loup arriva sur place, abaissa les arbrisseaux, rompit les liens d'un coup de dents et libéra le renard, qui se joignit à lui pour aller tirer vengeance du joueur de violon. Ils trouvèrent sur leur chemin le lièvre ficelé, qu'ils délivrèrent aussitôt ; et tous les trois s'en allèrent ensemble à la recherche de leur ennemi.

Le ménétrier avait une nouvelle fois fait chanter son violon au milieu des bois, mais avec plus de chance cette fois. Sa musique, en effet, était venue toucher les oreilles d'un pauvre bûcheron, qui n'avait pas pu faire autrement que de lâcher son ouvrage et d'accourir, la cognée sous le bras, pour écouter. « Enfin voilà la compagnie que je voulais, dit le ménétrier, car c'est un homme que je cherchais et non pas des bêtes sauvages. » Et il se remit à jouer, mais si merveilleusement bien, si délicieusement et avec tant de charme, que le pauvre bûcheron restait planté là comme un homme ensorcelé, et son cœur se fondait de joie.

Arrivèrent le loup, le renard et le lièvre, si manifestement animés de féroces intentions que le pauvre homme le remarqua. Levant alors sa cognée brillante, il se plaça devant le merveilleux ménétrier d'un air de dire : « Celui qui veut l'approcher, gare à lui : c'est à moi qu'il aura à faire ! » Et il était si menaçant que les trois prirent peur et coururent se cacher dans le profond des bois. Quant au ménétrier, il joua encore un morceau pour l'homme, à titre de remerciement, et il poursuivit son chemin.

les douze frères

Il était une fois un roi et une reine qui vivaient en bonne harmonie et qui avaient douze enfants, tous des garçons. Alors le roi dit à sa femme : « Si le treizième enfant que tu mettras au monde est une fille, les douze garçons mourront pour que sa richesse soit grande et qu'elle hérite seule du royaume. » Il fit aussi fabriquer douze cercueils, tous emplis de copeaux déjà, et dans chacun le petit oreiller mortuaire ; et il les fit déposer dans une chambre close, dont il donna la clef à sa femme en lui recommandant strictement de n'en rien dire à personne.

Dès lors la mère resta assise à longueur de journée, emplie de chagrin et de deuil, si malheureuse que son petit dernier, qui ne la quittait guère, celui qu'elle avait appelé Benjamin selon la Bible, finit par lui demander : « Chère maman, pourquoi es-tu si triste ?

— Mon chéri, lui répondit-elle, il ne m'est pas permis de te le dire. »

Mais il ne la laissa pas en repos avant qu'elle n'eût ouvert la chambre et ne lui eût montré les douze petits cercueils déjà pleins de copeaux. « Benjamin, mon chéri, lui dit-elle, ces cercueils, c'est pour toi et tes onze frères que ton père les a fait faire, parce que si je donne naissance à une fille, vous serez tous tués et couchés dedans pour être enterrés. » Et comme elle pleurait tout en lui disant cela, son fils la consola et lui dit : « Ne pleure pas, chère maman, nous saurons bien nous en garder et nous allons partir.

— Toi et tes onze frères, allez-vous-en là-bas, dans la forêt, lui dit-elle, et tout en haut de l'arbre le plus haut qu'on puisse trouver, que toujours l'un de vous soit installé à faire le guet pour surveiller, ici, le donjon du château. Si je mets au monde un garçon, je hisserai un drapeau blanc et vous pourrez revenir ; si c'est une fille, par contre, je hisserai un drapeau rouge, et alors vous vous enfuirez au plus vite et le plus loin possible — et que Dieu vous protège ! Chaque nuit je serai debout et je prierai pour vous : en hiver, pour que vous ayez un feu où vous chauffer ; en été, pour que vous ne soyez pas accablés par la chaleur. »

Lors donc qu'elle eut béni ses fils, ils s'en allèrent dans la forêt. Et là, perché tout au sommet du chêne le plus haut, l'un d'eux guettait pour tous les autres et ne quittait pas des yeux le donjon du château. Lorsqu'ils en furent au onzième jour et que c'était le tour de Benjamin, il vit que montait l'étendard ; mais ce n'était pas le blanc drapeau : c'était la sanglante oriflamme annonciatrice de leur mort à tous. Et quand ses frères l'entendirent, ils furent pris de colère et dirent : « Faut-il que nous souffrions la mort à cause d'une fille ? Nous jurons de nous venger : où que nous rencontrions une fille, son sang rouge coulera. »

Sur quoi ils s'enfoncèrent toujours plus avant dans la forêt, au plus profond de laquelle, dans son cœur le plus ténébreux, ils découvrirent une petite cabane enchantée. « C'est ici que nous allons habiter, décidèrent-ils ; et toi, Benjamin, parce que tu es le plus jeune et le plus faible, tu resteras à la maison pour t'occuper de tout, tandis que nous irons nous autres chercher de quoi manger. » Et c'est ainsi qu'ils s'en allaient chasser dans la forêt, tirant un lièvre ou un chevreuil, ou des oiseaux, ou des pigeons ; et tout ce qu'ils pouvaient y trouver comme nourriture, ils le rapportaient à Benjamin, qui devait le leur apprêter afin qu'ils pussent apaiser leur faim. Tous ensemble ils vécurent dix ans dans cette cabane, et le temps ne leur fut pas long.

La fillette à laquelle leur mère, la reine, avait donné naissance, avait aussi grandi pendant ce temps-là : elle était bonne dans son cœur et belle de visage, avec une étoile d'or au milieu du front. Un jour de grande lessive, elle remarqua sur le séchoir douze chemises d'homme et demanda à sa mère : « A qui sont ces chemises, bien trop petites pour mon père ? » Sa mère lui répondit, le cœur lourd : « Ce sont celles de tes douze frères, ma chère enfant.

— Mais où sont-ils, ces douze frères que je n'ai encore jamais vus ? interrogea la fillette.

— Dieu le sait, où ils sont ! soupira la mère. Ils errent de par le vaste monde. »

Et la reine emmena la petite, lui ouvrit la chambre close et lui montra les douze cercueils déjà pleins de copeaux, avec chacun le petit oreiller mortuaire. « Ces cercueils, lui dit-elle, étaient destinés à tes frères ; mais ils se sont enfuis secrètement avant ta venue au monde. » Et elle lui raconta comment tout cela s'était passé.

— Ne pleure pas, chère maman, je vais aller à la recherche de mes frères et je les trouverai, dit la fillette, qui prit les douze chemisettes et s'en alla sur l'heure tout droit dans la grande forêt. Elle marcha tout le jour et quand ce fut le soir, elle arriva devant la petite cabane enchantée. Elle y entra et se trouva devant un jeune garçon qui lui demanda : « D'où viens-tu et où vas-tu ? » tout étonné de la voir si jolie dans sa robe royale, avec son étoile d'or au front.

— Je suis fille du roi, lui répondit-elle, et je cherche mes douze frères ; pour les trouver, j'irai aussi loin que le bleu du ciel.

Elle lui fit voir aussi les douze chemisettes qui leur appartenaient, et Benjamin comprit qu'elle était leur petite sœur. « Je suis Benjamin, lui dit-il, le plus jeune de tes frères ! » Des larmes de joie lui vinrent en entendant cela, et Benjamin en pleura aussi ; ils s'embrassèrent et se cajolèrent de tout leur cœur attendri et plein d'amour. Puis Benjamin reprit la parole : « Ma chère sœur, il y a encore un « mais » : c'est que nous nous sommes jurés la mort de toute fille que nous viendrions à rencontrer, parce qu'il nous a fallu quitter notre royaume à cause d'une fille.

— Si c'est pour libérer mes frères, moi je veux bien mourir ! dit-elle.

— Oh non ! il ne faut pas que tu meures. Viens te cacher sous ce baquet, et quand mes onze frères seront rentrés, j'arriverai bien à me mettre d'accord avec eux. »

Elle se cacha donc ; et à la nuit, quand les autres revinrent de la chasse, le repas était prêt. Ils se mirent à table, commencèrent à manger et demandèrent : « Quoi de neuf ?

— Comment, vous ne savez rien ? dit Benjamin.

— Non, répondirent-ils tous.

— C'est vous qui courez la forêt, reprit Benjamin, et moi qui reste ici, à la maison, j'en sais pourtant plus que vous !

— Alors, dis-le ! raconte ! dis-le ! s'écrièrent-ils.

— Mais d'abord, me promettez-vous que la première fille que nous verrons ne sera pas tuée ?

— Oui, c'est promis, d'accord, elle aura sa grâce, clamèrent-ils tous, et maintenant raconte-nous !

— Voilà, dit Benjamin, notre sœur est ici. »

Il retira le baquet, découvrant la fille du roi dans sa robe royale, avec son étoile d'or au front. Ah ! qu'elle était jolie, et gracieuse, et fine ! Ils en furent tous ravis et lui sautèrent au cou, l'embrassèrent tendrement et l'aimèrent, dès le premier moment, de tout leur cœur.

Alors elle resta à la maison avec Benjamin et l'aida dans son travail, tandis que les onze frères couraient la forêt pour chercher du gibier, chassant le poil et la plume, les chevreuils sauvages et les tendres ramiers, tout ce qu'il fallait pour qu'ils eussent à manger. Benjamin et leur sœur s'occupaient de tout préparer ; elle cherchait le bois pour la cuisine et les herbes pour parfumer les plats, surveillait la marmite au feu, si bien que le repas était toujours prêt quand arrivaient les onze frères. La cabane aussi était toujours nette et les lits toujours bien faits, avec de beaux draps frais et blancs. Ils étaient toujours contents et vivaient en parfaite harmonie.

Un jour donc que le frère et la sœur avaient cuisiné un bon plat, ils se mirent tous à table, se régalèrent et se sentirent pleins de joie. Touchant à la cabane enchantée, il y avait un jardinet ; et dans ce jardinet, douze lis de l'espèce qu'on appelle des « étudiants ». La fillette, pour faire un plaisir à ses douze frères et voulant leur offrir à chacun une fleur pendant le repas, quitta la table et alla cueillir les douze lis. Mais à l'instant même où elle les cueillit, les douze frères furent changés en douze corbeaux qui s'envolèrent par-dessus la forêt, tandis que la cabane et son jardinet disparaissaient aussi. D'un seul coup, la malheureuse fillette se trouva toute seule au beau milieu de la forêt sauvage, ne comprenant pas ce qu'il lui arrivait. Comme elle était là, regardant autour d'elle avec stupéfaction, une vieille femme se trouva soudain à côté d'elle et lui dit : « Mon enfant, qu'as-tu fait ? Pourquoi n'as-tu pas laissé les douze fleurs blanches comme elles étaient ? Car elles étaient tes frères, et à présent ils sont changés en corbeaux pour toujours.

— N'existe-t-il donc aucun moyen de les délivrer ? demanda la fillette en larmes.

— Non, déclara la vieille femme, car à la vérité il n'en existe qu'un seul au monde, et il est si difficile que tu n'y arriveras jamais. Il faut, en effet, que tu restes sept ans muette pour les délivrer, sans te permettre ni un mot, ni un rire ; et si jamais tu prononçais une seule parole, fût-ce même une heure avant la fin des sept ans, tout aurait été vain et tes frères seraient tués par cette seule parole. »

La fillette, dans le fond de son cœur, se dit : « Je sais assurément que je délivrerai mes frères », et elle partit de là, se chercha un grand arbre et grimpa s'y percher, puis se mit à filer sans dire un mot ni jamais rire. Mais il advint qu'un roi chassa dans cette forêt ; et le grand lévrier qu'il avait avec lui courut à l'arbre sur lequel se tenait la fillette, sautant et aboyant à grand bruit vers le haut. Le roi vint à son tour et aperçut la jolie princesse avec son étoile d'or au front, si ravissante dans sa beauté qu'il cria vers elle, lui demandant si elle acceptait de l'épouser. Elle ne répondit point, mais acquiesça d'un léger signe de tête. Alors il grimpa jusqu'à elle dans son arbre, la prit dans ses bras pour la faire descendre, la mit sur son cheval et rentra avec elle dans son château, où le mariage fut célébré avec beaucoup de pompe et non moins d'allégresse. Mais la mariée ne parlait et ne riait point.

Au bout de quelques années, que les jeunes époux avaient vécues dans le bonheur, la mère du roi, qui était une mauvaise femme, se mit à dénigrer et à calomnier la jeune reine. « C'est une vulgaire mendiante que tu as ramenée à la maison, dit-elle au roi ; et qui sait ce qu'elle ne fait pas en secret !... Qu'elle soit muette et ne puisse parler, passe encore, mais elle pourrait rire au moins ! Qui ne rit pas a mauvaise conscience. » Le roi, pour commencer, se contenta de faire la sourde oreille, mais la vieille femme se démena si bien et si longtemps, accusa la reine de tant de choses impies, que le roi, à la fin, se laissa circonvenir et la condamna à mort.

Le grand bûcher sur lequel elle devait brûler fut dressé et allumé dans la cour du château, et le roi, qui l'aimait tant encore, avait les yeux pleins de larmes en regardant par la fenêtre. Déjà elle était liée au poteau du supplice, déjà les flammes commençaient à lécher ses vêtements de leurs longues langues rouges, quand les tout derniers instants des sept années s'écoulèrent. Et soudain on entendit dans les airs un grand froissement d'ailes et l'on vit arriver douze corbeaux qui se posèrent aussitôt ; et comme ils touchaient le sol, ce n'étaient plus des corbeaux mais ses douze frères, dont elle avait gagné la délivrance. Ils dispersèrent le bûcher, éteignirent les flammes et sauvèrent leur sœur bien-aimée, qu'ils entourèrent, l'embrassant et la cajolant tendrement. Et maintenant qu'elle pouvait ouvrir la bouche et parler, elle expliqua au roi pourquoi elle avait été muette et n'avait jamais ri. Quel bonheur, pour le roi, de l'entendre et de savoir qu'elle était innocente !

Et c'est ainsi que tous, jusqu'à leur mort, ils vécurent ensemble en parfaite unisson. Quant à l'odieuse marâtre (puisqu'il faut appeler ainsi la belle-mère), elle fut traduite en justice, puis enfermée dans un tonneau à demi-plein de serpents venimeux et rempli d'huile bouillante ; et ainsi elle mourut d'une terrible mort.

de la racaille

Petit-coq dit à Petite-poule : « C'est maintenant que les noix sont mûres, et nous allons tous deux gagner la montagne pour en manger tout notre soûl avant que l'écureuil ait tout pris. » Petite-poule lui répondit : « C'est entendu, allons-y, ce sera pour nous deux une fameuse partie de plaisir ! »

Ils se rendirent donc sur la montagne, et comme c'était par un beau jour bien clair, ils s'attardèrent jusqu'au soir. Mais là, je ne sais trop pourquoi, peut-être parce qu'ils se sentaient lourds d'avoir trop mangé, ou peut-être parce qu'ils se sentaient glorieux et d'humeur folâtre : toujours est-il qu'ils ne voulurent pas rentrer à pied et que Petit-coq dut confectionner un petit carrosse en coquilles de noix. Le carrosse terminé, Petite-poule y monta et dit à Petit-coq : « Tu n'as plus qu'à t'y atteler.

— Tu peux toujours attendre ! répondit Petit-coq. Je préfère encore rentrer à pied que de tirer une voiture. Ça non ! je ne suis pas d'accord ! Cocher, à la rigueur je veux bien, mais traîner la voiture moi-même, personne ne m'y forcera jamais ! »

Ils discutaient de la sorte quand une cane caqueteuse se mit à leur criailler dessus : « Eh ! voleurs, qui vous a permis de venir piller mes noix sur ma montagne à moi ? Attendez un peu, je vais vous apprendre... » Et la voilà, bec en avant, qui se précipite sur Petite-poule. Mais Petit-coq n'était pas manchot non plus, et il tomba sur le dos de la cane si gaillardement, et il lui laboura finalement les chairs si cruellement avec ses ergots, qu'elle demanda grâce et consentit, comme punition, à se faire atteler au carrosse. Petit-coq monta sur le siège du cocher et mena l'équipage à toute allure : « Allez ! cane, au galop ! Au triple galop ! »

Ils avaient fait un bout de chemin quand ils rencontrèrent une aiguille et une épingle qui allaient à pied. « Halte ! halte ! leur crièrent ces piétons. Voilà qu'il va faire nuit bientôt, et nous n'en pouvons plus de marcher, et le chemin est si poussiéreux ! Est-ce que nous ne pourrions pas monter un peu ? Nous étions à l'Auberge du Tailleur, devant la porte, à boire de la bière, et nous nous sommes mis en retard. » Petit-coq, parce que c'étaient de maigres gens qui ne prenaient vraiment pas grande place, les laissa monter tous les deux. « Mais attention de ne marcher ni sur les pieds de Petite-poule, ni sur les miens ! » précisa-t-il. Et les voilà repartis.

La soirée s'avançait quand ils arrivèrent devant une auberge ; et comme ils ne tenaient pas à courir les dangers d'un voyage de nuit, comme aussi la cane avait les pattes fatiguées et ne marchait plus guère qu'en tombant d'un côté et de l'autre, ils décidèrent d'entrer. L'aubergiste fit toutes sortes d'objections pour commencer : il n'avait pas de place pour eux, la maison était pleine, et ceci, et cela ; car, pour tout dire, ces gens-là ne lui plaisaient guère ; mais un aubergiste est un aubergiste, et finalement il prêta l'oreille à leurs belles paroles et se laissa séduire par la promesse de l'œuf que Petite-poule venait de pondre en cours de route, et celle de garder la cane qui lui en pondrait un tous les jours. Bref, ils pouvaient passer la nuit là.

Ils entrèrent donc et ne se privèrent de rien, burent frais, mangèrent copieusement et se donnèrent du bon temps. Le lendemain matin, à la pointe de l'aube, quand tout dormait encore, Petit-coq éveilla Petite-poule, apporta l'œuf qu'il ouvrit d'un coup de bec, et tous deux le vidèrent pour le petit déjeuner. Et la coquille vide fut jetée dans la cheminée. Ils s'approchèrent ensuite de l'aiguille qui dormait encore, la prirent par la tête et la piquèrent dans le fauteuil de l'aubergiste ; ensuite ce fut le tour de l'épingle, qu'ils piquèrent dans sa serviette. Et après ils s'enfuirent, légers comme l'air, à travers le pâtis. Mais la cane, qui aimait à dormir à la belle étoile et qui était restée dans la cour, les entendit se défiler ; elle se réveilla tout à fait en se secouant un peu, trouva un ruisseau non loin et partit à la nage ; et cette fois cela filait un peu plus vite que la veille quand elle tirait le carrosse, vous pouvez bien le croire !

Deux bonnes heures après, et il était encore tôt, l'aubergiste se sortit des plumes, se passa le visage sous l'eau et, voulant s'essuyer, se fit avec l'épingle une bonne égratignure rouge qui lui courait d'une oreille à l'autre. Il pesta et passa dans la cuisine où, voulant s'allumer une pipe, il se pencha sur le foyer pour souffler sur la braise, et s'envoya de la coquille d'œuf dans l'œil. « Encore un de ces jours où tout va mal et vous tombe dessus ! » grogna-t-il ; mais quand il se laissa choir, tout mélancolique, dans son grand fauteuil, ouille-ouille ! quel bond il fit, et quel cri, avec l'aiguille bien plus profondément plantée, cette fois, et pas sur la figure !

Furieux, il se prit à soupçonner les gens qui lui étaient arrivés si tard, la veille ; mais quand il alla pour voir un peu ce qu'ils devenaient, il s'aperçut qu'ils étaient loin. Alors il fit serment que plus jamais, dans sa maison, n'entrerait de cette racaille qui vous mange de tout à n'en plus finir, ne paye rien du tout et vous tire encore de son sac à malices un tas de mauvais tours en guise de merci.

frérot et sœurette

Frérot prit sa Sœurette par la main en lui disant :

— Depuis que notre mère est morte, nous n'avons plus un seul moment de bon ; tous les jours la marâtre nous bat, et si nous voulons nous approcher d'elle, elle nous repousse à coups de pied. Nous n'avons à manger que les croûtes de pain qui restent, et le chien, sous la table, est plus heureux que nous : lui, au moins, il attrape de temps à autre un bon morceau qu'elle lui jette ! Pitié de Dieu, si notre mère le savait ! Viens-t'en, que nous allions ensemble courir le vaste monde !

Tout le jour, main dans la main, ils cheminèrent à travers champs, à travers prés, ou encore parmi les pierres et les cailloux ; et quand il se mit à pleuvoir, Frérot dit à Sœurette : « Dieu pleure en même temps que nos cœurs. » Au soir, ils se trouvaient dans une grande forêt et ils étaient si fatigués, si fatigués par leur lourd chagrin, la faim et le long chemin qu'ils avaient fait, qu'ils se glissèrent dans le creux d'un arbre et s'endormirent tout simplement.

Le lendemain, lorsqu'ils se réveillèrent, le soleil était haut déjà et il faisait bien chaud. « Sœurette, j'ai grand-soif, dit Frérot ; si je savais où trouver une source, j'irais y boire. Mais je crois bien que j'entends murmurer un ruisseau. » Il prit Sœurette par la main, et les voilà partis à la recherche du ruisseau.

Or, la marâtre, qui était une sorcière, avait bien vu partir les deux enfants et les avait suivis en cachette, se glissant derrière eux comme le font les sorcières ; et elle avait ensorcelé toutes les sources de la forêt. Quand donc ils arrivèrent près du joli ruisselet qui cascadait en étincelant sur les pierres, et comme Frérot voulait y boire, Sœurette entendit l'eau qui chuchotait dans son murmure : « Le premier qui s'y désaltère est changé en panthère ; le premier qui s'y désaltère est changé en panthère... »

— Je t'en prie, Frérot, n'y bois pas, cria-t-elle, sinon tu deviendrais une féroce panthère et tu me dévorerais !

Si grand-soif qu'il eût, Frérot ne but point et dit : « J'attendrai une prochaine source. » Mais lorsqu'ils arrivèrent au deuxième ruisselet, Sœurette entendit comme il murmurait : « Qui boit un coup devient un loup ; qui boit un coup devient un loup... »

— Je t'en supplie, Frérot, n'y bois pas, sinon tu serais changé en loup et tu me mangerais.

Il ne but point et dit : « J'attendrai jusqu'à la prochaine source, mais cette fois j'y boirai, quoi que tu puisses dire, parce que j'ai trop soif ! » Et lorsqu'ils arrivèrent à la troisième source, Sœurette l'entendit qui chuchotait dans son murmure : « Qui boit mon eau est changé en chevreau ; qui boit mon eau est changé en chevreau... »

— Oh ! petit frère, je t'en supplie, n'y bois pas ! N'y bois pas, car tu serais changé en chevreau sauvage et tu t'échapperais loin de moi !

Or, Frérot s'était déjà jeté à genoux et penché sur la source, où il buvait avidement ; mais dès qu'il eut mouillé ses lèvres d'une seule goutte, il n'y eut plus là qu'un petit chevrillard ou, comme on dit, un faon.

Sœurette pleura sur le pauvre petit être ensorcelé, son malheureux petit frère ; et le petit faon pleurait aussi, tristement assis près d'elle. « Ne pleure pas, mon cher petit faon, lui dit-elle pour le consoler : je ne t'abandonnerai jamais. » Et elle tira sa jarretière d'or pour la lui mettre en collier, puis elle tressa une souple laisse d'osier fin pour le mener et le garder à la main. Elle s'en alla ainsi et s'enfonça toujours loin, toujours plus profondément dans la forêt ; et quand ils eurent marché longtemps, longtemps, ils arrivèrent devant une maisonnette abandonnée. Sœurette regarda à l'intérieur et, comme elle était vide, pensa : « Nous pourrions nous installer ici et y rester. » Aussitôt elle alla chercher des feuilles et de la mousse pour faire une douce litière au petit faon, et désormais, chaque matin, elle s'en alla ramasser pour elle des baies sauvages, des racines ou des noisettes, et pour le faon de l'herbe tendre qu'il mangeait dans sa main ; et il se régalait, gambadant gaiement autour d'elle. Le soir, quand Sœurette était bien fatiguée, elle faisait sa prière et posait sa tête sur le flanc doux du faon, s'endormant sur ce tiède oreiller. Ah ! si seulement Frérot avait gardé sa forme humaine, qu'ils eussent donc été heureux !

Quand ils eurent ainsi vécu un bon bout de temps dans cette solitude sauvage, il advint que le roi de la contrée mena une grande chasse à courre dans la forêt, qui retentit soudain du son du cor, des jappements heureux des chiens de la meute et des appels joyeux des chasseurs. Pour le jeune faon, quelle envie et quelle impatience d'entrer aussi dans le jeu !

— Ah ! laisse-moi aller, Sœurette, laisse-moi libre d'y courir ! supplia-t-il.

Elle ne voulait pas, mais il insista tellement qu'elle finit par y consentir. « Soit ! dit-elle, mais promets-moi de rentrer à la maison ce soir. Et comme je garderai ma porte close devant les méchants chasseurs, tu frapperas en me disant : « Sœurette, ouvre-moi ! » pour que je sache te reconnaître. »

Le faon bondit aussitôt dehors, bien heureux et bien aise de courir à sa guise et de goûter la liberté. Le roi et ses chasseurs aperçurent le bel animal et se lancèrent à sa poursuite, courant, mais courant sans pouvoir le rejoindre, car chaque fois qu'ils croyaient enfin le tenir, il bondissait par-dessus le fourré et disparaissait à leur vue. A la brune, le jeune faon revint bien vite à la petite maison, frappa à la petite porte et dit : « Sœurette, ouvre-moi ! » La porte s'ouvrit aussitôt et il entra d'un bond pour aller se jeter sur sa douce litière et s'y reposer toute une bonne nuit.

Le lendemain, la grande chasse recommença, et sitôt que le jeune faon eut entendu sonner le cor et crier les « ho-ho » des chasseurs, il ne put plus y tenir : « Sœurette, supplia-t-il, laisse-moi aller ! » Elle lui ouvrit la petite porte en lui recommandant de bien rentrer le soir sans oublier de lui donner son petit mot de passe.

Dès que le roi et ses chasseurs aperçurent de nouveau le

jeune faon au collier d'or, ils le prirent tous en chasse et le poursuivirent toute la journée, mais il était trop vif et trop rapide ; vers le soir, pourtant, ils réussirent à le cerner, et l'un des chasseurs le toucha légèrement au pied. Le faon leur échappa, certes, mais il boitait et sa course en était ralentie, si bien qu'un chasseur réussit à le suivre dans sa retraite jusqu'à la maisonnette, où il l'entendit appeler : « Sœurette, ouvre-moi ! » Il vit la porte s'ouvrir et se refermer bien vite, juste le temps de le laisser entrer. Notant bien tout dans sa mémoire, il revint vers le roi et lui rapporta ce qu'il avait vu et entendu. Le roi déclara : « Nous reprendrons la chasse demain. »

Sœurette avait été très effrayée en voyant que son cher petit faon avait été blessé. Elle lava le sang de la plaie, y appliqua des herbes et l'envoya bien vite se coucher pour qu'il se rétablisse. Mais la blessure était si insignifiante qu'il n'y pensait même plus le lendemain matin ; et quand il entendit le joyeux tohu-bohu de la chasse dans les bois, son impatience le reprit et il dit : « Je n'y tiens plus : il faut que j'y aille ! Et ils ne m'attraperont pas de sitôt. »

Sœurette fondit en larmes et lui dit : « Ils te tueront, et moi qui suis ici toute seule dans la forêt, je serai abandonnée de tous au monde. Non ! je ne te laisse pas sortir.

— Mais j'en mourrai de chagrin si je n'y vais pas ! répondit le jeune faon. Je ne peux pas entendre le son du cor sans bondir de mes quatre membres ! »

Ne pouvant pas faire autrement, Sœurette finit par lui ouvrir la petite porte ; mais elle avait le cœur bien lourd quand il bondit avec allégresse et disparut dans la forêt. Le roi, quand il le vit, annonça à ses chasseurs : « Nous allons le poursuivre tout le jour et jusque dans la nuit s'il le faut : mais que personne ne lui fasse de mal. » Au coucher du soleil, le roi s'écarta et dit au chasseur de la veille : « Viens maintenant et montre-moi cette maisonnette dans les bois. » Ils y allèrent, et quand il fut devant la petite porte, le roi frappa et dit : « Sœurette, ouvre-moi ! »

La porte s'ouvrit et le roi entra pour se trouver devant une jeune fille si belle qu'il n'en avait jamais vu aucune qui lui ressemblât. Elle, de son côté, sursauta de terreur en voyant que ce n'était pas son petit faon, mais un homme qui était entré, et qui avait la tête couronnée d'or. Son regard, pourtant, était tendre, et il lui prit affectueusement la main pour lui demander : « Veux-tu venir vivre avec moi dans mon château et devenir mon épouse chérie ?

— Oh oui ! répondit la jeune fille, mais si le faon est avec moi, car je ne l'abandonne pas.

— Il sera avec toi aussi longtemps que tu vivras, dit le roi, et il aura toujours tout ce qu'il faut. »

Le faon arriva sur ces entrefaîtes et entra d'un bond dans la maisonnette ; elle l'attacha à la laisse d'osier, qu'elle serra bien fort dans sa petite main, et ainsi ils sortirent tous deux de la petite maison de la forêt.

Le roi prit la jolie demoiselle en croupe sur son cheval et la ramena dans son château, où les noces furent célébrées en grande pompe ; elle fut donc Madame la reine et ils vécurent dans le bonheur longtemps ensemble. Le petit faon au collier d'or était choyé et dorloté, gambadant à son aise dans le parc du château.

Or, la méchante belle-mère, à cause de laquelle ils s'en étaient allés dans le vaste monde, croyait pendant ce temps que Sœurette avait été mangée par les bêtes sauvages dans la grande forêt, et que Frérot, devenu jeune faon, avait été tué par les chasseurs. Aussi, lorsqu'elle apprit qu'ils étaient si heureux et que tout allait bien pour eux, fut-elle rongée dans le fond de son cœur par la rage et l'envie ; et elle ne connaissait plus de repos, n'ayant d'autre pensée que d'arriver à faire leur malheur de nouveau. En outre, sa propre et véritable fille, qui était laide comme la nuit et qui n'avait qu'un œil, lui en faisait un blâme et répétait : « Etre reine, c'est un bonheur qui devait me revenir à moi !

— Patience, ma fille, lui disait la vieille avec une joie mauvaise : quand le moment sera venu, sois sûre que je ne perdrai pas mon temps ! »

Or, le moment vint, en effet, que la jeune reine mit au monde un beau petit garçon ; et comme le roi s'en était allé à la chasse, la vieille sorcière prit l'apparence d'une femme de chambre, entra dans la pièce où reposait l'accouchée et lui dit :

— Le bain est prêt, Madame. Venez vite, sinon l'eau va refroidir ; le bain vous fera grand bien et vous rendra vos forces.

Sa fille aussi se trouvait là, et toutes deux aidèrent la reine à se lever et la menèrent jusqu'à la salle de bains, où elles la mirent dans la baignoire. Vite, elles refermèrent la porte derrière elles et se sauvèrent, car elles avaient fait un feu d'enfer dans cette salle de bains, de façon que la jeune reine y fût promptement étouffée.

Cela fait et bien fait, la mégère prit sa fille, lui mit une coiffe sur la tête et la coucha dans le lit à la place de la reine. En sorcière qu'elle était, elle lui avait évidemment donné l'apparence et la ressemblance de la jeune reine, à l'exception toutefois de l'œil qui lui manquait, car elle ne pouvait pas le lui rendre. Et pour que le roi ne s'aperçût de rien, elle n'aurait qu'à rester couchée sur le côté de son œil manquant. Le soir donc, quand le roi fut rentré de la chasse, il apprit avec une joie extrême qu'un bel enfant lui était né ; mais quand il voulut courir au chevet de sa tendre femme pour la voir et prendre des nouvelles de sa santé, la vieille lui barra vivement le chemin : « Restez où vous êtes, lui dit-elle, et n'allez surtout pas ouvrir les rideaux : la reine a besoin de reposer et ne doit pas encore voir la lumière ! » Le roi se retira aussitôt et ne sut point que ce n'était pas la vraie reine qui se trouvait dans le lit clos.

A minuit, quand tout dormait dans le château, à l'exception de la nourrice qui veillait près du berceau du nouveau-né, voilà que la porte s'ouvrit et que la véritable reine entra dans la chambre du bébé. Elle alla au berceau, prit l'enfant dans ses bras et lui donna la tétée ; puis elle arrangea son oreiller en le tapotant un peu et recoucha l'enfant en le bordant soigneusement dans sa petite couverture. Elle n'oublia pas non plus le petit faon qui dormait dans un coin, se pencha sur lui et lui fit une douce caresse sur le dos. Toujours sans bruit et sans un mot, elle regagna la porte et s'en fut. Le lendemain, la nourrice interrogea les gardes pour savoir s'ils avaient vu quelqu'un circuler dans le château. « Personne, répondirent-ils, nous n'avons vu personne entrer ni sortir. »

Plusieurs nuits de suite elle revint de la même manière, à la même heure, et toujours sans prononcer la moindre parole. La nourrice la voyait chaque fois, mais elle n'osait rien en dire à personne. Et puis, après un certain temps, la reine parla pour la première fois dans la nuit :

Comment va mon enfant ? Et comment va mon faon ?
Deux fois encor je reviendrai, puis plus jamais.

La nourrice n'osa pas se risquer à lui répondre ; mais dès qu'elle eut disparu cette nuit-là, elle courut elle-même tout raconter au roi. « Mon Dieu ! qu'est-ce que cela ? dit le roi. La nuit prochaine, je veillerai près de l'enfant. » Et le soir même, en effet, il vint dans la chambre du bébé et attendit. Vers minuit, la reine apparut de nouveau et dit :

Comment va mon enfant ? Et comment va mon faon ?
Un soir encor je reviendrai, puis plus jamais.

Ensuite elle soigna son enfant comme à son habitude, caressa le faon qui dormait et disparut. Le roi n'osa pas non plus lui parler, mais revint et veilla aussi la nuit suivante. Elle apparut et dit :

Comment va mon enfant ? Et comment va mon faon ?
Ce soir encor, mais jamais plus je ne viendrai.

Alors le roi ne put se contenir ; il s'élança vers elle et lui dit : « Tu ne peux être que ma femme chérie et pas une autre !

— Oui, je suis ta femme chérie », répondit-elle en retrouvant au même instant, par la grâce de Dieu, la vie et sa jeunesse, et ses couleurs et sa santé. Puis elle raconta au roi le forfait que la sorcière et sa fille avaient commis contre elle.

Le roi les livra toutes deux à la justice et elles furent condamnées : la fille fut abandonnée dans la grande forêt, où elle fut déchirée par les bêtes sauvages ; quant à la sorcière, elle fut mise au bûcher et périt dans les flammes très misérablement. Mais lorsqu'elle eut été complètement brûlée et fut réduite en cendres, le jeune faon fut aussitôt métamorphosé et retrouva sa forme humaine. Et ce fut ainsi que Sœurette et Frérot vécurent désormais et furent heureux ensemble jusqu'à la fin de leurs jours.

raiponce

Il était une fois un mari et sa femme qui avaient depuis longtemps désiré avoir un enfant, quand enfin la femme fut dans l'espérance et pensa que le Bon Dieu avait bien voulu accomplir son vœu le plus cher. Sur le derrière de leur maison, ils avaient une petite fenêtre qui donnait sur un magnifique jardin où poussaient les plantes et les fleurs les plus belles ; mais il était entouré d'un haut mur, et nul n'osait s'aventurer à l'intérieur parce qu'il appartenait à une sorcière douée d'un grand pouvoir et que tout le monde craignait. Un jour donc que la femme se tenait à cette fenêtre et admirait le jardin en dessous, elle vit un parterre planté de superbes raiponces avec des rosettes de feuilles si vertes et si luisantes, si fraîches et si appétissantes, que l'eau lui en vint à la bouche et qu'elle rêva d'en manger une bonne salade. Cette envie qu'elle en avait ne faisait que croître et grandir de jour en jour ; mais comme elle savait aussi qu'elle ne pourrait pas en avoir, elle tomba en mélancolie et commença à dépérir, maigrissant et pâlissant toujours plus. En la voyant si bas, son mari s'inquiéta et lui demanda : « Mais que t'arrive-t-il donc, ma chère femme ?

— Ah ! lui répondit-elle, je vais mourir si je ne peux pas manger des raiponces du jardin de derrière chez nous ! »

Le mari aimait fort sa femme et pensa : « Plutôt que de la laisser mourir, je lui apporterai de ces raiponces, quoi qu'il puisse m'en coûter ! » Le jour même, après le crépuscule, il escalada le mur du jardin de la sorcière, y prit en toute hâte une pleine main de raiponces qu'il rapporta à son épouse. La femme s'en prépara immédiatement une salade, qu'elle mangea avec une grande avidité. Mais c'était si bon et cela lui avait tellement plu que le lendemain, au lieu que son envie fût satisfaite, elle avait triplé. Et pour la calmer, il fallut absolument que son mari retournât encore une fois dans lc jardin. Au crépuscule, donc, il fit comme la veille, mais quand il sauta du mur dans le jardin, il se figea d'effroi car la sorcière était devant lui !

— Quelle audace de t'introduire dans mon jardin comme un voleur, lui dit-elle avec un regard furibond, et de venir me voler mes raiponces ! Tu vas voir ce qu'il va t'en coûter !

— Oh ! supplia-t-il, ne voulez-vous pas user de clémence et préférer miséricorde à justice ? Si je l'ai fait, si je me suis décidé à le faire, c'est que j'étais forcé : ma femme a vu vos raiponces par notre petite fenêtre, et elle a été prise d'une telle envie d'en manger qu'elle serait morte si elle n'en avait pas eu.

La sorcière fit taire sa fureur et lui dit : « Si c'est comme tu le prétends, je veux bien te permettre d'emporter autant de raiponces que tu voudras, mais à une condition : c'est que tu me donnes l'enfant que ta femme va mettre au monde. Tout ira bien pour lui et j'en prendrai soin comme une mère. »

Le mari, dans sa terreur, accepta tout sans discuter. Et quelques semaines plus tard, quand sa femme accoucha, la sorcière arriva aussitôt, donna à l'enfant le nom de Raiponce et l'emporta avec elle.

Raiponce était une fillette, et la plus belle qui fût sous le soleil. Lorsqu'elle eut ses douze ans, la sorcière l'enferma dans une tour qui se dressait, sans escalier ni porte, au milieu d'une forêt. Et comme la tour n'avait pas d'autre ouverture qu'une minuscule fenêtre tout en haut, quand la sorcière voulait y entrer, elle appelait sous la fenêtre et criait :

Raiponce, Raiponce,
Descends-moi tes cheveux.

Raiponce avait de longs et merveilleux cheveux qu'on eût dits de fils d'or. En entendant la voix de la sorcière, elle défaisait sa coiffure, attachait le haut de ses nattes à un crochet de la fenêtre et les laissait se dérouler jusqu'en bas, à vingt aunes au-dessous, si bien que la sorcière pouvait se hisser et entrer.

Quelques années plus tard, il advint qu'un fils de roi qui chevauchait dans la forêt passa près de la tour et entendit un chant si adorable qu'il s'arrêta pour écouter. C'était Raiponce qui se distrayait de sa solitude en laissant filer sa délicieuse voix. Le fils de roi, qui voulait monter vers elle, chercha la porte de la tour et n'en trouva point. Il tourna bride et rentra chez lui ; mais le chant l'avait si fort bouleversé et ému dans son cœur, qu'il ne pouvait plus laisser passer un jour sans chevaucher dans la forêt pour revenir à la tour et écouter. Il était là, un jour, caché derrière un arbre, quand il vit arriver une sorcière qu'il entendit appeler sous la fenêtre :

Raiponce, Raiponce,
Descends-moi tes cheveux.

Alors Raiponce laissa se dérouler ses nattes et la sorcière grimpa. « Si c'est là l'escalier par lequel on monte, je veux aussi tenter ma chance », se dit-il ; et le lendemain, quand il commença à faire sombre, il alla au pied de la tour et appela :

Raiponce, Raiponce,
Descends-moi tes cheveux.

Les nattes se déroulèrent aussitôt et le fils de roi monta. Sur le premier moment, Raiponce fut très épouvantée en voyant qu'un homme était entré chez elle, un homme comme elle n'en avait jamais vu ; mais il se mit à lui parler gentiment et à lui raconter combien son cœur avait été touché quand il l'avait entendue chanter, et qu'il n'avait plus eu de repos tant qu'il ne l'eût vue en personne. Alors Raiponce perdit son effroi, et quand il lui demanda si elle voulait de lui comme mari, voyant qu'il était jeune et beau, elle pensa : « Celui-ci m'aimera sûrement mieux que ma vieille mère-marraine, la Taufpatin », et elle répondit qu'elle le voulait bien, en mettant sa main dans la sienne. Elle ajouta aussitôt :

— Je voudrais bien partir avec toi, mais je ne saurais pas comment descendre. Si tu viens, alors apporte-moi chaque fois un cordon de soie : j'en ferai une échelle, et quand elle sera finie, je descendrai et tu m'emporteras sur ton cheval.

Ils convinrent que d'ici là il viendrait la voir tous les soirs, puisque pendant la journée venait la vieille. De tout cela, la sorcière n'eût rien deviné si, un jour, Raiponce ne lui avait dit : « Dites-moi, mère-marraine, comment se fait-il que vous soyez si lourde à monter, alors que le fils du roi, lui, est en haut en un clin d'œil ?

— Ah ! scélérate ! Qu'est-ce que j'entends ? s'exclama la sorcière. Moi qui croyais t'avoir isolée du monde entier, et tu m'as pourtant flouée ! »

Dans la fureur de sa colère, elle empoigna les beaux cheveux de Raiponce et les serra dans sa main gauche en les tournant une fois ou deux, attrapa des ciseaux de sa main droite et cric-crac, les belles nattes tombaient par terre. Mais si impitoyable était sa cruauté, qu'elle s'en alla déposer Raiponce dans une solitude désertique, où elle l'abandonna à une existence misérable et pleine de détresse.

Ce même jour encore, elle revint attacher solidement les nattes au crochet de la fenêtre, et vers le soir, quand le fils de roi arriva et appela :

Raiponce, Raiponce,
Descends-moi tes cheveux.

la sorcière laissa se dérouler les nattes jusqu'en bas. Le fils de roi y monta, mais ce ne fut pas sa bien-aimée Raiponce qu'il trouva en haut, c'était la vieille sorcière qui le fixait d'un regard féroce et empoisonné.

— Ha, ha ! ricana-t-elle, tu viens chercher la dame de ton cœur, mais le bel oiseau n'est plus au nid et il ne chante plus : le chat l'a emporté, comme il va maintenant te crever les yeux. Pour toi, Raiponce est perdue ; tu ne la verras jamais plus !

Déchiré de douleur et affolé de désespoir, le fils de roi sauta par la fenêtre du haut de la tour : il ne se tua pas ; mais s'il sauva sa vie, il perdit les yeux en tombant au milieu des épines ; et il erra, désormais aveugle, dans la forêt, se nourrissant de fruits sauvages et de racines, pleurant et se lamentant sans cesse sur la perte de sa femme bien-aimée. Le malheureux erra ainsi pendant quelques années, aveugle et misérable, jusqu'au jour que ses pas tâtonnants l'amenèrent dans la solitude où Raiponce vivait elle-même misérablement avec les deux jumeaux qu'elle avait mis au monde : un garçon et une fille. Il avait entendu une voix qu'il lui sembla connaître, et tout en tâtonnant, il s'avança vers elle. Raiponce le reconnut alors et lui sauta au cou en pleurant. Deux de ses larmes ayant touché ses yeux, le fils de roi recouvra complètement la vue, et il ramena sa bien-aimée dans son royaume, où ils furent accueillis avec des transports de joie et vécurent heureux désormais pendant de longues, longues années de bonheur.

les trois petits hommes de la forêt

Il y avait un homme dont la femme était morte, et une femme dont le mari était mort ; et cet homme avait une fillette, et cette femme avait une fillette aussi. Les deux fillettes, qui se connaissaient, allaient se promener ensemble dans la forêt et rentraient ensuite chez la femme, qui dit un jour à la fillette de l'homme : « Ecoute, dis à ton père que je voudrais l'épouser ; tu auras alors du lait pour te laver chaque matin et tu boiras du vin, alors que ma fille n'aura que de l'eau pour se laver et pour boire. » La fillette rentra chez elle et rapporta à son père ce que la femme avait dit. Il resta hésitant : « Que dois-je faire ? Le mariage est évidemment une joie, mais c'est aussi bien un supplice. » Et il réfléchit longuement là-dessus ; mais comme à la fin il n'arrivait pas à se décider, il tira sa botte et dit à sa fille : « Prends cette botte dont la semelle est percée et va au grenier l'accrocher au gros clou ; tu la rempliras d'eau, et si elle la retient, je reprendrai femme ; si par contre elle la laisse fuir, je ne me remarierai point. » La fillette emporta la botte et fit exactement ce que son père lui avait commandé. Or, le cuir se resserra dès qu'il fut mouillé, et la botte se remplit jusqu'au haut sans laisser fuir une seule goutte. La fillette annonça donc à son père ce qu'il en était, et le père monta lui-même au grenier, constata que c'était bien exact, et se rendit aussitôt chez la veuve pour faire sa demande en mariage. Et les noces furent célébrées peu après.

Le lendemain matin, quand les fillettes se levèrent, il y avait, pour la fillette de l'homme, du lait pour se laver et du vin pour boire ; mais devant la fillette de la femme, il n'y avait que de l'eau pour boire et se laver. Le jour suivant, il y avait du lait pour se laver et du vin pour boire, aussi bien pour la fillette de l'homme que pour la fillette de la femme. Et le troisième jour, pour la fillette de l'homme il n'y avait que de l'eau pour se laver et de l'eau pour boire, tandis qu'il y avait du lait pour se laver et du vin pour boire chez la fillette de la femme. Et les choses restèrent comme cela. Et cette fille de l'homme, qui était belle et aimable, sa belle-mère jalouse la détestait de plus en plus et inventait chaque jour une nouvelle crasse à lui faire, parce que sa propre fille était laide et détestable.

Une fois, en plein hiver, comme il avait gelé à pierre fendre et comme un lourd manteau de neige pesait sur monts et vaux, la femme tailla une robe de papier et appela la fillette qu'elle détestait tant. « Mets cette robe, lui dit-elle, et va dans la forêt me chercher un corbeillon de fraises : j'ai envie d'en manger.

— Seigneur Dieu ! se récria la fillette, mais les fraises ne poussent pas en hiver, et la terre est gelée, et la neige cache tout ! Et pourquoi dois-je sortir avec une robe de papier ? Il fait si froid dehors que la respiration se glace ; le vent me la transpercera et les épines me l'arracheront du corps !

— Est-ce que c'est fini de répondre ? glapit la femme. Tâche de m'obéir et va-t'en tout de suite ; et n'essaye pas de te montrer ici avant d'avoir rempli ton corbeillon de fraises ! »

Elle lui tendit aussi un petit quignon de pain dur en lui disant : « Voilà pour ta journée ! » Mais en elle-même elle se disait : « Elle mourra sûrement de froid et de faim dehors ; comme cela j'en serai débarrassée et je ne l'aurai plus jamais devant les yeux. »

Parce qu'elle était obéissante, la fillette revêtit la robe de papier et s'en alla avec son petit panier. Dehors ce n'était rien que neige : de la neige partout, et pas le moindre bout d'herbe. Lorsqu'elle fut dans la forêt, elle vit une petite maisonnette, dans laquelle trois petits gnomes la regardaient venir par la petite fenêtre. Elle les salua poliment de loin et leur donna le bonjour, puis elle frappa timidement à leur porte. Ils lui crièrent d'entrer, et elle s'avança dans la minuscule chambrette pour aller s'asseoir sur le petit banc devant le feu, voulant se réchauffer et manger son pauvre repas. Les petits hommes lui demandèrent si elle voulait leur en donner aussi un peu. « Volontiers », leur dit-elle, en cassant son croûton de pain en deux pour leur en tendre la moitié.

— Que fais-tu dans la forêt par ce temps d'hiver, lui demandèrent-ils, avec ta petite robe mince ?

— Ah ! c'est que je dois trouver à remplir mon corbeillon de fraises, répondit-elle, et je n'ai pas le droit de revenir à la maison sans le rapporter plein.

Lorsqu'elle eut mangé son bout de pain, ils lui donnèrent un balai et lui dirent : « Tiens et enlève-nous la neige à la porte de derrière. » Elle y alla aussitôt, et quand elle fut dehors les trois petits hommes parlèrent entre eux.

— Quel don allons-nous lui faire pour avoir été si gracieuse et si gentille, et pour avoir partagé son pain avec nous ?

— De moi, dit le premier, elle aura le don d'embellir de jour en jour.

— De moi, dit le second, ce sera une pièce d'or qui lui tombera de la bouche à chaque parole qu'elle dira.

— De moi, dit le troisième, ce sera un roi qui viendra et qui la prendra comme épouse.

Pendant ce temps, la fillette faisait ce que les petits hommes lui avaient dit et balayait la neige derrière la maisonnette ; et que croyez-vous qu'elle trouva ? Tout plein de fraises bien mûres qui piquetaient la neige de leur rouge vif et chaud. Joyeusement elle en remplit son corbeillon à ras-bord, remercia les petits hommes et leur donna la main, puis courut à la maison en rapportant à la marâtre ce qu'elle avait désiré. Elle entra, dit « bonsoir », et une pièce d'or lui tomba de la bouche. Et quand elle se mit à raconter ce qu'il lui était arrivé dans la forêt, les pièces d'or tombèrent à chaque parole qu'elle prononçait, et la chambre en fut à moitié remplie.

« Quelle arrogance elle a, celle-là, de gaspiller l'argent comme cela ! » s'exclama l'autre fille, sa demi-sœur ; mais en vérité elle en était jalouse en secret, et elle voulut aussi aller dans la forêt chercher des fraises. « Non, ma chère enfant, il fait trop froid, dit la mère, tu pourrais en mourir. » Mais la fille insista tellement, sans lui laisser aucun repos, que sa mère, finalement, y consentit. Elle lui confectionna une chaude pelisse bien épaisse, dont elle dut s'habiller, et lui donna des tartines beurrées et des gâteaux pour la route.

La fille s'en alla dans la forêt tout droit à la petite maison, où, de nouveau, les trois petits hommes de la terre guignaient par la fenêtre. Elle ne les salua pas, mais entra sans seulement s'annoncer et alla tout droit, sans un regard pour eux ni un bonjour, s'asseoir contre le poêle, où elle se mit à manger ses tartines et ses gâteaux.

— Donne-nous-en aussi un peu ! s'écrièrent les petits hommes.

— Je n'en ai pas assez pour moi, répondit-elle, ce n'est pas pour en donner aux autres !

Et quand elle eut fini de manger, ils lui tendirent le balai et lui dirent : « Tiens, enlève-nous la neige à la porte de derrière.

— Eh ! faites-le donc vous-mêmes, leur répondit-elle, je ne suis pas votre domestique ! »

Et quand elle se rendit compte qu'ils ne lui feraient aucun don, elle prit la porte et s'en alla. Dès qu'elle fut dehors, les trois petits hommes se demandèrent : « Que faut-il que nous lui donnions, quand elle est si disgracieuse et si méchante, et si dure de cœur qu'elle ne donne rien aux autres ?

— De moi, dit le premier, le don qu'elle aura sera d'enlaidir chaque jour.

— De moi, dit le second, ce sera un crapaud qui lui tombera de la bouche à chaque parole qu'elle prononcera.

— De moi, dit le troisième, elle recevra une mort affreuse. »

Pendant ce temps, dehors, la fille cherchait des fraises et n'en trouva point ; aussi rentra-t-elle de fort méchante humeur à la maison. Et lorsqu'elle voulut raconter à sa mère ce qu'il lui était arrivé dans la forêt, à chaque parole un crapaud lui sautait de la bouche, de sorte qu'elle devint pour tous un sujet d'horreur et de répulsion.

Plus que jamais la marâtre en voulut à la fille de son mari, qui embellissait de jour en jour ; et elle ne savait plus qu'inventer comme misères à lui faire subir. Finalement, elle mit un chaudron à bouillir sur le feu et y trempa du fil. Quand il fut blanchi, écheveau par écheveau, elle en chargea le dos de la pauvre jeune fille, lui mit une hache dans les mains et l'envoya ainsi à la rivière, qui était gelée, pour qu'elle fît un trou dans la glace et mît le fil à rouir. Parce qu'elle était obéissante, la demoiselle y alla, tailla la glace à coups de hache pour y ouvrir le trou nécessaire ; et comme elle était en train de frapper ainsi de toutes ses forces, un carrosse magnifique vint à passer par là, et c'était un roi qui était dedans. Le carrosse s'arrêta et le roi questionna : « Qui es-tu, mon enfant, et que fais-tu là ?

— Je suis une pauvre fille et je fais rouir du fil », répondit-elle.

Alors le roi s'émut de grand-pitié, et voyant combien elle était belle, lui demanda : « Veux-tu venir avec moi ?

— Oh oui, de tout mon cœur ! » accepta-t-elle, car c'était un bonheur pour elle de n'avoir plus à reparaître devant la mère et sa fille.

Elle monta donc dans le carrosse et s'en alla avec le roi, qui fit célébrer leurs noces avec magnificence dès qu'ils furent arrivés au château, conformément au don qu'elle avait reçu des petits hommes de la forêt. Un an plus tard, la jeune reine mettait un fils au monde. Et quand la marâtre eut entendu parler de son grand bonheur, elle vint au château sous prétexte de lui faire visite. Mais, profitant un jour de l'absence du roi et d'un moment où il n'y avait personne auprès de l'accouchée, la mauvaise femme attrapa la reine par la tête, sa fille la prit par les pieds, et elles la jetèrent par la fenêtre dans le fleuve qui coulait au-dessous. Cela fait, la détestable fille se coucha dans le lit, et la vieille femme lui tira les couvertures par-dessus la tête. Mais quand le roi fut de retour et voulut parler à son épouse, la vieille s'empressa : « Non, non, lui dit-elle, pas en ce moment : elle est toute en nage et vous devez la laisser se reposer aujourd'hui. » N'y voyant rien de mal, le roi se retira et ne revint que le lendemain ; mais lorsqu'il conversa avec sa femme, il vit un crapaud lui sauter de la bouche à chaque parole qu'elle disait, au lieu des pièces d'or qui en tombaient d'habitude. Il demanda ce que cela signifiait, mais la vieille lui répondait que c'était venu de la forte transpiration qu'elle avait eue, et que cela disparaîtrait sous peu.

Mais il n'empêche que la même nuit, dans la cuisine, le marmiton vit une cane remonter la rigole par où sortaient les eaux, et il l'entendit qui demandait :

Roi, que fais-tu ?
Est-ce que tu dors, ou veilles-tu ?

Comme il ne lui faisait nulle réponse, elle dit encore :

Et mes visites, que font-elles ?

Le marmiton répondit cette fois :

Au lit, dans un sommeil profond.

La cane questionna encore :

Et que fait mon doux enfançon ?

Le gamin répondit :

Il dort dans son berceau mignon.

Alors la reine reprit sa forme véritable et monta allaiter son enfant, le recoucha dans son petit lit en le couvrant avec tendresse, puis s'éloigna en nageant dans la rigole sous sa première apparence de cane. Semblablement elle revint une seconde nuit, puis une troisième, et cette fois elle dit au marmiton : « Va, et dis au roi qu'il prenne son épée et que par trois fois, sur le seuil, il la fasse tourner au-dessus de moi. » Le marmiton y courut et dit la chose au roi, qui prit son épée, vint sur le seuil, et la fit tournoyer trois fois au-dessus du fantôme. A la troisième fois, il eut devant lui son épouse toute vivante et fraîche et en bonne santé, telle qu'elle avait été auparavant.

Immense fut la joie du roi, mais il garda la reine cachée

jusqu'au dimanche dans une pièce secrète, car ce jour-là devait être baptisé l'enfant. Lorsqu'il eut été baptisé, le roi parla : « Celui qui enlève quelqu'un de son lit et le jette à l'eau, que mérite-t-il ? » La vieille répondit : « Un pareil scélérat ne mérite pas mieux que d'être mis dans un tonneau tout hérissé de clous, et qu'on le fasse rouler du haut de la montagne jusque dans l'eau.

— C'est ta condamnation que tu as prononcée », dit le roi, qui se fit apporter un tonneau fait de cette sorte, y enferma la vieille avec sa fille, puis recloua le couvercle et le fit rouler du haut de la montagne jusque dans l'eau de la rivière, tout en bas.

les trois fileuses

Il était une fois une fille paresseuse et qui ne voulait pas filer ; sa mère avait beau dire et faire ce qu'elle voulait, elle ne parvenait à rien avec elle. A la fin, la mère perdit patience et s'emporta d'une si grande colère qu'elle battit sa fille ; et la fille poussa des cris et pleura sans retenue. La reine, qui passait justement par là, entendit ces pleurs et ces gémissements ; elle fit arrêter son carrosse, entra dans la maison et demanda à la mère pourquoi sa fille pleurait à en ameuter tout le voisinage. Honteuse d'avoir à révéler la paresse de sa fille, la femme déclara : « C'est que je n'arrive pas à lui faire lâcher son fuseau ! Elle est là qui file et qui file sans arrêt, et moi je suis pauvre et je ne puis pas lui fournir le lin.

— Je n'aime rien tant que le bruit de rouet qui tourne, dit la reine, et je me plais à entendre filer. Laissez votre fille venir avec moi au château : j'ai du lin en quantité et elle pourra filer autant qu'il lui plaira. »

La mère en fut bien aise dans son cœur, et la reine emmena la jeune fille. Quand elles furent au château, la reine conduisit la jeune fille à trois chambres qui, du plancher au plafond, étaient pleines du plus beau lin. « Tout le lin que tu vois là, dit la reine, tu vas me le filer à présent ; et quand tu auras fini, tu auras mon fils aîné comme mari ; si pauvre que tu sois, je n'y prendrai pas garde : ton zèle persévérant te suffira comme dot. »

La jeune fille en eut froid dans le dos, car tout le lin qu'il y avait là, jamais elle ne pourrait arriver à le filer, même si elle vivait pendant trois cents ans et travaillait sans s'arrêter du matin au soir sans sauter un seul jour ! Elle n'en laissa rien voir ; mais dès qu'elle fut seule, elle se mit à pleurer et resta trois longs jours dans ses larmes, sans seulement bouger le petit doigt. Le troisième jour, la reine reparut et fut très étonnée en voyant que la jeune fille n'avait rien fait du tout ; mais la jeune fille s'excusa en prétendant que son chagrin d'être loin de chez elle et de sa mère l'avait troublée et empêchée de s'y mettre. La reine s'en contenta, mais au moment de s'en aller lui dit : « Demain, il faut que tu commences à travailler. »

Dès qu'elle fut seule à nouveau, la jeune fille se demanda désespérément comment elle allait se tirer d'affaire et quel moyen elle pourrait utiliser, mais elle ne trouvait rien et, dans son angoisse, elle alla se planter à la fenêtre. Elle vit alors trois vieilles femmes qui approchaient : la première avec un pied plat, la seconde avec une lèvre qui lui tombait sur le menton, et la troisième avec un pouce comme une palette. Elles s'arrêtèrent sous la fenêtre, regardèrent vers la jeune fille et lui demandèrent ce qu'il lui manquait. Elle se plaignit de son affaire, et les femmes lui proposèrent de venir à son aide en lui disant : « Pourvu que tu nous invites à ton mariage, que tu n'aies pas honte de nous et que tu nous appelles tes cousines, et aussi que tu nous fasses asseoir à ta table, nous allons te filer ton lin et ce sera vite fait.

— Volontiers et de tout cœur, répondit-elle. Venez et commencez le travail tout de suite. »

Elle fit donc entrer les trois étranges femmes et leur aménagea une place libre dans la première pièce, où elles s'installèrent et se mirent aussitôt à filer. La première tirait l'étoupe et faisait tourner le rouet, la seconde mouillait le fil, et la troisième le retordait et l'égalisait avec le pouce sur la table : à chaque coup, c'était un écheveau entier qui tombait sur le sol, et du lin le plus fin filé ! Elle veilla à cacher les trois fileuses à la reine, tout en lui montrant, chaque fois qu'elle venait, la quantité de lin filé ; et la reine ne pouvait pas mettre fin à ses louanges.

La première chambre vidée, ce fut le tour de la seconde, puis de la troisième, qui fut terminée en un rien de temps ; après quoi les trois femmes prirent congé de la jeune fille et lui rappelèrent en s'en allant : « N'oublie pas ce que tu nous as promis : ce sera ton bonheur. »

Quand la jeune fille eut fait voir à la reine les chambres vides et les tas de lin filé, le jour des noces fut arrêté et le fiancé fut enchanté d'avoir une femme aussi active et d'une telle habileté, et il l'en félicita grandement.

— J'ai trois cousines, lui dit la jeune fiancée, et comme je leur dois beaucoup, je ne voudrais pas les oublier dans mon bonheur : puis-je les inviter au mariage, et aurai-je la permission de les faire asseoir à ma table ?

— Pourquoi ne le permettrions-nous pas ? répondirent la reine et son fils aîné.

Lors donc que commença la fête nuptiale, les trois vieilles filles arrivèrent dans le plus bizarre accoutrement et l'épousée les accueillit en disant : « Soyez les bienvenues, mes chères cousines !

— Oh ! dit le prince à sa jeune femme, comment peux-tu avoir une aussi laide parenté ? »

Puis, se tournant vers celle qui avait le pied plat, il lui demanda :

— D'où vous vient un pied aussi large ?

— Le rouet, lui répondit-elle, c'est le rouet.

Il se tourna vers la seconde et demanda :

— D'où vous vient cette lèvre qui pend ?

— Le fil, répondit-elle, c'est de mouiller le fil.

Il demanda à la troisième :

— D'où vous vient ce pouce énorme ?

— De retordre, répondit-elle, c'est de retordre le fil en l'étirant.

Alors le fils aîné du roi en fut tout effrayé et déclara :

— Jamais, au grand jamais, à partir d'aujourd'hui, ma belle épouse ne touchera à un rouet !

Grâce à quoi elle en fut quitte avec l'odieux filage du lin.

jeannot et margot

Tout près d'une grande forêt vivaient un pauvre bûcheron, sa femme et leurs deux enfants : un garçon qui s'appelait Jeannot, et une fillette qui se nommait Margot. Le bûcheron gagnait si peu qu'il n'avait presque rien à leur donner à manger d'ordinaire, mais lorsqu'il y eut la famine dans la contrée, ce fut même le pain quotidien qui manqua. Un soir qu'il ne pouvait dormir à cause de ses soucis et qu'il se retournait dans son lit en soupirant à cause de ses tristes pensées, il dit à sa femme : « Qu'allons-nous devenir ? Et comment pourrions-nous faire manger nos enfants quand nous n'avons rien à manger nous-mêmes ?

— Sais-tu quoi, mon homme ? Demain matin, de très bonne heure, nous emmènerons les enfants dans la forêt, là où elle est le plus épaisse. Nous leur préparerons un feu là-bas, et nous leur donnerons encore à chacun un dernier petit bout de pain, puis nous irons à notre travail et nous les laisserons seuls. Ils ne retrouveront plus le chemin de la maison et nous en serons débarrassés.

— Non, femme, je ne peux pas faire cela ! dit-il. Comment prendrais-je sur mon cœur de laisser mes enfants tout seuls dans la forêt, avec les bêtes sauvages qui ne tarderaient pas à venir les dévorer ?

— Idiot que tu es ! dit la femme. Nous allons donc mourir de faim tous les quatre, et il ne te reste plus qu'à raboter les planches pour nos cercueils ! »

Sans lui laisser ni trêve ni repos, elle continua et insista jusqu'à ce qu'il eût consenti.

— Mais quand même, dit l'homme, ces pauvres enfants me font regret.

Les deux enfants, qui ne pouvaient pas dormir à cause de la faim, avaient tout entendu de ce que la marâtre avait dit à leur père. Margot, en pleurant des larmes amères, dit à Jeannot : « A présent, c'en est fini de nous !

— Console-toi, Margot, ne te mets pas en peine, dit Jeannot : j'aurai tôt fait de nous tirer de là. »

Et quand les parents furent endormis, il se glissa à bas du lit, enfila sa petite veste, courut jusqu'à la porte-coupée, dont il ouvrit le bas, et passa dehors. C'était en plein clair de lune et le gravier, devant la maison, faisait luire ses petits cailloux comme autant de sous neufs. Jeannot se baissa et en ramassa tant qu'il put en mettre dans ses petites poches ; puis il rentra et dit à Margot : « Tranquillise-toi, ma chère petite sœur, tu peux dormir en paix et avoir confiance : Dieu ne nous abandonnera pas. » Puis il se remit au lit.

A la pointe du jour, bien avant le lever du soleil, la femme s'en venait réveiller les deux enfants : « Debout ! Debout, paresseux, leur dit-elle, nous allons dans la forêt pour y faire du bois. » Ensuite elle leur donna à chacun un petit bout de pain en leur disant : « Comme cela, vous aurez un petit quelque chose pour midi ; mais ne le mangez pas avant, parce qu'il n'y aura rien d'autre. » Margot serra le pain sous son tablier puisque Jeannot avait les cailloux dans ses poches ; et en route pour la forêt. Après un petit bout de chemin, Jeannot s'arrêta et se retourna pour jeter un coup d'œil du côté de la maison, puis encore un peu plus loin, et encore, et encore il recommençait la même chose.

— Qu'est-ce que tu as à toujours regarder et traîner en arrière ? lui dit son père. Tâche de faire attention et n'oublie pas de faire marcher tes jambes !

— Oh ! père, c'est mon petit chat blanc que je regardais : il est monté sur le toit et veut me dire adieu.

— Idiot, dit la femme, ce n'est pas ton chat : c'est le soleil levant qui luit sur la cheminée !

Mais Jeannot n'avait ni regardé, ni vu son petit chat ; il avait seulement tiré chaque fois un petit caillou blanc de sa poche pour le jeter sur le chemin.

Lorsqu'ils furent arrivés au beau milieu de la forêt, le père dit : « A présent, les enfants, vous allez me ramasser du bois :

je vais vous faire un feu pour que vous n'ayez pas froid. » Jeannot et Margot rapportèrent du bois mort et en firent tous les deux une petite montagne. Le feu fut allumé, et quand la flamme fut bien haute, la femme dit : « Vous, les enfants, couchez-vous près du feu et reposez-vous pendant que nous allons plus loin faire du bois. Nous viendrons vous chercher quand nous aurons fini. »

Jeannot et Margot se tinrent sagement près du feu, et quand ce fut midi, chacun mangea son petit bout de pain. Ils croyaient que leur père n'était pas loin, parce qu'ils entendaient les coups de la cognée ; mais ce n'était pas sa hache qu'ils entendaient frapper : c'était une grosse branche qu'il avait attachée de telle sorte que le vent la fît battre çà et là. Et comme ils étaient restés là longtemps, ils eurent les yeux lourds de fatigue et ils finirent par s'endormir. Quand ils se réveillèrent, c'était déjà nuit noire. Margot commença à pleurer en disant : « Comment allons-nous faire à présent pour sortir de la forêt ? » Mais Jeannot la réconforta et lui dit : « Attends seulement que la lune se lève, ce ne sera pas long, et nous trouverons bien le chemin. » Et quand la pleine lune fut levée, Jeannot prit Margot par la main et emmena sa petite sœur en suivant le chemin tracé par les cailloux blancs, qui luisaient comme des sous neufs. Ils marchèrent toute la nuit et n'arrivèrent qu'à la pointe du jour devant la maison de leur père. Ils frappèrent à la porte et la femme vint ouvrir ; et quand elle vit que c'étaient Jeannot et Margot, elle s'écria : « Méchants enfants ! Dormir si longtemps dans la forêt, en voilà des façons ! Nous avons cru que vous vouliez ne plus jamais revenir. » Le père, par contre, se réjouit de les revoir, car son cœur lui pesait de les avoir laissés comme cela, tout seuls.

Mais au bout de très peu de temps ce fut de nouveau la misère chez eux, et le besoin était dans tous les coins ; et de nouveau les enfants entendirent leur mère qui parlait avec leur père et qui lui disait : « Voilà que tout est encore mangé : une demi-miche de pain, c'est tout ce qu'il nous reste, et après c'est fini la musique. Il faut expédier les enfants, mais cette fois nous les mènerons bien plus profond dans la forêt pour qu'ils n'arrivent pas à retrouver le chemin ; autrement, pas de salut pour nous. » L'homme se sentit un gros poids sur le cœur et pensa : « Mieux vaudrait partager avec les enfants ta dernière bouchée ! » Sa femme ne voulut rien entendre de ce qu'il pouvait dire ; elle le rabroua, au contraire, le houspilla et l'accabla de reproches. Qui a dit A doit aussi dire B, et puisqu'il avait consenti la première fois, il fallut bien qu'il cédât la seconde aussi.

Mais les enfants ne dormaient pas non plus, et ils avaient surpris tout le dialogue. Aussi Jeannot se leva-t-il quand les vieux se furent endormis, comme la fois d'avant, voulant se glisser dehors. Mais cette fois la mère avait fermé les deux parties de la porte et il ne put sortir. Néanmoins, il réconforta sa petite sœur et lui dit : « Ne t'inquiète pas, Margot, tu n'as pas besoin de pleurer et tu peux dormir tranquille : Dieu nous assistera encore. »

Au petit matin, la femme vint tirer les enfants du lit, mais le petit bout de pain qu'ils reçurent était encore un plus petit bout que l'autre fois. En route vers la forêt, Jeannot l'émietta dans sa poche et s'arrêta de temps à autre pour en jeter une miette sur le chemin.

— Jeannot, qu'est-ce que tu restes en arrière à regarder n'importe quoi ? gronda le père. Allons, avance !

— C'est mon petit pigeon blanc que je regardais, dit Jeannot : il est perché sur le toit et veut me dire adieu.

— Idiot, ce n'est pas ton petit pigeon, dit la femme : c'est le soleil levant qui luit sur la cheminée !

Ce qui n'empêcha pas le garçon de jeter de place en place toutes les miettes de son pain sur le chemin.

La femme emmena les enfants bien plus au cœur de la forêt, dans un endroit qu'ils n'avaient jamais vu de leur vie. Un grand feu fut préparé de nouveau et la mère leur dit : « Restez là, les enfants, et quand vous serez fatigués, vous n'aurez qu'à dormir un peu : nous allons faire du bois un peu plus loin et ce soir, quand nous aurons fini, nous viendrons vous chercher. » Lorsque ce fut midi, Margot partagea son peu de pain avec Jeannot, puisqu'il avait semé son morceau miette par miette tout le long du chemin. Après, les enfants s'endormirent et le temps passa ; l'après-midi s'écoula, puis le soir, mais personne ne revint près des pauvres petits. Quand ils se réveillèrent enfin, c'était déjà nuit noire, et Jeannot consola sa petite sœur en lui disant : « Attends seulement que la lune se lève, Margot, alors nous pourrons voir les miettes que j'ai répandues et qui nous montreront le chemin jusqu'à la maison. » La lune monta et ils se levèrent, mais ils ne trouvèrent plus une seule miette de pain nulle part, car les milliers de becs des milliers d'oiseaux qui volent tout partout, dans la forêt ou la campagne, les avaient avalées.

« Nous trouverons bien notre chemin quand même, va ! » dit Jeannot à Margot. Mais ils ne le trouvèrent pas. Ils marchèrent toute la nuit et encore toute la journée du matin jusqu'au soir, mais ils n'étaient toujours pas sortis de la grande forêt ; et comme ils n'avaient rien mangé que quelques rares petits fruits qu'ils avaient pu trouver par terre, quelle faim ils avaient ! Ils étaient tellement fatigués que leurs jambes ne voulaient plus les porter. Alors ils se laissèrent tomber au pied d'un arbre et s'y endormirent. Le matin fut vite là, et c'était déjà leur troisième journée loin de la maison paternelle. Ils se remirent en marche, mais ce fut pour s'enfoncer toujours plus profondément dans la forêt ; s'il ne leur venait pas un prompt secours, ils allaient infailliblement mourir d'épuisement. Or, vers midi, ils aperçurent sur une branche un bel oiseau blanc comme neige, et il chantait si joliment qu'ils s'arrêtèrent pour l'écouter. Son chant fini, l'oiseau ouvrit ses ailes et voleta devant eux, et ils le suivirent jusqu'auprès d'une maisonnette, sur le toit de laquelle il alla se poser. En approchant encore, ils virent que la maisonnette avait des murs de pain d'épices et un toit de biscuit ; quant aux fenêtres, elles étaient de sucre filé.

— Nous allons croquer dedans, que c'en est une bénédiction ! Moi je mange un bout de toit, dit Jeannot, et toi, Margot, tu peux manger de la fenêtre, c'est tout sucré.

Il se mit sur la pointe des pieds pour atteindre le toit, et s'en cassa d'abord un petit bout pour voir si c'était bon, tandis que Margot s'agrippait à la fenêtre et se mettait à en grignoter. Alors une douce voix sortit de l'intérieur :

Et j'te grignote et grignotons,
Qui me grignote ma maison ?

Tranquillement, les enfants répondirent :

C'est le vent, c'est le vent,
C'est le céleste enfant,

et ils continuèrent à manger sans se laisser troubler ni déranger. Jeannot, qui avait trouvé le toit fort à son goût, s'en cassa du coup un bon morceau, et Margot, de son côté, avait ôté de la fenêtre toute une belle vitre ronde, s'était assise par terre et s'en régalait tout son soûl. Mais voilà que la porte s'ouvre d'un coup, et qu'une vieille encore plus vieille que les pierres s'avance à petits pas dehors, en béquillant sur sa béquille. Jeannot et Margot en furent si violemment épouvantés qu'ils en laissèrent tomber ce qu'ils avaient dans les mains. Mais la vieille branla tête et dit : « Hé, hé ! mes chers enfants, qui vous a amenés ici ? Mais entrez donc, voyons ! et restez chez moi, il ne vous arrivera rien de mal. » Elle les prit par la main tous les deux et les conduisit dans sa maisonnette. Là, ils eurent devant eux de bonnes choses à manger, du lait et des crêpes au sucre, des pommes et des noix ; puis ils eurent deux beaux petits lits blancs pour se coucher, et ils se crurent au ciel.

Mais si la vieille avait été si aimable, c'était seulement pour faire semblant : en réalité c'était une méchante sorcière qui guettait les enfants, et c'était justement pour les attirer qu'elle avait construit sa maisonnette de pain d'épices. Une fois qu'ils étaient en son pouvoir, elle les tuait, les faisait cuire et les mangeait, ce qui était pour elle un jour de fête. Les sorcières ont les yeux rouges et la vue si basse qu'elles n'y voient que de tout près ; mais elles ont une espèce de flair, comme les animaux, et elles savent très bien quand on approche d'elles. Ainsi quand Jeannot et Margot arrivèrent dans les environs, elle avait ricané méchamment et dit en se réjouissant d'avance : « Je les tiens, ceux-là, ils ne m'échapperont plus ! » Le lendemain matin, très tôt, elle se leva avant le réveil des enfants, et quand elle les vit dormir si gentiment, avec leurs bonnes joues rouges, elle se chuchota à elle-même : « Un fameux morceau que je vais avoir là ! » Alors elle empoigna Jeannot de ses mains sèches et le porta dans une petite remise où elle l'enferma derrière une porte grillée : il pouvait bien crier tant qu'il voulait, cela ne servait à rien. Ensuite elle revint secouer Margot pour la réveiller, et elle lui cria : « Debout, paresseuse, puise de l'eau et fais cuire quelque chose de bon pour ton frère qui est là-bas, dans la remise, où il faut qu'il engraisse. Parce que dès qu'il sera assez dodu, je le mangerai. » Et Margot eut beau pleurer très amèrement, cela ne servit à rien et rien n'y fit : elle dut faire ce que la méchante sorcière voulait.

Dès lors, pour le malheureux Jeannot, fut préparée la meilleure cuisine ; Margot, par contre, n'avait rien que les os à sucer, ou la carapace des écrevisses. Chaque matin, la vieille se traînait jusqu'à la petite remise et criait : « Jeannot, passe-moi tes doigts dehors, que je tâte pour savoir si tu seras bientôt assez gras. » Mais Jeannot lui tendait un petit os, et la vieille, avec sa vue trouble, ne voyait rien et croyait que c'était son doigt, s'étonnant qu'il ne voulût toujours pas engraisser. Au bout de quatre semaines, comme il était toujours aussi maigre, la vieille s'impatienta et ne voulut pas attendre plus longtemps.

— Holà, Margot ! cria-t-elle à la fillette, tâche de ne pas

traîner et apporte de l'eau ! Maigre ou gras, le Jeannot, je le tue demain pour le faire cuire.

Ah ! comme elle se désola, la pauvre petite sœur, quand elle dut porter de l'eau ! Et comme elles ruisselaient, les larmes, tout le long de ses joues ! « Mon Dieu, mon Dieu, gémissait-elle, viens donc à notre secours ! Si seulement les bêtes sauvages dans la forêt nous avaient dévorés, au moins nous serions morts ensemble !

— Epargne-moi tes piailleries, dit la vieille, cela ne sert à rien du tout. »

Le lendemain, de très bonne heure, Margot fut dehors et dut suspendre le chaudron rempli d'eau et allumer le feu dessous. « Avant tout, dit la vieille, nous allons faire cuire le pain : j'ai déjà fait chauffer le four et la pâte est pétrie. » Et elle poussa la malheureuse Margot devant l'entrée du four, où l'on voyait déjà sortir les flammes du grand feu qui brûlait. « Faufile-toi dedans, dit la sorcière, et vois un peu si c'est assez chaud pour qu'on enfourne le pain. » Oui, et quand Margot serait dedans, elle fermerait la porte sur elle et pousserait encore le feu pour qu'elle y rôtisse, et alors elle la mangerait aussi. Mais Margot avait compris ce qu'elle avait dans l'idée, et elle dit : « Je ne sais pas comment m'y prendre pour entrer là-dedans. Que faut-il faire ?

— Stupide dinde ! s'exclama la vieille, l'ouverture est bien assez grande ! Regarde : je pourrais moi-même y passer ! »

Et en même temps, elle s'accroupissait devant le four et s'y poussait à petits coups pour y engager la tête. Alors Margot la poussa un grand coup pour la faire basculer dedans, ferma la porte de fer et bloqua le gros verrou. Houla ! quels hurlements affreux elle se mit à pousser là-dedans ! Mais Margot s'éloigna de toute la vitesse de ses petites jambes et il fallut bien que la maudite sorcière brûlât et pérît misérablement.

Margot s'était précipitée directement vers Jeannot, ouvrant bien vite la petite remise en lui criant : « Jeannot, nous sommes libres ! La vieille sorcière est morte ! » Tel un oiseau hors de sa cage, il était sorti dès que la porte s'était ouverte ; et quelle joie pour eux ! et comme ils tombèrent dans les bras l'un de l'autre, s'embrassèrent et gambadèrent comme des fous ! Maintenant qu'ils n'avaient plus rien à craindre, ils entrèrent dans la maison de la sorcière, où il y avait dans tous les coins des coffres pleins de perles et de pierres précieuses.

— C'est encore mieux que les petits cailloux blancs ! remarqua Jeannot, tout en en remplissant ses poches à craquer.

— Moi aussi, je veux rapporter quelque chose à la maison, dit Margot, qui en prit plein son tablier.

— Mais à présent allons-nous-en, dit Jeannot, parce qu'il faut d'abord sortir de cette forêt de sorcières.

Ils s'en allèrent et marchèrent pendant quelques heures, mais là, ils furent arrêtés par une large rivière.

— Nous ne pouvons pas traverser, dit Jeannot : je ne vois ni pont, ni gué.

— Et pas le plus petit bateau non plus, ajouta Margot. Mais je vois là un canard blanc, et si je lui demande, il va bien nous aider.

Canard blanc, canard blanc,
Ici Margot et Petit-Jean.
Aucun sentier et pas de pont,
Porte-nous sur ton beau dos rond.

Ainsi avait-elle appelé, et le canard s'était aussi approché. Jeannot s'installa sur son dos, se tournant aussitôt pour dire à sa petite sœur de venir s'y asseoir aussi. « Non, non, dit-elle, ce serait trop lourd pour le petit canard : il faut qu'il nous porte l'un après l'autre pour traverser. » Et c'est ce que fit le brave petit canard ; et quand ils furent de l'autre côté, ils marchèrent encore un petit moment, et voilà qu'autour d'eux la forêt était de moins en moins étrangère, plus connue et toujours plus connue à mesure qu'ils avançaient, jusqu'au moment qu'ils aperçurent de loin la maison de leur père.

Ils y coururent, entrèrent en trombe dans la chambre et se

jetèrent au cou de leur père. Le pauvre homme n'avait pas eu une heure de bon temps depuis qu'il avait laissé ses enfants dans la forêt ; mais la femme était morte. En secouant son tablier, Margot fit cascader les perles et les pierres précieuses qui roulèrent de tous côtés, cependant que Jeannot les tirait par poignées de ses poches et les faisait rouler aussi. De leurs soucis, dès lors, ils ne surent plus rien ; et ils vécurent ensemble en perpétuelle joie. Mon conte est fini, trotte la souris, celui qui la prendra pourra se faire un grand bonnet, un grand bonnet de sa fourrure, et puis voilà !

les trois feuilles du serpent

Il était une fois un pauvre homme qui n'arrivait plus à nourrir son fils unique. « Mon cher père, lui dit alors son fils, la vie vous est si dure que je suis un fardeau pour vous ; il vaut mieux que je m'en aille et que je cherche à gagner mon pain. » Le père lui donna sa bénédiction et lui fit ses adieux dans le plus profond chagrin. En ce temps-là, le roi d'un puissant royaume était en guerre, et le jeune homme s'enrôla dans son armée et partit en campagne avec elle. Et lorsqu'il fut en présence de l'ennemi se déroula une grande et sanglante bataille, terriblement périlleuse, où les pruneaux pleuvaient si dru, que de tous les côtés tombaient ses camarades. Et quand leur commandant y resta à son tour, les autres étaient tous sur le point de prendre la fuite ; mais le jeune homme sortit du rang, releva leur courage et leur cria : « Nous n'allons pas laisser périr notre patrie ! » Ils le suivirent, quand il fonça sur l'ennemi, qu'ils battirent. Le roi, quand il apprit qu'il ne devait la victoire qu'à ce seul héros, l'éleva au-dessus de tous les autres et fit de lui le premier de tout l'empire, en le gratifiant de grands trésors.

Ce roi avait une fille qui était fort belle, mais aussi fort étrange. Elle avait fait le vœu de n'accepter, comme seigneur et comme époux, que celui qui lui jurerait de se faire enterrer vivant avec elle, si elle mourait la première. « S'il m'aime de tout son cœur, disait-elle, à quoi lui servirait encore la vie ? » En retour, elle voulait faire de même et, s'il mourait le premier, le suivre vivante dans la tombe. Un engagement aussi étrange avait, jusqu'alors, découragé tous ses prétendants ; mais le jeune homme avait été séduit par sa beauté au point qu'il ne se souciait plus de rien, si ce n'est d'obtenir que son père lui accordât sa main. « Sais-tu bien ce à quoi tu dois t'engager aussi ? » demanda le roi.

— Oui, dit-il, je devrai la suivre dans la tombe si elle meurt avant moi ; mais mon amour est si fort qu'aucun risque ne compte à mes yeux. »

Le roi donna son consentement, et les noces furent célébrées avec beaucoup de faste.

Jouissant du bonheur l'un par l'autre, ils vécurent heureux un certain temps, puis il advint que la jeune princesse tomba si gravement malade qu'aucun docteur ne put plus rien pour elle ; et lorsqu'il vit sa femme gisante et morte, le jeune prince se rappela avec horreur l'engagement qu'il avait pris de se faire enterrer vivant avec elle. Aucun moyen d'y échapper pourtant : le roi faisait garder toutes les issues par des sentinelles en armes, et son destin inévitable l'attendait.

Au jour des funérailles, quand le corps de la princesse fut descendu dans le caveau royal, il y fut descendu lui-même et les portes se refermèrent sur eux, la morte et le vivant, soigneusement verrouillées et cadenassées. A côté du cercueil avait été placée une table avec quatre cierges allumés, quatre pains et quatre flacons de vin ; et lorsque ces maigres provisions seraient finies, sa mort suivrait inévitablement avec l'extinction de ses forces. Or donc, il était là, ne mangeant chaque jour qu'une minuscule bouchée de pain, ne buvant qu'une petite gorgée de vin, mais voyant néanmoins s'approcher toujours plus le moment de sa mort. Il était là, sans mouvement, le regard fixe, quand il vit tout à coup surgir dans un coin du caveau un serpent qui rampa vers le cadavre. Pensant qu'il voulait déjà s'en nourrir, le prince tira son épée en s'exclamant : « Tant que je vivrai, tu n'y toucheras pas ! » et le coupa en trois morceaux. Au bout d'un moment, un deuxième serpent sortit du sol au même endroit, mais en voyant que le premier serpent était mort et taillé en pièces, il rampa à nouveau vers son trou et disparut, pour revenir presque aussitôt, et cette fois avec trois feuilles vertes qu'il tenait dans sa gueule. Il commença par rapprocher et mettre bout à bout les trois morceaux du serpent coupé, puis appliqua les feuilles sur chacune des sections. Instantanément les sections se ressoudèrent et le serpent bougea et retrouva la vie comme si de rien n'était, et tous deux s'en allèrent ensemble. Les feuilles étaient restées sur le sol derrière eux, et le malheureux enterré vif, qui avait observé tout cela, se demanda si la vertu miraculeuse de ces feuilles, capables de rendre la vie au serpent, ne pourrait pas aussi servir aux êtres humains. Il ramassa les trois feuilles sans attendre et alla en déposer une sur la bouche de la morte, et les deux autres sur ses yeux clos. A peine l'avait-il fait, que le sang se remit à circuler dans ses veines et vint presque aussitôt rosir de sa chaleur la lividité de ses joues. Elle se remit à respirer, ouvrit les yeux et demanda : « Mon Dieu, où suis-je ?

— Tu es près de moi, ma chère femme », lui répondit le prince, qui lui raconta ce qu'il s'était passé et comment il l'avait resssucitée.

Il lui fit boire un peu de vin, lui donna un morceau de pain, et bientôt elle sentit ses forces lui revenir. Elle se leva et ils allèrent ensemble jusqu'à la porte du caveau, où ils se mirent à frapper et à appeler si fort que la garde les entendit et s'en alla en avertir le roi.

Le roi ne tarda pas à arriver, descendit en personne et ouvrit la porte du tombeau : quelle joie pour lui de les retrouver bien vivants, frais et roses comme ils l'étaient, et quelle joie pour tous que ces horreurs fussent finies ! Avant de s'en aller, toutefois, le jeune prince recueillit soigneusement les trois feuilles vertes, qu'il remit plus tard à un serviteur fidèle en lui disant : « Garde-les bien et prends grand soin de les avoir toujours sur toi, car qui sait dans quelles tragiques circonstances elles pourront nous servir encore ? »

Cependant, chez la femme, après qu'elle eut été rappelée à la vie, une métamorphose s'était produite : on eût dit que tout l'amour qu'elle portait à son mari avait quitté son cœur. Et quand, un peu plus tard, il voulut aller faire une visite à son père et décida de s'y rendre par mer, dès qu'elle fut à bord du navire, elle oublia son grand amour et la fidélité qu'il lui avait gardée jusque dans le tombeau, grâce à laquelle il avait pu l'arracher aux bras de la mort : tout, elle oublia tout pour s'éprendre du capitaine et s'adonner à ce mauvais penchant.

Profitant du sommeil de son mari qui s'était étendu pour se reposer, elle appela le capitaine, lui fit prendre le dormeur par les pieds tandis qu'elle le prenait par la tête, et en le balançant, ils le jetèrent par-dessus bord. Leur forfait accompli, elle dit à son complice : « Il n'y a plus qu'à rentrer à présent, et nous dirons qu'il est mort en cours de route. Je vais si bien te faire valoir et chanter tes louanges à mon père, qu'il ne pourra faire autrement que de m'unir à toi et de te faire l'héritier de sa couronne. »

Cependant le fidèle serviteur du prince, qui avait assisté à la scène, avait pu mettre un canot à la mer sans qu'on le vît, sauter dedans et larguer l'amarre en laissant s'éloigner le gros navire avec les traîtres pour naviguer vers le point où son seigneur était tombé à l'eau. Il ne put repêcher qu'un cadavre, mais avec le secours des trois feuilles du serpent, qu'il avait sur lui et qu'il lui posa sur les yeux et sur la bouche, il le ramena heureusement à la vie.

Tous deux se mirent aux avirons et firent si bien force de rames jour et nuit dans leur petit canot qui volait sur la mer, qu'ils arrivèrent avant les autres chez le vieux roi, tout étonné de les voir seuls, et qui leur demanda ce qu'il leur était arrivé. Lorsqu'il apprit la noirceur de sa fille, il dit : « Je ne puis pas croire qu'elle ait agi si horriblement, mais la vérité ne tardera pas à être mise au jour. » Après quoi, il leur fit à tous deux gagner une chambre secrète, en leur disant de ne se montrer à personne. Le grand navire arriva peu après, et la fille impie parut devant son père avec la mine contrite.

— Comment se fait-il que tu rentres seule ? lui demanda le roi. Où est ton mari ?

— Hélas, mon cher père, c'est en grand deuil que je reviens, répondit-elle, mon mari est tombé brusquement malade en cours de la route et la mort l'a emporté ; sans les soins et le soutien du bon capitaine que voici, je crois bien que je n'aurais pas pu éviter le pire, moi non plus. Il était présent à ses derniers moments et peut tout vous raconter.

— Ce mort, dit le roi, je vais le ressusciter.

Ouvrant alors la porte du cabinet secret, il en fit sortir les deux hommes. Frappée comme par la foudre à la vue de son époux, la femme tomba à genoux et supplia qu'on lui fît grâce.

— Ni grâce ni pardon, dit le roi. Il était prêt à mourir avec toi, et il t'a ramenée à la vie ; mais toi tu l'as assassiné pendant son sommeil, et tu auras la récompense que tu as méritée.

On la mit avec son complice dans une barque percée, et on les emmena au large, où ils furent bientôt engloutis sous les vagues.

le serpent blanc

Il y a maintenant fort longtemps que vivait un roi dont la sagesse était fameuse et célébrée dans tout le pays. Il était au courant de tout et il n'y avait rien qui pût se faire à son insu : on eût dit que les nouvelles lui arrivaient à travers les airs et qu'il connaissait le secret de toutes les choses cachées. Mais il avait une bizarre habitude. Chaque jour à midi, quand la table avait été débarrassée et quand il n'y avait plus personne autour de lui, le roi se faisait apporter une certaine terrine par un serviteur attaché à sa personne. La terrine était couverte et le serviteur lui-même ignorait ce qu'elle pouvait contenir. Ni lui ni personne ne le savait. Car le roi attendait toujours d'être absolument seul pour la découvrir et en manger.

Il y avait déjà pas mal de temps que durait la chose, quand un jour, en remportant la terrine, le serviteur fut pris par la curiosité, et elle le tint si bien qu'il ne put résister : il emporta la terrine dans sa chambre, ferma la porte à double tour et ôta le couvercle. Et que vit-il dedans ? Un serpent blanc. Rien qu'à le voir, il eut envie d'y goûter et ne put se retenir : il en coupa un petit bout qu'il porta à sa bouche ; mais à peine sa langue y eut-elle touché, voilà qu'il entendit à sa fenêtre un étrange murmure de petites voix fines. Il s'approcha et prêta l'oreille, s'apercevant alors que c'étaient des moineaux qui faisaient la conversation et qui se racontaient toutes sortes d'histoires sur ce qu'ils avaient vu dans les champs et dans les bois. D'avoir goûté au serpent l'avait doué du pouvoir de comprendre le langage des oiseaux et des autres bêtes.

Justement, ce jour-là, il se fit que la reine s'aperçut de la disparition de sa plus belle bague, et que le soupçon se porta sur ce serviteur familier, qui avait ses entrées partout. Le roi le fit appeler devant lui et lui dit, avec des paroles dures et menaçantes, que si le coupable n'était pas découvert et désigné avant le lendemain matin, ce serait lui qui répondrait du vol et qui serait jugé. Il eut beau protester de son innocence, cela ne changea rien et il se retira sans avoir rien obtenu de meilleur, ni même un simple renseignement. Tout angoissé, il descendit dans la cour, où il resta à se demander comment il pourrait bien faire pour s'en tirer. Il y avait là, sur le bord du ruisseau, un petit monde de canards qui paressaient et se reposaient, nettoyant et lissant leurs plumes du bec tout en bavardant paisiblement. Le serviteur s'arrêta à les écouter se raconter ce qu'ils avaient fait, où ils s'étaient promenés et dandinés ce matin-là, quelles bonnes choses ils avaient trouvées à manger, quand il entendit un se plaindre avec humeur qu'il avait quelque chose qui lui pesait dans le jabot. « Figurez-vous que dans ma hâte j'ai avalé une bague sous la fenêtre de la reine. » Le serviteur ne fit ni une, ni deux : il l'attrapa par le col et le porta à la cuisine, où il dit au cuisinier : « Celui-ci est bon à tuer : il est dodu à souhait !

— Ça oui, dit le cuisinier en le soupesant dans sa main, en voilà un qui n'a pas plaint sa peine pour ce qui est de se gaver, et tu peux dire qu'il n'a que trop attendu pour se faire embrocher !

Il lui coupa le cou sur l'heure, et quand on l'eut plumé et vidé, on retrouva la bague de la reine dans son gésier. Le serviteur n'eut alors aucune peine à démontrer son innocence au roi, qui lui promit, pour réparer l'injustice qu'il avait commise, de lui accorder la grâce qu'il lui demanderait, si haute que fût la dignité qu'il lui plairait d'occuper à la cour. Le serviteur refusa tout et demanda seulement un cheval et une bourse de voyage, car il avait envie de voir le monde et de s'y promener un petit bout de temps. Sa requête ayant été satisfaite, il se mit en route et arriva un jour près d'un étang, où il vit trois poissons qui s'étaient pris dans les roseaux et qui gigotaient désespérément pour retourner à l'eau. Bien qu'on prétende que les poissons soient muets, il entendit pourtant leurs gémissements pitoyables et comment ils se plaignaient d'avoir à mourir si misérablement. Parce qu'il était charitable de cœur, il descendit de cheval et libéra les trois prisonniers en les remettant à l'eau. Ils frétillèrent de joie, sortirent leurs têtes à la surface et lui crièrent : « Nous saurons nous en souvenir et nous te récompenserons de nous avoir sauvés. »

Il remonta à cheval et poursuivit son chemin, et voilà qu'au bout d'un moment, il lui sembla entendre comme une voix à ses pieds, dans le sable. Il prêta l'oreille et entendit un roi des fourmis qui se lamentait : « Si seulement les hommes avec leurs grosses bêtes lourdaudes restaient loin de nous ! Voilà ce stupide cheval qui m'écrase sans pitié mes sujets sous ses sabots ferrés ! » Le cavalier détourna sa bête dans un autre chemin, et le roi des fourmis lui cria : « Nous nous en souviendrons et te le revaudrons ! »

Le chemin qu'il avait pris le mena dans une forêt, où il vit un père corbeau et une mère corbeau, sur le bord de leur nid, en train de jeter dehors leurs petits. « Hors d'ici, bande de gloutons, criaient-ils ; nous n'arrivons plus à vous rassasier, maudits pendards, et vous êtes bien assez grands pour vous nourrir tout seuls ! » Les malheureux petits gisaient sur le sol, en battant gauchement de leurs jeunes ailes, et ils se lamentaient : « Pauvres abandonnés que nous sommes, qu'allons-nous devenir ? Il faut que nous trouvions nous-mêmes notre nourriture, et nous ne savons pas voler ! Mourir de faim ici, c'est tout ce qui nous attend. » Alors le bon jeune homme mit pied à terre, tua son cheval d'un coup d'épée et le laissa aux jeunes corbeaux afin qu'ils s'en nourrissent. Ils sautillèrent auprès, mangèrent tout leur soûl et crièrent : « Nous nous en souviendrons et te le revaudrons ! »

Maintenant, il n'avait plus que ses jambes pour voyager, et après une longue, longue marche, il arriva dans une grande ville. Les rues grouillaient de monde et le vacarme était grand, mais tout se tut pour écouter un cavalier qui faisait une annonce : la fille du roi cherchait un époux ; mais celui qui voulait la gagner devait accomplir une difficile épreuve, et s'il n'arrivait pas à la mener à bien, il y laissait sa vie. Nombreux étaient ceux qui l'avaient tenté déjà, mais tous avaient joué de leur vie pour rien. Le jeune homme, lorsqu'il eut l'occasion de voir la princesse, fut si ébloui de sa beauté qu'il en oublia tout danger ; il se rendit devant le roi et s'offrit comme prétendant.

Il fut aussitôt emmené dehors et conduit au bord de la mer, dans laquelle on jeta au loin, sous ses yeux, un anneau d'or. Puis le roi lui ordonna de ramener cet anneau du fond de la mer. « Si tu reviens sans le rapporter, ajouta le roi, tu seras rejeté à l'eau jusqu'à ce que les vagues t'engloutissent. » Toute l'assistance s'afligea pour ce beau jeune homme, puis se retira, le laissant seul sur le bord de la mer. Il se tenait debout sur le rivage, en se demandant comment il pourrait bien faire, quand tout soudain il aperçut trois poissons qui nageaient vers lui, et qui n'étaient autres que les poissons auxquels il avait sauvé la vie. Ils nageaient de front, et celui du milieu portait dans sa gueule un coquillage qu'il posa sur le sable aux pieds du jeune homme. Il ramassa le coquillage, l'ouvrit et trouva dedans la bague d'or, qu'il alla tout heureux rapporter au roi, n'attendant plus que sa récompense. Mais la fille du roi, dans son orgueil, quand elle sut qu'il n'était pas son égal par la naissance, le repoussa dédaigneusement et exigea qu'il subît une seconde épreuve. Elle descendit dans le jardin et répandit elle-même dix sacs de millet sur la pelouse. « Il faut que demain matin, avant le lever du soleil, il ait tout ramassé, dit-elle, et qu'il n'y manque pas une seule graine. »

Le jeune homme resta là, dans le parc, à se demander comment il pourrait venir à bout d'une pareille tâche ; mais il eut beau tourner et retourner le problème dans sa tête, il ne trouva rien de rien. Il se laissa tomber sur un banc et attendit là, bien tristement, le lever de cette aube qui serait celle de sa mort. Quand le jour se leva, éclairant de ses premiers rayons le gazon de la pelouse, il y vit, bien rangés l'un à côté de l'autre, les dix sacs remplis à ras, auxquels il ne manquait pas le plus petit grain de millet. C'était le roi des fourmis qui était venu pendant la nuit, avec ses milliers et ses milliers d'ouvrières, et qui avait employé tout son monde, par reconnaissance, à lui ramasser diligemment le millet et à remplir les sacs. La princesse descendit elle-même au jardin et vit avec stupéfaction que le jeune homme avait parfaitement accompli la tâche qui lui avait été imposée. Mais son cœur orgueilleux ne voulut pas se soumettre encore, et elle dit : « Même après avoir triomphé des deux épreuves, il ne deviendra pas mon époux avant de m'avoir rapporté une pomme de l'Arbre de Vie. »

Le jeune homme n'avait aucune idée de l'endroit où se trouvait l'Arbre de Vie. Il partit néanmoins, bien décidé à marcher aussi loin et aussi longtemps que ses jambes le porteraient ; mais il n'avait aucun espoir de le trouver jamais. Il avait déjà cheminé à travers trois royaumes, quand un soir, dans une forêt, il s'étendit au pied d'un arbre pour dormir : un bruit se fit dans les branches et une pomme d'or lui tomba dans la main. Au même instant, trois corbeaux descendaient se poser sur ses genoux et ils lui disaient : « Nous sommes les trois corbeaux que tu as sauvés de l'inanition et de la mort ; devenus grands, nous avons appris que tu étais en quête de la pomme d'or, et c'est pourquoi nous avons volé par-dessus les mers jusqu'au bout du monde où croît l'Arbre de Vie, et nous t'y avons cueilli cette pomme. »

Débordant de joie, le jeune homme prit le chemin du retour et rapporta la pomme d'or à la belle princesse, qui n'eut plus rien à dire. Ils partagèrent la pomme de Vie et la mangèrent ensemble ; et l'orgueil, dans son cœur, fut remplacé par le plus grand amour. Ils vécurent un bonheur parfait et atteignirent un très grand âge.

bout de paille, braise et haricot

Dans un petit village vivait une pauvre vieille femme, qui s'était ramassé un plat de haricots et voulait les faire cuire. Elle dressa son feu dans la cheminée et l'alluma avec une bonne poignée de paille pour qu'il brûle plus vite. Quand elle mit ses haricots dans la marmite, il y en eut un qui lui échappa par mégarde, et qui vint choir sur le sol juste à côté d'un brin de paille ; l'instant d'après, c'était un bout de braise qui sautait du foyer et qui venait tomber auprès des autres. Le bout de paille entama la conversation :

— Chers amis, d'où arrivez-vous comme cela ?

— La chance m'a permis de sauter hors du feu, répondit la braise, et sans la force de cet élan, c'était pour moi la mort certaine : je serais maintenant réduite en cendres.

— Je l'ai échappé belle aussi, répondit le haricot à son tour, car si la vieille m'avait jeté dans sa marmite, irrémissiblement c'en était fait de moi et j'étais cuit avec les autres.

— Croyez-vous peut-être que j'aurais eu un destin plus clément ? reprit le bout de paille. Tous mes frères, la vieille les a fait passer en feu et en fumée : soixante d'un coup, qu'elle avait pris, auxquels elle a ôté la vie ! Moi, par bonheur, je lui ai filé entre les doigts.

— Et maintenant, qu'est-ce que nous allons faire ? demanda la braise.

— A mon avis, dit le haricot, puisque nous avons tous les trois si miraculeusement échappé à la mort, nous devrions nous unir en bons camarades et partir tous d'ici pour gagner un autre pays, afin d'éviter quelque nouveau malheur.

La proposition convint aux deux autres, et tous ensemble ils se mirent en chemin. Ils arrivèrent bientôt devant un ruisselet qui n'avait pas le moindre pont, ni même une passerelle, et ils ne savaient pas comment passer de l'autre côté. Le fétu eut alors une bonne idée et dit : « Je vais me coucher en travers, et vous pourrez ainsi passer sur moi comme sur un pont. »

La paille, donc, se suspendit entre une rive et l'autre, et sur ce pont improvisé, la braise, avec son naturel ardent, s'avança hardiment, mais à tout petits pas pour ne pas renverser le fragile édifice. Arrivée au milieu, toutefois, en entendant le bruit que faisait le courant au-dessous d'elle, la peur la prit et elle s'immobilisa, n'osant pas se risquer plus avant ; aussi le bout de paille commença-t-il à prendre feu, se rompant net par le milieu et tombant dans l'eau, entraînant dans sa perdition la braise, qui chuinta en touchant l'eau et rendit aussitôt l'esprit. Le haricot, demeuré prudemment sur la rive, partit d'un tel fou rire en voyant cette histoire, et s'en tordit tellement sans pouvoir s'arrêter, que, pour finir, il éclata. C'en eût été fini de lui pareillement, si par bonheur un compagnon tailleur qui faisait son tour d'Allemagne ne s'était arrêté au bord de ce ruisseau pour se reposer. Parce qu'il avait bon cœur et l'âme secourable, le tailleur prit du fil et une aiguille et se mit aussitôt à le recoudre. Le haricot lui en fit ses remerciements chaleureux et choisis, comme on l'imagine ; mais comme il avait utilisé du fil noir, c'est pour cela que, depuis ce temps-là, tous les haricots ont une couture noire.

le pêcheur et sa femme

Il était une fois, dans le temps jadis, un pêcheur avec sa femme, qui vivaient ensemble dans une minuscule cabane tout au bord de la mer ; et tous les jours le pêcheur s'en allait lancer sa ligne, et il lançait sa ligne, et il la lançait.

Ainsi, un jour, il était assis près de sa ligne et il regardait toujours dans l'eau claire, il regardait et il était assis, assis.

Puis tout à coup la ligne plongea et s'en alla au fond, tout au fond ; et quand il la remonta, il tira dehors un grand turbot qui était au bout. Alors le turbot parla :

— Ecoute, pêcheur, je te le demande, laisse-moi la vie, je ne suis pas un vrai turbot, je suis un prince ensorcelé. Si tu me fais mourir, cela t'avance à quoi ? tu ne me trouverais quand même pas à ton goût. Rejette-moi à l'eau et laisse-moi nager.

— Beuh ! dit l'homme, pas besoin de si longs discours : un turbot qui sait parler, moi, je te le renvoie à l'eau illico.

Et il le rejeta dans l'eau claire, où le turbot plongea tout droit vers le fond en laissant une longue traînée de sang derrière lui. Puis le pêcheur s'en alla et revint auprès de sa femme dans la pauvre cabane.

— Homme, lui demanda-t-elle, tu n'as rien pris aujourd'hui ?

— Non, dit l'homme. J'avais pris un turbot, qui m'a dit qu'il était un prince ensorcelé ; alors je l'ai remis à nager.

— Et sans rien demander, sans faire un souhait ? dit la femme.

— Eh non ! dit l'homme. Qu'est-ce que j'avais à demander ?

— Oh ! dit la femme, c'est pourtant assez écœurant de vivre toujours dans un vrai pisse-pot, une masure dégoûtante et qui pue ! Tu pouvais pourtant bien souhaiter une petite chaumière pour nous. Vas-y et appelle-le : tu lui diras que nous voudrions avoir une chaumière ; sûrement qu'il te la donnera.

— Ah ! dit l'homme, qu'est-ce que je vais retourner là-bas ? A quoi ça sert ?

— Alors quoi ? dit la femme, tu l'avais pris et tu l'as remis à l'eau. C'est sûr qu'il va te la donner ! Vas-y, là, vas-y vite.

L'homme n'était pas d'accord, mais il ne voulait pas s'opposer à sa femme, ni se risquer à la contrarier ; et il s'en retourna jusqu'à la mer. Quand il y fut, l'eau n'était plus transparente et claire, mais jaune et verte entièrement. Il se planta tout au bord et dit :

Turbot, Turbot dans la mer,
Croix de bois et croix de fer,
Y a ma femme Elsabella
Qui veut autrement que moi.

Le turbot apparut, nageant à la surface, et dit :

— Alors, qu'est-ce qu'elle veut ?

— C'est parce que je t'avais pris, dit l'homme ; alors elle dit comme cela que je pouvais bien faire un vœu. Ça ne lui va plus d'habiter un « pisse-pot », elle aimerait bien une chaumière.

— Vas-y, dit le poisson, elle a tout ce qu'elle voulait.

L'homme s'en retourna chez lui, mais ce n'était plus dans le pisse-pot qu'habitait sa femme : il vit une coquette chaumière, et sa femme qui était assise devant la porte, sur un banc. Elle le prit par le bras et lui dit :

— Entre donc et regarde un peu, c'est quand même beaucoup mieux !

Ils entrèrent ; et à l'intérieur il y avait une belle petite entrée, une grande pièce et une chambre à deux lits, chacun le sien, puis une cuisine avec l'office, où tout luisait de propreté, les meubles, les cuivres et les étains étincelants, car il n'y manquait rien de rien ; et par-derrière, il y avait une courette avec des poules et des canards, puis encore un jardinet plein de légumes verts et de fruits juteux.

— Tu vois, dit la femme, c'est gentil, non ?

— Ça oui, dit l'homme, ce sera bon de rester toujours là : on peut y vivre heureux et content !

— On verra ça, dit la femme, on verra.

Après quoi, ils dînèrent et allèrent au lit.

Passèrent une huitaine ou une quinzaine de jours, et la femme dit :

— Ecoute-moi, homme, la chaumière est quand même trop petite, on s'y sent à l'étroit ; quant à la cour et au jardin, ils sont vraiment trop minuscules ! Le turbot aurait bien dû nous donner quelque chose de plus grand. Moi, ce que je voudrais, c'est d'habiter un beau château de pierre. Tu n'as qu'à y aller et le lui demander, au turbot : il nous fera bien cadeau d'un château de pierre.

— Ah, femme ! dit l'homme, la chaumière est déjà bien bonne pour nous, qu'est-ce que nous avons affaire d'habiter un château ?

— Eh bien quoi ? dit la femme, tu n'as rien qu'à demander : le turbot peut bien le faire.

— Non, femme, le turbot nous a déjà fait don de la chaumière, dit l'homme, je ne vais pas encore aller l'embêter avec autre chose maintenant.

— Vas-y donc, dit la femme, il peut bien le faire et il le fera volontiers. Vas-y, je te dis !

L'homme en avait un gros poids sur le cœur et ne voulait pas y aller ; il se disait en dedans : « Ce n'est pas juste. Ce n'est pas raisonnable. » Mais pour finir, il y alla quand même.

Quand il fut au bord de la mer, l'eau n'était plus jaune et verte entièrement, mais violette et bleue profondément, et lourde et sombre, quoique calme encore. Il alla se planter au bord et dit :

Turbot, turbot dans la mer,
Croix de bois et croix de fer,
Y a ma femme Elsabella
Qui veut autrement que moi.

— Alors, qu'est-ce qu'elle veut ? demanda le turbot.

— Ah ! dit l'homme à moitié hésitant, elle veut un grand château de pierre comme demeure.

— Vas-y, dit le turbot, elle est déjà devant la porte.

L'homme s'en alla, pensant s'en revenir à sa chaumière ; mais quand il arriva, il trouva à sa place un grand palais de pierre avec sa femme au haut des marches, sur le perron, prête à entrer. Elle le prit par le bras et lui dit : « Allons, viens et entrons ! » Et l'homme entra avec elle.

Dans le château, il y avait un vestibule superbe avec des murs plaqués de marbre, et là, des domestiques en grand nombre pour leur ouvrir les portes monumentales ; sur les hauts murs blancs et polis étaient de belles tapisseries ; dans les grands salons et les autres chambres, les fauteuils et les tables étaient d'or pur, et des lustres de cristal en forme de couronne ornaient les plafonds ; il y avait des tapis dans toutes les chambres grandes et petites, et des mets de toutes sortes avec les vins les plus fins chargeaient les tables à les faire crouler. Une vaste cour tenait l'arrière du château, avec les écuries des chevaux, et les étables des vaches, et des remises où étaient rangés de magnifiques carrosses ; puis un jardin de fleurs et un verger splendides, puis encore un parc d'au moins une lieue de long avec un bois de plaisance tout giboyeux, où l'on voyait courir les cerfs et les chevreuils et les lièvres et les autres, tous les autres animaux qu'on peut aimer voir et manger.

— Voilà, dit la femme, est-ce que ce n'est pas beau ?

— Oh oui, dit l'homme, ce sera bon d'y rester et nous allons habiter ce beau château où nous serons tout à fait heureux.

— On verra ça, dit la femme, on verra. Allons toujours dormir.

Et ils allèrent se coucher.

Le lendemain matin, la femme fut la première levée, et il faisait bien clair, et elle vit la merveilleuse campagne qui se déployait sous ses yeux à perte de vue. D'un coup de coude, elle réveilla son homme qui s'étira mollement.

— Lève-toi un peu, homme, et jette un coup d'œil par la fenêtre, lui dit-elle. Tu vois ? Nous pourrions bien être rois sur tout ce beau pays ! Va dire au turbot que nous voudrions être rois.

— Ah ! femme, qu'est-ce que nous avons besoin d'être rois ? répondit l'homme. Je ne veux pas être roi.

— Très bien, dit la femme, si tu ne veux pas être roi, moi je le serai et voilà tout. Va dire au turbot que je veux être la reine de ce pays.

— Ah ! femme, qu'est-ce que tu as besoin d'être reine ? dit l'homme. Je n'oserai jamais le lui dire, au turbot !

— Et pourquoi pas, si je le demande ? dit la femme. Vas-y tout de suite : je veux être la reine.

Il y alla, mais il était tout retourné que sa femme voulût être reine. « Ce n'est pas juste ! Ce n'est pas juste ! Pas juste et pas juste... », se répétait-il. Et il ne voulait pas y aller, mais il y alla tout de même.

Et quand il fut devant la mer, elle était trouble et d'un gris foncé, et l'eau brassait furieusement le fond jusqu'en surface, et son odeur était puante. Il se planta au bord et dit :

Turbot, turbot dans la mer,
Croix de bois et croix de fer,
Y a ma femme Elsabella
Qui veut autrement que moi.

— Alors, dit le turbot, qu'est-ce qu'elle veut donc ?

— Ah ! dit l'homme, elle veut être le roi.

— Retournes-y, dit le turbot, elle est tout déjà.

L'homme retourna et vit, quand il approcha du palais, que le château était devenu bien plus grand et qu'il avait un gros donjon avec quantité de beaux ornements dessus, et la garde se tenait devant la porte, et il y avait encore beaucoup de soldats, et des trompettes et des tambours. Quand il entra dans le château, tout y était de marbre et d'or, tapissé de velours, avec partout de grands coffres pleins d'or. Et quand s'ouvrirent les portes de la grand-salle, la cour s'y tenait rassemblée et sa femme siégeait sur un grand et haut trône d'or et de diamants, et elle avait sur la tête une haute couronne d'or, et elle tenait dans sa main un sceptre d'or pur couvert de pierreries. De chaque côté d'elle, il y avait un rang de jeunes filles alignées selon la taille, six de chaque côté, avec une différence d'une tête de l'une à l'autre.

Il alla jusque devant elle et dit :

— Ah ! femme, te voilà reine à présent ?

— Oui, dit-elle, maintenant je suis reine.

Il s'approcha tout près et resta planté devant elle à la regarder, puis il dit :

— Ah femme ! c'est quand même une belle chose que tu sois reine ! Maintenant nous n'avons plus rien à souhaiter.

— Oh ! que si ! dit-elle avec émoi, je n'y ai rien trouvé qu'ennui et longueur de temps et j'en ai plus qu'assez ! J'ai été reine, et il faut que je sois impératrice à présent. Va et dis-le au turbot.

— Ah ! femme, dit l'homme, il ne peut pas te faire impératrice ! Je n'ose pas demander cela au turbot.

— Homme, dit la femme, va trouver le turbot : je veux devenir impératrice.

— Ah ! femme, qu'est-ce que tu as besoin d'être impératrice ? dit l'homme.

— Va le trouver : je veux devenir impératrice ! dit-elle.

— Non, femme, dit l'homme, il ne peut pas te faire impératrice. Cela, je ne vais pas le lui demander. Un empereur, il n'y en a qu'un pour tout l'empire, et le turbot ne peut pas te faire impératrice : il ne peut pas et ne peut pas.

— Quoi ? dit la femme, je suis reine et tu es mon homme. Va, et vas-y tout de suite, tu as compris ? Vas-y tout de suite : il a pu me faire reine, il peut ausi me faire impératrice, et moi je veux être impératrice, je le veux. Immédiatement.

Et il dut y aller ; mais tout en y allant, il protestait en lui-même et se sentait plein de crainte : « Ce n'est pas convenable, se disait-il en lui-même, pas convenable du tout ! Impératrice, c'est trop gros ! Le turbot finira par le prendre mal. »

Tout en se disant cela, l'homme arriva au bord de la mer, et l'eau était toute sombre et démontée, grondante et écumante, avec un vent tempétueux qui emportait l'écume et la faisait voler en sifflant contre lui. Il en fut tout ébranlé ; mais il s'avança quand même et se planta au bord pour dire :

Turbot, turbot dans la mer,
Croix de bois et croix de fer,
Y a ma femme Elsabella
Qui veut autrement que moi.

— Alors, que veut-elle donc ? dit le turbot.

— Ah ! turbot, dit l'homme, ma femme veut devenir impératrice.

— Retourne, dit le turbot, elle a tout déjà.

L'homme s'en retourna donc, et quand il fut là-bas, le palais tout entier brillait d'ornements de porphyre et de statues de marbres et d'arabesques d'or. Devant la grand-porte, les soldats paradaient aux sons d'une fanfare qui faisait retentir trompes et trompettes, timbales et tambours. A l'intérieur, c'était une foule de comtes et de barons, de ducs et de princes qui s'empressaient comme des serviteurs ; et devant lui, ils ouvrirent les portes qui étaient d'or massif. Quand il entra, il vit sa femme assise sur un trône d'or taillé tout d'une pièce dans une masse d'or, et qui n'avait pas moins de deux étages de hauteur : et elle avait sur la tête une couronne d'or de trois aunes de haut, entièrement ornée de brillants et d'escarboucles ; le sceptre était dans sa main, et dans l'autre le globe impérial. De chaque côté s'alignaient des pages rangés sur un double rang, et par taille décroissante, une tête de moins de l'un à l'autre, et le premier était un géant de la hauteur de deux étages, alors que le dernier était un nain pas plus grand que mon petit doigt ; et devant elle s'inclinaient les ducs et les princes en nombre incalculable.

L'homme alors s'approcha et se tint devant elle, et il lui dit :

— Ah ! femme, te voilà donc impératrice à présent ?

— Oui, dit-elle, je suis impératrice.

Il s'avança tout près, se planta devant elle et resta là un bon moment à la regarder sur toutes les coutures, et quand il l'eut bien regardée, il lui dit :

— Ah ! femme, c'est beau, c'est vraiment beau que tu sois l'impératrice.

— Eh ! dit la femme, qu'as-tu à rester planté sans rien faire ? A présent que je suis impératrice, je veux devenir pape et rien d'autre ! Va, et dis-le au turbot.

— Ah ! femme, dit l'homme, qu'est-ce que tu ne voudrais pas ? Mais pape, tu ne peux pas l'être. Le pape, il n'y en a qu'un seul sur toute la chrétienté, et cela il ne peut pas te le donner parce qu'il y en a déjà un.

— Homme, dit-elle, je veux être le pape. Alors vas-y et dis-lui qu'il faut que je devienne le pape aujourd'hui même.

— Non, femme, je ne peux pas lui demander cela, c'est trop gros, cela ne va pas. Le turbot, il ne peut pas te faire pape.

— Homme, qu'est-ce que tu me racontes ? dit la femme. Il a pu me faire impératrice, il peut bien me faire pape aussi. Vas-y tout de suite ! Je suis impératrice et tu es mon mari, alors est-ce que tu vas y aller ?

Il en eut peur et il alla, mais il se sentait tout chose, frissonnant et tremblant, avec les genoux flasques et les jambes molles. Un vent furieux battait le paysage, charriant de gros nuages, et tout était sombre vers le couchant ; les feuilles étaient arrachées des arbres, et des vagues énormes s'étaient creusées sur la mer quand il y arriva, qui grondaient et s'écrasaient en cognant contre le rivage ; au large, il voyait les navires malmenés sur les lames, et il entendit tirer le canon d'appel au secours. Il y avait bien encore un peu de bleu, juste au milieu du ciel, mais tout autour accouraient des nuages rouges et épais qui n'annonçaient rien de mieux que l'ouragan fatal. L'homme était complètement désespéré quand il vint tout au bord, et il avait grand-peur quand il dit :

Turbot, turbot dans la mer,
Croix de bois et croix de fer,
Y a ma femme Elsabella
Qui veut autrement que moi.

— Alors, que veut-elle encore ? dit le turbot.

— Ah ! elle veut devenir pape, dit l'homme.

— Retournes-y, dit le turbot, c'est déjà fait.

Alors il s'en revint, et à la place du château il y avait une grande église entourée de palais partout. Devant, se pressait la foule qu'il dut traverser pour y arriver, et dedans tout était illuminé de mille et mille lumières, et sa femme était là, toute habillée d'or, assise sur un trône encore plus élevé, avec une triple couronne d'or sur la tête ; autour d'elle, elle avait toute la foule du haut clergé, et de chaque côté d'elle, alignés, des cierges en rampe décroissante, dont le plus grand était haut et large comme une énorme tour, et le plus petit pas plus gros que la plus minuscule veilleuse de cuisine. Et tous les empereurs et tous les rois pliaient le genou devant elle et baisaient sa mule.

— Femme, dit l'homme en l'examinant bien, est-ce que tu es le pape à présent ?

— Oui, dit-elle, je suis le pape.

Alors il s'approcha tout à fait d'elle et resta planté là, à la regarder ; et il lui semblait qu'il regardait dans le soleil. Et quand il l'eut regardée et regardée encore pendant tout le temps nécessaire, il lui dit :

— Ah ! femme, c'est tout de même beau que tu sois devenue pape !

Elle restait assise raide comme un arbre, sans broncher ni piper. Alors il dit :

— Ah ! femme, il faut que tu sois contente à présent que tu es pape : tu ne peux rien devenir de plus.

— On verra ça, dit-elle, on verra.

Là-dessus, ils allèrent tous les deux se coucher ; mais elle n'était toujours pas contente et son ambition l'empêchait de dormir : elle n'arrêtait pas de se demander ce qu'elle pourrait bien devenir et vouloir.

L'homme, lui, dormit profondément et tout d'un trait : il avait beaucoup marché dans sa journée. La femme, par contre, n'arriva pas à fermer l'œil et passa toute la nuit à se tourner et retourner en se demandant ce qu'elle pourrait bien vouloir encore devenir, mais sans trouver la moindre idée dans sa tête. Finalement le soleil était sur le point d'apparaître et l'on apercevait déjà le rosé de l'aurore ; alors elle se redressa dans son lit et elle regarda dehors, à travers la fenêtre. Quand elle vit le soleil paraître et jeter ses premiers rayons, une idée lui vint : « Ah ! se dit-elle, est-ce que je ne pourrais pas régner sur le soleil et la lune et leur commander, moi, de se lever ? »

— Homme ! dit-elle en réveillant son mari d'un coup de coude, debout ! et va dire au turbot que je veux être comme le bon Dieu.

L'homme était encore à moitié endormi, mais il en reçut un tel choc qu'il en tomba du lit.

— Ah ! femme, qu'est-ce que tu dis ? fit-il en se frottant les yeux, croyant avoir mal entendu.

— Homme, dit-elle, si je ne peux pas commander au soleil et à la lune de se lever, et s'il faut que je les voie se lever sans mon ordre, je ne pourrai pas y tenir et je n'aurai plus une heure de tranquillité à l'idée que je ne puis les faire lever moi-même.

Elle le fixa de si terrible façon en lui disant cela, que l'homme en fut pris de frisson.

— Vas-y, commanda-t-elle, je veux devenir comme le bon Dieu.

— Ah ! femme, dit-il en se mettant à genoux, le turbot, c'est quelque chose qu'il ne peut pas faire, cela ! Impératrice et puis pape, il a pu le faire, imagine un peu ! Mais je t'en supplie maintenant, reprends-toi et restes-en là. Pape, c'est assez !

Une furieuse colère la prit alors, et ses cheveux défaits volaient autour de sa tête, son corsage se déchira entre ses mains, et elle hurla en lui envoyant un coup de pied :

— Je ne peux pas le supporter et je ne le supporterai pas plus longtemps. Vas-tu y aller ?

Il passa ses vêtements à toute vitesse et fila comme un fou. Dehors, la tourmente faisait rage, hurleuse et grondante, à tel point qu'il pouvait à peine se tenir debout. Les maisons et les arbres tremblaient sur leurs bases, les montagnes en étaient secouées, des rochers s'en détachaient et tombaient dans la mer ; le ciel était partout d'un noir de poix, grondant de tonnerre et déchiré d'éclairs ; la mer était d'un noir d'encre et dressait des vagues lourdes et hautes comme des tours d'église, hautes comme les montagnes, qui avaient toutes une couronne d'écume à leur sommet. L'homme cria, mais il n'entendit pas lui-même le bruit de sa voix :

Turbot, turbot dans la mer,
Croix de bois et croix de fer,
Y a ma femme Elsabella
Qui veut autrement que moi.

— Alors, qu'est-ce qu'elle veut encore ? dit le turbot.

— Ah ! dit-il, elle veut être comme le bon Dieu.

— Retournes-y : elle est de nouveau assise dans son pisse-pot.

Et c'est là qu'ils demeurent depuis lors, et jusqu'au jour d'aujourd'hui.

sept d'un coup, ou le hardi petit tailleur

De bonne humeur et piquant l'aiguille avec enthousiasme par un beau matin d'été, un petit tailleur était au travail, assis sur sa table devant la fenêtre. Vint une paysanne qui descendait la rue en criant : « A la crème, à la crème ! A la bonne crème fraîche ! » Cet appel chatouilla fort agréablement les oreilles du petit tailleur, qui passa sa tête menue par la fenêtre pour l'appeler : « Par ici, ma bonne dame, vous avez amateur ! » La femme grimpa les trois marches qui menaient à la petite échoppe du tailleur avec son lourd panier, qu'elle dut vider complètement pour lui montrer tous les pots qu'elle avait. Il les examinait les uns après les autres, les soupesait, les reniflait d'une narine attentive, et finalement il lui dit : « La crème m'a l'air excellent, ma bonne dame : vous pouvez m'en mettre quatre demi-onces, bon poids, et même si vous arriviez jusqu'au quart de livre, cela ne ferait rien ! » La femme, qui avait pensé avoir trouvé un client pour le tout, lui donna ce qu'il voulait et s'en alla en bougonnant de colère.

— Dieu bénisse cette crème ! s'exclama le petit tailleur gourmand, et qu'elle me donne force et vigueur !

Il tira le pain de l'armoire, s'en coupa une tranche sur toute la grande largeur et la tartina de crème.

— Cela ne sera vraiment pas mauvais, dit-il avec satisfaction ; mais il faut d'abord que je termine cette veste.

Il posa la tartine à côté de lui et se remit à coudre, si content et si impatient qu'il tirait des points de plus en plus grands. La bonne odeur de la douce crème, pendant ce temps, était montée aussi le long des murs, où il y avait une quantité de mouches, qui se mirent à bourdonner et vinrent s'abattre en noirs essaims dessus.

— Holà ! Holà ! qui vous a invitées ? leur lança le petit tailleur en chassant d'un revers de main ces hôtes importuns.

Mais les mouches, qui ne comprennent pas le français, ne se laissèrent pas décourager pour si peu et y revinrent, plus nombreuses que jamais. Le petit tailleur perdit patience, à force, et finit, comme on dit, par prendre la mouche : il tira un bout d'étoffe de son tiroir à coupons et frappa impitoyablement dans le tas en criant : « Attendez un peu, je vais vous apprendre ! » Après cet assaut, quand il dénombra les morts, il n'en compta pas moins de sept qui gisaient devant lui, les pattes en l'air.

— Quel type tu fais ! s'exclama-t-il en s'admirant et en s'émerveillant de sa bravoure. Il faut que toute la ville le sache !

Sans attendre, il se tailla et se cousit une belle ceinture, sur laquelle il broda en grosses lettres capitales : SEPT D'UN COUP.

— Mais que m'importe la ville, c'est le monde entier qui doit le savoir ! reprit-il en pensant à son exploit.

Et son cœur lui battait de joie comme bat la queue d'un petit agneau. Il passa sa ceinture fièrement pour aller courir le monde, car son échoppe l'étouffait désormais et lui paraissait bien trop petite pour contenir sa bravoure. Avant de partir, toutefois, il fouilla son habitation pour voir ce qu'il pourrait bien emporter avec lui, mais il ne trouva en tout et pour tout qu'un vieux bout de fromage, qu'il fourra dans sa poche. En passant la porte, il vit l'oiseau qu'il avait en cage et le fourra dans sa poche aussi, avec le fromage, puis il se mit en route en allongeant fièrement le pas. Et comme il était léger et agile, il ne se fatiguait pas.

Sa marche le conduisit sur une haute montagne dont il gravit les pentes, et quand il arriva tout en haut, sur le plus haut sommet, il se trouva devant un énorme géant qui était là, assis, et qui contemplait placidement le paysage devant lui.

— Salut, camarade ! lui lança le petit tailleur. Alors, on contemple le vaste monde ? Moi, je viens tout juste de me mettre en route pour aller à l'aventure. Cela te dirait-il de m'accompagner ?

Le géant le considéra dédaigneusement et dit :

— Minable avorton ! Pauvre guenille !

— Vraiment ? fit le petit tailleur en ouvrant sa veste pour

laisser voir sa ceinture au géant : là, tu peux lire quelle sorte d'homme je suis !

« SEPT D'UN COUP », lut le géant ; et, croyant qu'il s'agissait d'hommes que le tailleur avait tués, il accorda au petit homme un petit peu plus de considération. Un tout petit peu seulement, car il voulait d'abord le voir à l'épreuve ; il ramassa donc une pierre et la serra si fort dans sa main qu'il en fit sortir de l'eau.

— Fais-en autant, si tu as la force ! lui dit-il.

— C'est tout ? fit le petit tailleur. Mais c'est un jeu d'enfant pour nous autres !

Et il prit dans sa poche le vieux bout de fromage mou qu'il avait, et le pressa si bien qu'il le fit suinter.

— Et voilà ! dit-il. C'était tout de même un peu mieux, non ?

Le géant ne savait plus que dire et ne savait non plus que penser de ce petit homme ; il n'en croyait pas ses propres yeux. Alors il prit une autre pierre et la lança si haut qu'on ne la voyait plus d'en bas.

— Fais-en autant, mon petit bonhomme ! dit-il.

— Bien lancé ! commenta le petit tailleur, mais la pierre est quand même retombée, tandis que moi, celle que je vais lancer, elle ne retombera plus du tout.

Il empoigna l'oiseau qu'il avait en poche et le lança en l'air. Tout heureux de sa liberté, l'oiseau fila à tire-d'aile et ne reparut plus.

— Qu'est-ce que tu penses de ce coup-là, camarade ? demanda le petit tailleur.

— Tu t'y connais au lancer, je ne dis pas, reconnut le géant ; mais à présent, il s'agit de voir si tu es capable de porter réellement quelque chose. Et il emmena le petit tailleur jusqu'à un énorme chêne qui était couché sur le sol.

— Si tu as la force, dit le géant, aide-moi à sortir cet arbre de la forêt.

— Volontiers, répondit le petit homme, tu n'as qu'à te charger du tronc, c'est le plus facile ; et moi je porterai les branches avec le feuillage, parce que c'est le plus lourd.

Le géant chargea le gros tronc sur ses épaules, tandis que le tailleur s'asseyait tranquillement sur une branche de l'arbre : le géant, qui ne pouvait pas se retourner sous sa charge, porta et traîna l'arbre tout seul, sans le savoir, et le petit tailleur par-dessus le marché, qui se trouvait fort bien où il était et qui sifflait joyeusement l'air des *Trois tailleurs qui s'en allaient gaiement...*, pour bien montrer à l'autre que porter une telle charge n'était qu'un jeu pour lui ! Epuisé au bout d'un moment par cette charge énorme, le géant voulut souffler un peu et annonça :

— Attention ! je vais laisser tomber.

Vivement, le tailleur sauta à bas de sa branche et s'écarta, les bras levés, comme s'il venait de lâcher sa charge.

— Alors quoi, dit-il au géant, un grand gaillard comme toi, tu n'es même pas capable de porter un arbre un bon coup ?

Ils laissèrent l'arbre où il était et continuèrent ensemble à marcher. Ils arrivèrent bientôt devant un cerisier, et le géant, voyant que les plus belles cerises se trouvaient sur les plus hautes branches, empoigna le cerisier par le haut et le courba jusqu'au niveau du petit homme pour le lui donner à tenir, et pour qu'il pût manger de ces cerises tout à son aise. Mais quand le géant le lâcha, le petit tailleur, qui était évidemment trop faible pour maintenir l'arbre ployé, fut jeté en l'air et voltigea dès l'instant que l'arbre se redressa. Agile et léger comme il l'était, il réussit néanmoins à retomber sans mal un peu plus loin.

— Comment ! s'étonna le géant, une mince gaule comme celle-là, tu n'es pas assez fort pour l'empêcher de se détendre ?

— Oh ! ce n'est pas la force qui me manque, figure toi ! répondit prestement le petit tailleur. Qu'est-ce que c'est pour quelqu'un qui en abat sept d'un coup ? Mais j'avais aperçu des chasseurs qui tiraient dans le taillis, là-bas dessous, et j'ai sauté par-dessus l'arbre pour aller voir. Voyons un peu si tu serais capable d'en faire autant ?

Le géant essaya bien de sauter par-dessus le cerisier, mais

il ne réussit pas à le franchir et resta accroché dans ses branches. Cette fois encore, le petit tailleur avait été le plus fort.

— Du moment que tu es un si fameux gaillard, dit le géant, tu vas venir chez nous passer la nuit dans notre caverne.

— Entendu ! déclara le petit tailleur.

Et il le suivit.

Dans la caverne, quand ils y arrivèrent, il vit d'autres géants assis autour du feu et qui mangeaient, chacun tenant dans sa main un mouton rôti. Le petit tailleur jeta un coup d'œil à la ronde et constata pour lui-même : « C'est quand même plus spacieux ici que dans mon échoppe ! » Son géant lui montra un lit, et l'invita à s'y coucher en lui souhaitant bonne nuit et bon sommeil. Mais ce lit était bien trop grand pour lui ; au lieu de se coucher dedans, le petit tailleur se recula dans un coin où il se blottit, tout au fond. Vers minuit, pensant que le petit tailleur était profondément endormi, le géant se leva, empoigna une énorme barre de fer et l'abattit en plein sur le lit, sûr et certain d'avoir réglé le compte de cette sauterelle une bonne fois pour toutes. Quand les géants, au petit jour, quittèrent la caverne pour gagner la forêt, ils avaient complètement oublié l'existence du petit tailleur, jusqu'au moment qu'il leur apparut soudain, venant vers eux tout guilleret et tout joyeux. Epouvantés à sa vue, et redoutant qu'il ne les tuât tous, ils prirent la fuite et ils courent encore.

Sans souci, le nez au vent, le petit tailleur continua son voyage et se promena un bon bout de temps par monts et par vaux avant que d'arriver dans le parc d'un palais royal. Tranquillement, se sentant un peu las, il s'étendit sur le gazon et s'endormit. Les gens sont curieux, et pendant qu'il dormait, il y en eut pas mal qui vinrent l'examiner sur toutes les coutures et qui prirent ainsi connaissance des « SEPT D'UN COUP » qu'il portait écrits sur sa ceinture.

— Ah ! se demandèrent-ils, que vient faire chez nous un si fameux héros, en pleine paix ? Ce doit être un grand et puissant seigneur !

Et ils coururent avertir le roi, en se disant que si jamais la guerre venait à éclater, un tel homme serait d'un puissant et utile secours, et qu'il ne fallait par conséquent le laisser repartir à aucun prix. Le roi fut de leur avis et dépêcha au petit tailleur l'un des grands seigneurs de sa cour, qui devait attendre son réveil pour lui offrir d'entrer dans l'armée. Le messager demeura à côté du dormeur et attendit qu'il s'étirât les membres et ouvrît les yeux pour lui transmettre l'offre du roi.

— C'est justement pour cela que je suis venu, répondit-il ; je suis prêt à entrer au service du roi.

On le reçut avec de grands honneurs et il eut sa propre maison. Mais les autres guerriers, jaloux, auraient voulu voir notre petit tailleur aux mille diables. « Si jamais on se prend de querelle avec lui, qu'est-ce qu'il va se passer ? Il nous tombera dessus, et à sept d'un coup, il ne restera bientôt plus aucun d'entre nous ! » Ils tinrent conseil et décidèrent à l'unanimité d'aller donner leur démission au roi. « Nous ne sommes pas de taille à fréquenter un homme qui en abat sept d'un coup ! » lui dirent-ils. Le roi déplora fort amèrement de perdre ainsi tous ses fidèles serviteurs par la faute d'un seul homme, qu'il souhaitait maintenant ne jamais avoir vu et qu'il eût aimé pouvoir renvoyer d'où il venait. Mais il n'osa pas lui donner son congé, craignant que, dans sa colère, il ne le tuât lui-même, et avec lui tout son peuple à la fois, pour s'emparer du trône. Il y réfléchit en long et en large, pour finalement trouver une solution : il envoya dire au petit tailleur, puisqu'il était un si grand héros, qu'il avait un service personnel à lui demander. Dans une certaine forêt de son royaume gîtaient deux géants qui multipliaient les meurtres et les crimes, les vols et les incendies, et qui étaient pour tous une véritable calamité : personne ne pouvait vivre dans leur voisinage sans être en perpétuel danger de mort. Si donc il pouvait, lui, vaincre et tuer ces deux géants, le roi lui donnerait sa fille unique en mariage, et, comme dot, la moitié du royaume. Cent cavaliers l'accompagneraient dans son entreprise pour lui servir de renfort.

« Voilà qui serait quelque chose pour un homme de ton espèce, pensa le petit tailleur ; une belle princesse et la moitié d'un royaume, cela ne se trouve pas tous les jours ! » Et il donna sa réponse :

— Mais bien sûr, dit-il ; je vais mettre un peu ces deux géants à la raison, et je n'ai nul besoin pour cela des cent cavaliers : qui est capable d'en abattre sept d'un coup n'a rien à craindre de deux.

Le petit tailleur partit donc en expédition, suivi des cent cavaliers comme escorte. A la lisière de la forêt, il se retourna et leur dit : « Vous n'aurez qu'à m'attendre ici, je n'ai besoin de personne pour en finir avec les deux géants. »

Puis il entra sous le couvert et se mit à regarder attentivement autour de lui ; au bout d'un moment, il aperçut les deux géants : ils étaient couchés sous un arbre, dormant et ronflant à en faire bouger les branches. Sans paresser, le petit tailleur s'emplit les poches de cailloux et grimpa sur l'arbre. A mi-hauteur, il s'avança à califourchon sur une branche jusqu'à ce qu'il se trouvât juste au-dessus des dormeurs, se cacha bien et lâcha un premier caillou sur la poitrine d'un des géants, puis un second caillou, et un autre, et un autre. Pendant un bon moment le géant ne s'aperçut seulement de rien, mais à force il se réveilla, poussa son compagnon d'un coup de coude et lui dit :

— Qu'est-ce que tu as à me frapper ?

— Tu rêves, dit l'autre, je ne t'ai pas frappé.

Ils se recouchèrent tous les deux et se rendormirent. Alors le petit tailleur laissa tomber un caillou sur le second géant.

— Qu'est-ce que c'est ? cria celui-ci. Qu'est-ce qu'il te prend de me frapper ?

— T'ai pas frappé ! grommela le premier géant. Pas du tout !

Ils se querellèrent quelque peu sur le sujet, mais comme ils étaient fatigués, ils finirent par se recoucher et s'endormir. Le petit tailleur se remit à son jeu, et, choisissant cette fois le plus gros des cailloux qu'il avait, il le jeta de toutes ses forces sur la poitrine du premier géant.

— Ce coup-ci, c'en est trop ! hurla le géant en se jetant comme un fou furieux sur l'autre géant, qu'il projeta contre l'arbre avec une telle force que l'arbre en trembla.

Le second se rua contre son adversaire avec autant de fureur, et ils se battirent dans une rage si féroce qu'ils arrachaient les arbres pour s'en frapper, prolongeant leur duel tant et si bien qu'ils tombèrent finalement l'un et l'autre, frappés à mort. Le petit tailleur redescendit alors prestement de son arbre, tout en se disant : « C'est encore une chance qu'ils aient laissé debout l'arbre sur lequel j'étais ! Sinon il m'eût fallu sauter comme un écureuil d'un arbre à l'autre pour survivre ; mais on est leste dans la corporation ! » Pour plus de sûreté, il tira son épée et l'enfonça à deux ou trois bonnes reprises dans la poitrine de chaque géant ; après quoi, il rejoignit ses cavaliers et leur dit :

— L'opération est terminée, ils ont reçu chacun leur coup de grâce ; mais cela ne s'est pas passé sans mal : ils ont arraché les arbres, dans leur désespoir, pour essayer de se défendre. A quoi bon tout cela, quand on a affaire à quelqu'un comme moi, qui en abat sept d'un coup ?

— N'êtes-vous pas blessé ? demandèrent les cavaliers.

— Oh ! pour moi tout va bien, répondit le tailleur, ils n'ont pas pu toucher un seul cheveu de ma tête.

Le voyant indemne, en effet, les cavaliers n'arrivaient pas à le croire ; ils entrèrent donc à cheval dans la forêt, où ils trouvèrent les deux géants qui baignaient dans leur sang, gisant au milieu des arbres arrachés.

Le petit tailleur s'en revint réclamer au roi la récompense promise, mais le roi, qui regrettait maintenant ce qu'il avait dit, ne chercha qu'un nouveau moyen de se défaire enfin de ce héros.

— Avant de recevoir ma fille et la moitié du royaume, lui dit-il, il faut que tu accomplisses un autre exploit. Il y a une licorne qui court dans les forêts et qui commet de grands dommages : il faut que tu t'en empares.

— D'une licorne, répondit le petit tailleur, je m'effraie encore moins que de deux géants. Sept d'un coup, c'est ma devise.

Il se munit d'une hache et d'une corde pour partir vers la forêt, suivi de son escorte, à laquelle il donna encore l'ordre de l'attendre sur la lisière, quand ils y furent arrivés. Et il entra tout seul, comme la première fois, dans la forêt sauvage. Il n'attendit pas longtemps, car déjà la licorne arrivait, fonçant sur lui tête baissée et comme pressée d'en finir avec lui. « Du calme, du calme, dit-il, cela ne vaut rien d'aller si vite ! » Et il attendit, sans bouger, jusqu'au moment que l'animal fût près à le toucher, s'escamotant alors lestement derrière un arbre. Lancée de toute la vitesse de son galop, la licorne embrocha l'arbre et enfonça sa longue corne si profondément dans le tronc, qu'elle n'eut pas la force de l'en retirer et en resta prisonnière.

— Je le tiens, mon petit oiseau ! dit le tailleur qui sortit de derrière son arbre pour passer la corde au cou de la licorne, puis dégager sa prisonnière de l'arbre à coups de hache.

Après quoi, il la mena devant le roi.

Mais cette fois encore, le roi recula au moment de tenir sa promesse et mit une troisième condition à l'obtention de la récompense. Le tailleur devait, avant le mariage, capturer un sanglier qui mettait le saccage et la dévastation dans la forêt. Les chasseurs lui feraient escorte, cette fois.

— Volontiers, dit le tailleur, ce n'est qu'un jeu d'enfant.

Il ne voulut pas des chasseurs avec lui dans la forêt, et ceux-ci en furent bien contents parce que ce sanglier les avait à maintes reprises suffisamment malmenés pour leur ôter toute envie de le reprendre en chasse. Le sanglier chargea dès qu'il eut aperçu le petit tailleur, galopant sur lui les défenses pointées et le groin écumant, voulant le culbuter sur le sol : notre héros, dans sa fuite légère, sauta dans une chapelle qui se trouvait là et, d'un seul bond, en ressortit par la fenêtre. Le sanglier, sur ses talons, s'était jeté dans la chapelle, tandis que le petit tailleur, faisant le tour au-dehors, s'en revenait bien vite fermer sur lui la lourde porte ; le fauve en fureur se trouva prisonnier, bien incapable qu'il était de sauter lui aussi par la fenêtre, à cause de son poids énorme et de sa maladresse.

Le petit tailleur appela alors les chasseurs, qui n'eurent plus qu'à constater de leurs yeux que la bête était prisonnière ; et il se rendit lui-même chez le roi, qui n'eut plus, cette fois, qu'à tenir sa promesse, bon gré ou mal gré, et à donner sa fille et la moitié de son royaume à ce héros. Mais s'il avait su que c'était un petit tailleur, en vérité, il eût eu encore plus de peine à se décider. Les noces furent donc célébrées avec un faste d'autant plus grand que la joie était petite, et ce fut ainsi que d'un tailleur fut fait un roi.

Après un certain temps, la reine entendit son époux parler en rêve, la nuit. « Gamin, disait-il, finis-moi cette veste et reprise le pantalon, sinon je vais te passer l'aune sur les oreilles ! » Comprenant de quelle extraction était le jeune héros, elle alla confier son chagrin à son père le lendemain, et le supplia de lui enlever ce mari qui n'était rien d'autre qu'un tailleur.

— Laisse la chambre à coucher ouverte la nuit prochaine, lui dit le roi en la consolant ; mes serviteurs attendront dehors ; et quand il sera endormi, ils entreront, le ligoteront et le porteront sur un vaisseau qui l'emmènera au loin.

La jeune femme s'en réjouit, mais l'écuyer du jeune héros, qui était très attaché à son maître, avait tout entendu et le prévint de ce qui se tramait.

— Ce n'est pas encore fait ! dit le petit tailleur. Je leur mettrai des bâtons dans les roues.

Le soir donc, il alla se coucher comme d'habitude avec son épouse, et dès qu'elle le crut endormi, elle se glissa hors du lit pour aller ouvrir la porte de la chambre, puis revint se coucher. Le petit tailleur, qui faisait seulement semblant de dormir, cria alors comme s'il rêvait :

— Gamin, finis-moi cette veste et reprise le pantalon, sinon je vais te passer l'aune sur les oreilles ! J'en ai abattu sept d'un coup, j'ai tué deux géants, capturé une licorne, pris un sanglier, et ce n'est pas ceux qui sont devant la porte qui vont me faire peur !

En entendant ce que venait de dire le tailleur, l'épouvante les saisit et ils prirent leurs jambes à leur cou, fuyant comme s'ils avaient toute une armée de démons à leurs trousses. Il ne s'en trouva plus jamais aucun pour vouloir se risquer contre lui, et ce fut ainsi que le petit tailleur fut et resta, toute sa vie durant, le roi qu'il était devenu.

cendrillon

Il y avait un homme riche dont la femme était tombée malade ; et quand elle se sentit approcher de sa fin, elle appela à son chevet son unique fillette et lui dit : « Mon enfant chérie, reste toujours pieuse et bonne, et tu pourras compter sur l'aide du Bon Dieu ; et moi, du haut du ciel, je te regarderai et te protégerai. » Après ces paroles, elle ferma les yeux et mourut. Chaque jour, désormais, la fillette se rendit sur la tombe de sa mère, et chaque jour elle pleurait, s'appliquant à rester pieuse et bonne. Quand l'hiver vint, il mit un blanc manteau de neige sur la tombe ; et quand le soleil du printemps l'eut enlevé, le père prit une seconde femme.

Cette femme avait amené dans la maison ses deux filles, qui étaient jolies et blanches de visage, mais vilaines et noires de cœur. Et pour la pauvre enfant du premier lit, ce fut une période affreuse qui commença.

— Cette dinde idiote, est-ce qu'elle va rester avec nous ? dirent-elles. Elle n'a pas sa place au salon ! Il faut gagner son pain quand on veut le manger. Allez ouste ! Hors d'ici, la fille de cuisine !

Elles lui ôtèrent ses beaux vêtements, lui mirent un vieux tablier gris et la chaussèrent de sabots de bois, puis se moquèrent d'elle en la poussant dans la cuisine. « Oh ! la fière princesse, qu'elle est bien attifée, voyez-moi ça ! » Alors elle dut travailler dur du matin jusqu'au soir, se lever tôt, tirer de l'eau, allumer le feu, faire la cuisine et la vaisselle, la lessive et tous les gros travaux. Les deux sœurs, au surplus, n'arrêtaient pas de lui faire toutes les misères possibles et imaginables, riaient d'elle à tout propos, lui jetaient les pois ou les lentilles dans la cendre pour qu'elle eût à rester là encore à les trier une fois de plus. Le soir, quand elle était exténuée de sa journée, elle n'avait pas de lit pour se coucher, mais devait s'étendre par terre, sur la pierre du foyer, dans les cendres ; et comme elle en était toujours souillée et salie, les sœurs l'appelaient Cendrillon [1].

Un jour que le père devait se rendre à la foire, il demanda à ses deux belles-filles ce qu'elles voulaient qu'il leur en rapportât. « De belles robes ! » dit l'une. « Des perles et des joyaux ! » dit l'autre.

— Et toi, Cendrillon, qu'aimerais-tu ? demanda-t-il à sa fille.

— La première branche qui cinglera votre chapeau en cours de route, père, coupez-la pour moi, répondit-elle.

Il acheta donc pour ses deux belles-filles de jolies toilettes, des perles et des pierres précieuses ; et il s'en revenait, quand en passant à cheval dans un bosquet, une branche de noisetier lui cingla le chapeau et le lui fit tomber à terre. Il coupa le rameau et l'emporta. Arrivé à la maison, il donna aux deux sœurs ce qu'elles avaient voulu, et à Cendrillon le rameau de noisetier. Cendrillon l'en remercia et s'en alla planter la petite branche sur la tombe de sa mère ; elle pleurait si fort que ses larmes mouillèrent et arrosèrent le rameau, qui prit racine, poussa et devint un fort bel arbre. Cendrillon s'y rendait chaque jour trois fois, pleurant et priant sous le bel arbre, et toujours un petit oiseau blanc venait s'y poser ; et si elle formulait un souhait, le petit oiseau de l'arbre lui jetait aussitôt ce qu'elle avait souhaité.

Il advint, une fois, que le roi donna une grande fête de trois jours, à laquelle étaient invitées toutes les jolies filles du pays, afin que son fils pût se choisir une fiancée. Quand les deux sœurs apprirent qu'elles étaient invitées aussi, elles furent tout excitées et appelèrent Cendrillon aussitôt : « Coiffe-nous, lui dirent-elles, fais briller nos chaussures et serre-nous bien dans nos ceintures : nous allons pour le mariage au palais du roi. » Cendrillon obéit, mais en pleurant, tant elle eût aimé les accompagner au bal ; aussi alla-t-elle en demander la permission à sa belle-mère.

1. On ne sait généralement plus aujourd'hui que c'était le nom d'un chaudron qui restait dans l'âtre.

— Toi, Cendrillon ? fit la belle-mère. Sale et dégoûtante comme tu l'es, tu voudrais être de la noce ? Tu n'as ni robe ni souliers, et tu voudrais aller danser ?

Mais comme elle ne se laissait pas décourager et continuait de la supplier, la belle-mère finit par lui dire, pour avoir la paix : « Bon, tu pourras venir si, en deux heures de temps, tu réussis à ramasser et à trier le pot de lentilles que je vais renverser dans les cendres. » Le pot versé, Cendrillon gagna le jardin par la porte de derrière et appela :

— Gentils pigeons, mignonnes tourterelles, et vous tous les petits oiseaux de sous le ciel, venez vite à mon aide et trions comme il faut :

Les bonnes dans le petit pot,
Les autres dans votre jabot.

Deux blancs pigeons entrèrent d'abord par la fenêtre de la cuisine, puis vinrent les tourterelles et enfin tous les petits oiseaux du ciel, en rangs pressés, battant des ailes, pour se poser tout partout sur les cendres. Les pigeons penchèrent un peu la tête et commencèrent à pic, pic, pic, piqueter les lentilles, et les autres se mirent aussi à pic, pic, pic, piqueter les lentilles pour les tirer de la cendre et les rassembler dans le pot. Il ne s'était pas passé une heure que déjà tout était fini et que tous les oiseaux s'étaient envolés de nouveau. Tout heureuse, Cendrillon s'empressa d'aller montrer le pot à sa marâtre, croyant qu'elle allait, elle aussi, se rendre avec les autres à la fête du roi.

— Non, Cendrillon, dit celle-ci : tu n'as pas de robe à te mettre et tu ne sais pas danser. Tout le monde se moquerait de toi.

Mais pour qu'elle cessât de pleurer, la marâtre lui promit :

— Si tu me tries deux pleins pots de lentilles dans la cendre en une heure de temps, alors du pourras venir.

Car en elle-même, elle se disait : « Cela, jamais elle n'arrivera à le faire ! »

Dès qu'elle eut éparpillé les deux pots de lentilles dans les cendres, Cendrillon courut au jardin par la porte de derrière et appela :

— Gentils pigeons, mignonnes tourterelles, et vous tous les petits oiseaux de sous le ciel, venez vite à mon aide et trions comme il faut :

Les bonnes dans le petit pot,
Les autres dans votre jabot.

Deux blancs pigeons entrèrent d'abord par la fenêtre de la cuisine, puis vinrent les tourterelles et enfin tous les petits oiseaux du ciel, en rangs serrés, battant des ailes, pour se poser tout partout sur les cendres. Les pigeons penchèrent un peu la tête et commencèrent à pic, pic, pic, piqueter les lentilles, et les autres se mirent aussi à pic, pic, pic, piqueter les lentilles pour les tirer de la cendre et les ramasser dans les pots. Il ne s'était pas passé une demi-heure que tout était fini et que tous les oiseaux s'envolèrent de nouveau. Joyeuse, Cendrillon s'empressa d'aller porter les pots à sa marâtre, croyant aller avec les autres à la fête du roi.

— Tout cela ne sert à rien, dit celle-ci : tu n'as pas de robe à te mettre et tu ne sais pas danser ; tu ne peux donc pas venir avec nous. Tu nous ferais honte.

Elle lui tourna le dos et gagna la porte avec ses deux filles orgueilleuses et altières.

Lorsqu'il n'y eut plus personne à la maison, Cendrillon alla sur la tombe de sa mère, se mit sous le noisetier et dit :

Arbre gentil, agite-toi bien fort
Pour me couvrir d'argent et d'or.

Alors l'oiseau lui fit descendre une robe d'argent et d'or ainsi que des pantoufles brodées de soie et d'argent. Elle se hâta se revêtir la robe et alla à la fête des noces. Ni sa belle-mère, ni ses demi-sœurs ne la reconnurent, pensant plutôt que ce devait être là quelque fille de roi étrangère au pays, tant elle était belle dans sa robe d'or. Elles ne songeaient pas le moins du monde à Cendrillon, qu'elles croyaient toujours à la maison, en train de fouiller dans les cendres pour en trier les lentilles. Le fils du roi vint à sa rencontre, la prit par la main et dansa avec elle. Il ne voulut même danser avec nulle autre, et c'est pourquoi il ne lui lâchait pas la main ; et si quelque autre cavalier venait pour l'inviter à son tour, le prince lui disait : « C'est ma cavalière. »

Jusqu'au soir elle dansa, puis elle voulut rentrer chez elle, mais le prince lui dit qu'il irait avec elle et l'accompagnerait, tant il était curieux de voir de quelle famille venait cette jolie jeune fille. Il l'accompagna, en effet, mais au dernier moment elle lui échappa et sauta dans le pigeonnier. Le prince attendit que revînt le père et lui dit que la jeune inconnue avait sauté dans le pigeonnier. « Serait-ce Cendrillon ? » se demanda le père, qui réclama une hache et une pioche pour ouvrir en deux le pigeonnier. Mais il n'y avait personne à l'intérieur ; et quand ils entrèrent dans la maison, Cendrillon, dans son costume misérable et souillé, était couchée sur la cendre, avec une méchante veilleuse à huile qui clignotait dans la cheminée. Elle avait, en effet, bien vite sauté du pigeonnier par-derrière et couru jusqu'au noisetier, où elle avait quitté sa robe magnifique pour la déposer sur la tombe, et le petit oiseau l'avait remportée tandis qu'elle retrouvait la cuisine et son vieux tablier gris pour se coucher sur la cendre, dans l'âtre.

Le lendemain, comme recommençait la fête, dès que ses parents et les deux sœurs altières eurent quitté la maison, Cendrillon courut au noisetier et dit :

Arbre gentil, agite-toi bien fort
Pour me couvrir d'argent et d'or.

Alors l'oiseau lui fit descendre une robe encore beaucoup plus splendide et magnifique que celle de la veille. Et quand elle apparut à la fête ainsi parée, tout le monde s'étonna et s'émerveilla de sa beauté. Le fils du roi, qui avait attendu sa venue, la prit aussiôt par la main et ne dansa qu'avec elle. Et si quelque autre cavalier venait pour l'inviter, il lui disait : « C'est ma danseuse. » Quand elle voulut rentrer, le soir venu, le prince l'accompagna, car il voulait voir dans quelle maison elle entrait. Mais elle lui échappa et sauta dans le jardin derrière la maison. Il y avait là un grand bel arbre tout chargé de magnifiques poires, et elle grimpa si prestement entre ses branches, vive comme un écureuil, que le prince ne sut pas où elle avait bien pu passer. Mais il attendit que revînt le père et lui dit que la jolie inconnue avait disparu, mais qu'il croyait qu'elle s'était cachée dans le grand poirier. Le père se dit en lui-même : « Serait-ce Cendrillon ? » et se fit apporter une hache, entama l'arbre tout autour et l'abattit ; mais il n'y avait personne dedans. Et quand ils entrèrent dans la cuisine, Cendrillon était là, couchée dans la cendre comme toujours. Elle avait sauté de l'arbre par-derrière, en effet, et rapporté vite, vite, sa robe magnifique au petit oiseau du noisetier pour reprendre son vieux tablier gris.

Le troisième jour, quand ses parents et les sœurs furent partis, Cendrillon retourna sur la tombe de sa mère et dit au noisetier :

Arbre gentil, agite-toi bien fort
Pour me couvrir d'argent et d'or.

Et la robe que l'oiseau lui fit descendre, cette fois, était si merveilleuse et d'une telle magnificence que jamais elle n'avait rien eu qui lui ressemblât ; et les escarpins n'étaient faits que d'or. Parée de la sorte, elle fit son entrée à la fête et tout le monde béa d'admiration, ne sachant plus que dire. Le fils du roi ne dansa qu'avec elle, et si quelqu'un d'autre venait pour l'inviter, il disait : « C'est ma cavalière. »

Le soir venu, Cendrillon voulut s'en aller et le prince voulut l'accompagner, mais elle s'esquiva si lestement qu'il ne put la suivre. Seulement le prince avait recouru à la ruse et fait enduire de poix toutes les marches du perron, et tandis qu'elle dégringolait l'escalier en volant presque, sa pantoufle gauche y resta collée. Le fils du roi prit cet escarpin, qui était minuscule, délicat, et entièrement fait d'or.

Le lendemain matin, le prince alla trouver le père et lui dit : « Je ne veux point d'autre épouse que celle à qui cette chaussure d'or ira. » Ce fut une grande joie pour les deux sœurs, car elles avaient un joli pied. L'aînée alla dans sa chambre avec l'escarpin, qu'elle voulait chausser. Sa mère était présente. Mais le soulier était trop petit et le pouce n'y pouvait entrer. La mère s'empressa de lui tendre un couteau : « Coupe-le, lui dit-elle ; quand tu seras reine, tu n'auras plus besoin de marcher. » La jeune fille se coupa l'orteil et enfila son pied dans la chaussure, quelque vive que fût la douleur, puis sortit retrouver le prince. Il la prit sur son cheval et partit avec elle comme sa fiancée ; mais ils devaient passer non loin de la tombe où deux colombes, perchées sur le noisetier, se mirent à glousser bien fort :

Roucou-oucou, roucou-oucou
Dans la pantoufle le sang coule :
L'escarpin était trop petit,
La fiancée est au logis.

Jetant un coup d'œil au pied chaussé, le prince vit que le sang en ruisselait. Il fit faire demi-tour à son cheval et ramena la fausse fiancée à sa maison, disant que ce n'était pas elle qu'il devait épouser, et que l'autre sœur devait essayer l'escarpin. La seconde sœur alla dans sa chambre avec l'escarpin et réussit très bien à y enfiler ses orteils, mais ce fut le talon qui refusa d'entrer. Oui, le talon était trop gros. Alors la mère lui tendit le couteau et lui dit : « Coupe un bout du talon : quand tu seras reine, tu n'auras plus besoin de marcher. » La jeune fille s'enleva un morceau du talon et força son pied dans la chaussure, quelque vive que fût la douleur, puis sortit retrouver le prince. Il la prit sur son cheval et partit avec elle comme sa fiancée. Mais quand ils furent non loin du noisetier, les deux colombes roucoulèrent de plus belle :

Roucou-oucou, roucou-oucou
Dans la pantoufle le sang coule :
L'escarpin était trop petit,
La fiancée est au logis.

De nouveau, le prince jeta un coup d'œil sur le pied chaussé, vit que le sang coulait, coulait si fort que le bas blanc en était tout rougi. Alors il tourna bride et ramena la fausse fiancée à la maison.

— Ce n'est pas celle-là non plus que je dois épouser, dit-il. N'avez-vous pas d'autre fille ?

— Non, dit le père, il n'y a plus ici que ce pauvre souillon de Cendrillon, la fille de ma première femme, qui est là-bas, dans la cuisine ; mais celle-là ne saurait être la fiancée, c'est impossible !

Le fils du roi déclara néanmoins qu'il fallait l'envoyer chercher, mais la mère s'interposa : « Non, non, elle n'est pas présentable : elle est beaucoup trop sale pour se laisser voir ! » Le prince insista : il y tenait absolument, et il fallut qu'on allât la chercher. Cendrillon voulut d'abord se laver les mains et le visage, puis elle vint s'incliner devant le fils du roi, qui lui tendit l'escarpin d'or. Ensuite elle s'assit sur un escabeau, sortit son pied du pesant sabot de bois et le chaussa de la pantoufle qui le moulait parfaitement. Quand elle se releva, en voyant son visage, le prince la reconnut et s'exclama : « C'est elle, la véritable fiancée ! »

La belle-mère et les deux demi-sœurs en pâlirent de rage, mais le prince prit Cendrillon sur son cheval et partit avec elle. Et quand ils passèrent non loin du noisetier, les deux colombes blanches roucoulèrent doucement, quoique assez haut pour se faire entendre :

Roucou-oucou, roucou-oucou
La pantoufle n'a rien du tout :
Sa fiancée est avec lui,
L'escarpin n'est pas trop petit.

Puis les colombes quittèrent l'arbre et vinrent se poser gracieusement sur les épaules de Cendrillon, une à droite et l'autre à gauche, et elles restèrent là.

Le jour des noces de Cendrillon avec le fils du roi, à l'heure de la cérémonie, arrivèrent les deux sœurs pour l'accabler de flatteries et de doux compliments, car elles voulaient s'insinuer dans ses bonnes grâces et avoir part à son bonheur. Le cortège gagnait l'église derrière les fiancés, et la sœur aînée marchait à droite de Cendrillon, la cadette à sa gauche ; alors la colombe de droite et la colombe de gauche leur piquèrent à chacune un œil. A la sortie de l'église, par contre, l'aînée marchait à gauche de Cendrillon et la cadette à droite ; alors les deux colombes leur piquèrent à chacune l'autre œil. Et c'est ainsi que, par la cécité jusqu'à leur dernier jour, elles ont été punies de leur méchanceté et de leur fausseté.

l'énigme

Il était une fois un fils de roi qui avait eu envie de voir le monde et qui était parti, accompagné d'un seul fidèle serviteur. Un jour il arriva dans une grande forêt, et comme le soir tombait, ne sachant pas où trouver une auberge, il se demanda où passer la nuit ; mais voici qu'il aperçut une jeune fille marchant vers une petite chaumière, et quand il fut auprès d'elle, il vit qu'elle était jeune et belle. Il lui parla :

— Ma chère enfant, dit-il, pouvons-nous, mon serviteur et moi, trouver pour la nuit abri dans cette petite chaumière ?

— Oui, certes, répondit-elle d'une voix triste, vous le pouvez bien, mais je ne vous le conseille pas. N'entrez pas là.

— Pourquoi ne le ferais-je pas ? demanda le prince.

— Oh ! soupira la jeune personne, ma belle-mère pratique les mauvais arts et n'a pas de bonnes intentions à l'égard des étrangers.

Le prince voyait bien à présent qu'il était arrivé à la demeure d'une sorcière, mais comme il faisait nuit, il ne pouvait plus guère aller ailleurs, et comme il n'était pas peureux non plus, il entra. La vieille était assise dans un fauteuil, devant le feu, et ses yeux rouges se fixèrent sur les étrangers. « Bonsoir ! grinça-t-elle en faisant l'aimable, assoyez-vous et reposez-vous. » Elle souffla sur les braises du feu, sur lequel il y avait quelque chose qui cuisait dans une petite marmite. La fille les avait avertis de se montrer prudents, de ne rien boire ni manger, car la vieille concoctait des philtres et de mauvais breuvages. Ils dormirent tout tranquillement jusqu'au lendemain, de très bonne heure. Comme ils se préparaient à partir, et alors que le prince, déjà, était à cheval, la vieille leur cria : « Attendez un instant, il faut que vous buviez le coup de l'étrier ! » Mais le temps qu'elle l'apporte, le prince s'était éloigné déjà ; seul le serviteur, qui avait dû serrer les sangles de sa selle, était encore devant la porte ; la vieille lui tendit le flacon en lui disant : « Tiens, porte cela à ton seigneur. » Mais juste à cet instant la fiole explosa et le poison éclaboussa le cheval : un poison si terrible que le cheval tomba mort sur le coup.

Le serviteur courut derrière son maître et lui raconta l'histoire, puis il revint en courant chercher la selle, qu'il ne voulait pas perdre avec la bête. Quand il approcha de son cheval mort, un corbeau s'était déjà mis dessus et travaillait du bec. « Qui sait si nous trouverons aujourd'hui quelque chose de mieux à manger ? » se dit le serviteur, qui tua le corbeau et l'emporta.

Toute la journée, ils errèrent dans la grande forêt, mais ils ne réussirent pas à en sortir ; à l'approche du soir, pourtant, ils trouvèrent une auberge et y entrèrent. Le serviteur donna son corbeau à l'aubergiste pour qu'il le cuise et leur en fasse un bouillon pour le souper. Ils étaient tombés, en réalité, dans un vrai coupe-gorge, un repaire d'assassins où, avec les ténèbres, vinrent se glisser douze bandits qui n'étaient là que pour tuer et détrousser les étrangers. Avant de se mettre à l'ouvrage, toutefois, ils prirent place à table avec l'aubergiste et la sorcière, et toute la bande se servit dans la soupière où fumait le bouillon fait avec la chair hachée du corbeau. Ils n'en eurent pas avalé deux cuillerées qu'ils tombaient tous raides morts, car la chair du corbeau s'était imbibée du poison qui avait tué le cheval. Il ne restait plus personne dans la maison maintenant, sinon la fille de l'aubergiste, honnête et droite, qui ne participait en rien à toutes ces opérations diaboliques. Elle ouvrit toutes les portes aux deux étrangers et leur montra tous les trésors amassés par la bande, mais le fils du roi lui dit qu'elle pouvait tout garder, qu'il ne voulait rien, et il repartit à cheval avec son serviteur.

Après un long voyage, ils arrivèrent dans une ville où demeurait une princesse très belle, mais fort orgueilleuse, qui avait fait savoir publiquement qu'elle prendrait pour époux celui qui lui poserait une énigme qu'elle ne saurait pas résoudre, mais qu'il aurait la tête tranchée si elle la devinait. Elle avait trois jours pour y réfléchir, mais elle était si intelligente qu'elle trouvait toujours la solution bien avant ; neuf prétendants, déjà, avaient perdu la vie de cette façon. Or, le prince, quand il la vit, fut si ébloui par sa beauté, qu'il n'hésita pas à risquer sa vie à son tour. Il se présenta devant elle et lui proposa son énigme. « Un qui n'abat personne et qui pourtant en terrasse douze, qu'est-ce que c'est ? » lui dit-il.

Elle ne sut pas ce que c'était, et elle pensa, pensa, réfléchit, réfléchit, mais sans parvenir à rien ; elle ouvrit ses livres d'énigmes, mais n'y trouva rien de ce genre. Bref, sa sagesse s'y épuisa ; et comme elle ne savait plus que faire pour s'en tirer, elle envoya sa propre femme de chambre se glisser en cachette dans la chambre du seigneur pour le surprendre dans ses rêves, car elle espérait qu'il parlerait en rêve, peut-être, et qu'elle pourrait par là deviner son énigme. Mais le brave et malin serviteur du prince s'était couché à la place de son maître dans le lit, et quand il vit entrer la demoiselle, il lui enleva le manteau sous lequel elle se cachait, puis la chassa à coups de verges. La deuxième nuit, l'orgueilleuse princesse renvoya sa femme de chambre en espérant qu'elle aurait plus de chance cette fois, et qu'elle pourrait surprendre quelque chose ; mais le serviteur du prince la dépouilla de son manteau et la chassa à coups de verges. Le fils du roi se dit alors qu'il serait en sécurité pour la troisième nuit, et se coucha lui-même dans son lit. Alors ce fut la princesse en personne qui entra, cachée dans un manteau couleur de brouillard, et qui vint se placer à la tête de son lit. Croyant que le seigneur dormait et qu'il rêvait peut-être, elle lui parla doucement avec l'espoir qu'il répondrait dans son rêve, comme beaucoup font ; mais en vérité il ne dormait point, écoutant, entendant et comprenant tout fort bien.

— Un qui n'abat personne, qu'est-ce que c'est ? demanda-t-elle.

— Un corbeau qui s'est nourri d'un cheval mort empoisonné, et qui en meurt, répondit-il.

— Et qui pourtant en terrasse douze, qu'est-ce que c'est ? questionna-t-elle encore.

— Ce sont douze assassins qui ont mangé le corbeau et qui en sont morts.

Connaissant le mot de l'énigme, elle voulut s'en aller sans bruit, mais d'un geste vif il lui arracha le manteau couleur de brouillard dans lequel elle se cachait, et elle dut le laisser entre ses mains.

Le lendemain matin, la princesse fit annoncer qu'elle avait résolu l'énigme ; le tribunal des douze juges siégea sur son ordre, et elle déchiffra l'énigme devant eux. Mais le jeune prince demanda à être entendu et déclara :

— Elle s'est glissée dans ma chambre la nuit dernière et m'a demandé la solution, que jamais elle n'eût connue autrement.

— Une preuve, dirent les juges, il nous faut une preuve de ce que tu avances.

Alors le serviteur apporta les trois manteaux ; et quand les juges virent le manteau couleur de brouillard que la fille du roi aimait à porter, ils se tournèrent vers elle pour la sentence :

— Le manteau, dirent-ils, faites-le broder d'or et d'argent : ce sera votre manteau nuptial.

du souriceau, de l'oiselet et de la saucisse

Il était une fois un souriceau, un oiselet et une petite saucisse qui s'étaient pris d'amitié, avaient mis en commun les soucis du ménage et vivaient fort heureux, tranquilles et contents depuis un bon bout de temps. L'oiselet avait pour tâche d'aller chaque jour d'un coup d'ailes jusque dans la forêt pour ramasser le bois ; le souriceau s'occupait de puiser l'eau, d'allumer le feu et de mettre la table ; la saucisse faisait la cuisine.

On n'est jamais content quand les choses vont bien. Et c'est ainsi que l'oiselet, un jour, rencontra en chemin un autre oiseau devant lequel il se félicita de l'excellence de son état. L'autre le rabroua et le traita de tous les noms, ce pauvre idiot qui faisait tout le gros travail pendant que les autres avaient la belle vie dans la maison : « Quand le souriceau a apporté son eau et allumé le feu, disait-il, il n'a plus qu'à aller se coucher dans sa chambre, paresser et se reposer jusqu'à ce qu'on l'appelle pour se mettre à table. La petite saucisse, elle, n'a rien à faire qu'à rester douillettement devant le feu en surveillant la marmite, et quand approche l'heure du repas, tout ce qu'elle a à faire, c'est de se plonger une fois ou deux dans le bouillon ou dans le plat, et c'est fini : tout est graissé, parfumé et salé ! Ils n'attendent que toi et ton retour avec ta lourde charge, mais lorsque tu reviens ils n'ont qu'à passer à table, et après qu'ils se sont gavés ils n'ont plus qu'à aller dormir à poings fermés, le ventre bien garni, jusqu'au lendemain matin. Voilà ce qui peut s'appeler une belle vie ! »

Le jour suivant, l'oiselet, sensible à la provocation, se refusa à aller chercher le bois, affirmant aux deux autres qu'il était leur esclave depuis assez longtemps dans sa stupidité, et qu'il fallait que cela change ! Le souriceau et la saucisse eurent beau le supplier de toutes les manières, il ne voulut rien savoir et ce fut lui qui resta le maître, imposant ses conditions : ils n'avaient qu'à tirer au sort les différentes tâches. Ils tirèrent et le sort désigna la saucisse pour aller au bois, le souriceau pour la cuisine et l'oiselet pour puiser l'eau.

Qu'arriva-t-il ? La petite saucisse s'en alla de bon matin dans la forêt pour ramasser le bois, l'oiselet alluma le feu à la maison, et le souriceau prépara la marmite et surveilla la cuisson ; puis tous deux attendirent le retour de leur compagne. Mais elle resta si longtemps en route qu'ils finirent par s'inquiéter vraiment, trouvant que cela ne présageait rien de bon. L'oiselet s'envola pour aller un peu à sa rencontre, et voilà que, sans aller bien loin, il rencontra un chien qui avait trouvé la saucisse à son goût et, la voyant en liberté, l'avait croquée d'un coup. L'oiselet pouvait bien s'en prendre au chien et l'accuser de vol et d'assassinat, qu'est-ce que cela changeait ? Le chien, lui, se contenta d'affirmer qu'il avait trouvé des messages compromettants sur la saucisse, et qu'à cause de cela il avait bien fallu qu'il lui ôtât la vie.

Affligé de ce deuil et tout triste dans son cœur, l'oiselet ramassa le bois et rapporta la charge à la maison, où il fit le récit de ce qu'il avait vu et entendu. Le souriceau et l'oiselet étaient en grand chagrin, mais ils finirent par décider de faire contre mauvaise fortune bon cœur et de rester ensemble. L'oiselet, donc, dressa la table et le souriceau prépara la cuisine ; au moment de servir, et voulant imiter la saucisse et faire pour le mieux, il se plongea dans la marmite afin de parfumer le plat et relever son goût ; mais, hélas ! il n'alla pas bien loin : à peine entré, il était cuit et devait laisser là et son poil, et sa peau, et ses os et sa vie, s'il faut tout dire.

Quand l'oiselet s'en vint pour chercher la marmite, il n'y avait plus trace de cuisinière dans la cuisine ! Il chercha, fouilla, alla jusqu'à retourner tout le bois, mais il n'y avait plus de cuisinière dans la cuisine. Et voilà que, dans son émoi, il ne vit pas que le feu avait pris dans le bois qu'il venait de retourner ; quand il s'en aperçut, c'était déjà un commencement d'incendie. Et il mit tant de hâte à courir puiser de l'eau pour l'éteindre, qu'il laissa échapper le seau et fut entraîné derrière lui au fond du puits, d'où il lui fut impossible de ressortir, et dans lequel il finit par se noyer.

dame holle

Une veuve avait deux filles, l'une jolie et courageuse, l'autre paresseuse et laide. C'était à la seconde qu'elle donnait sa préférence, parce que cette fille laide et paresseuse était sa propre fille, et l'autre avait tout le travail à faire dans la maison dont elle était la Cendrillon. Elle devait chaque jour aller sur la grand-route s'asseoir près du puits et filer, filer tellement que les doigts lui en saignaient. Un jour donc, que sa quenouille était toute poisseuse et tachée de sang, la malheureuse se pencha sur le puits pour la laver, mais la quenouille lui échappa des mains et tomba tout au fond du puits. En pleurant, elle courut raconter son malheur à la marâtre, qui lui cria dessus et fut assez impitoyable pour lui dire :

— Puisque tu as laissé tomber la quenouille, tu n'as qu'à aller toi-même la chercher !

La pauvre retourna près du puits, se tortura en se demandant comment faire et, pour finir, dans son affolement, sauta elle-même dans le puits pour en rapporter la quenouille. En tombant, elle s'évanouit ; et lorsqu'elle se réveilla et reprit ses sens, elle était dans une belle prairie, sous le brillant soleil, et il y avait autour d'elle des milliers et des milliers de fleurs. Elle s'avança dans cette prairie et arriva devant un four à pain où cuisait la fournée, et voilà que les pains, de l'intérieur, se mirent à appeler : « Retire-moi ! Retire-moi ! Sinon je vais brûler, je suis déjà bien cuit et plus que cuit ! » Elle y alla, saisit la longue pelle de four et sortit un à un tous les pains jusqu'au dernier. Puis elle poursuivit sa marche et arriva près d'un pommier chargé de pommes en quantité énorme, et là aussi on l'appela : « Secoue-moi, secoue-moi ! Nous, les pommes, nous sommes toutes mûres ! » Alors elle secoua l'arbre et les pommes tombèrent comme s'il pleuvait, et elle le secoua jusqu'à ce qu'il n'en restât plus une sur l'arbre, puis elle les mit soigneusement en tas avant de se remettre en route. Pour finir, elle arriva près d'une petite maison où une vieille regardait par la fenêtre, mais elle avait de si longues dents, cette vieille, que la fillette, dans sa peur, voulut se sauver à toutes jambes.

— Pourquoi t'effrayes-tu, ma chère enfant ? lui dit la vieille femme. Reste avec moi, et si tu fais bien ton travail, si tu me tiens la maison bien en ordre, tout n'en ira que mieux pour toi. Surtout, tu dois veiller à bien faire mon lit et secouer soigneusement l'édredon pour en faire voler les plumes, parce qu'alors il neige sur le monde [1]. Je suis Dame Holle.

Le ton aimable et les bonnes paroles de la vieille réconfortèrent son cœur et lui rendirent son courage : elle accepta son offre et entra à son service, s'acquittant de sa tâche à la grande satisfaction de Dame Holle, battant et secouant son édredon jusqu'à faire voler les plumes de tous côtés, légères et dansantes comme des flocons de neige. En retour, elle avait la bonne vie chez elle : jamais un mot méchant, et tous les jours du bouilli et du rôti.

Mais quand elle fut restée un bon bout de temps chez Dame Holle, elle devint triste peu à peu, sans trop savoir pourquoi quand cela commença, ni ce qui lui pesait si lourd sur le cœur ; enfin elle se rendit compte qu'elle avait le mal du pays. Elle savait bien, pourtant, qu'elle était mille fois mieux traitée ici que chez elle, mais elle n'en languissait pas moins de revoir sa maison.

— Je m'ennuie de chez moi, finit-elle par dire à Dame Holle, et bien que je sois beaucoup mieux ici, je voudrais remonter là-haut et retrouver les miens. Je sens que je ne pourrai pas rester plus longtemps.

— Il me plaît que tu aies envie de rentrer chez toi, dit Dame Holle, et puisque tu m'as servie si fidèlement, je vais te ramener moi-même là-haut.

Elle la prit par la main et la conduisit jusque devant un grand portail, une porte monumentale dont les battants étaient ouverts ; au moment où la jeune fille allait passer, une pluie

1. C'est un dicton du pays hessois quand il neige : « Dame Holle fait son lit. »

d'or tomba sur elle, dense et drue, et tout l'or qui tomba resta sur elle, la couvrant et la recouvrant entièrement.

— C'est ce que je te donne pour avoir été si diligente et soigneuse dans ton travail, lui dit Dame Holle en lui tendant, en plus, sa quenouille qui était tombée au fond du puits.

La grand-porte se referma alors, et la jeune fille se retrouva sur le monde, non loin de chez sa mère. Et quand elle entra dans la cour, le coq, perché sur le puits, chanta :

Cocorico ! Cocorico !
La demoiselle d'or est ici de nouveau.

Elle arriva ensuite chez sa mère, et là, parce qu'elle était couverte de tant d'or, elle reçut bon accueil aussi bien de sa mère que de sa demi-sœur.

La jeune fille leur raconta tout ce qu'il lui était advenu, et quand la mère apprit de quelle manière elle était arrivée à cette immense richesse, sa seule idée fut de donner à sa fille, la paresseuse et laide, le même bonheur. Il fallut donc qu'elle allât, comme sa sœur, s'asseoir à côté du puits pour filer ; et pour que sa quenouille fût poisseuse de sang, elle dut se piquer le doigt et s'égratigner la main dans les épines ; elle jeta ensuite sa quenouille dans le puits et sauta elle-même, comme l'avait fait sa sœur. Et il lui arriva la même chose qu'à elle : elle se retrouva dans la même prairie et emprunta le même chemin, arriva devant le même four, où elle entendit semblablement le pain crier : « Retire-moi ! Retire-moi ! sinon je vais brûler, je suis déjà bien cuit et plus que cuit ! » Mais la paresseuse se contenta de répondre : « Plus souvent, tiens ! que je vais me salir. » Et elle passa outre. Lorsqu'elle arriva un peu plus loin près du pommier, il appela et cria : « Secoue moi, secoue moi ! Nous, les pommes, nous sommes toutes mûres ! » Mais la vilaine ne se retourna même pas et répondit : « Fameuse idée, oui ! pour qu'il m'en tombe une sur la tête. » Et elle continua son chemin.

Lorsqu'elle arriva devant la maison de Dame Holle, comme

elle avait déjà entendu parler de ses longues dents, elle n'eut pas peur et se mit aussitôt à la servir. Le premier jour tout alla bien, elle fit du zèle, obéit avec empressement et vivacité, car elle songeait à tout l'or que cela lui vaudrait bientôt ; mais le deuxième jour, déjà, elle commença à paresser et à traîner, et beaucoup plus le troisième jour, car elle ne voulut même pas se lever ce matin-là. Elle ne faisait pas non plus le lit de Dame Holle comme elle devait le faire, négligeait de secouer l'édredon et de faire voler les plumes. Dame Holle ne tarda pas à se lasser d'une telle négligence et lui donna congé. La fille paresseuse s'en montra ravie, pensant que venait le moment de la pluie d'or ; mais si Dame Holle la conduisit aussi elle-même à la grand-porte, au lieu de l'or, ce fut une grosse tonne de poix qui lui tomba dessus.

— Voilà la récompense que t'ont méritée tes services ! lui dit Dame Holle, qui referma aussitôt la grand-porte.

La paresseuse rentra chez elle, mais couverte de poix des pieds à la tête ; et le coq, sur le puits, quand il la vit, chanta :

Cocorico ! Cocorico !
La sale demoiselle est ici de nouveau.

La poix qui la couvrait colla si bien à elle que, de toute sa vie, jamais elle ne put l'enlever.

les sept corbeaux

Un homme avait sept garçons et toujours pas de fille, bien qu'il en désirât une de plus en plus ; enfin sa femme attendit un nouvel enfant, et quand l'enfant naquit, ce fut une fille. Grande fut leur joie à tous deux ; mais l'enfant, malheureusement, était si fluette et si faible qu'il fallut recourir au baptême d'urgence. Le père envoya en toute hâte l'un des garçons à la source, chercher l'eau pour l'ondoiement ; les six autres y coururent avec lui, et tandis qu'ils se disputaient à qui remplirait la cruche, elle leur échappa et tomba au fond. Ils restèrent là, atterrés et ne sachant que faire, n'osant en tout cas pas rentrer. Ne les voyant toujours pas revenir, le père, irrité et impatient, s'écria : « Ils sont sûrement en train de s'amuser et ils en oublient la malheureuse petite ! » Il avait tellement peur que le bébé mourût avant d'être ondoyé, qu'il s'emporta et dit : « Je voudrais les voir tous transformés en corbeaux ! »

A peine l'eut-il dit, qu'il entendit au-dessus de sa tête un froissement d'ailes dans l'air et qu'il vit, en levant les yeux, sept corbeaux d'un noir brillant qui s'éloignaient à tire-d'aile.

Il était trop tard pour que les parents pussent revenir sur la malédiction ; mais s'ils se désolèrent de la perte de leurs sept garçons, ils se consolèrent néanmoins un tout petit peu en voyant que leur petite fille, non seulement avait échappé à la mort, mais prenait chaque jour de nouvelles forces et gagnait en beauté de jour en jour. Elle ignora pendant des années qu'elle avait eu des frères, car les parents lui avaient soigneusement caché la chose ; mais il advint un jour, tout à fait par hasard, qu'elle entendit des gens parler d'elle et dire qu'elle était bien jolie, vraiment bien jolie, et que c'était vraiment dommage qu'elle eût fait le malheur de ses sept frères. Bouleversée, elle courut interroger son père et sa mère pour savoir si elle avait eu des frères et apprendre ce qu'ils étaient devenus. Ne pouvant garder plus longtemps le secret, les parents lui assurèrent que c'était là la volonté du ciel et que ce n'était pas de sa faute à elle, si sa naissance avait occasionné le cruel événement.

Néanmoins, la fillette s'en fit grief dans son cœur et se tint pour personnellement responsable : chaque jour elle s'accusait de la chose en croyant de plus en plus fermement que c'était son devoir de libérer ses frères de la malédiction. Elle n'eut ni trêve ni repos jusqu'au jour qu'elle s'en alla en cachette de chez ses parents pour parcourir le vaste monde à la recherche de ses frères afin de les libérer, où qu'ils fussent et quel qu'en fût le prix. Elle ne prit avec elle qu'une petite bague en souvenir de ses parents, une miche de pain contre la faim, une cruche d'eau contre la soif, et un petit tabouret contre la fatigue.

Ainsi elle s'en alla au loin, toujours plus loin jusqu'au bout du monde. Quand elle approcha du soleil, comme sa chaleur était trop forte, comme il était trop effrayant et dévorait les petits enfants, elle s'éloigna bien vite et courut vers la lune ; mais elle était bien trop froide, sinistre et méchante, car dès que la petite approcha, la lune dit : « Ça sent, ça sent l'odeur de chair humaine ! » Aussi l'enfant s'éloigna-t-elle bien vite, courant alors vers les étoiles qui se montrèrent amicales et bonnes pour elle, et qui étaient toutes assises sur leur petite chaise particulière. Alors l'étoile du matin se leva pour lui donner un petit osselet : « Si tu n'a pas le petit osselet, lui dit-elle, tu ne pourras pas ouvrir la Montagne de Verre ; et c'est dans la Montagne de Verre que sont tes frères. »

La petite serra l'osselet précieusement dans son mouchoir, le noua par-dessus et s'en alla, marchant sans cesse jusqu'à ce qu'elle fût arrivée à la Montagne de Verre. La porte était fermée ; mais quand elle dénoua son mouchoir, il n'y avait plus rien dedans : elle avait perdu le précieux cadeau des étoiles ! Que pouvait-elle faire à présent ? Ses frères, elle voulait les sauver ; mais la clef de la Montagne de Verre, elle ne l'avait plus ! En bonne petite sœur qu'elle était, elle prit un couteau et se coupa le petit doigt de sa menotte, le poussa dans le trou de la serrure et réussit à ouvrir la porte. Une fois qu'elle fut entrée, un petit nain vint à sa rencontre et lui demanda :

— Que cherches-tu, mon enfant ?

— Je cherche mes frères, répondit-elle, les sept corbeaux.

— Messieurs les Corbeaux ne sont pas à la maison, dit le nain, mais si tu veux attendre jusqu'à ce qu'ils reviennent, tu n'as qu'à entrer.

Pendant qu'elle attendait, le petit nain servit le repas des corbeaux dans sept petites assiettes et sept petits gobelets ; alors la petite sœur mangea un petit quelque chose dans chacune des sept petites assiettes et but une toute petite gorgée dans chacun des sept petits gobelets, laissant tomber dans le septième la bague qu'elle avait emportée avec elle.

Tout à coup, on entendit dans l'air un grand bruit d'ailes et des croassements.

— Voilà Messieurs les Corbeaux qui rentrent, dit le nain.

C'étaient eux, en effet, et quand ils furent là, ils voulurent manger et boire, cherchant chacun son assiette et son gobelet. Mais l'un après l'autre, ils dirent :

— Qui a mangé dans ma petite assiette ? Et qui a bu dans mon petit gobelet ? Il y a des lèvres humaines par ici !

Et comme le septième finissait son gobelet, la petite bague tomba devant lui. Il regarda ce que c'était et reconnut en elle une bague de ses parents, sur quoi il s'exclama :

— Plût à Dieu que notre petite sœur fût là, nous serions délivrés !

En entendant ce souhait derrière la porte où elle se tenait cachée, la fillette sortit et s'avança vers ses frères, qui retrouvèrent instantanément leur forme humaine et vinrent l'embrasser et la serrer sur leur cœur. Puis ils rentrèrent tous ensemble, joyeusement, à la maison.

le petit chaperon rouge

Il était une fois une adorable petite fillette que tout le monde aimait rien qu'à la voir, et plus que tous, sa grand-mère, qui ne savait que faire ni que donner comme cadeaux à l'enfant. Une fois, elle lui donna un petit chaperon de velours rouge et la fillette le trouva si joli, il lui allait tellement bien, qu'elle ne voulut plus porter autre chose et qu'on ne l'appela plus que le Petit Chaperon Rouge.

Un jour, sa mère lui dit :

— Tiens, Petit Chaperon Rouge, voici un morceau de galette et une bouteille de vin : tu iras les porter à ta grand-mère ; elle est malade et affaiblie, et elle va bien se régaler. Vas-y tout de suite, avant qu'il ne fasse trop chaud ; et sois bien sage en chemin et ne saute pas à droite ou à gauche pour aller tomber et me casser la bouteille de grand-mère, qui n'aurait plus rien. Et puis, dis bien bonjour en entrant et ne regarde pas d'abord dans tous les coins !

— Je serai sage et je ferai tout pour le mieux, promit le Petit Chaperon Rouge à sa mère, avant de lui dire au revoir et de partir.

Mais la grand-mère habitait à une bonne demi-heure du village, tout là-bas, dans la forêt ; et lorsque le Petit Chaperon Rouge entra dans la forêt, ce fut pour rencontrer le loup. Mais elle ne savait pas que c'était une si méchante bête et elle n'avait pas peur.

— Bonjour, Petit Chaperon Rouge, dit le loup.

— Merci à toi et bonjour aussi, loup.

— Où vas-tu de si bonne heure, Petit Chaperon Rouge ?

— Chez grand-mère.

— Que portes-tu sous ton tablier, dis-moi ?

— De la galette et du vin, dit le Petit Chaperon Rouge ; nous l'avons cuite hier et je vais en porter à grand-mère, parce qu'elle est malade et que cela lui fera du bien.

— Où habite-t-elle, ta grand-mère, Petit Chaperon Rouge ? demanda le loup.

— Plus loin dans la forêt, à un quart d'heure d'ici ; c'est sous les trois grands chênes, et juste en dessous, il y a des noisetiers, tu reconnaîtras forcément, dit le Chaperon Rouge.

Fort de ce renseignement, le loup pensa : « Un fameux régal, cette mignonne et tendre jeunesse ! Grasse chère, que j'en ferai : meilleure encore que la grand-mère, que je vais engloutir aussi. Mais attention, il faut être malin si tu veux les déguster l'une et l'autre. » Telles étaient les pensées du loup tandis qu'il faisait un bout de conduite au Petit Chaperon Rouge. Puis il dit, tout en marchant :

— Toutes ces jolies fleurs dans le sous-bois, comment se fait-il que tu ne les regardes même pas, Petit Chaperon Rouge ? Et les oiseaux, on dirait que tu ne les entends pas chanter ! Tu marches droit devant toi comme si tu allais à l'école, mais c'est pourtant rudement joli, la forêt !

Le Petit Chaperon Rouge donna un coup d'œil alentour et vit danser les rayons du soleil entre les arbres, et puis partout, partout des fleurs qui brillaient. « Si j'en faisais un bouquet pour grand-mère, se dit-elle, cela lui ferait plaisir aussi ; il est tôt et j'ai bien le temps d'en cueillir. » Sans attendre, elle quitta le chemin pour entrer dans le sous-bois et cueillir des fleurs : une ici, l'autre là, mais la plus belle était toujours un peu plus loin, et encore plus loin dans l'intérieur de la forêt. Le loup, pendant ce temps, courait tout droit à la maison de la grand-mère et frappait à sa porte.

— Qui est là ? cria la grand-mère.

— C'est moi, le Petit Chaperon Rouge, dit le loup ; je t'apporte de la galette et du vin, ouvre-moi !

— Tu n'as qu'à tirer le loquet, cria la grand-mère. Je suis trop faible pour aller t'ouvrir.

Le loup tira le loquet, poussa la porte et entra pour s'avancer tout droit, sans dire un mot, jusqu'au lit de la grand-mère, qu'il avala. Il mit ensuite sa chemise, s'enfouit la tête sous son bonnet de dentelle et se coucha dans son lit, puis tira les rideaux de l'alcôve.

Le Petit Chaperon Rouge avait couru de fleur en fleur, mais à présent son bouquet était si gros que c'était tout juste si elle pouvait le porter. Alors elle pensa à sa grand-mère et se remit bien vite en chemin pour arriver chez elle. La porte était ouverte et cela l'étonna ; mais quand elle fut dans la chambre, tout lui parut de plus en plus bizarre et elle se dit : « Mon Dieu, comme tout est étrange aujourd'hui ! D'habitude, je suis si heureuse quand je suis chez grand-mère ! » Elle salua pourtant :

— Bonjour, grand-mère !

Mais comme personne ne répondait, elle s'avança jusqu'à son lit et écarta les rideaux. La grand-mère était là, couchée, avec son bonnet qui lui cachait presque toute la figure, et elle avait l'air si étrange.

— Comme tu as de grandes oreilles, grand-mère !

— C'est pour mieux t'entendre, répondit-elle.

— Comme tu as de gros yeux, grand-mère !

— C'est pour mieux te voir, répondit-elle.

— Comme tu as de grandes mains !

— C'est pour mieux te prendre, répondit-elle.

— Oh ! grand-mère, quelle grande bouche et quelles terribles dents tu as !

— C'est pour mieux te manger, dit le loup, qui fit un bond hors du lit et avala le pauvre Petit Chaperon Rouge d'un seul coup.

Sa voracité satisfaite, le loup retourna se coucher dans le lit et s'endormit bientôt, ronflant plus fort que fort. Le chasseur, qui passait devant la maison, l'entendit et pensa : « Qu'a donc la vieille femme à ronfler si fort ? Il faut que tu entres et que tu voies si elle a quelque chose qui ne va pas. » Il entra donc et, s'approchant du lit, vit le loup qui dormait là.

— C'est ici que je te trouve, vieille canaille ! dit le chasseur. Il y a un moment que je te cherche !...

Et il allait épauler son fusil, quand, tout à coup, l'idée lui vint que le loup avait peut-être mangé la grand-mère et qu'il pouvait être encore temps de la sauver. Il reposa son fusil, prit des ciseaux et se mit à tailler le ventre du loup endormi. Au deuxième ou au troisième coup de ciseaux, il vit le rouge chaperon qui luisait ; deux ou trois coups de ciseaux encore, et la fillette sautait dehors en s'écriant : « Oh, la, la, quelle peur j'ai eue ! Comme il faisait noir dans le ventre du loup ! » Et bientôt après, sortait aussi la vieille grand-mère, mais c'était à peine si elle pouvait encore respirer. Le Petit Chaperon Rouge courut chercher de grosses pierres qu'ils fourrèrent dans le ventre du loup ; et quand il se réveilla et voulut bondir, les pierres pesaient si lourd qu'il s'affala et resta mort sur le coup.

Tous les trois étaient bien contents : le chasseur prit la peau du loup et rentra chez lui ; la grand-mère mangea la galette et but le vin que le Petit Chaperon Rouge lui avait apportés, se retrouvant bientôt à son aise. Mais pour ce qui est du Petit Chaperon Rouge, elle se jura : « Jamais plus de ta vie tu ne quitteras le chemin pour courir dans les bois, quand ta mère te l'a défendu. »

***

On raconte encore qu'une autre fois, quand le Petit Chaperon Rouge apportait de nouveau de la galette à sa vieille grand-mère, un autre loup essaya de la distraire et de la faire sortir du chemin. Mais elle s'en garda bien et continua à marcher tout droit. Arrivée chez sa grand-mère, elle lui raconta bien vite que le loup était venu à sa rencontre et qu'il lui avait souhaité le bonjour, mais qu'il l'avait regardée avec des yeux si méchants : « Si je n'avais pas été sur la grand-route, il m'aurait dévorée ! » ajouta-t-elle.

— Viens, lui dit sa grand-mère, nous allons fermer la porte et la bien cadenasser pour qu'il ne puisse pas entrer ici.

Peu après, le loup frappait à la porte et criait : « Ouvre-moi, grand-mère ! C'est moi, le Petit Chaperon Rouge, qui t'apporte des gâteaux ! » Mais les deux gardèrent le silence et n'ouvrirent point la porte. Tête-Grise fit alors plusieurs fois le tour de la maison à pas feutrés, et, pour finir, il sauta sur le toit, décidé à attendre jusqu'au soir, quand le Petit Chaperon Rouge sortirait, pour profiter de l'obscurité et l'engloutir. Mais la grand-mère se douta bien de ses intentions.

— Prends le seau, mon enfant, dit-elle au Petit Chaperon Rouge ; j'ai fait cuire des saucisses hier, et tu vas porter l'eau de cuisson dans la grande auge de pierre qui est devant l'entrée de la maison.

Le Petit Chaperon Rouge en porta tant et tant de seaux que, pour finir, l'auge était pleine. Alors la bonne odeur de la saucisse vint caresser les narines du loup jusque sur le toit. Il se pencha pour voir et renifler, se pencha et renifla, renifla et se pencha si bien en tendant le cou, qu'à la fin il glissa et ne put plus se retenir. Il glissa du toit et tomba droit dans l'auge de pierre où il se noya.

Allégrement, le Petit Chaperon Rouge regagna sa maison, et personne ne lui fit le moindre mal.

les musiciens de la fanfare de Brême

Un homme avait un âne qui avait déjà depuis si longtemps porté docilement les sacs au moulin, que ses forces s'y étaient épuisées et maintenant lui manquaient ; il devenait de plus en plus incapable de travailler. Le maître alors songea à se faire l'économie du fourrage, mais l'âne, sentant que le vent avait mal tourné, se sauva et partit sur la route de Brême. « Là-bas, se disait-il, je pourrai au moins trouver une place de musicien dans la fanfare de la ville. »

Il n'avait guère marché qu'un petit bout de temps, quand il trouva, couché sur la route, un chien de chasse qui aboyait péniblement, comme une bête épuisée par une course extrême.

— Qu'as-tu à japper de la sorte, gros chien ? questionna l'âne.

— Hélas ! dit le chien, parce que je suis vieux et chaque jour un peu plus faible, incapable d'aller à la chasse maintenant, mon maître a voulu me tuer, ce qui fait que j'ai pris la fuite ; mais à présent que vais-je faire pour avoir à manger ?

— Sais-tu quoi ? dit l'âne, moi je vais de ce pas à Brême pour faire partie de la fanfare ; viens avec moi et deviens musicien aussi. Je jouerai de la lyre et tu frapperas les cymbales.

Le chien en fut ravi et ils continuèrent leur route. Peu après ils trouvèrent, assis sur la route, un chat qui faisait triste mine et longue figure, aussi longue et triste que trois jours de pluie.

— Eh bien, qu'est-ce qui va de travers pour toi, vieux Raminagrobis ? demanda l'âne.

— On n'a guère envie de rire quand on craint pour sa peau, répondit le matou. Parce que je prends de l'âge et que mes dents sont usées, que j'aime mieux ronronner derrière le poêle que chasser les souris, ma maîtresse a voulu me noyer. C'est vrai que j'ai réussi à filer, mais à quoi bon ? et que vais-je devenir à présent ?

— Viens donc avec nous jusqu'à Brême : tu t'y connais en musique nocturne, tu pourras donc entrer dans la fanfare comme nous autres.

Le chat trouva le conseil excellent et partit avec eux ; et nos trois exilés volontaires ne tardèrent pas à arriver devant une cour, sur le portail de laquelle se tenait un coq haut perché, qui chantait à gorge déployée.

— Tu cries à percer le tympan des gens, dit l'âne. Qu'est-ce qu'il y a donc ?

— C'est le beau temps que j'annonce, dit le coq, parce que c'est le jour de Notre-Dame, quand elle lave les couches de l'Enfant Jésus et les met à sécher ; mais parce que c'est demain dimanche et que notre maîtresse a des invités à la maison, elle a commandé à la cuisinière, impitoyablement, de me servir au souper, et l'on va me couper le cou ce soir. Je chante donc de toutes mes forces, autant que je le peux et pendant que je le puis encore.

— Tu ferais beaucoup mieux de venir avec nous, Crête-Rouge ! Nous allons à Brême, et de toute façon, là ou ailleurs, ce sera toujours mieux que la mort. Tu as une fameuse voix, et la musique que nous saurons faire ensemble ne manquera pas de charme, on peut le dire !

Le coq accepta la proposition et les voilà partis tous les quatre ensemble. Ils ne pouvaient naturellement pas arriver à Brême le jour même, et le soir, donc, ils s'arrêtèrent dans une forêt pour y passer la nuit. L'âne et le chien se couchèrent sous un gros arbre, le chat et le coq s'accommodèrent des branches, mais le coq s'envola jusqu'à l'extrême pointe de l'arbre pour s'y percher, parce que là, c'était le plus sûr pour lui. Avant de s'endormir, il jeta un dernier coup d'œil sur les environs, et, croyant apercevoir une petite lumière qui brillait au loin, il appela ses compagnons pour leur dire qu'il devait y avoir une maison là-bas, où il voyait briller une lumière.

— Dans ce cas, dit l'âne, nous ferions mieux de nous lever et d'y aller, parce qu'ici, l'auberge est plutôt inconfortable !

Le chien, pour sa part, se dit qu'un os ou deux, avec un peu de viande, ce ne serait pas si mal. Sur quoi ils se remirent tous en route vers la petite lumière qui brillait tout là-bas, et qu'ils virent grandir à mesure qu'ils en approchaient. C'était bien une maison, en effet, devant laquelle ils arrivèrent : une maison de brigands tout illuminée. L'âne, parce qu'il était le plus grand, s'approcha de la fenêtre pour regarder à l'intérieur.

— Que vois-tu, vieux grison ? demanda le coq.

— Ce que je vois ? dit l'âne, une table bien servie avec tout ce qu'il faut, de bons plats et de quoi boire, et les brigands qui s'y sont mis ne se font pas prier !

— Cela nous irait aussi, je pense ! dit le coq.

— Ah ! dit l'âne, si seulement on pouvait s'y mettre !

Les animaux tinrent conseil, cherchant comment ils pourraient bien s'y prendre pour chasser de là les brigands, et finalement ils trouvèrent un moyen. L'âne devait se dresser sur les pattes de derrière et poser celles de devant sur le rebord de la fenêtre, le chien monter sur le dos de l'âne, le chat sur celui du chien et le coq, d'un coup d'aile, venir se percher sur la tête du chat. La pyramide ainsi dressée, ils se mirent tous ensemble, comme à un signal, à faire leur musique : l'âne se mit à braire à pleins poumons, le chien à aboyer, le chat à miauler et le coq chanta par-dessus ; puis ils se ruèrent tous dans la pièce à travers la fenêtre en faisant voler les vitres en éclats cliquetants. Les brigands sursautèrent d'épouvante à cet effroyable tintamarre, s'imaginant que c'était un fantôme qui entrait ; ils s'enfuirent et coururent se réfugier, tout tremblants, dans la forêt. Alors les quatre compères se mirent à table, s'accommodant gaillardement de ce qui restait, et mangèrent comme s'ils se préparaient à jeûner pendant quatre semaines.

Lorsque nos quatre joueurs de musique eurent terminé, ils éteignirent la lumière et se cherchèrent chacun son coin pour dormir selon son goût et sa nature. L'âne se coucha sur le fumier, le chien derrière la porte, le chat dans l'âtre à côté des cendres chaudes, et le coq sur le perchoir qui lui offrait la charpente. Fatigués du long chemin qu'ils avaient fait, ils s'endormirent aussitôt. Minuit était passé, et les brigands dans la forêt, virent qu'il n'y avait plus de lumière dans la maison ;

comme tout paraissait calme, le chef leur dit : « Quand même, nous n'aurions pas dû nous laisser épouvanter comme cela et quitter la place aussi vite ! » Il commanda à l'un de ses hommes d'aller voir un peu ce qui se passait dans la maison. Voyant que tout était calme, celui qui avait été envoyé en inspection entra dans la cuisine pour allumer une chandelle ; s'avançant vers l'âtre, il prit les yeux étincelants du chat pour des braises et voulut en approcher une allumette. Le chat, qui ne trouvait pas la plaisanterie de son goût, lui sauta au visage toutes griffes dehors et crachant de fureur. Sursautant et effrayé, l'homme se retourna et voulut bondir vers la porte pour fuir, mais le chien, couché là, bondit aussi et lui mordit la jambe ; quand le bandit fut dehors et voulut traverser la cour, il passa près du fumier et reçut une bonne ruade de l'âne, cependant que le coq, réveillé par le vacarme, lançait du haut de son perchoir un retentissant cocorico.

De toute la vitesse qu'il pouvait demander à ses jambes, le bandit courut vers le chef de la bande et lui dit : « Il y a dans la maison une terrible sorcière qui m'a soufflé dessus en me déchirant la figure avec ses doigts crochus ; devant la porte se tient un homme armé d'un couteau, qui m'a frappé à la jambe ; au-dehors, dans la cour, il y a un monstre noir qui m'a assené un coup de massue ; et tout en haut, sur le toit, siège le juge qui a crié : « Amenez-moi le malandrin. » Il a fallu que je détale pour leur échapper. »

Depuis ce moment-là, les bandits ne se risquèrent plus à venir dans la maison, où les quatre musiciens de la fanfare de Brême se trouvèrent si bien qu'ils y restèrent et n'allèrent pas plus loin. Voilà l'histoire, et le dernier qui l'a racontée en a encore la bouche toute chaude.

l'os chanteur

Il y avait une fois un pays où l'on ne faisait que se plaindre d'un sanglier qui retournait les champs des paysans, tuait le bétail et ouvrait le ventre des hommes avec ses terribles défenses. Le roi promit une grande récompense à quiconque délivrerait le pays de ce fléau, mais le féroce animal était si grand et si puissant que personne n'osait même approcher de la forêt où il gîtait. Finalement, le roi fit proclamer que celui qui prendrait ou tuerait le sanglier aurait la main de sa fille unique.

Or, dans ce pays vivaient deux frères qui étaient les fils d'un homme extrêmement pauvre, et ces deux-là se déclarèrent prêts à tenter l'aventure. L'aîné, rusé et malin, ne le faisait que par orgueil, alors que le cadet, simple et innocent d'esprit, y allait par bon cœur. Le roi leur dit : « Pour débusquer l'animal plus sûrement, vous pénétrerez dans la forêt des deux côtés opposés. » Et c'est ainsi que l'aîné y alla du côté du soir, et le cadet du côté du matin.

Lorsque le plus jeune eut marché un moment en s'avançant dans la forêt, il rencontra un petit gnome qui lui tendit un noir épieu qu'il tenait à la main, en lui disant : « Tiens, je te donne cet épieu à cause de ton bon cœur et de ton âme innocente : tu peux aller sans peur affronter le fauve avec cette arme, il ne te fera aucun mal. » Le cadet remercia le petit homme de la forêt, prit l'épieu sur son épaule et s'avança sans peur. Il ne tarda guère à apercevoir le sanglier qui fonça aussitôt sur lui ; mais il pointa fermement l'épieu dans sa direction, et la bête, dans sa rage aveugle, chargea de toute sa force et s'enfonça l'épieu jusque dans le cœur. L'heureux chasseur chargea le monstre sur son dos et s'en revint pour aller le porter au roi.

Comme il sortait de la forêt par le côté opposé, il y avait là une maison où les gens faisaient fête, buvaient et dansaient ; son frère aîné y était entré, en se disant que le cochon sauvage pouvait bien attendre un peu et qu'il avait bien le temps de boire un bon coup pour se donner du cœur. En apercevant son frère cadet qui sortait de la forêt en pliant sous sa charge, l'aîné n'écouta plus que sa jalousie et sa méchanceté.

— Viens donc, mon cher frère, appela-t-il, repose-toi et réconforte-toi d'un bon verre de vin !

Le cadet, qui n'y voyait pas malice, rejoignit son frère et lui raconta sa rencontre avec le petit homme, qui lui avait donné l'épieu avec lequel il avait abattu le cochon sauvage. Et son frère s'arrangea pour le tenir là jusqu'au soir, puis ils partirent ensemble. Il faisait nuit noire quand ils eurent à passer un pont au-dessus d'un ruisseau, et l'aîné s'effaça pour laisser passer son frère le premier ; mais quand il fut au beau milieu du pont, juste au-dessus de l'eau, il vint par-derrière et l'abattit d'un coup sur la nuque, le tuant net. Il l'enterra sous le pont, remonta prendre le sanglier et alla le porter au roi en prétendant l'avoir tué lui-même, ce qui lui valut d'épouser la princesse, fille unique du roi. Pour expliquer que son frère ne revînt toujours pas, il se contenta de dire que le sanglier avait dû l'éventrer. Et tout le monde le crut.

Mais comme à Dieu il n'est rien qui reste caché, il fallut bien aussi que ce noir assassinat fût révélé au jour. Bien de années plus tard, un berger mena son troupeau sur le petit pont et, en passant, vit briller dans le sable, en bas, un petit os tout blanc qui lui parut convenir parfaitement pour faire une bonne embouchure à sa corne d'appel. Il descendit le prendre, puis le tailla comme il fallait pour l'emboucher à sa corne. Quand il l'essaya, soufflant un bon coup dans sa corne, quelle ne fut pas la surprise du berger en entendant son petit os qui chantait pour son compte un petit air, et qui disait :

O toi, mon cher petit berger
Qui souffles dans mon osselet,
Mon frère m'a assassiné
Et sous le pont m'a enterré,
Pour avoir le gros sanglier
Et la princesse à épouser.

— Quel étrange bout de corne, qui se met à chanter tout seul ! s'exclama le berger. Il faut que j'aille faire voir cela à notre seigneur le roi.

Aussitôt dit, aussitôt fait, et quand le petit berger fut devant le roi, l'osselet se remit à chanter pour lui son petit air. Le roi le comprit parfaitement et envoya ses gens creuser sous le petit pont, où ils mirent à jour le squelette entier. Devant la preuve, le mauvais frère ne pouvait plus nier le fait ; il fut cousu dans un sac et jeté à l'eau pour sa peine. Quant aux ossements du malheureux assassiné, ils furent recueillis et reçurent, pour leur repos, une belle tombe au cimetière.

le diable et ses trois cheveux d'or

Il y avait une fois une pauvre femme qui avait mis au monde un beau petit garçon ; et comme il était né coiffé, on lui avait prédit qu'il épouserait la fille du roi quand il aurait atteint sa quatorzième année. Il arriva que peu après, dans le village, le roi vint à passer sans être reconnu ni se faire reconnaître. Et comme l'étranger demandait aux gens ce qu'il y avait de nouveau chez eux, on lui répondit :

— Il y a un enfant qui est né coiffé ces jours derniers, et vous savez que tout réussit à ceux qui naissent avec ce présage de constant bonheur. On a prédit à celui-là qu'il aurait la fille du roi pour épouse dès l'âge de quatorze ans.

Le roi, méchant de cœur et fort irrité de cette prédiction, qu'il trouvait stupide, s'en alla sur l'heure trouver les parents de cet enfant, leur fit bonne mine et finalement leur dit : « Pauvres gens que vous êtes, laissez-moi votre enfant que je me charge de l'élever. » Ils se récrièrent pour commencer, mais comme l'étranger y ajoutait le poids de beaucoup d'or, ils finirent par se dire que leur enfant étant né coiffé, cela ne pouvait que bien tourner pour lui ; et ils consentirent à le confier à l'étranger qui l'emmena avec lui.

Le roi l'avait mis dans une petite boîte qu'il emporta sur son cheval, et il chemina ainsi jusqu'à la première rivière qu'il rencontra, choisit un endroit où l'eau était bien profonde et y jeta la boîte avec le nouveau-né.

« Là, se dit-il, j'ai délivré ma fille de ce fiancé malencontreux ! » Et il continua son chemin.

Mais la petite boîte ne sombra pas ; tout au contraire, elle flotta comme un petit bateau, et pas une seule goutte d'eau ne pénétra à l'intérieur. Elle flotta et descendit avec le courant jusqu'à deux lieues de la capitale du roi, où l'écluse du moulin l'arrêta. Un commis du moulin, qui se trouvait justement là par bonheur, l'aperçut et la dégagea avec une longue perche pour l'amener à lui et la prendre, s'imaginant y trouver quelque trésor inestimable. Et que vit-il quand il ouvrit le petit coffret ? Un charmant bambin tout souriant et plein de vie. Le commis s'empressa d'aller montrer sa trouvaille aux meuniers, sa patronne et son patron qui n'avaient pas d'enfant et qui se réjouirent en disant : « C'est Dieu qui nous l'envoie ! » Ils adoptèrent l'enfant, le soignèrent avec amour et l'élevèrent le mieux du monde.

Or, il advint un jour que le roi, surpris par un orage, vint se mettre à l'abri dans ce moulin. Tout en parlant, il demanda aux meuniers si ce grand garçon qu'il voyait là était leur fils. « Non, dirent-ils, c'est un enfant trouvé que nous avons adopté : il nous est arrivé, il y a quatorze ans, enfermé dans une petite boîte qui flottait sur la rivière et qui s'est arrêtée à l'écluse du moulin. C'est un commis qui l'a découvert et tiré de là. » Après ces explications, le roi comprit bien qu'il n'était autre que l'enfant nouveau-né qu'il avait autrefois jeté dans la rivière, et il dit aux meuniers :

— Dites, braves gens, est-ce que vous ne laisseriez pas ce jeune homme porter de ma part un message à la reine ? Je lui donnerai deux pièces d'or comme récompense.

— Aux ordres de Votre Majesté, répondirent les parents, qui dirent au garçon de se préparer à partir.

Le roi, sur-le-champ, écrivit à la reine un court message dans lequel il disait : « Dès que le garçon vous aura remis ce message, il doit être tué au plus vite ; il faut que tout soit terminé avant mon retour. » Son message en main, le garçon se mit en route, mais voilà qu'il se trompa de chemin et que le soir le surprit dans une grande forêt. Voyant une lumière dans l'obscurité, il s'y dirigea et arriva devant une petite chaumière. Quand il entra, il n'y avait là qu'une vieille femme qui se chauffait devant la cheminée et qui sursauta en le voyant là.

— D'où viens-tu, garçon, et où vas-tu ? lui demanda-t-elle.

— Je viens du moulin, répondit-il, et je dois remettre un message à la reine ; mais je me suis perdu dans la forêt et je voudrais bien passer la nuit ici.

— Malheureux jeune homme, c'est un repaire de brigands

où tu es tombé ! dit la vieille. S'ils te trouvent ici en rentrant, ils t'ôteront la vie.

— Il arrivera ce qu'il arrivera, dit le garçon, je n'ai pas peur, en vérité ; et je suis tellement fatigué que je suis incapable de mettre un pied devant l'autre.

Il s'étendit sur un banc et s'endormit aussitôt. Les voleurs, qui arrivèrent peu après, demandèrent en colère qui était ce jeune homme qui dormait sur le banc, et d'où il sortait, celui-là.

— Oh ! dit la vieille, c'est un innocent jeune garçon qui s'est perdu dans la forêt et que j'ai accueilli par miséricorde ; il a une lettre à porter à l'épouse du roi.

Les voleurs s'emparèrent de la lettre et la décachetèrent pour la lire, apprenant ainsi que l'innocent garçon devait perdre la vie aussitôt arrivé. Tout endurci que fût le cœur des bandits, ils s'émurent de pitié pour le malheureux petit gars, et le chef de la bande déchira la lettre, à laquelle il en substitua une autre, dans laquelle il spécifiait que le porteur devait être marié, dès son arrivée, avec la fille du roi ; et cela sans retard ni délai. Les rudes hommes laissèrent le garçon dormir tout tranquillement sur son banc jusqu'au matin, lui rendirent sa lettre quand il fut réveillé et le mirent sur le bon chemin.

Quand la reine eut la lettre en mains, elle en prit connaissance et, docile aux ordres qu'elle contenait, fit aussitôt célébrer des noces solennelles qui unirent l'enfant né coiffé avec la princesse, fille unique du roi. Et comme le jeune marié était joli garçon et fort aimable, la princesse se montra ravie de partager sa vie avec lui.

Au bout d'un certain temps, le roi regagna son château pour s'apercevoir que la prophétie s'était accomplie et que l'enfant né coiffé avait été marié avec sa fille.

— Comment la chose est-elle arrivée ? demanda le roi. Les ordres que j'avais donnés dans ma lettre étaient tout différents !

La reine lui montra la lettre, en lui disant qu'il n'avait qu'à voir lui-même ce qu'elle contenait, et le roi, en la lisant, s'aperçut bien qu'elle était d'une autre main que la sienne. Il se tourna vers le jeune garçon pour lui demander comment il se faisait qu'il eût eu en sa possession une autre lettre que celle qu'il lui avait remise, et comment le changement s'était effectué.

— Je ne sais pas du tout comment cela a pu se faire, répondit le garçon, à moins que la substitution n'ait eu lieu pendant la nuit, quand je suis resté dans la forêt.

— Cela ne se passera pas comme cela, dit le roi furieux. Celui qui veut avoir ma fille doit me rapporter de l'enfer trois cheveux d'or du diable, arrachés sur sa tête. Et si tu veux garder ton épouse, il te reste à m'apporter ce que j'exige!

En posant cette condition, le roi croyait s'être débarrassé de lui une fois pour toutes, mais l'enfant du bonheur lui répondit sans se troubler :

— Les cheveux d'or, je les apporterai : je n'ai pas peur du diable.

Il leur fit ses adieux et se mit aussitôt en voyage.

Son chemin le mena à une grande cité, à la porte de laquelle la garde l'arrêta et lui demanda quel était son métier et ce qu'il savait faire.

— Tout, répondit l'heureux enfant, je sais tout faire.

— Alors, dit la sentinelle, tu peux nous rendre un grand service en nous disant pourquoi la fontaine du marché est sèche à présent : il n'y coulait que du vin et il n'y coule même plus d'eau.

— Je vous l'apprendrai, dit-il. Attendez seulement mon retour.

Poursuivant son voyage, il arriva devant une autre ville, où la garde devant la porte lui demanda de nouveau quel était son métier et ce qu'il savait faire.

— Tout, répondit-il, je sais tout faire.

— Alors, dit la sentinelle, tu peux nous rendre un grand service en nous disant pourquoi un arbre de notre ville, qui ne donnait que des pommes d'or, n'en donne plus à présent et n'a même plus de feuilles.

— Je vous l'apprendrai, dit-il. Attendez seulement mon retour.

Il poursuivit son voyage et arriva devant un large fleuve qu'il lui fallait franchir. Le passeur le questionna sur son métier et ce qu'il savait faire.

— Je sais tout, répondit-il.

— Alors tu peux me rendre un grand service en me disant pourquoi je dois toujours aller et revenir, aller et revenir d'une rive à l'autre sans que jamais personne ne vienne me relever.

— Je te l'apprendrai, dit-il. Attends seulement que je sois de retour.

Une fois qu'il eut passé de l'autre côté de l'eau, il trouva la porte de l'enfer. A l'intérieur, c'était tout noir et fumeux, et le diable n'était pas chez lui ; il n'y avait là que sa grand-mère, assise dans un vaste et confortable fauteuil.

— Que désires-tu ? lui demanda-t-elle sans avoir l'air trop méchant.

— Je voudrais bien avoir trois cheveux d'or de la tête du diable, répondit-il, sans quoi je ne pourrai pas garder mon épouse.

— Eh ! c'est beaucoup demander, dit-elle, parce que si le diable te trouve en rentrant, tu n'auras plus à te demander qui tu es. Mais tu me fais pitié et je vais voir si je ne peux pas t'aider.

Elle le transforma en fourmi, puis lui dit :

— Grimpe et cache-toi dans les plis de ma robe, tu seras en sécurité.

— Oui, c'est parfait, dit-il, mais c'est que j'aurais besoin de savoir trois choses encore : pourquoi une fontaine où coulait le vin est tarie à présent et ne laisse même plus couler une goutte d'eau ; pourquoi un arbre qui donnait des pommes d'or n'a même plus de feuilles ; et pourquoi un certain passeur doit toujours aller et venir sans être jamais relevé par personne.

— Ce ne sont pas des questions faciles, dit l'aïeule, mais

tiens-toi bien tranquille et silencieux, et écoute bien ce que dira le diable quand je lui arracherai les trois cheveux d'or.

A la tombée du soir, le diable rentra chez lui. Mais à peine entré, il remarqua quelque chose de louche dans l'air.

— Je sens l'odeur de chair humaine, dit-il, je le sens : il y a quelque chose d'anormal ici.

Il alla aussitôt regarder et fouiller dans tous les coins, mais sans rien trouver. L'aïeule lui cria dessus :

— Moi qui viens de tout balayer et mettre en ordre, il faut que tu me retournes tout sens dessus dessous ! L'odeur de chair humaine, tu l'as toujours dans la narine ! Allons, assieds-toi et mange ton souper.

Quand il eut bien mangé et bien bu, le diable se sentit fatigué et s'étendit, la tête sur les genoux de la vieille, en lui disant de lui chercher les poux dans la tête [1]. Elle lui gratta la tête et il ne tarda guère à s'assoupir, puis à dormir et à ronfler comme une forge. Alors la vieille lui arracha un cheveu d'or et le posa sur elle.

— Aïe ! cria le diable, qu'est-ce qu'il te prend ?

— C'est un mauvais rêve que je faisais, expliqua l'aïeule, et je t'ai empoigné par les cheveux sans m'en rendre compte.

— Ah ! et qu'est-ce que tu as rêvé ? demanda le diable, curieux.

— J'ai rêvé que la fontaine d'un marché, où n'avait jamais coulé que du vin, était tarie et ne laissait même plus couler une seule goutte d'eau. Quelle peut bien en être la cause ?

— Ah ! s'ils pouvaient le savoir ! dit le diable. C'est un crapaud qui s'est mis sous une pierre dans la fontaine ; s'ils le tuaient, le vin coulerait à flots de nouveau.

La vieille femme se mit à lui gratter de nouveau la tête jusqu'à ce qu'il fût endormi, ronflant à en faire trembler les vitres. Alors elle lui tira le second cheveu d'or.

— Ouille ! cria le diable en colère, qu'est-ce que tu fais ?

1. Le diable des contes populaires allemands est toujours couvert de poux.

— Ne te fâche pas, dit la vieille, je rêvais.

— Et qu'est-ce que tu rêvais encore ? demanda le diable, curieux.

— J'ai rêvé d'un arbre, dans la capitale d'un royaume, qui ne donnait que des pommes d'or jusque-là, et qui n'a même plus de feuilles à présent. Je me demande quelle peut bien en être la cause.

— Ah ! s'ils pouvaient le savoir ! dit le diable. C'est un mulot qui ronge la racine ; s'ils le tuaient, l'arbre donnerait de nouveau des pommes d'or ; mais s'il ronge encore quelque temps, l'arbre mourra tout à fait. Mais laisse-moi un peu tranquille avec tes rêves, car si jamais tu me troubles encore dans mon sommeil, c'est une fameuse gifle qui te chauffera les oreilles.

L'aïeule lui parla pour le radoucir et lui gratta la tête pour le rendormir, attendant qu'il ronflât de nouveau puissamment pour lui arracher le troisième cheveu. Le diable sauta en l'air, hurlant furieusement et voulant lui faire un mauvais parti ; mais elle le radoucit, cette fois encore, en lui disant :

— Que peut-on contre ses mauvais rêves ?

— Qu'as-tu donc rêvé encore ? demanda le diable sans pouvoir retenir sa curiosité.

— C'était un passeur dont je rêvais, dit la vieille, et il se plaignait d'avoir toujours à passer d'une rive à l'autre sans être jamais remplacé par quelqu'un d'autre. Comment cela se fait-il ?

— Le vieil idiot ! ricana le diable. Le premier qui viendra pour se faire passer, il n'aurait qu'à lui flanquer sa rame dans les mains et il serait libre : c'est l'autre qui serait obligé de passer sans cesse d'un bord à l'autre !

Maintenant que l'aïeule lui avait arraché les trois cheveux d'or et qu'elle avait la réponse aux trois questions, n'ayant plus rien à tirer du vieux démon, elle le laissa tranquille et en repos, et il dormit jusqu'au jour sans se réveiller.

Lorsqu'il fut de nouveau sorti, l'aïeule chercha la fourmi

dans les plis de sa robe et rendit sa forme humaine à l'enfant du bonheur.

— Voici tes trois cheveux d'or, lui dit-elle en les lui donnant ; quant à tes trois questions, tu as sans doute bien écouté ce que le diable a répondu.

— Oui, oui, répondit-il, j'ai parfaitement entendu et je le retiendrai.

— Bon, te voilà donc tiré d'affaire, et tu n'as plus qu'à te remettre en route maintenant, lui dit-elle.

Il la remercia de son aide inestimable dans d'aussi difficiles circonstances, et il quitta l'enfer en se félicitant que tout ait tourné si bien et si heureusement pour lui. Lorsqu'il retrouva le passeur, celui-ci lui réclama la réponse promise.

— Passe-moi d'abord sur l'autre rive, dit l'enfant du bonheur. Je te dirai alors comment tu seras libéré.

Et quand il eut le pied sur l'autre rive, il donna au passeur le conseil qu'il avait entendu du diable : « Le premier qui viendra pour se faire passer, tu n'auras qu'à lui mettre ta rame entre les mains. » Puis il continua sa route et chemina jusqu'à la grand-ville, où l'arbre restait stérile et où la sentinelle attendait aussi sa réponse. Il lui dit comme il l'avait entendu du diable : « Tuez le mulot qui ronge la racine, et de nouveau il portera des pommes d'or. » La sentinelle le remercia et lui fit don, comme récompense, de deux ânes lourdement chargés d'or pour l'accompagner dans son voyage. Enfin il arriva à la cité dont la fontaine était tarie, et il dit à la sentinelle ce que le diable avait dit : « Il y a sous une pierre, dans la fontaine, un crapaud qui s'est mis ; tuez-le, et la fontaine fera de nouveau couler le vin à flots. » La sentinelle le remercia et lui fit don, également, de deux ânes chargés d'or.

Tout à la fin, l'enfant du bonheur retrouva son épouse qui l'accueillit avec joie, très heureuse de le revoir et d'apprendre comment tout lui avait si bien réussi. Le roi, pour sa part, reçut ce qu'il avait exigé, c'est-à-dire les trois cheveux d'or pris sur la tête du diable ; et quand il vit, au surplus, les quatre ânes chargés d'or, il se sentit pleinement satisfait et dit :

— Tu peux garder ma fille, maintenant que toutes les conditions sont remplies. Mais dis-moi donc, mon cher gendre, d'où te vient tout cet or que tu rapportes avec toi ? Il y a là d'immenses trésors !

— J'ai traversé une rivière, répondit-il, et c'est là-bas, sur l'autre rive, que je l'ai ramassé : il y est comme le sable du rivage.

— Pourrais-je en ramasser aussi ? demanda le roi, tout excité de cupidité.

— Autant que vous en voudrez, lui répondit-il ; il y a un passeur sur la rivière, vous n'aurez que la peine de vous faire traverser pour remplir vos sacs sur place vous-même.

Sans plus attendre, tant il était pressé dans son avidité, le roi se mit en route et fit diligence jusqu'à ce qu'il eut atteint la rivière. Là, il fit signe au passeur qu'il voulait traverser. Le passeur aborda, le fit embarquer et le mena sur l'autre rive, mais avant de toucher le bord, il lui mit sa rame entre les mains et sauta lui-même sur le sec. Mais le roi resta là et dut, pour ses péchés, ramer sans cesse pour aller d'une rive à l'autre.

— Est-ce qu'il y est toujours ?

— Pourquoi pas ? Personne jusqu'à ce jour ne lui aura enlevé la rame des mains.

pucette et petit-pou

C'était un petit pou qui vivait en commun avec une pucette, et ils brassaient ensemble de la bière dans une coquille d'œuf. Le petit pou tomba dedans et fut brûlé, sur quoi la pucette se mit à pleurer à grands cris. Le portillon de la chambrette lui demanda :

— Qu'as-tu donc à tant pleurer, pucette ?

— C'est parce que le petit pou s'est brûlé.

Le portillon, du coup, se mit à grincer. La balayette, dans son coin, lui demanda :

— Qu'as-tu donc à grincer, petite porte ?

— Comment ne pas grincer ? lui répondit le portillon.

Petit-pou s'est brûlé,
Pucette pleure.

La balayette, là-dessus, se mit à s'agiter terriblement. Vint à passer une charrette qui demanda :

— Qu'as-tu à t'agiter, petit balai ?

— Pourrais-je rester calme ? lui répondit la balayette.

Petit-pou s'est brûlé,
Pucette pleure,
Petite porte grince.

Sur quoi la petite charrette déclara : « Je vais rouler ! » Et elle se mit à rouler terriblement. Quand elle passa près du petit fumier, celui-ci lui cria :

— Qu'as-tu donc à rouler, petite charrette, aussi terriblement :

— Puis-je ne pas rouler ? répondit la charrette.

Petit-pou s'est brûlé,
Pucette pleure,
Petite porte grince,
Balayette s'agite.

— Et moi, je vais terriblement flamber, dit le petit fumier, qui se mit à brûler avec une haute flamme claire. L'arbrisseau d'à côté lui demanda :

— Petit fumier, pourquoi donc flambes-tu ?
— Comment pourrais-je ne pas flamber ? dit le petit fumier.

Petit-pou s'est brûlé,
Pucette pleure,
Petite porte grince,
Balayette s'agite,
Charrette roule.

Alors l'arbrisseau décida : « Je vais me secouer. » Et il se secoua tant et si bien qu'il fit tomber toutes ses feuilles. Voyant cela, une fillette qui arrivait par là avec son cruchon à eau, lui demanda :
— Qu'as-tu à tant te secouer, petit arbre ?
— Comment pourrais-je ne pas me secouer ? répondit l'arbrisseau.

Petit-pou s'est brûlé,
Pucette pleure,
Petite porte grince,
Balayette s'agite,
Charrette roule,
Petit fumier se flambe.

— Si c'est comme cela, dit la fillette, je vais casser mon cruchon.
Et elle brisa sa cruche à eau. La petite source où elle venait puiser son eau lui demanda :
— Pourquoi as-tu cassé exprès ton cruchon, fillette ?
— Pouvais-je ne pas le casser ? répondit la fillette.

Petit-pou s'est brûlé,
Pucette pleure,
Petite porte grince,
Balayette s'agite,
Charrette roule,
Petit fumier se flambe,
Et l'arbre se secoue.

— Eh bien, dit la petite source, moi je vais me mettre à couler !

Et elle se mit à couler, à couler si terriblement qu'elle noya tout dans son eau : la fillette, l'arbrisseau, le fumier, la charrette, la petite porte, la pucette et le petit pou, tous autant qu'ils étaient.

la jeune fille sans mains

Un meunier, qui était petit à petit tombé dans la misère, ne possédait plus rien que son moulin et un pommier, un grand pommier qui se trouvait par-derrière. Un jour que le meunier était allé dans la forêt pour se couper du bois, il rencontra un vieil homme qu'il n'avait jamais vu, qui s'approcha et qui lui dit : « Pourquoi t'exténuer à ce bûcheronnage, puisque je peux te faire riche, si seulement tu me promets ce qu'il y a derrière ton moulin ? » Le meunier songea que cela ne pouvait rien être d'autre que son pommier et répondit : « C'est d'accord », et il signa un engagement écrit à l'étranger, qui le reçut avec un rire sardonique et qui lui dit :

— Dans trois ans, jour pour jour, je viendrai et j'emporterai ce qui m'appartient.

Et il s'éloigna. Comme le meunier s'en revenait chez lui, sa femme courut à sa rencontre et le questionna :

— Dis-moi un peu, meunier, cette soudaine richesse dans la maison, d'où nous vient-elle ? D'un seul coup, tout est plein, les armoires et les coffres, alors que personne n'est venu apporter quoi que ce soit et que je ne sais pas du tout comment c'est arrivé !

— C'est un inconnu que j'ai rencontré dans la forêt, répondit-il, qui m'a promis ces grandes richesses ; moi, en échange, je me suis engagé par écrit à lui céder ce que j'ai derrière le moulin. Le grand pommier, nous pouvons bien le troquer pour cela.

— Hélas, malheureux ! s'écria la femme effrayée, c'était le diable, et ce n'était pas du pommier qu'il s'agissait, mais de notre fille, de notre fille qui était derrière le moulin en train de balayer la cour !

Pieuse et jolie, la fille du meunier vécut ces trois années-là dans le respect de Dieu et sans commettre de péché. Le délai écoulé, quand vint le jour qu'attendait le Démon pour l'emmener, elle se lava des pieds à la tête et traça autour d'elle un cercle avec de la craie. Le diable apparut de bonne heure, mais il ne put pas l'approcher pour la prendre. Dans une grande colère, il ordonna au meunier :

— Tu tiendras hors de sa portée la moindre goutte d'eau, afin qu'elle ne puisse pas se laver ; car autrement, je n'ai plus nul pouvoir sur elle.

Le meunier avait bien trop peur pour ne pas obéir !

Le lendemain matin, le diable apparut de nouveau, mais la jeune fille avait tant versé de larmes dans ses mains, qu'elles en étaient propres et pures. Ne pouvant toujours pas l'approcher, le diable, dans sa fureur, commanda au meunier :

— Tu lui couperas les mains, sinon je ne puis pas la prendre.

— Comment pourrais-je, moi, couper les mains de ma propre fille ? protesta le meunier dans son épouvante.

Le Malin le menaça et lui dit :

— Fais-le, sinon c'est toi qui me paieras et c'est toi que j'emporterai !

Le père trembla et promit qu'il obéirait. Il alla parler à sa fille et lui dit :

— Mon enfant, si je ne te coupe pas les deux mains, le diable m'emporte ; et moi, je le lui ai promis dans ma terreur. Oh ! aide-moi dans ma détresse et pardonne-moi le mal que je te fais !

— Cher père, lui répondit-il, faites ce que vous voulez de moi : je suis votre enfant.

Elle lui tendit alors ses deux mains et le laissa les lui couper. Quand le diable revint pour la troisième fois, elle avait tant versé de larmes, et pendant si longtemps, sur ses poignets tranchés, qu'ils étaient parfaitement lavés et purs. Et le diable dut renoncer, ayant perdu tout droit sur elle.

Le meunier dit alors à sa fille :

— J'ai gagné grâce à toi de si grands biens, que pour ta vie durant je te garderai dans le luxe le plus cher.

— Ici, je ne saurais rester, lui répondit-elle, je veux m'en aller ; les gens charitables me donneront bien mon nécessaire.

Elle se fit alors attacher au dos ses bras mutilés et partit sur la route au soleil levant ; elle marcha tout le jour sans s'arrêter jusqu'au soir, et c'était nuit déjà quand elle arriva près d'un jardin magnifique, un parc royal où elle vit, sous le clair de lune, que les arbres pliaient sous le poids des fruits. Mais elle ne pouvait pas entrer dans ce jardin, qui était entouré d'eau. La faim la torturait, car elle avait cheminé toute la longue journée sans avaler la moindre bouchée, et elle pensa dans son cœur : « Oh ! si je pouvais seulement entrer dans ce beau jardin et manger de ses fruits ! Sinon je vais mourir de faim... » Elle s'agenouilla, elle appela le Seigneur Dieu et pria ; et tout d'un coup il y eut là un ange, qui pratiqua une écluse pour écarter les eaux et tenir le fossé à sec, de façon qu'elle pût passer. Ainsi elle entra dans le jardin, et l'ange y alla avec elle. L'arbre qu'elle vit était chargé de tous ses fruits, et c'étaient des poires de toute beauté ; mais elles étaient toutes comptées. Elle s'avança sous l'arbre et prit une poire de l'arbre avec sa bouche, une seule poire qu'elle mangea pour calmer sa faim, et rien de plus. Le jardinier la voyait faire, mais comme il y avait l'ange qui l'accompagnait, il crut que la jeune fille était un esprit, et il eut si peur qu'il n'osa ni appeler, ni lui adresser la parole à elle. On ne parle pas aux esprits.

La poire mangée et sa faim apaisée, elle alla s'étendre et se cacher sous les fourrés pour dormir. Mais le lendemain matin, quand le roi à qui appartenait ce verger y descendit et compta ses fruits, il s'aperçut qu'il manquait une poire et questionna le jardinier pour savoir ce qu'elle était devenue : elle n'était pas tombée sous l'arbre et pourtant elle n'était plus sur l'arbre.

— La nuit dernière, dit le jardinier, un esprit est venu : il n'avait pas de mains et il a cueilli la poire avec sa bouche pour la manger.

— Comment l'esprit a-t-il pu passer l'eau ? demanda le roi, et qu'est-il devenu après qu'il eut mangé la poire ?

— Il est venu quelqu'un du ciel, en robe blanche comme neige, qui a fermé une écluse et repoussé l'eau, pour que l'esprit puisse passer le fossé à sec, expliqua le jardinier. Et parce que ce devait être un ange du ciel, j'ai eu peur d'appeler ou de demander quoi que ce soit. Et quand l'esprit a eu mangé la poire, il est reparti.

— Si cela s'est passé comme tu le dis, je viendrai avec toi veiller la nuit prochaine, dit le roi.

L'obscurité venue, le roi descendit dans le jardin, accompagné d'un prêtre qui devait parler avec l'esprit. Tous trois s'installèrent sous l'arbre et guettèrent. Vers minuit, la jeune fille rampa hors du fourré, alla vers l'arbre et lui prit de nouveau une poire avec sa bouche pour la manger ; mais elle avait à côté d'elle l'ange tout blanc qui la gardait. La prêtre s'avança et parla :

— Viens-tu de Dieu ou du monde ? Es-tu un esprit ou un être humain ?

— Je ne suis pas un esprit, répondit-elle, mais une pauvre créature humaine abandonnée de tous, hormis Dieu.

— Puisque le monde entier t'abandonne, dit le roi, moi je ne t'abandonnerai point.

Il l'emmena avec lui dans son château royal et il l'aima de tout son cœur, belle et pieuse comme elle l'était : il lui fit faire des mains d'argent et la prit comme épouse.

Au bout d'un an, le roi dut partir pour la guerre ; alors il recommanda sa jeune femme à sa mère, et il lui dit : « Dorlotez-la et soignez-la bien au moment de ses couches, et ne manquez pas de m'écrire aussitôt. » La jeune reine mit au monde un superbe garçon, ce que la mère s'empressa d'écrire à son fils, tout heureuse de lui annoncer la bonne nouvelle. Mais le messager qui portait la lettre s'arrêta en chemin sur le bord d'un ruisseau pour se reposer, et comme il était fatigué par sa longue étape, il s'y endormit profondément. Survint alors le diable, toujours aux aguets pour essayer de nuire à la pieuse reine, qui substitua à la lettre de la reine-mère unc autre lettre, dans laquelle il avait écrit que la reine avait mis au monde un monstre. Lorsque le roi lut cette lettre, quel coup ce fut pour lui, et quel chagrin ! Mais il n'en recommanda pas moins, dans sa réponse, qu'on soignât bien la reine et qu'on veillât sur elle jusqu'à son retour.

Le messager repartit avec la lettre du roi, se reposa au même endroit et s'endormit comme la première fois. Survint alors le diable, qui lui glissa une autre lettre dans sa poche, dans laquelle il avait écrit que la reine devait être tuée avec l'enfant. La reine-mère, en lisant ce message, en fut si violemment épouvantée qu'elle refusa d'y croire et écrivit sur l'heure une nouvelle lettre au roi. Mais elle n'eut point de bonne réponse, puisque le diable, à chaque fois, substituait une autre lettre à la vraie dans la ceinture du messager ; la dernière lettre ajoutait encore qu'ils devaient conserver, comme preuve, la langue et les yeux de la jeune reine.

Mais la vieille mère pleura sur le sang innocent qu'elle eût dû verser, se fit amener une biche pendant la nuit et lui fit couper la langue et enlever les yeux, qu'elle conserva ; puis elle alla trouver la jeune reine et lui dit : « Je ne puis te tuer, selon que le roi l'a ordonné ; mais tu ne peux, toi, demeurer plus longtemps ici : va-t'en donc par le monde avec ton enfant et ne reviens plus jamais. » Elle lui attacha le bébé sur le dos, et la malheureuse femme s'en alla tout en larmes. Elle entra dans une vaste forêt sauvage où elle pria Dieu, à genoux ; et l'ange du Seigneur lui apparut pour la mener vers une petite maison, qui avait une petite enseigne annonçant : « On loge ici pour rien celui qui le veut bien. »

— Soyez la bienvenue, Madame la reine ! lui dit une jeune fille blanche comme la neige, venue sur le seuil de la maison pour l'accueillir et la faire entrer.

La blanche jeune fille défit les liens qui retenaient le petit garçon sur son dos et le tint devant sa poitrine pour qu'elle pût l'allaiter, puis elle alla coucher l'enfant dans un joli petit berceau tout prêt.

— D'où sais-tu que j'étais une reine ? lui demanda la pauvre femme.

— Je suis un ange envoyé de Dieu pour prendre soin de toi et de ton enfant, répondit la blanche demoiselle.

Alors elle demeura dans la maison pendant sept années, et elle y fut parfaitement soignée, cependant que ses mains, par une grâce de Dieu accordée à sa grande piété, lui revenaient.

Lorsque le roi, de son côté, était finalement rentré de la guerre et avait retrouvé sa maison, son seul et son premier souci avait été de voir sa femme et son enfant. Sa vieille mère éclata en sanglots et lui dit : « Comment as-tu pu, méchant, m'écrire d'ôter la vie à ces deux âmes innocentes ? » Elle lui mit sous les yeux les deux lettres qu'elle avait reçues (qui n'étaient autres que les lettres substituées par le Démon) et elle ajouta : « J'ai fait ce que tu avais commandé. » Alors elle lui montra comme preuves la langue et les yeux qu'elle avait conservés.

Le roi se mit alors à pleurer plus amèrement encore sa pauvre chère femme et son petit garçon, si désespérément que sa vieille mère s'émut de compassion et lui avoua qu'ils n'étaient pas morts.

— Tu peux te réjouir encore, lui dit-elle, je ne les ai pas tués. J'ai fait égorger une biche, en secret, pour prélever sur elle les témoignages exigés ; mais pour ta femme, je lui ai attaché son enfant sur le dos et je l'ai envoyée de par le vaste monde, en lui faisant jurer qu'elle ne remettrait plus jamais les pieds ici, à cause de ta grande fureur contre elle.

— Je pars à sa recherche, dit le roi, et j'irai aussi loin que l'azur du ciel, sans boire ni manger jusqu'à ce que je les trouve, elle et l'enfant, s'il n'est pas trop tard et s'ils ne sont pas morts de faim depuis le temps.

Il remonta à cheval et parcourut le monde pendant sept années, visitant toutes les cavernes, les grottes et les moindres fentes dans le rocher, toujours à leur recherche, mais sans les trouver nulle part ; et il finissait par penser qu'ils avaient disparu. Jamais il ne mangea, jamais il ne but rien durant toute cette période, mais Dieu le soutenait. Et pour finir, il entra dans l'immense forêt où il trouva la petite maison avec l'enseigne qui annonçait : « On loge ici pour rien celui qui le veut bien. » La demoiselle blanche sortit et vint lui prendre la main en lui disant : « Soyez le bienvenu, sire le roi ! » Après quoi, elle lui demanda d'où il venait.

— Cela fait bientôt sept ans que je suis en route, dit-il, à la recherche de ma femme et de notre enfant, mais je ne les ai trouvés nulle part.

L'ange l'invita à boire et à manger quelque chose, mais le roi refusa, n'ayant besoin que de se reposer un peu, dit-il. Il s'allongea donc pour dormir et se couvrit le visage de son mouchoir.

L'ange entra alors dans la chambre où se tenait la reine avec l'enfant, ce garçon qu'elle avait pris l'habitude d'appeler Riche-en-Peines, et elle lui dit :

— Viens avec ton enfant, ton mari est arrivé.

Elle vint près de lui, comme il dormait, et son mouchoir était tombé par terre :

— Riche-en-Peines, dit-elle à son fils, ramasse le mouchoir de ton père et remets-le sur son visage.

L'enfant ramassa le mouchoir et le replaça sur le visage du dormeur qui bougea, troublé dans son sommeil, et le fit retomber. Impatienté, le petit garçon se retourna vers sa mère et lui dit : « Maman chérie, comment puis-je couvrir le visage de mon père, puisque je n'ai pas de père au monde ? J'ai appris la prière *Notre Père, qui êtes aux cieux,* et tu m'as dit alors que mon père était au ciel et que c'était le Bon Dieu. Comment devrais-je connaître un homme aussi brutal ? Ce n'est point mon père. »

Le roi se redressa en entendant cela et demanda à la jeune femme qui elle était.

— Je suis ta femme, répondit-elle, et voici ton fils, Riche-en-Peines.

En voyant ses mains bien vivantes, le roi lui dit :

— Mon épouse avait des mains d'argent.

— Ce sont mes vraies mains qui ont repoussé par la grâce

de Dieu, expliqua-t-elle, tandis que l'ange passait dans la chambre voisine et en revenait avec les deux mains d'argent pour les montrer au roi.

Assuré que c'étaient bien là sa chère femme et son fils aimé, il les embrassa avec effusion et grande joie, tout en leur disant de quel énorme poids son cœur se sentait soulagé. « C'est comme si une lourde meule avait été ôtée de sur mon cœur ! » leur dit-il.

L'ange de Dieu les servit et les fit manger ensemble une dernière fois dans la maison de la forêt, puis ils regagnèrent ensemble le château royal et revinrent auprès de la vieille reine-mère dans la liesse générale. Le roi et la reine célébrèrent leurs noces une nouvelle fois, et ils vécurent heureux jusqu'à la fin bénie de leur pieuse existence.

jean-le-finaud

La mère de Jean questionne : « Où vas-tu, Jean ? » Jean répond : « Voir Margot. »

— Fais pour le mieux, Jean.

— Je ferai de mon mieux, mère. Au revoir.

— Au revoir, Jean.

Jean arrive chez Margot. « Bonjour, Margot. »

— Bonjour, Jean. Qu'apportes-tu de bon ?

— J'ai rien de bon, mais tu peux m'en donner.

Margot donne une aiguille à Jean. « Adieu, Margot. — Adieu, Jeannot. »

Jean emporte l'aiguille, la pique dans une charrette de foin et suit la charrette jusqu'à la maison. « Bonsoir, mère. — Bonsoir, Jean. Où es-tu allé ? »

— Chez Margot, je suis allé.

— Que lui as-tu donné ?

— Je n'avais rien ; elle m'a donné.

— Que t'a-t-elle donné, la Margot ?

— Une aiguille, elle m'a donné.

— Où as-tu mis l'aiguille, Jean ?

— Je l'ai piquée dans la charrette à foin.

— C'est idiot, Jean, tu devais la piquer dans ta manche !

— Tant pis pour cette fois, la prochaine ce sera mieux.

« Où vas-tu, Jean ? — Voir Margot. — Fais pour le mieux, Jean. — On tâchera, mère. Au revoir. — Au revoir, Jean. »

Jean arrive chez Margot. « Salut, Margot. — Salut, Jean. Qu'apportes-tu de bon ? — J'ai rien de bon, mais j'en voudrais bien. » Margot donne à Jean un couteau. « Au revoir, Margot. — Au revoir, Jean. »

Jean emporte le couteau, le pique dans sa manche et rentre à la maison. « Bonsoir, mère. — Bonsoir, Jean. Où es-tu allé ? — Chez Margot. — Que lui as-tu apporté ? — Rien apporté, elle m'a donné. — Que t'a-t-elle donné, la Margot ? — Un couteau. — Qu'as-tu fait du couteau, Jean — Je l'ai piqué dans ma manche. — C'est idiot, Jean, tu devais le mettre dans ta poche. — Tant pis pour cette fois, la prochaine ce sera mieux. »

« Où vas-tu, Jean ? — Voir Margot, mère. — Fais pour le mieux, Jean. — Le mieux possible, mère. Au revoir. — Au revoir, Jean. »

Jean arrive chez Margot. « Salut, Margot. — Salut, Jean. Qu'apportes-tu de bon ? — J'ai rien, mais j'en voudrais bien. » Margot donne à Jean un petit cabri. « Adieu, Margot. — Adieu, Jean. »

Jean prend le cabri, lui attache les pieds et le fourre dans sa poche. Quand il arrive à la maison, le cabri est étouffé. « Bonsoir, mère. — Bonsoir, Jean. Où es-tu allé ? — Chez Margot. — Que lui as-tu apporté ? — Rien, elle m'a donné. — Que t'a-t-elle donné, la Margot ? — Un cabri. — Où l'as-tu, le cabri, Jean ? — Dans ma poche. — C'est idiot, Jean, tu devais l'amener avec une corde. — Tant pis pour cette fois, la prochaine ce sera mieux. »

« Où vas-tu, Jean ? — Voir Margot. — Fais pour le mieux, Jean. — On tâchera, mère. Au revoir. — Au revoir, Jean. »

Jean arrive chez Margot. « Salut, Margot. — Salut, Jean. Qu'apportes-tu de bon ? — Rien, mais j'en voudrais bien. » Margot lui donne un morceau de lard. « Adieu, Margot. — Adieu, Jean. »

Jean prend le morceau de lard, l'attache à une longe et le traîne derrière lui pour rentrer. Les chiens lui courent derrière et dévorent le lard. Quand il arrive à la maison, il a le bout de longe à la main, mais il n'y a plus rien à l'autre bout. « Bonsoir, mère. — Bonsoir, Jean. D'où viens-tu ? — Chez Margot. — Qu'est-ce que tu lui as porté ? — Rien, elle m'a donné. — Que t'a-t-elle donné, la Margot ? — Un morceau de lard. — Où l'as-tu, ce lard ? — Attaché au bout d'une corde pour venir, les chiens l'ont dévoré. — C'est idiot, Jean, tu devais porter le lard sur ta tête. — Tant pis pour cette fois, la prochaine fois ce sera mieux.

« Où vas-tu, Jean ? — Voir Margot. — Fais pour le mieux, Jean. — On tâchera moyen. Au revoir, mère. — Au revoir, Jean. »

Jean arrive chez Margot. « Salut, Margot. — Salut, Jean. Qu'apportes-tu de bon ? — Rien, mais j'en voudrais bien. » Margot lui fait cadeau d'un veau. « Adieu, Margot. — Adieu, Jean. »

Jean prend le veau, se le met sur la tête, et le veau lui écrabouille la figure. « Bonsoir, mère. — Bonsoir, Jean. Où étais-tu ? — Chez Margot. — Que lui as-tu porté ? — Rien, elle m'a donné. — Que t'a-t-elle donné, la Margot ? — Un veau. — Qu'as-tu fait avec le veau, Jean ? — Le veau, mis sur ma tête, figure écrabouillée. — C'est idiot, Jean, tu devais mener le veau et le conduire à l'étable, devant le râtelier. — Tant pis pour cette fois, mère ; la prochaine fois ce sera mieux. »

« Où vas-tu, Jean ? — Voir Margot. — Tâche de bien faire, Jean. — D'accord, pour le mieux. Au revoir, mère. — Au revoir, Jean. »

Jean arrive chez Margot. « Salut, Margot. — Salut, Jean. Qu'apportes-tu de bon ? — Rien, mais j'en voudrais bien. » Margot dit à Jean : « Je vais avec toi, je t'accompagne. »

Jean emmène la Margot, l'attache avec une corde et la traîne jusque dans l'étable, où il l'attache au râtelier. Après, il rentre à la maison.

« Bonsoir, mère. — Bonsoir, Jean. D'où viens-tu ? — Chez Margot. — Que lui as-tu porté ? — Rien. — La Margot, que t'a-t-elle donné ? — Rien. Elle est venue m'accompagner. — Où as-tu laissé la Margot ? — Attachée à une corde devant le râtelier garni de foin. — C'est idiot, Jean, tu devais la couvrir de tendres regards, jeter tes yeux dans ses yeux, lui faire les yeux doux. — Tant pis, mais ce coup-ci je vais mieux faire ! », dit Jean.

Jean va dans l'étable, arrache les yeux des veaux et des brebis pour les jeter à la figure de Margot. Cette fois Margot se fâche, dénoue sa corde et se sauve. Fini, la fiancée de Jean.

les trois langages

En Suisse, il y avait une fois un comte assez âgé qui n'avait qu'un fils unique ; mais ce fils était stupide et ne savait rien apprendre. « Ecoute, mon fils, lui dit son père, je n'arrive à rien avec toi et je suis incapable, quoi que je fasse, de te mettre la moindre chose dans la tête. Tu vas donc partir d'ici et je vais te confier à un maître fameux qui tentera de faire quelque chose de toi. » Le jeune homme fut envoyé dans une autre ville, où il resta avec ce maître pendant toute une année. Il revint chez lui, ce délai passé, et son père lui demanda :

— Eh bien, qu'as-tu donc appris, mon fils ?

— Père, j'ai appris ce que disent les chiens quand ils aboient.

— Pitié de Dieu ! s'écria le père, est-ce tout ce que tu as appris ? C'est bon, je vais t'envoyer dans une autre ville et chez un autre maître.

Le jeune homme fut conduit là-bas et demeura chez ce nouveau maître une année également. A son retour, son père lui demanda :

— Eh bien, qu'as-tu appris, mon fils ?

— Père, j'ai appris ce que disent les petits oiseaux.

Le vieux père se mit en colère et cria : « Misérable créature ! Tu as perdu tout ce temps précieux et coûteux pour ne rien apprendre du tout, et tu n'as pas honte de te montrer devant moi ? Tu iras chez un troisième maître, mais si cette fois tu n'y apprends rien, moi je ne veux plus être ton père ! »

Le fils demeura chez le troisième maître une année également, puis rentra à la maison, et son père lui demanda :

— Mon fils, qu'as-tu appris ?

— Mon cher père, cette année-ci j'ai appris ce que coassent les grenouilles.

Pris de fureur, le père se dressa tout debout, appela ses gens et leur dit :

— Cet individu n'est plus mon fils désormais ! Je le chasse et je vous ordonne de l'emmener dans la forêt pour lui ôter la vie. Je ne veux plus le voir.

Ils l'emmenèrent ; mais au moment de lui ôter la vie, ils eurent pitié et le laissèrent, tuant un chevreuil pour lui prendre les yeux et la langue, qu'ils rapportèrent au vieux comte comme preuves.

Le jeune homme marcha devant lui et arriva au bout d'un certain temps dans une ville forte, où il demanda un asile pour la nuit.

— Oui, dit le seigneur de la forteresse, si tu veux passer la nuit dans le vieux donjon, là-bas, tu n'as qu'à y aller ; mais je te préviens, c'est au péril de ta vie, parce que c'est plein de chiens sauvages qui hurlent et qui aboient tout le temps et qui, à de certaines heures, veulent avoir un homme qu'ils dévorent instantanément.

Toute la contrée souffrait et pleurait à cause de cela ; mais personne n'y pouvait rien changer. Le jeune homme, par contre, n'en fut pas ému et dit :

— Laissez-moi aller chez ces chiens hurleurs, et donnez-moi quelque chose que je puisse leur jeter en arrivant ; ils ne me feront rien.

Comme il ne demandait pas plus, ils lui donnèrent quelque nourriture à jeter aux chiens et le conduisirent jusqu'au vieux donjon. Les chiens féroces n'aboyèrent point quand il entra, mais vinrent autour de lui en frétillant de la queue ; ils mangèrent gentiment ce qu'il leur avait apporté et le laissèrent en paix. Ils ne touchèrent pas même à un cheveu de sa tête. Le lendemain matin, ce fut à l'étonnement général qu'il ressortit sain et sauf du vieux donjon et réapparut devant le seigneur de la forteresse, auquel il dit : « Les chiens m'ont appris et révélé, dans leur langage, pourquoi ils demeurent là-bas et font régner la terreur sur le pays. Ils sont ensorcelés et doivent garder un grand trésor qui est enfoui dans le donjon. Tant qu'il n'aura pas été découvert, ils ne retrouveront pas la paix ; mais j'ai aussi appris comment il fallait faire pour avoir le trésor, en les écoutant parler dans leur langage. »

Tous se réjouirent en entendant cela, et le seigneur de la

forteresse lui dit qu'il le tiendrait pour son fils s'il réussissait à mener la chose à bien. Le jeune homme redescendit au donjon, et comme il savait ce qu'il avait à faire, il le fit et revint bientôt, apportant avec lui un gros coffre plein d'or. Les hurlements des chiens s'étaient éteints à l'instant même, et plus jamais on ne les entendit depuis. Ils avaient disparu, et le pays était débarrassé de ce fléau.

Le temps passa, puis le jeune homme eut envie d'aller à Rome et se mit en route. Un jour que son chemin bordait un étang où tout un peuple de grenouilles séjournait en coassant, il s'arrêta à les écouter ; et comme il comprenait ce qu'elles disaient dans leur langage, il devint tout pensif et mélancolique pendant le reste de son voyage. Il entra à Rome quand le pape venait juste de mourir, et la plus grande incertitude régnait parmi les cardinaux quant au successeur qu'ils devaient lui donner. Ils tombèrent tous d'accord, pour finir, et décidèrent que le pape à élire serait celui qui serait désigné par un signe manifeste et miraculeux de la volonté divine. Or, à l'instant précis où cette décision venait d'être arrêtée, le jeune comte entrait dans l'église, et deux colombes blanches venaient se poser sur ses épaules, une de chaque côté, et elles restèrent là. Le clergé, reconnaissant là le signe de Dieu, vint immédiatement et sur place lui demander s'il acceptait de devenir pape. Le jeune homme hésitait, ne sachant pas s'il en était digne ; mais les colombes couleur de neige lui parlèrent et lui dirent qu'il le devait, et, pour finir, il leur donna son « oui ».

Avec l'onction et la consécration qu'il reçut sur l'heure, s'était accompli ce qu'il avait entendu dire aux grenouilles, dans son voyage, et ce pourquoi il avait été si mélancolique et pensif : à savoir qu'il serait Sa Sainteté, le Pontife suprême de la chrétienté. Mais quand il lui fallut chanter la messe, comme il n'en savait pas le premier mot, ce furent les colombes posées sur ses épaules qui lui soufflèrent tout dans l'oreille.

la sage élise

Il était une fois un homme qui avait une fille nommée la sage Elise. Quand elle fut grande, son père dit : « Il faut la marier. » La mère approuva : « Oui, si seulement il y a quelqu'un qui veuille d'elle. » Et finalement, il y eut quelqu'un qui venait de plus loin et qui s'appelait Jean ; il la voulait bien, mais à une condition, précisa-t-il, c'est que la sage Elise soit réellement intelligente.

— Oh ! pour ça, dit le père, elle en a, dans sa tête !

— Ah, la, la ! dit la mère, elle voit le vent courir dans la rue et elle entend les mouches éternuer.

— D'accord, dit Jean, mais si elle n'est pas vraiment intelligente, je n'en veux pas.

Ils étaient à table et ils avaient mangé quand la mère dit : « Elise, va chercher de la bière à la cave. » La sage Elise prit la cruche et descendit à la cave, non sans faire sonner le couvercle pour se tenir compagnie pendant ce temps-là. En bas, elle attrapa le petit tabouret au passage et le mit devant le tonneau pour s'asseoir et ne pas risquer, en attendant que la cruche se remplisse, de prendre un mal de reins en restant baissée. Elle plaça la cruche et ouvrit le robinet ; mais comme elle ne voulait pas rester sans rien faire pendant que coulait la bière, elle se mit à laisser courir ses regards un peu partout autour d'elle, sur le mur aussi, et voilà qu'elle y aperçut un double pic que les maçons y avaient oublié : il était juste au-dessus de sa tête, et elle ne l'avait vu qu'après avoir pas mal regardé de côtés et d'autres. Suivant ses pensées, la sage Elise se met à pleurer : « Quand j'aurai le Jean, se disait-elle, si nous avons un enfant, et si nous l'envoyons à la cave, quand il sera grand, nous chercher de la bière, que le pic lui tombe sur la tête et il sera tué ! » Elle resta là à pleurer, à pleurer toutes les larmes de son corps à la pensée de ce malheur futur. En haut, ils attendaient la bière, mais comme la sage Elise ne revenait toujours pas, la mère finit par dire à la servante : « Va donc voir à la cave ce que fait notre Elise. » La servante descendit à la cave et trouva Elise tout en larmes, assise devant le tonneau, et gémissant à cœur que veux-tu.

— Elise, pourquoi pleures-tu si fort ? demanda la servante.

— Hélas, gémit Elise en sanglotant, n'y a-t-il pas de quoi pleurer ? Si je me marie avec le Jean et si nous avons un enfant, quand il sera grand, c'est lui qui viendra tirer la bière à la cave, et si ce pic qui est là lui tombe sur la tête, il en mourra.

— Que de sagesse chez notre Elise ! se dit la servante, bouleversée à son tour et se mettant à pleurer sur le malheur futur, tout en se laissant tomber à côté de celle qui pleurait déjà.

Au bout d'un moment d'attente, ne voyant pas non plus revenir la servante, le père, qui avait soif, envoya le valet à la cave : « Descends donc voir ce que deviennent Elise et la servante ! » Le domestique descendit, les trouva toutes deux en larmes et gémissant à qui mieux mieux.

— Mais qu'avez-vous donc à pleurer comme cela ? demanda-t-il.

— Hélas, hélas ! gémit Elise à travers ses sanglots, n'y a-t-il pas de quoi pleurer ? Si je me marie avec le Jean, que nous ayons un enfant, que nous l'envoyons à la cave pour tirer de la bière quand il sera grand, et que ce pic lui tombe sur la tête, il sera tué !

— Que de sagesse chez notre Elise ! dit le domestique, pleurant à son tour à l'idée de ce malheur futur et se laissant choir à côté des deux autres, qui pleuraient sans arrêt.

En haut, ils attendirent un moment le retour du valet, mais comme il ne revenait toujours pas, le mari dit à sa femme : « Va donc, toi, voir un peu à la cave ce qu'ils font et pourquoi Elise ne revient pas. » La femme descendit à la cave et les trouva tous trois dans les lamentations et dans les larmes ; elle leur en demanda la cause, et Elise lui raconta quel affreux malheur attendait le futur enfant qu'elle pourrait avoir si elle épousait le Jean, avec le pic qui lui tomberait sur la tête et le tuerait, une fois qu'il aurait grandi et qu'on l'aurait envoyé tirer de la bière à la cave.

— Que de sagesse chez notre Elise ! s'exclama la mère à son tour, s'asseyant avec les autres et pleurant avec eux.

Le mari, en haut, avait attendu encore un moment, mais comme il avait de plus en plus soif et voyait que sa femme ne remontait pas, il se leva en disant : « Je vais voir moi-même à la cave ce que fait notre Elise là-bas. » Mais quand il arriva à la cave et les vit tous en train de pleurer à pleure que veux-tu, puis quand il sut pourquoi, et que l'enfant qu'Elise pourrait avoir, si d'aventure elle se mariait et avait un enfant, pouvait être tué par le pic, s'il se trouvait que le pic tombât juste au moment où l'enfant, devenu grand, pourrait avoir été envoyé à la cave tirer de la bière, le père ne put retenir ses larmes, lui non plus ; et après avoir admiré comme les autres la rare sagesse de l'Elise, il s'assit avec eux et pleura sur le malheur à venir.

Le fiancé, là-haut, attendit longtemps seul ; mais comme personne ne remontait, il finit par penser : « Ils doivent m'attendre en bas ; il faut que je descende et que je voie de quoi il retourne. » Arrivé en bas, il les vit tous les cinq qui gémissaient, larmoyaient et se désolaient le plus misérablement du monde, à ne savoir lequel était le plus défait par le chagrin.

— Quel malheur est-il arrivé ? demanda-t-il.

— Ah ! mon cher Jean, lui répondit Elise, quand nous serons mariés et quand nous aurons eu un enfant, et quand il aura grandi, en supposant que nous l'envoyions ici, à la cave, nous chercher à boire, et que ce pic vienne à lui tomber sur la tête, il serait tué sur le coup ! Est-ce que ce n'est pas à pleurer ?

— Eh bien, dit Jean, tant d'intelligence et de prévoyance sont plus qu'il n'en faut pour mon ménage, et puisque tu es une si sage Elise, je veux t'épouser.

Il la prit par la main et la ramena en haut, où les noces furent célébrées.

Elle était depuis un certain temps la femme de Jean, quand un jour il lui dit :

— Femme, je dois m'en aller pour travailler et gagner de

l'argent ; tu iras au champ couper le blé, afin que nous ayons du pain.

— Oui, mon cher Jean, je le ferai, répondit-elle.

Une fois le Jean parti, Elise se prépara une bonne bouillie et l'emporta avec elle dans le champ.

« Qu'est-ce que je fais ? se demanda-t-elle quand elle fut là-bas. Est-ce que je coupe d'abord, ou est-ce que je mange ? Eh bien, je vais d'abord manger ! »

Sa bouillie avalée et bien avalée, elle se sentait le ventre plein et bien bourré. « Qu'est-ce que je fais ? se demanda-t-elle. Je coupe d'abord, ou bien je fais la sieste ? Eh ! je vais faire la sieste et piquer un bon petit somme. » Elle se coucha dans le blé et s'endormit lourdement.

Jean était depuis longtemps déjà rentré à la maison, mais Elise ne revenait toujours pas. « Quelle sage Elise j'ai ! se dit-il. Et quelle ardeur au travail pour rester si longtemps et ne pas même penser à manger ! » Mais elle était toujours dehors quand le soir descendit, et Jean, voyant venir la nuit, sortit de la maison pour voir tout ce qu'elle avait pu moissonner dans le champ. Mais il n'y avait rien du tout de coupé dans le champ, pas un épi, et l'Elise était couchée là et dormait à poings fermés.

Jean tourna les talons pour rentrer en courant à la maison prendre son filet à oiseaux garni de toutes ses clochettes, et il revint le jeter sur elle. Non seulement elle ne se réveilla pas, mais elle n'en dormit que de plus belle. Jean s'éloigna sans bruit et courut à la maison, de nouveau, fermant cette fois soigneusement la porte à double tour derrière lui. Il alla s'asseoir à sa table et se mit à son travail.

Il faisait déjà depuis longtemps nuit noire quand, finalement, Elise se réveilla, la sage Elise qui se remit debout, tout étonnée d'être là et d'entendre sur elle le tintement des clochettes à chaque pas qu'elle faisait. Comme elle ne comprenait toujours pas ce que c'était, elle commença à avoir peur et à se demander si elle était bien Elise, la sage Elise. « Est-ce que c'est moi ?

Ou est-ce que ce n'est pas moi ? » se disait-elle dans son effroi. Prise de doute, ne sachant pas que répondre, elle resta interdite un moment, puis elle se dit : « Je vais aller à la maison et leur demander si je suis Elise, la sage Elise, ou si je ne le suis pas : eux, ils sauront bien me le dire ! » Et elle courut jusqu'à la porte de sa maison. Mais la porte était fermée. Elle alla frapper au carreau et cria :

— Jean ! Est-ce qu'Elise est là ?

— Oui, dit Jean, elle est dedans.

Cela lui donna un coup et elle pensa : « Mon Dieu, alors je ne suis pas Elise ! » et elle alla frapper à une autre porte pour apprendre qui elle était. Mais en entendant sonner les petites clochettes, on ne voulut pas lui ouvrir. Ni là, ni plus loin, ni ailleurs, et elle ne put entrer nulle part. Alors elle quitta le village en courant et nul ne l'a jamais revue.

le tailleur au ciel

Il arriva une fois, par un jour de beau temps, que le bon Dieu eut envie d'aller se promener dans les jardins célestes et qu'il emmena avec lui tous les apôtres et les saints, ne laissant plus personne dans le ciel, hormis saint Pierre. Et le Seigneur lui avait commandé de ne laisser personne entrer durant son absence. Saint Pierre se tint donc à la porte et monta la garde. Peu de temps après, quelqu'un frappa et Pierre demanda qui était là et ce qu'on voulait.

— Je suis un pauvre tailleur, répondit une petite voix, un pauvre tailleur honnête qui demande à entrer.

— Oui, oui, honnête autant que le malandrin pendu au gibet, répondit saint Pierre : tu as bien su allonger tes doigts pour rogner le tissu aux gens ! Tu n'entreras pas au ciel, le Seigneur m'a défendu de laisser entrer quiconque pendant qu'Il n'est pas là.

— Montrez-vous charitable, dit la petite voix. Quelques malheureux petits bouts de tissu qui tombaient d'eux-mêmes sur la table, ce n'est pas du vol et cela ne mérite même pas qu'on en parle. Voyez : je boite et je me suis fait des ampoules aux pieds pour venir, je suis absolument incapable de m'en retourner. Permettez-moi seulement d'entrer, je ferai toutes les basses besognes et le travail rebutant. Je torcherai les enfants, je laverai leurs langes, je nettoierai les bancs sur lesquels ils ont joué, je les soignerai, je m'en occuperai, je repriserai les vêtements qu'ils auront déchirés.

Saint Pierre se laissa émouvoir et ouvrit un petit peu les portes du ciel pour le tailleur boiteux, mais juste assez pour qu'il puisse y faire passer son corps maigre et menu. Qu'il se tienne derrière la porte et ne bouge pas, surtout, qu'il ne fasse pas le moindre bruit pour que le Seigneur, quand il rentrera, ne le remarque pas et ne se mette pas en colère ! Le tailleur obéit et se tint coi ; mais profitant d'un moment où saint Pierre était sorti devant la porte, il alla fourrer son nez curieux dans tous les coins du ciel et visita les lieux. Il arriva pour finir en un endroit où il y avait un grand nombre de sièges précieux et splendides, au milieu desquels se dressait un fauteuil tout en or, clouté partout de pierres précieuses. Ce fauteuil était aussi beaucoup plus élevé que les autres sièges, et il y avait devant un escabeau pour y poser les pieds, également fait d'or. C'était le trône du Seigneur, le fauteuil qu'Il occupait quand Il était chez Soi, et d'où Il pouvait observer tout ce qui se passait sur la terre. Le tailleur se planta devant le fauteuil et le contempla un bon moment, car il lui plaisait plus que tous les autres sièges, et finalement il ne put résister à son envie et il monta s'y asseoir. Quand il y fut, il vit aussi tout ce qui se passait sur la terre, et il remarqua notamment une vieille femme bien laide qui lavait du linge au ruisseau et qui se mettait en secret deux voiles de côté pour elle. Pris de colère furieuse, le tailleur empoigna l'escabeau d'or et le jeta du ciel vers la vieille voleuse, là-bas, sur la terre. Mais cela fait, il ne pouvait plus rattraper le tabouret et le faire remonter de la terre ; aussi retourna-t-il se glisser discrètement à sa place, derrière la porte, en faisant comme si de rien n'était.

Lorsque le Seigneur et Maître revint avec sa céleste compagnie, Il ne remarqua évidemment pas le petit tailleur tapi derrière la porte ; mais lorsqu'Il reprit place dans Son fauteuil, l'escabeau n'était plus là. Il demanda à saint Pierre où avait été mis l'escabeau, mais saint Pierre n'en savait rien. Le Seigneur Dieu lui demanda ensuite s'il n'avait laissé entrer personne, et saint Pierre répondit : « Personne que je sache, si ce n'est un tailleur boiteux qui est encore derrière la porte. » Le Seigneur fit venir devant Lui le tailleur et lui demanda s'il avait déplacé l'escabeau et où il l'avait mis.

— O Seigneur, répondit le tailleur tout guilleret, je l'ai jeté en bas, sur la terre, dans ma colère contre une vieille femme qui venait de voler sous mes yeux deux voiles en faisant la lessive.

— Grand malin, lui dit le Seigneur, si Je devais juger comme tu juges, toi, que crois-tu donc qu'il te serait arrivé depuis longtemps déjà ? Il y a belle lurette que je n'aurais plus ici ni siège, ni banc, ni trône, ni rien, pas même une pince à feu, à force de tout envoyer sur les pécheurs. Tu ne peux plus rester au ciel désormais : il faut que tu retournes devant la porte, et là tu verras toi-même où diriger tes pas. Il n'y a personne ici qui ait le droit de punir, sauf moi seul, le Seigneur.

Saint Pierre dut ramener le tailleur devant la porte, hors du ciel ; et comme il avait des souliers en loques et des ampoules aux pieds, il prit un bâton pour marcher et il s'en alla jusqu'à « Attends-un-peu », où les soldats pieux se tiennent et prennent du bon temps.

petite-table-sois-mise, l'âne-à-l'or et gourdin-sors-du-sac

Dans le temps, il y avait un tailleur qui avait trois fils et une seule et unique chèvre. Mais la chèvre, parce qu'elle les nourrissait tous de son lait, devait avoir son bon fourrage et allait paître chaque jour la meilleure herbe, emmenée par chacun des fils à tour de rôle. Une fois, l'aîné la mena paître au cimetière, où il y avait abondance d'herbe bien tendre, et là, il la laissa manger et gambader à loisir. Le soir, quand il fut temps de rentrer, il lui demanda : « Biquette, es-tu rassasiée ? » La chèvre répondit :

Béhéhée ! Béhéhée !
Peux plus goûter à rien
Tant j'ai le ventre plein !

— Alors rentrons à la maison, dit le jeune homme, qui la prit par sa longe, la mena à l'étable et l'attacha solidement.

— Eh bien, demanda le vieux tailleur, est-ce que la chèvre a pâturé bien comme il faut ?

— Oh la la ! répondit le fils, elle a le ventre si plein qu'elle ne peut plus goûter à rien.

Le père, qui voulait s'en rendre compte par lui-même, descendit à l'étable, caressa sa chère biquette et lui demanda : « Te sens-tu bien rassasiée ? » Mais la bique chevrota :

De quoi, rassasiée ?
Pas la moindre feuillette
Pour la pauvre biquette.
Je n'ai fait que sauter
De cailloux en graviers.
Béhéhée !

— Comment ? Qu'est-ce que j'entends ? s'écria le tailleur, qui remonta quatre à quatre et s'en prit à son fils : « Espèce de sale menteur ! lui cria-t-il, tu dis que la chèvre est rassasiée et tu la laisses mourir de faim ? »

Furieux, il attrapa son aune, qui était accrochée au mur, et en frappa son fils à coups redoublés pour le chasser de la maison.

Le lendemain, c'était le tour du deuxième fils, qui choisit, le long de la haie du jardin, une place où l'herbe était la meilleure, si bonne que la chèvre la rasa jusqu'au dernier brin. Et le soir, quand il voulut rentrer, il lui demanda : « Biquette, es-tu rassasiée ? » La chèvre répondit :

Béhéhée ! Béhéhée !
Peux plus goûter à rien
Tant j'ai le ventre plein !

— Alors rentrons à la maison, dit le jeune homme, en la ramenant à l'étable où il l'attacha bien.

— Ah ! te voilà, dit le vieux tailleur, est-ce que la chèvre a pâturé bien comme il faut ?

— Oh ! dit le fils, elle a le ventre si plein qu'elle ne peut plus goûter à rien.

Le tailleur, peu confiant, alla voir par lui-même et questionna la chèvre : « Biquette, es-tu vraiment rassasiée ? » Et la bique chevrota :

De quoi, rassasiée ?
Pas la moindre feuillette
Pour la pauvre biquette.
Je n'ai fait que sauter
De cailloux en graviers.
Béhéhée !

— Le maudit vaurien ! Laisser crever de faim une si bonne bête ! s'écria le tailleur qui remonta quatre à quatre, empoigna l'aune et se mit à frapper son fils jusqu'à ce qu'il eût pris la porte.

Vint alors le tour du troisième fils, qui voulut s'acquitter de sa tâche mieux que bien, et qui alla chercher les taillis les mieux fournis de feuilles succulentes et bien tendres, laissant alors la chèvre s'en repaître à n'en plus pouvoir. Le soir, au moment de rentrer, il lui demanda : « Biquette, es-tu rassasiée ? » Et la chèvre répondit :

Béhéhée ! Béhéhée !
Peux plus goûter à rien
Tant j'ai le ventre plein !

— Alors viens, nous rentrons ! dit le jeune homme en l'emmenant à l'étable, où il l'attacha soigneusement.

— Est-ce que la chèvre a pâturé bien comme il faut ? demanda le vieux tailleur.

— Oh ! dit le fils, elle a le ventre si plein qu'elle ne peut plus goûter à rien.

Le père y alla voir et demanda : « Biquette, es-tu rassasiée ? » Et la mauvaise bique chevrota de nouveau :

De quoi, rassasiée ?
Pas la moindre feuillette
Pour la pauvre biquette.
Je n'ai fait que sauter
De cailloux en graviers.
Béhéhée !

— Oh ! l'engeance de satanés menteurs ! explosa le tailleur. Tous plus impies et plus malfaisants les uns que les autres ! Mais c'est fini, vous n'aurez plus l'occasion de vous moquer de moi !

Il remonta quatre à quatre, fou de colère, empoigna l'aune et se mit à frapper son dernier fils de coups si furieux que le jeune homme bondit hors de la maison.

Le vieux tailleur restait seul à présent avec sa chèvre, et le lendemain ce fut lui qui descendit à l'étable ; flattant et caressant la chèvre, il lui dit : « Viens, ma jolie, ma bonne, ma douce biquette, c'est moi qui vais te mener au pré. » Il prit sa longe et la mena paître de vertes haies et ces buissons de ronces dont les chèvres sont particulièrement friandes. « Pour une fois, ma jolie, tu vas pouvoir t'en donner à cœur joie ! » lui dit-il, et il la laissa brouter jusqu'au soir. « Biquette, en as-tu assez ? » lui demanda-t-il. Et la chèvre répondit :

Béhéhée ! Béhéhée !
Peux plus goûter à rien
Tant j'ai le ventre plein !

— Alors viens, on rentre à la maison, dit le vieux tailleur, qui la mena à l'étable où il l'attacha solidement. Il allait partir, quand il se retourna pour lui demander : « Alors, pour une fois, te sens-tu bien rassasiée, au moins ? » Mais la bique n'en fit pas meilleur cas et chevrota :

De quoi, rassasiée ?
Pas la moindre feuillette
Pour la pauvre biquette.
Je n'ai fait que sauter
De cailloux en graviers.
Béhéhée !

En entendant ces paroles, le vieux tailleur sursauta et comprit soudain qu'il avait chassé ses fils sans raison.

— Attends un peu, créature ingrate ! cria-t-il, te chasser ne serait pas assez, je vais te marquer d'un signe qui ne te permettra plus de paraître devant d'honnêtes tailleurs !

Il remonta chez lui quatre à quatre, prit son rasoir et revint à l'étable où, après avoir savonné la tête de la chèvre, il la rasa et la lui fit aussi nue que la main. Et comme c'eût été trop d'honneur que de la battre avec son aune, il prit le fouet pour lui en administrer une dose telle, qu'elle ne put que prendre la fuite en faisant des bonds fantastiques.

Tout seul dans sa maison, maintenant, le vieux tailleur sombra dans une grande tristesse ; évidemment, il eût aimé faire revenir ses fils ; mais nul ne savait où ils étaient allés ni ce qu'ils étaient devenus.

L'aîné était entré en apprentissage chez un menuisier, montrant beaucoup d'ardeur et de zèle à apprendre le métier ; et lorsque vint le moment, pour lui, de faire son tour du pays pour se perfectionner, son maître lui fit cadeau d'une petite table qui n'avait pas l'air de grand-chose et qui était faite d'un bois tout ordinaire, mais qui avait une rare qualité : quand on la posait devant soi en lui disant : « Petite table, sois mise ! », elle se recouvrait aussitôt d'une nappe propre sur laquelle il y avait le couvert, l'assiette, le couteau et la cuillère, avec des plats fumants et bien garnis, aussi nombreux qu'ils pouvaient trouver place, et encore un grand-verre où brillait un vin couleur de rubis à vous en réjouir le cœur. Avec cette table, le jeune compagnon put se dire : « Te voilà pourvu jusqu'à la fin de tes jours ! » et il se mit à courir le monde au gré de sa fantaisie, sans avoir à se soucier de savoir si l'auberge était bonne ou mauvaise, ou si même on y trouvait ou non de quoi manger. N'importe où, quand cela lui disait, il plaçait la petite table devant lui, dans un champ, dans un bois, sur le gazon d'un pré, et n'avait qu'à lui dire : « Petite table, sois mise ! » pour qu'aussitôt il eût tout devant lui, tout ce qu'il avait pu souhaiter dans son cœur. Ayant longtemps voyagé de la sorte, il songea, pour finir, à revenir chez son père dont la colère, pensait-il, avait eu le temps de tomber, et auquel il ne serait pas fâché de montrer sa « Petite table, sois mise ! », qui lui ferait sans aucun doute recevoir bon accueil. Mais il advint que, sur le chemin, il entra dans une auberge pleine de voyageurs qui reçurent le dernier venu avec beaucoup d'amabilité et l'invitèrent à prendre place à leur table pour manger, sinon, lui dirent-ils, il aurait quelque peine à se faire servir à dîner.

— Merci, leur dit-il, je ne vais pas vous ôter le pain de la bouche ; acceptez plutôt vous-mêmes d'être mes invités, et à ma table !

Ils éclatèrent de rire, croyant qu'il plaisantait ; mais il tira sa petite table au milieu de la salle et dit : « Petite table, sois mise ! » Et voilà qu'elle fut instantanément couverte des plats les plus succulents, dont le fumet vint délicatement chatouiller les narines des convives : des plats que l'aubergiste lui-même aurait eu grand mal à réussir.

— Passons à table, mes chers amis ! leur dit le compagnon menuisier, avec une si franche cordialité que les autres ne se le firent pas répéter deux fois.

Ils se serrèrent autour de la table, sortirent leur couteau et se mirent gaillardement à l'ouvrage. Mais ce qui les émerveilla plus que tout, c'est que chaque fois qu'un plat était vide, un autre plat apparaissait aussitôt sur la table, tout fumant, pour le remplacer. L'aubergiste, dans un coin, regardait la chose sans comprendre, mais se disait qu'un cuisinier comme celui-là, il en aurait bien l'emploi dans son auberge !

Le menuisier et ses invités prolongèrent leur plaisir et leurs joyeusetés fort avant dans la soirée, mais finirent tout de même par aller se coucher, et le jeune compagnon menuisier suivit leur exemple et alla lui aussi se mettre au lit après avoir rangé sa petite table merveilleuse contre le mur. L'aubergiste, pendant ce temps, tournait et retournait toutes sortes de pensées dans sa tête et ne pouvait dormir ; il finit par se rappeler, tout d'un coup, qu'il avait dans son débarras une vieille table qui ressemblait en tous points à celle du jeune homme. Le plus discrètement du monde, sur la pointe des pieds, il alla chercher cette table qu'il mit à la place de l'autre, et remporta la petite table magique dans le débarras. Le lendemain matin, après avoir payé sa note, le menuisier s'en alla en emportant la table changée sans se douter de la substitution.

A midi, ce jour-là, il arrivait chez son père qui le reçut avec la plus grande joie.

— Eh bien, mon fils, qu'as-tu appris comme métier ?

— Je suis devenu menuisier, mon père.

— Bon métier, dit le père, et que rapportes-tu du tour que tu viens de faire ?

— Ce que j'ai de meilleur, mon père, c'est cette petite table, dit le fils.

Le père s'approcha et l'examina soigneusement de tous côtés.

— Dis donc, fiston, avec cela, ce n'est vraiment pas un chef-d'œuvre que tu as fait ! Ce n'est rien qu'une vieille petite table tout ce qu'il y a de plus ordinaire.

— Oui, mais c'est une « Petite table, sois mise ! », dit le fils ; quand je la pose devant moi et lui dis ces mots, elle se couvre de la nappe, du couvert et des plats les meilleurs, avec un bon verre de vin par-dessus, qui vous réjouit le cœur. Il n'y a qu'à inviter parents et amis pour qu'ils viennent tous se régaler et se réjouir, car la petite table n'en laissera aucun sur sa faim.

Lorsque toute la compagnie fut présente, il mit sa petite table au milieu de la pièce et dit : « Petite table, sois mise ! » Mais la table ne broncha pas et resta aussi vide qu'une table ordinaire, qui ne comprend pas ce qu'on dit. Et ce fut alors que le malheureux compagnon s'aperçut qu'on lui avait changé sa table, et il eut grand-honte de passer pour un grossier menteur. Les invités se rirent de lui et durent rentrer chez eux sans avoir ni mangé ni bu. Le père s'en revint à ses ciseaux de coupe et aux travaux d'aiguille, tandis que le fils s'en alla reprendre de l'ouvrage chez un autre maître menuisier.

Le deuxième fils, lui, était entré en apprentissage chez un meunier, et au bout d'une année le maître lui avait dit :

— Comme tu as fait tout ce qu'il fallait, je vais te donner un âne d'une espèce particulière, qui ne traîne pas de charrette et ne porte pas de sacs.

— A quoi sert-il, alors ? demanda le jeune homme.

— Il fait de l'or, dit le meunier. Si tu le places sur une toile et si tu lui commandes : « Briquelebritte ! », cet excellent animal te fera des pièces d'or par-derrière et par-devant.

— Cela, c'est quelque chose de bien ! dit le jeune homme, qui remercia le meunier et s'en alla de par le monde. Dès qu'il avait besoin d'or, il n'avait qu'à dire « Briquelebritte » à son âne, et il lui pleuvait des pièces d'or sans qu'il en coûtât plus de peine que de les ramasser sur le sol. Où qu'il fût, tout ce qu'il y avait de meilleur était bon pour lui, et le plus cher était le mieux, puisqu'il avait toujours la bourse abondamment garnie.

Lorsqu'il eut vu pas mal de pays, il pensa : « Tu devrais aller faire une visite à ton père ; il oubliera sa grande colère quand il te verra avec ton âne-à-l'or, et il te fera bon accueil. » Et voilà qu'il s'arrêta, en chemin, justement à la même auberge où son frère avait eu sa table changée. Il menait son âne à la main, et l'aubergiste voulut le lui prendre pour aller l'attacher à l'écurie, mais le jeune homme l'arrêta dans son geste : « Ne prenez pas cette peine, lui dit-il, je le mènerai moi-même à l'écurie et je l'attacherai ; comme cela, je saurai où est mon grison. »

L'aubergiste s'étonna de la chose et se dit que quelqu'un qui s'occupait soi-même de sa bête ne devait certes pas dépenser beaucoup d'argent. Mais quand le nouveau venu mit la main au gousset pour en tirer deux pièces d'or, disant qu'il ne voulait que ce qu'il y avait de meilleur, il en fit des yeux ronds et s'empressa de sortir tout le bon qu'il pouvait avoir pour servir cet hôte mieux que bien. Le repas terminé, quand le dîneur demanda combien il devait, l'aubergiste ne voulut pas économiser la craie en remplissant l'ardoise, si bien qu'il lui réclama encore deux pièces d'or. Le jeune homme mit la main au gousset, mais il avait fini son or.

— Attendez un instant, monsieur l'aubergiste, dit-il, je vais juste chercher un peu d'or.

Et il sort, mais en emportant la nappe avec lui. L'aubergiste ne comprenait pas ce que cela voulait dire, mais sa curiosité était piquée et il suivit subrepticement le voyageur qui l'intriguait. Comme il avait refermé derrière lui la porte de l'écurie, l'aubergiste, lui, alla se coller l'œil à une fente pour regarder ce qu'il faisait. Il le vit qui étendait la nappe sous les pattes de son âne ; il l'entendit prononcer « Briquelebritte ! » et il vit l'âne qui, instantanément, s'était mis à faire des pièces d'or par-devant et par-derrière, une véritable pluie d'or qui tombait par terre !

— Bon sang de bon sang ! s'exclama l'aubergiste, voilà des ducats vite faits ! Une bourse comme celle-là, ce n'est pas mauvais !

Le voyageur revint, régla sa note et s'alla coucher. Alors l'aubergiste se glissa en pleine nuit jusque dans l'écurie, emmena le faiseur d'or et attacha un autre âne à sa place. Le lendemain matin, de bonne heure, le voyageur quitta l'auberge et reprit la route avec l'âne qu'il croyait être son âne-à-l'or. A midi, il arrivait chez son père qui se réjouit de le voir et le reçut avec affection.

— Et qu'es-tu devenu, mon fils ? demanda-t-il.

— Je suis meunier, mon père.

— Que rapportes-tu de ton voyage ?

— Un âne et rien de plus, dit le fils.

— Des ânes, dit le père, on en a bien assez ici ; j'aurais préféré une bonne chèvre !

— Oui, mais c'est un âne qui n'est pas de l'espèce ordinaire, dit le fils : c'est l'âne-à-l'or. Quand je dis « Briquelebritte ! », elle fait de l'or, la brave bête, elle me remplit de pièces d'or une pleine nappe. Il n'y a qu'à inviter tous nos parents et amis : je ferai d'eux des gens riches.

— Cela me plairait assez, dit le vieux tailleur, de n'avoir plus à m'escrimer avec mon aiguille. Et sur ces mots, il courut inviter tous ses proches.

Dès qu'ils furent tous réunis, le meunier réclama de la place pour étaler la nappe et amena l'âne dans la pièce.

— A présent, attention ! annonça-t-il, et il clama : « Briquelebritte ! »

Mais il n'y eut pas de pièces d'or, et il devint évident que l'âne ne connaissait rien à l'art, puisqu'il ne fit que ce que font tous les ânes du monde.

Le malheureux meunier, tout penaud en voyant qu'il avait été roulé, dut faire ses excuses aux parents, qui durent s'en retourner aussi pauvres qu'ils étaient venus ; et il ne resta plus au vieux père qu'à reprendre son aiguille, et au fils qu'à aller louer ses services chez un maître meunier.

Le troisième fils était entré en apprentissage chez un tourneur, et comme c'est un métier difficile, il resta en apprentissage plus longtemps que les autres. Ses frères lui apprirent, dans une lettre, leur grand dépit et comment l'aubergiste les avait dépouillés, juste le dernier soir, de la table merveilleuse et de l'âne miraculeux. Lorsque l'apprentissage fut fini pour le tourneur et qu'il s'apprêta à faire son tour de compagnon, le maître, pour le récompenser d'avoir bien fait tout ce qu'il fallait faire, lui donna un sac et lui dit :

— Il y a un gourdin dedans.

— Le sac, dit le jeune homme, je peux le mettre à l'épaule et il me rendra grand service, mais à quoi bon le gourdin dedans, qui ne fera rien que du poids inutile ?

— Je vais te le dire, répondit le maître. Si jamais quelqu'un te fait du mal, tu n'as qu'à dire : « Gourdin, sors du sac ! », et le gourdin sautera dehors pour se mettre à flanquer une telle danse sur le dos de l'intéressé, que de huit jours il ne pourra plus bouger bras ni jambe. Et il ne s'arrêtera que lorsque tu auras dit : « Gourdin, dans le sac ! »

Le compagnon remercia le maître et s'en alla, le sac à l'épaule ; et si, d'aventure, quelqu'un le menaçait ou lui voulait du mal, il disait « Gourdin, sors du sac ! », et le bâton, tout aussitôt, tombait à coups redoublés sur la blouse ou la veste des gens, leur brossant fameusement les habits sur le dos avant qu'ils aient eu seulement le temps de les enlever. Cela se faisait si vite que chacun y passait à son tour avant même de comprendre qu'il allait y passer.

Le jeune tourneur arriva finalement, un soir, à l'auberge où ses frères avaient été trompés et dépouillés de leur trésor. Il posa son sac devant lui, sur la table, et se mit à raconter quelles merveilles il avait eu l'occasion de voir au cours de ses voyages à travers le pays.

— Oui, oui, disait-il, des merveilles, il y en a ! On trouve bien, par exemple, une « petite-table-sois-mise », un « âne-à-l'or » et d'autres choses comme celles-là ! Je ne dis pas que ce ne sont pas de fameuses choses et je ne veux aucunement les déprécier, mais des choses comme cela, ce n'est rien à côté de ce que j'ai dans mon sac !

L'aubergiste, à ces mots, avait dressé l'oreille et se demandait ce qu'il pouvait bien y avoir dans ce sac. « Il doit être pour le moins bourré de pierres précieuses, se dit-il ; et comme on dit jamais deux sans trois, il faut que je m'arrange pour l'avoir au même prix que la table et l'âne. »

Quand vint le moment de dormir, le voyageur s'étendit sur un banc et mit son sac sous sa tête en guise d'oreiller. L'aubergiste s'approcha sur la pointe des pieds, quand il le crut profondément endormi, et se mit doucement, tout doucement à tirer sur le sac qu'il voulait subtiliser et remplacer par un autre. C'était ce que le jeune tourneur attendait depuis un bon moment déjà, en faisant semblant de dormir, et comme l'aubergiste n'avait plus qu'à tirer un dernier petit coup pour l'enlever tout à fait, il cria : « Gourdin, sors du sac ! », et à l'instant même le gourdin était dehors en train d'aplatir les coutures de l'habit de l'aubergiste sur son dos et sur ses os de la belle manière. L'aubergiste criait et demandait grâce, mais plus il criait, plus le gourdin accélérait sa danse en tambourinant sur le dos du malheureux, qui finit par tomber par terre, épuisé.

— Si tu ne rends pas la « petite-table-sois-mise » et « l'âne-à-l'or », lui dit le compagnon tourneur, la danse va recommencer et la tournée va reprendre.

— Non, non, pitié ! gémit l'endolori, je rendrai tout, pourvu que ce diable endiablé rentre dans son sac

— C'est bon, dit le compagnon, plutôt miséricorde que justice, mais fais bien attention à ce que tu fais et ne reviens pas t'y frotter.

Il commanda aussitôt « Gourdin, dans le sac ! » et le laissa tranquille.

Le lendemain matin, le tourneur se rendit chez son père avec la table et avec l'âne. Le vieux tailleur se réjouit de le voir et lui demanda ce qu'il avait appris pendant qu'il était au loin.

— Je suis devenu tourneur, mon cher père.

— Joli métier, admit le tailleur ; et que rapportes-tu de ton tour de compagnonnage ?

— Une fameuse pièce, mon cher père, répondit-il : un gourdin dans le sac.

— Quoi ? se récria le père, un gourdin ? Voilà qui vaut la peine ! Un bâton, tu peux toujours t'en couper un sur n'importe quel arbre, misère !

— Oui, mais pas un comme celui-là, mon cher père. Je n'ai qu'à dire : « Gourdin, sors du sac ! » et le voilà dehors, qui se met à danser sur le dos de quiconque me veut du mal une terrible danse pour le corriger, sans le laisser avant qu'il soit à terre et implore grâce. Vous voyez, c'est avec lui que j'ai récupéré la petite-table-sois-mise et l'âne-à-l'or chez ce voleur d'aubergiste qui les avait pris à mes frères. Il n'y a plus maintenant qu'à les faire venir tous les deux, et à inviter toute la parenté qui pourra boire et manger et se remplir les poches d'or.

Le vieux tailleur ne s'y fiait pas trop, mais il alla tout de même inviter parents et amis après avoir dit aux deux frères de venir. Quand tout le monde fut réuni, le compagnon tourneur étala la nappe par terre et fit venir l'âne dessus, puis il dit à son frère le meunier : « A toi, maintenant, mon cher frère : parle-lui. » « Briquelebritte ! » dit le meunier, et aussitôt tombèrent les pièces d'or comme une pluie d'orage sur la nappe, et encore, et encore, car tant qu'ils ne se furent bourré les poches, tous autant qu'ils étaient, l'âne ne s'arrêta point. (A la mine que tu fais, je vois que tu aurais aimé t'y trouver aussi !) Puis le tourneur mit la table au milieu de la pièce et dit : « A toi, frère : parle-lui. » Et le menuisier venait tout juste de dire « Petite table, sois mise ! », qu'elle était déjà dressée avec la nappe et le couvert et le vin et les plats les plus succulents, chauds et fumants.

Ils firent un festin comme jamais, mémoire de tailleur, il n'y en avait eu dans la maison, et toute la compagnie resta à se régaler jusque fort avant dans la nuit. Le vieux tailleur remisa une fois pour toutes son aiguille et son dé, son aune et le fer à repasser dans le fond d'une armoire, menant désormais avec ses fils joyeuse et bonne vie.

Quant à la chèvre, coupable d'avoir fait chasser de chez eux les trois fils par le père, si vous voulez savoir ce qu'elle était devenue, je vais vous le dire. Honteuse de sa tête rasée, chauve du front et glabre du menton, elle était allée se cacher dans un terrier de renard qu'elle avait trouvé en chemin. Quand le renard était rentré chez lui, voyant briller deux yeux étincelants dans le fond du terrier, il avait eu peur et s'était sauvé. Il rencontra un ours, qui, le voyant tout bouleversé, lui demanda :

— Qu'as-tu, frère renard, pour avoir l'air aussi décomposé ?

— Ah ! répondit le rouquin, il y a une bête horrible installée dans mon terrier, qui m'a jeté des regards enflammés.

— Bah ! dit l'ours, ce ne sera rien de l'en chasser et nous le ferons sur l'heure.

Mais quand il jeta un coup d'œil dans le terrier et vit briller le regard de braise, la peur le prit aussi : il ne tint plus à avoir le moindre rapport avec cet animal terrifique et il se retira au plus vite. Il rencontra l'abeille qui, le voyant tout tremblant dans sa peau, lui demanda ce qu'il y avait :

— Dis donc, l'ours, tu m'as l'air plutôt piteux, qu'as-tu donc fait de ta bonne humeur habituelle ?

— Facile à dire ! répondit l'ours. Il y a un terrible monstre dans le terrier de maître renard, avec des yeux qui lancent des flammes. Nous n'arrivons pas à l'en faire sortir.

— Tu me fais pitié, pauvre gros ours ! dit l'abeille. Il est vrai que je ne suis qu'un misérable petit insecte, une faible créature à laquelle vous n'accordez pas un regard, mais je crois pourtant que je pourrai vous aider.

Volant jusque dans le terrier, l'abeille se posa sur la tête chauve de la chèvre et la piqua bien fort, si fort que la chèvre sauta en hurlant : « Béhéhée ! Béhéhée ! » et se rua dehors en bondissant comme une folle. Mais depuis ce moment-là, personne ne sait ce qu'elle est devenue.

tom pouce

Un pauvre paysan était assis, le soir, au coin du feu, avec sa femme qui filait près de lui. Et tout en attisant le feu, il lui dit :

— Comme c'est triste, femme, que nous n'ayons pas d'enfant, tout est si morne chez nous, alors que chez les autres il y a de la joie et du mouvement !

— Hélas ! soupira la femme, n'en aurions-nous qu'un seul, et ne serait-il même pas plus grand que le pouce, j'en serais tout heureuse et nous l'aimerions de tout notre cœur !

Or, il se fit après cela que la femme tomba malade et mit au monde, après sept mois, un enfant parfaitement formé et bien vivant de tous ses membres, mais qui n'était pas plus grand que le pouce. Non, il n'était pas plus grand.

— Il est ainsi que nous l'avions souhaité, dirent les parents, et il sera notre enfant bien-aimé.

A cause de sa taille, ils l'appelèrent Tom Pouce et lui donnèrent tout ce qu'il fallait, ne le laissèrent manquer de rien ; mais l'enfant n'en demeura pas moins exactement tel qu'il était au jour de sa naissance : il ne grandissait pas. Son œil était brillant, son intelligence vive et ses gestes adroits, si bien que tout ce qu'il faisait, il le réussissait fort bien.

Un jour que le paysan s'apprêtait à sortir pour aller abattre du bois dans la forêt, il soupira :

— Si j'avais au moins quelqu'un pour m'aider et m'amener la charrette !

— Oh ! père, s'écria Tom Pouce, je la conduirais bien, moi, la charrette, si vous le permettiez, et vous l'auriez en temps voulu dans la forêt.

— Mais tu es trop petit, dit le père en riant, comment veux-tu conduire le cheval et tirer sur les rênes ?

— Pas d'importance, père ! Si maman veut bien atteler, je me mettrai, moi, dans l'oreille du cheval et je lui crierai comment il devra marcher.

— Bon, dit le père, pour une fois on peut bien essayer.

La mère attela donc le cheval et mit Tom Pouce dans l'oreille de la bête, où le petit bout d'homme se mit à commander hue et dia, droite et gauche, guidant l'attelage comme s'il avait été un vrai charretier ; et la charrette suivit les bons chemins pour arriver au bon moment et à l'endroit voulu dans la forêt. Comme elle prenait le dernier tournant, et alors que le petit homme, dans l'oreille du cheval, commandait : « Ho ! ho ! là... », deux étrangers qui se trouvaient là restèrent bouche bée en voyant la chose.

— Bon sang ! qu'est-ce que c'est que cela ? s'exclama l'un d'eux. Voilà une charrette qui arrive, on entend la voix du cocher et il n'y a personne !

— Cela ne me paraît pas très normal non plus, dit l'autre ; suivons-la et nous verrons quand elle s'arrêtera.

Ils suivirent la charrette qui quitta le chemin pour s'enfoncer dans le sous-bois et venir s'arrêter exactement à la pile de bois. Tom Pouce, quand il vit son père, lui lança joyeusement : « Tu vois, père, me voici avec la charrette. Maintenant, mets-moi par terre. » Le père retint son cheval au mors et, de l'autre main, extirpa son poucet de fils de l'oreille de la bête pour le poser à terre, où il alla, tout guilleret, s'asseoir et se reposer sur un brin de paille.

En voyant le minuscule et hardi personnage, les deux inconnus en eurent la parole coupée d'étonnement, puis l'un d'eux tira son compagnon à part et lui dit :

— Ecoute, avec ce petit compère notre fortune serait faite, rien qu'à le montrer dans une grande ville contre rétribution. Il nous faut l'acheter.

— Vends-nous le petit bonhomme, vinrent-ils dire au paysan, nous le soignerons bien.

— Non, répondit carrément le père, c'est mon cher petit, et pour tout l'or du monde je ne le céderai pas !

Mais Tom Pouce, en entendant la proposition, s'était empressé de grimper le long des habits de son père jusqu'à son épaule, où il courut lui chuchoter à l'oreille : « Père, vous pouvez bien me vendre à eux : je ne serai pas long à revenir. »

Sur quoi le père le vendit aux étrangers pour le prix d'une superbe pièce d'or.

— Où veux-tu qu'on te mette ? lui demandèrent-ils au moment de partir.

— Bah ! mettez-moi donc sur le rebord de votre chapeau, leur dit-il ; comme cela, je pourrai me promener tout autour et regarder le paysage.

L'un d'eux le posa donc sur le bord de son chapeau ; et après qu'il eut fait ses adieux à son père, Tom Pouce s'éloigna avec les deux inconnus qui cheminèrent tout le reste du jour sans s'arrêter une seule fois. Le soir venu, il leur dit :

— Hé, posez-moi donc un peu par terre, j'en ai besoin.

— Tu es très bien où tu es, répondit l'homme qui le portait. Fais ce que tu as à faire sans te gêner : les oiseaux ne se gênent pas non plus, à l'occasion.

— Mais non, mais non, insista le petit bout d'homme : je sais de quoi je parle et ce qui convient. Dépêchez-vous de me poser par terre.

L'homme enleva son chapeau et déposa Tom Pouce dans l'herbe, sur le bord du talus. Il courut aussitôt jusqu'à un champ tout proche, se faufila prestement parmi les mottes et s'enfila dans un trou de mulot qu'il avait remarqué d'avance.

— Bonsoir messieurs, leur cria-t-il à l'entrée de son trou. Continuez votre route sans moi !

Et il éclata d'un rire moqueur.

Les deux hommes sautèrent jusque-là et se mirent à fourrager dans le trou avec une baguette ; mais à quoi bon ? C'était peine perdue : le trou n'était pas grand d'orifice, mais il était profond, et Tom Pouce n'avait rien de plus facile que de s'y enfoncer à mesure. Quand l'obscurité fut complète, dehors, il fallut bien que les deux hommes abandonnassent leurs recherches. Ils finirent par rentrer chez eux, fort en colère mais bredouilles.

Tom Pouce se sortit de son trou dès qu'il eut constaté qu'ils étaient bien partis. « Trop dangereux de marcher à travers champs en pleine obscurité, se dit-il, on s'y casserait le cou ou une jambe comme rien ! » Par bonheur, il y avait justement là une coquille d'escargot, une coquille vide, et Tom Pouce s'y installa en disant : « Dieu soit loué, je vais pouvoir passer la nuit tranquille ! » Il commençait déjà à somnoler quand il entendit deux individus qui passaient sur le chemin en conversant.

— Que ce curé soit riche, d'accord, disait l'un. Qu'on puisse lui voler beaucoup d'or et d'argent, c'est entendu. Mais comment allons-nous nous y prendre ?

— Je vais vous le dire ! cria Tom Pouce de toutes ses forces.

— Qu'est-ce que c'est ? dit l'un des voleurs tout effrayé. J'ai entendu parler quelqu'un !

Ils s'immobilisèrent, prêtant l'oreille.

— Emmenez-moi avec vous, je vous aiderai, reprit Tom Pouce.

— Mais où es-tu donc ? demandèrent-ils.

— Vous n'avez qu'à baisser le nez et chercher par terre d'où vient la voix, leur dit-il.

Quand enfin ils le découvrirent, les voleurs l'élevèrent à la hauteur de leur visage et lui dirent :

— Toi, petit diablotin, comment voudrais-tu nous aider ?

— Très facile, leur répondit Tom Pouce : je me glisse entre les barreaux dans la chambre du curé, et une fois dedans, je vous passe tout ce que vous voulez.

— Allons-y, décidèrent-ils, nous verrons ce que tu es capable de faire.

Lorsqu'ils furent au presbytère, Tom Pouce se coula à l'intérieur et, une fois dans la chambre, cria de toute la force de ses poumons : « Est-ce que vous voulez tout ce qu'il y a ici ? »

Les voleurs, effrayés, le supplièrent bien vite de parler plus bas pour ne pas réveiller tout le monde. Mais Tom Pouce fit comme s'il n'avait rien entendu et leur cria de plus belle :

« Allons ! décidez-vous et dites-moi ce que je dois vous faire passer. Est-ce que vous voulez tout ce qu'il y a ici ? »

Au bruit, la cuisinière qui dormait dans la chambre voisine sursauta dans son lit et prêta l'oreille. Les voleurs s'étaient sauvés un peu plus loin dans leur effroi, mais reprenant courage en voyant que rien ne bougeait, ils se rapprochèrent de nouveau, en se disant que le minuscule bonhomme n'avait voulu que s'amuser un peu à leur faire peur.

— Assez plaisanté, lui chuchotèrent-ils ; à présent, passe-nous quelque chose et ne fais pas de bruit.

De toute la force de sa voix, il leur cria en réponse : « Tendez seulement vos mains, je vais tout vous passer, tout ! »

Cette fois, la servante qui écoutait entendit nettement la voix et ce qu'elle disait ; elle sauta vivement à bas de son lit et courut à la porte. Les deux voleurs prirent la fuite à toutes jambes, courant plus vite encore que s'ils avaient eu le diable à leurs trousses. La servante, qui n'avait rien pu voir, alla dans la cuisine pour s'allumer une chandelle ; et quand elle revint, Tom Pouce s'était caché dans le foin. Elle regarda et chercha, mais ne vit rien d'anormal et finit par penser qu'elle avait dû rêver. Et elle retourna se mettre au lit.

Tom Pouce, dans le foin blotti, s'était trouvé un fameux petit nid pour dormir, et ne songeait plus qu'à s'y bien reposer jusqu'au jour pour s'en retourner enfin près de ses parents. Mais les choses ne vont pas toujours comme on veut, ça non ! Et ce monde est toujours plein d'embûches et de tribulations ! Le jour blanchissait à peine quand la servante se leva, et son premier travail fut d'aller nourrir les bêtes ; elle sauta donc du lit pour aller directement à la grange prendre une bonne brassée de foin : et le foin qu'elle emporta était précisément celui dans lequel le malheureux Tom Pouce s'était fait sa litière, où il dormait du plus profond sommeil. Il dormait même si bien qu'il ne s'aperçut de rien et ne se réveilla que sur la langue et entre les dents d'une vache, qui l'avait attrapé en même temps que son foin.

— Mon Dieu ! s'écria-t-il, me voilà au foulon !

Mais il ne lui fallut pas longtemps pour comprendre où il se trouvait, et son premier souci fut d'éviter de se laisser broyer entre les dents de la vache ; après quoi, il lui fallut glisser au fond de la gorge et dans la panse de l'animal. « Le local manque de fenêtres, se dit-il, et le soleil n'y brille pas, mais on a aussi oublié la chandelle. » De toute manière, le séjour ne lui plaisait pas du tout. Mais le pire, c'était encore qu'il descendait toujours de nouvelles quantités de foin chez lui, et que sa place se réduisait à mesure.

— Arrêtez ! cria-t-il, n'envoyez plus de foin ! Ne m'envoyez plus de fourrage ! Ne m'en envoyez plus !

La servante, qui était en train de traire la vache, entendit cette voix sans voir personne, et comme cette voix ressemblait tout à fait à celle qu'elle avait entendue pendant la nuit, elle eut une telle frayeur et sursauta si violemment, qu'elle tomba de son tabouret à la renverse et répandit tout le lait par terre. Se relevant précipitamment, elle courut chez son maître et lui cria, tout essoufflée :

— Oh ! mon Dieu ! Oh ! mon Dieu ! Monsieur le curé, il y a la vache qui a parlé !

— Tu es folle, dit le prêtre, qui pourtant se rendit lui-même à l'étable pour se rendre compte de ce qu'il s'y passait.

Or, il y avait à peine mis le pied que Tom Pouce, de nouveau, criait à pleins poumons : « Ne m'envoyez plus de foin ! Ne m'envoyez plus de fourrage ! » Le curé prit peur à son tour et, pensant que c'était un méchant esprit qui avait pris possession de la vache, il ordonna qu'on l'abattît.

Ils l'égorgèrent donc, et la panse où se trouvait Tom Pouce fut jetée avec les déchets sur le fumier. Le petit bonhomme eut le plus grand mal à s'en dépêtrer, mais il finit par y parvenir, et juste comme il sortait la tête, voilà qu'un nouveau malheur tomba sur lui : un loup affamé survint, attiré par l'odeur, qui avala gloutonnement la panse avec son contenu. Indemne, mais englouti, le fier petit bonhomme ne perdit pas courage et se dit qu'il arriverait peut-être à s'entendre avec le loup.

— Cher loup, lui dit-il, je connais pour toi un magnifique festin.

— Ah ! répondit le loup, et où cela ?

— Dans telle et telle maison, expliqua Tom Pouce en indiquant précisément la maison de son père : il te sera facile de t'y glisser la nuit par l'égout de la cuisine, et tu y trouveras à manger tant que tu en voudras : du lard et des saucisses et du gâteau, en veux-tu en voilà.

Le loup ne se le fit pas répéter, courut tout droit à la maison en question et s'y introduisit, la nuit, par le gros tuyau d'égout, qui semblait fait sur mesure pour lui. Une fois parvenu au garde-manger, il s'en donna à ventre que veux-tu. Quand enfin sa voracité fut satisfaite, il voulut repartir par le même chemin ; mais il s'était si bien rempli la panse qu'il ne put jamais repasser par le même trou, devenu trop étroit. Il était prisonnier ; et c'était bien ce qu'avait escompté Tom Pouce, qui se mit alors à crier de toute la force de sa voix en menant, dans le ventre du loup, une danse et un chahut frénétiques.

— Vas-tu te tenir tranquille ? lui souffla le loup. Tu vas réveiller tout le monde ici !

— Dis donc ! lui répondit-il, tu t'es bien régalé, toi ! Moi je peux bien m'amuser un peu aussi !

Sur quoi il se remit de plus belle à faire du vacarme, tant et si bien que son père et sa mère, réveillés, coururent jusqu'à la cuisine et regardèrent par le trou de la serrure. Voyant que c'était le loup, ils revinrent en hâte chercher des armes, et l'homme prit une hache tandis que la femme prenait une faux.

— Garde la porte, dit le mari à sa femme en pénétrant dans la cuisine : je vais lui asséner un bon coup de hache, et s'il ne meurt pas du coup, tu n'auras qu'à l'achever en lui ouvrant le ventre.

En entendant la voix de son père, Tom Pouce lui cria :

— Père, cher père, c'est moi ! Je suis dans le ventre du loup.

— Dieu soit béni ! s'exclama le père tout heureux, notre cher petit est enfin retrouvé !

Il dit à sa femme de ranger sa faux qui pourrait blesser Tom Pouce, puis il s'avança en levant sa hache qu'il abattit sur la tête du loup, le tuant net du premier coup. Avec un grand couteau d'abord et des ciseaux ensuite, il ouvrit le ventre du loup précautionneusement et en extirpa le petit.

— Ah ! lui dit-il en le voyant, ce que nous avons pu être inquiets à ton sujet !

— Eh oui, père, dit Tom Pouce, j'ai pas mal voyagé de par le monde, mais Dieu merci, je respire le bon air de nouveau !

— Mais où donc es-tu allé ?

— Oh ! père, j'ai été dans un trou de souris, dans la panse d'une vache et dans le ventre du loup, mais à présent je reste avec vous.

— Et nous, pour tout l'or du monde, nous ne te vendrons jamais plus ! s'exclamèrent ses parents en l'embrassant et le serrant sur leur cœur.

Ils lui donnèrent à manger et à boire, et ils l'habillèrent de neuf, parce que son voyage lui avait usé et gâté son costume.

les noces de dame renard

PREMIER CONTE

Il était une fois un vieux renard à neuf queues qui soupçonnait sa femme de lui être infidèle et qui voulut la mettre à l'épreuve. Alors il s'étendit sur un banc, ne bougea plus un brin et fit le mort. Dame Renard monta s'enfermer dans son appartement et ne sortit plus, cependant que sa domestique, une jeune chatte, se tenait dans la cheminée et faisait la cuisine. Lorsque se répandit la nouvelle de la mort du vieux renard, les prétendants arrivèrent bientôt. Ayant entendu quelqu'un qui frappait à la porte, la jeune servante alla ouvrir : c'était un jeune renard qui était là, et qui lui dit :

La gente chatte, que fait-elle ?
Endormie, ou bien veille-t-elle ?

Elle répondit :

Je ne dors pas, je suis bien éveillée.
Et voulez-vous savoir ce que je fais ?
Le beurre est mis et la soupe est trempée :
Si monsieur veut, moi je l'inviterai.

— Je vous en remercie, gentille demoiselle, répondit le renard, et que fait Madame Renard ?

La servante répondit :

Madame est seule en ses appartements,
Toute à son deuil, dans les gémissements,
Versant des pleurs qui rougissent ses yeux,
Car le renard est mort, le vieux renard.

— Allez pourtant lui annoncer, ma chère demoiselle, qu'elle a en bas un jeune renardeau qui ne demanderait qu'à l'épouser.

Cric, crac, les marches sont montées,
Clic, clac, la porte est refermée.
« Dame Renard êtes-vous là ? »
« Hélas oui, mon chaton, pourquoi ? »
« Un prétendant se trouve en bas. »
« Dis-moi un peu quel air il a,

et s'il possède un aussi beau panache que le défunt maître Renard ? »

— Oh ! non, répondit la jeune chatte, il n'a qu'une seule queue.

— Alors je n'en veux pas.

La jeune chatte descendit et renvoya le prétendant. Un peu plus tard, on frappa de nouveau à la porte, et c'était un second renard qui voulait épouser Dame Renard ; celui-là avait deux queues, mais il n'eut pas plus de succès que le premier. Par la suite, il en vint d'autres qui avaient toujours une queue de plus que leur prédécesseur éconduit ; et pour finir, il en vint un qui possédait neuf queues comme le vieux seigneur Renard. Dès qu'elle l'apprit, Dame Renard dit avec joie à la chatte :

Ouvre-moi maintenant la maison sans retard,
Et va me balayer le corps du vieux renard.

Mais à l'instant que devait se célébrer le mariage, le vieux maître Renard se releva de son banc, expulsa la compagnie et chassa hors de sa maison, en même temps, Dame Renard.

DEUXIÈME CONTE

Après la mort du vieux seigneur Renard, le loup se présenta comme prétendant ; il frappa à la porte et la chatte, qui était servante chez Madame Renard, lui ouvrit. Le loup la salua et lui dit :

Madame Chat de Gaibalai, bonjour
Et comment allez-vous ? Vous êtes seule ?
Que faites-vous de bon ?

La chatte répondit :

Je me trempais du pain mollet dans du lait frais ;
Plairait-il à Monsieur d'être mon invité ?

— Merci, Madame Chatte, répondit le loup, est-ce que Madame Renard n'est pas chez elle ?

La chatte dit :

Elle est en haut dans sa demeure,
Qui pleure et pleure sa douleur,
Qui se lamente sur son sort :
Le vieux Monsieur Renard est mort.

Le loup lui répondit :

« Veut-elle d'un nouveau mari ?
Qu'elle descende alors ici. »
La chatte grimpe en balançant
Sa longue queue élégamment.
A la porte du grand salon
Frappe avec ses cinq bagues d'or.
— Madame est là ? Quelqu'un, dehors,
Me charge d'une commission :
« Veut-elle d'un nouveau mari ?
Qu'elle descende alors ici. »

Dame Renard posa alors la question :

— Le monsieur porte-t-il des culottes rouges et a-t-il le museau pointu ?

— Non, lui répond la chatte.

— Alors je n'en ai rien à faire.

Le loup congédié, ce fut un chien qui vint, et un cerf, et un lièvre, et un ours, et un lion, et ainsi de suite tous les animaux de la forêt. Mais comme à chacun, il manquait toujours l'une ou l'autre des vertus ou des qualités que possédait le vieux seigneur Renard, la chatte fut chaque fois obligée d'éconduire le prétendant. Vint pour finir un jeune renard ; et quand, à la question de Madame Renard : « Porte-t-il des culottes rouges et a-t-il le museau pointu ? », la chatte eut répondu : « Oui, Madame ! », Madame Renard dit à la servante : « Fais-le monter ! » et commanda de préparer les noces.

Chatte, fais-moi la pièce nette,
Le vieux Renard, par la fenêtre !
Ce grand chasseur de souriceaux
Qui les rapportait gras et gros,
Il les croquait tous et chacun,
Ne m'en donnait jamais aucun.

Alors les noces furent célébrées avec le jeune serviteur Renard, et elles furent si gaies et si joyeuses, on festoya et l'on dansa si bien, si follement et si longtemps que, s'ils ne se sont pas arrêtés, ils dansent encore aujourd'hui.

les lutins

I

C'était un cordonnier qui était devenu si pauvre, sans qu'il y eût de sa faute, qu'à la fin, il ne lui resta plus de cuir que pour une seule et unique paire de chaussures. Le soir, donc, il le découpa, comptant se remettre au travail le lendemain matin et finir cette paire de chaussures ; et quand son cuir fut taillé, il alla se coucher, l'âme en paix et la conscience en repos ; il se recommanda au bon Dieu et s'endormit.

Le lendemain matin, après avoir fait sa prière, il voulait se remettre au travail quand il vit, sur son établi, les souliers tout faits et complètement finis. Il en fut tellement étonné qu'il ne savait plus que dire. Il prit les chaussures en mains et les examina de près : le travail était impeccable et si finement fait qu'on eût dit un chef-d'œuvre : pas le moindre point qui ne fût parfait. Un acheteur arriva peu après, trouva les souliers fort à son goût et les paya plus cher que le prix habituel. Avec l'argent, le cordonnier put acheter assez de cuir pour faire deux paires de chaussures, qu'il tailla le soir même, pensant les achever le lendemain en s'y mettant de bonne heure. Mais le matin, quand il arriva au travail, les deux paires de souliers étaient faites, posées sur son établi, sans qu'il se fût donné la moindre peine ; au surplus, les acheteurs ne lui manquèrent point non plus : et c'étaient de vrais connaisseurs, car ils lui laissèrent assez d'argent pour qu'il pût acheter de quoi faire quatre paires de chaussures. Et ces quatre paires-là aussi, il les trouva finies le matin quand il venait, plein de courage, pour se mettre au travail. Et comme, par la suite, il en alla toujours de même et que ce qu'il avait coupé le soir se trouvait fait le lendemain matin, le cordonnier se trouva non seulement tiré de la misère, mais bientôt dans une confortable aisance qui touchait presque à la richesse.

Peu de temps avant la Noël, un soir, après avoir taillé et découpé son cuir, le cordonnier dit à sa femme au moment d'aller au lit : « Dis donc, si nous restions éveillés cette nuit pour voir qui nous apporte ainsi son assistance généreuse ? » L'épouse en fut heureuse et alluma une chandelle neuve, puis ils allèrent se cacher, tous les deux, derrière les vêtements de la penderie où ils restèrent à guetter. A minuit, arrivèrent deux mignons petits nains tout nus qui s'installèrent à l'établi et qui, tirant à eux les coupes de cuir, se mirent de leurs agiles petits doigts à monter et piquer, coudre et clouer les chaussures avec des gestes d'une prestesse et d'une perfection telles qu'on n'arrivait pas à les suivre, ni même à comprendre comment c'était possible. Ils ne s'arrêtèrent pas dans leur travail avant d'avoir tout achevé et aligné les chaussures sur l'établi ; puis ils disparurent tout aussi prestement.

Le lendemain matin, l'épouse dit au cordonnier :

— Ces petits hommes nous ont apporté la richesse, nous devrions leur montrer notre reconnaissance : ils sont tout nus et ils doivent avoir froid à courir ainsi. Sais-tu quoi ? Je vais leur coudre de petits caleçons et de petites chemises, de petites culottes et de petites vestes, et je tricoterai pour eux de petites chaussettes ; toi, tu leur feras à chacun une petite paire de souliers pour aller avec.

— Cela, dit le mari, je le ferai avec plaisir !

Et le soir, quand ils eurent tout fini, ils posèrent leurs cadeaux sur l'établi, à la place du cuir découpé qui s'y entassait d'habitude, et ils allèrent se cacher de nouveau pour voir comment ils recevraient leur présent. A minuit, les lutins arrivèrent en sautillant pour se mettre au travail ; quand ils trouvèrent sur l'établi, au lieu du cuir, les petits vêtements préparés pour eux, ils marquèrent de l'étonnement d'abord, puis une grande joie à voir les jolies petites choses, dont ils ne tardèrent à s'habiller des pieds à la tête en un clin d'œil, pour se mettre aussitôt à chanter :

Maintenant nous voilà comme de vrais dandys !
Pourquoi jouer encor les cordonniers ici ?

Joyeux et bondissants, ils se mirent à danser dans l'atelier, à gambader comme de petits fous, sautant par-dessus chaises et bancs, pour gagner finalement la porte et s'en aller, toujours dansant. Depuis lors, on ne les a plus revus ; mais pour le cordonnier tout alla bien jusqu'à son dernier jour, et tout lui réussit dans ses activités comme dans ses entreprises.

II

Il y avait une fois une pauvre servante qui était travailleuse et propre, qui balayait soigneusement chaque jour la maison et portait les ordures sur un grand tas devant la porte. Un matin, de bonne heure, comme elle arrivait déjà pour se mettre au travail, elle y trouva une lettre ; mais comme elle ne savait pas lire, elle laissa son balai dans son coin, ce matin-là, et alla montrer la lettre à ses maîtres. C'était une invitation des lutins qui demandaient à la servante de servir de marraine à l'un de leurs enfants. Elle n'était pas décidée et ne savait que faire, mais à la fin, après beaucoup de paroles, ses maîtres réussirent à la convaincre qu'on ne pouvait pas refuser une invitation de cette sorte, et elle l'admit. Trois lutins vinrent la chercher pour la conduire dans une montagne creuse où vivaient les petits hommes. Tout y était petit, mais si délicat, si exquis qu'on ne peut pas le dire. L'accouchée reposait dans un lit noir d'ébène poli, à rosaces de perles, avec des couvertures brodées d'or ; le minuscule berceau était d'ivoire et la baignoire d'or massif.

La servante tint l'enfant sur les fonts baptismaux, puis voulut s'en retourner chez ses maîtres, mais les lutins la prièrent instamment de demeurer trois jours avec eux. Elle accepta et demeura ces trois jours, qu'elle passa en plaisir et en joie, car les petits hommes la comblèrent de tout ce qu'elle aimait. Quand enfin elle voulut prendre le chemin du retour, ils lui bourrèrent les poches d'or et l'accompagnèrent gentiment au bas de la montagne. Arrivée à la maison, comme elle pensait avoir perdu assez de temps, elle s'en alla tout droit chercher le balai qui était toujours dans son coin. Elle commençait à balayer, quand des gens qu'elle n'avait jamais vus descendirent et vinrent lui demander qui elle était et ce qu'elle désirait. Parce que ce n'étaient pas trois jours, comme elle le croyait, mais bien sept ans qu'elle avait passés chez les petits hommes de la montagne ; et ses anciens patrons étaient morts dans l'intervalle.

III

Une mère avait eu son enfant enlevé du berceau par les lutins, qui avaient mis à sa place un petit monstre à grosse tête avec le regard fixe, occupé seulement de boire et de manger. Dans sa détresse, elle alla demander conseil à sa voisine, qui lui dit de porter le petit monstre à la cuisine, de l'installer devant la cheminée et d'allumer le feu pour faire bouillir de l'eau dans deux coquilles d'œuf : « Le monstre ne pourra pas s'empêcher de rire, lui dit-elle, et dès l'instant qu'il rit, c'en est fini de lui. »

La femme fit tout ce que sa voisine lui avait dit de faire, et Grosse-Tête, en la voyant mettre l'eau à bouillir dans des coquilles d'œuf, parla :

Moi qui suis vieux pourtant
Comme les bois de Prusse,
Je n'avais jamais vu cuisiner dans un œuf !

Et le voilà qui éclate de rire, et il riait encore quand déjà surgissait toute une foule de lutins qui rapportèrent le véritable enfant, l'installèrent devant le feu et emportèrent avec eux le monstre à grosse tête.

le fiancé brigand

Il était une fois un meunier qui avait une fille bien jolie, et lorsqu'elle fut grande, il souhaita qu'elle n'eût plus de soucis et fût bien mariée. « Si quelque prétendant convenable vient me la demander, pensait-il, je la lui donnerai. » Et peu de temps après se présenta un prétendant qui paraissait fort riche et auquel le meunier, ne voyant rien à objecter, promit sa fille.

La jeune fille, par contre, ne sentait pas pour lui le vrai penchant qu'une fiancée doit avoir pour son fiancé, et elle n'avait aucune confiance en lui : elle éprouvait comme une horreur dans le fond de son cœur à chaque fois qu'elle le voyait ou seulement pensait à lui.

— Tu es ma fiancée et tu ne viens même pas me faire une visite chez moi ? lui dit-il une fois.

— Je ne sais pas où est votre maison, lui répondit-elle.

— Au plus épais de la forêt se trouve une maison, dit le fiancé.

Cherchant d'autres prétextes, elle prétendit ne pas être capable d'en trouver le chemin. Mais le fiancé coupa court et lui dit :

— Il faut que tu viennes dimanche prochain, j'ai déjà fait mes invitations ; et pour que tu t'y retrouves dans la forêt, je te tracerai le chemin en y mettant des cendres.

Le dimanche venu, il fallut bien qu'elle se mît en route, mais l'angoisse lui serrait la gorge sans qu'elle sût au juste pourquoi ; et comme elle voulait être sûre de pouvoir retrouver sa route, elle emporta ses pleines poches de lentilles et de petits pois. Dès qu'elle entra dans la forêt, elle suivit le chemin que marquait la cendre, mais tout en avançant, elle jetait de temps à autre, à droite et à gauche, quelques graines par terre. Elle marcha presque toute la journée pour arriver au cœur sombre de la forêt, au plus épais des bois, où se dressait une maison solitaire, qui ne lui plut pas du tout à cause de son air ténébreux et sinistre.

Elle y entra, mais ne trouva personne à l'intérieur et resta là, écoutant régner le grand silence, quand soudain une voix cria :

Chez les brigands tu es entrée !
Va-t'en, va-t'en, la fiancée.

La jeune fille leva les yeux et vit que la voix venait d'un oiseau dans une cage suspendue au mur. Et l'oiseau de nouveau cria :

Va-t'en, va-t'en, la fiancée
Chez les brigands tu es entrée !

Passant alors d'une pièce à l'autre, la jolie fiancée visita toute la maison qu'elle trouva entièrement vide et sans âme qui vive. Elle descendit même à la cave pour finir, et là, il y avait une vieille, vieille femme qui était assise et qui branlait la tête.

— Pouvez-vous me dire si mon fiancé habite bien ici ? demanda la jeune fille.

— Hélas, ma pauvre enfant ! dit la vieille, où t'es-tu donc fourrée ? Tu es ici dans un repaire de bandits, un coupe-gorge, une maison d'assassins. Tu croyais être une fiancée qui va bientôt fêter ses noces, mais c'est avec la mort que tu vas les fêter ! Tu vois ce grand chaudron ? Je devais le remplir et le mettre au feu quand tu serais tombée entre leurs mains, et ils t'auraient coupée en morceaux pour t'y faire cuire et te manger, parce que ce sont des ogres. Mais j'ai pitié de toi et je te sauverai ! Autrement tu étais perdue.

La vieille la conduisit alors et la fit se cacher derrière un grand tonneau où l'on ne pouvait pas la voir.

— Ne fais pas plus de bruit qu'une souris, lui recommanda-t-elle, ne bouge pas de là, ne fais pas le moindre mouvement, sans quoi c'en est fini de toi. Cette nuit, quand les bandits seront endormis, nous nous enfuirons toutes les deux : c'est l'occasion que j'attendais depuis longtemps.

A peine était-ce dit, que déjà les bandits rentraient chez eux : toute la bande de ces scélérats qui traînaient avec eux une autre jeune fille ; ils étaient ivres et n'écoutaient ni ses cris, ni ses plaintes, ni ses gémissements. Ils lui donnèrent du vin à boire : trois verres, qu'ils la forcèrent d'absorber, un verre de rouge, un verre de blanc et un verre de jaune, qui lui fit éclater le cœur. Ils lui arrachèrent alors ses riches vêtements, la couchèrent sur une table et coupèrent son beau corps en morceaux, à coups de hache, puis salèrent les morceaux en les couvrant de gros sel.

La pauvre fiancée, derrière le gros tonneau, tremblait de tous ses membres en voyant quel sort les bandits lui auraient réservé. L'un deux, qui venait de voir une bague d'or au doigt de la morte, voulut la prendre, mais ne réussit pas tout de suite à la faire glisser du doigt ; alors il empoigna la hache et lui trancha ce doigt d'un coup furieux qui l'envoya voler en l'air et retomber, finalement, sur les genoux de la malheureuse qui tremblait derrière le gros tonneau. Le bandit attrapa une chandelle et se mit à chercher après, mais sans rien trouver.

— As-tu regardé derrière le tonneau ? lui suggéra l'un des autres bandits.

Sur quoi la vieille femme leur cria à tous :

— A table maintenant, venez manger ! Vous pouvez bien attendre à demain matin pour chercher : le doigt ne va pas s'envoler tout seul !

— Elle a raison ! dirent les bandits, abandonnant la recherche pour aller manger et boire. La vieille femme avait mis un somnifère dans leur vin et ils ne tardèrent pas à se coucher tous dans la cave, dormant et ronflant comme les brutes qu'ils étaient.

La jeune fiancée, en entendant ces ronflements, sortit de derrière son tonneau et dut enjamber les corps serrés des dormeurs qui encombraient la cave ; elle avait terriblement peur d'en réveiller un au passage, mais grâce à Dieu, elle traversa sans dommage, et la vieille l'entraîna vivement en haut, ouvrit la porte, et elles s'enfuirent aussi vite qu'elles le pouvaient, courant presque pour s'éloigner de la maison des assassins. Le vent avait dispersé les cendres qui marquaient le chemin, mais les lentilles et les pois avaient germé et poussé, si bien qu'avec le clair de lune, elles purent le suivre sans difficulté ; et elles marchèrent toute la nuit durant pour arriver enfin au moulin avec le petit matin. La jeune fille raconta tout ce qu'il lui était advenu à son père, muet d'étonnement.

Vint le jour que devaient se célébrer les noces, et le fiancé arriva. Mais le meunier n'avait pas manqué d'inviter tous ses parents et amis en grand nombre. Quand tout le monde fut à table, chacun dut raconter une histoire et tous le firent, l'un après l'autre. Mais la mariée restait assise et ne disait rien.

— Eh bien, mon cœur, tu ne sais donc rien dire ? Raconte-nous aussi quelque chose ! lui dit le fiancé.

— Alors je vais vous raconter un rêve, dit-elle. Je marchais seule dans une grande forêt et j'ai fini par arriver à une étrange maison où il n'y avait personne, par une âme de bas en haut ; mais au mur, dans une cage, il y avait un oiseau qui criait :

Chez les brigands tu es entrée !
Va-t'en, va-t'en, la fiancée.

Une fois je l'entendis, et encore une autre fois, mais je ne faisais que rêver, mon chéri. Alors je suis entrée dans toutes les chambres, et toutes les chambres étaient complètement vides ; il y avait quelque chose d'affreusement sinistre dans cette maison déserte. Alors je suis descendue à la cave pour finir, et là il y avait une vieille, vieille femme à la tête branlante. Je lui ai demandé : « Est-ce que mon fiancé habite ici, dans cette maison ? » Elle m'a répondu : « Hélas ! ma pauvre enfant, tu es tombée dans un repaire de bandits. Ton fiancé habite ici, en effet, mais il va te tuer et te couper en morceaux ; et moi je devrai te faire cuire et il te mangera ». C'était dans mon rêve, mon chéri, rien qu'un rêve que je faisais, tu comprends ? Alors la vieille femme m'a cachée derrière un grand tonneau pour que personne ne me voie, et j'étais à peine là, que déjà les bandits rentraient chez eux avec une malheureuse jeune fille qu'ils traînaient à leur suite. Ils lui donnèrent à boire trois sortes de vins : du rouge, du blanc et du jaune, qui lui fit éclater le cœur. C'est ce que j'ai rêvé, mon chéri, rien d'autre que mon rêve. Alors ils lui ont enlevé ses riches vêtements et ils ont coupé son beau corps en morceaux sur une table, et ils ont répandu du sel dessus. Mon chéri, c'est seulement ce que j'ai rêvé. Il y avait à son doigt une bague d'or, que l'un de ces bandits a vue et a voulu prendre, mais comme la bague ne venait pas assez vite, il lui a coupé le doigt d'un coup de hache. Mais le doigt a sauté et volé en l'air par dessus le grand tonneau pour venir me tomber sur les genoux.

— Et ce doigt avec la bague, le voici ! conclut-elle brusquement en prenant le doigt dans sa poche pour le montrer à toute l'assistance.

Le bandit, qui était devenu blanc de craie tout au long de son histoire, se leva brusquement et voulut se sauver, mais l'assistance était nombreuse et le tint bien. Ils l'immobilisèrent et le livrèrent à la justice. Et ce fut ainsi qu'il finit avec toute sa bande, jugé et condamné pour tous les crimes commis.

monsieur corbis

Il y avait une fois une petite poule et un petit coq qui voulaient faire ensemble un voyage. Le coq construisit un joli petit carrosse avec quatre roues rouges, et il y attela quatre petites souris. Dame poulette et petit coq s'y installèrent et fouette cocher ! Ils s'en allèrent tous les deux. Ils n'avaient guère fait de chemin quand ils rencontrèrent un chat qui leur demanda :

— Où allez-vous comme cela ?

Très loin d'ici,
Où habite Monsieur Corbis,

répondit fièrement le petit coq.

— Emmenez-moi avec vous, demanda le chat.

— Avec plaisir ! lui dit le coq, mais assieds-toi derrière ; parce que devant, tu pourrais tomber et passer sous les roues.

Prenez bien garde, je vous prie
De ne salir mes roues jolies.
Tournez, tournez, mes roues jolies,
Sifflez mes petites souris,
Filons au loin, très loin d'ici
Où habite Monsieur Corbis.

Ce furent ensuite une pierre de meule, puis un œuf, puis un canard, puis une épingle et enfin une fine aiguille qui prirent place dans le carrosse et participèrent au voyage. Mais lorsqu'ils furent arrivés à la maison de Monsieur Corbis, Monsieur Corbis n'était pas chez lui. Les petites souris allèrent ranger le carrosse dans la grange ; le petit coq et sa petite poule se perchèrent sur une poutre ; le chat se coucha dans la cheminée ; le canard se mit sur la margelle du puits ; l'œuf se roula dans une serviette de toilette ; l'épingle se piqua dans le coussin du fauteuil et l'aiguille sauta sur le lit et se planta dans l'oreiller, cependant que la pierre de meule se couchait au-dessus de la porte d'entrée.

C'est alors que Monsieur Corbis rentra chez lui, et son

premier geste fut d'aller à la cheminée pour allumer le feu ; mais le chat lui barbouilla la figure de cendres. Monsieur Corbis courut alors au puits pour se laver ; mais le canard lui inonda le visage en lui jetant de l'eau partout. Monsieur Corbis courut à la cuisine et attrapa la serviette pour s'essuyer ; mais l'œuf se jeta sur son nez, s'écrasa et lui colla les yeux. Monsieur Corbis voulut alors se reposer et se laisser tomber sur son fauteuil ; mais l'épingle le piqua douloureusement. Monsieur Corbis était très en colère et alla se jeter sur son lit ; mais l'aiguille se planta dans sa joue et le fit crier. Il sauta sur ses pieds, fou de rage, et voulut s'enfuir à travers le monde, n'importe où ; mais la pierre de meule, sur la porte, se laissa tomber sur lui et le tua.

Ce Monsieur Corbis, il fallait vraiment qu'il fût un méchant homme.

monsieur le parrain

Il était un pauvre homme qui avait un si grand nombre d'enfants, qu'il avait déjà demandé à tout le monde d'être parrain. Il ne savait plus que faire ni à qui s'adresser lorsqu'il eut un nouvel enfant, car il ne restait plus personne à qui il pouvait demander d'être le parrain du dernier-né. Triste et embarrassé, il se coucha et s'endormit ; il rêva que ce qu'il devait faire, c'était d'aller devant la grand'porte et de demander au premier venu s'il voulait être le parrain de son enfant. A son réveil, l'homme décida de s'en tenir au conseil de son rêve et se rendit à la grand'porte, où il pria le premier qu'il vit d'être parrain de son enfant. L'inconnu lui remit un petit flacon empli d'eau, et lui dit :

— C'est une eau miraculeuse avec laquelle tu peux guérir tous les malades, quels qu'ils soient ; et la seule chose que tu aies à faire, c'est de voir où se tient la Mort. Si elle est à la tête du lit, alors donne de l'eau au malade et il sera guéri ; mais si elle est au pied, ce serait peine perdue car le malade devra mourir.

A partir de ce moment-là, l'homme put à coup sûr annoncer d'avance si le malade s'en tirerait ou s'il ne se guérirait pas, et il devint fameux par cet art, qui lui valut beaucoup d'argent. Une fois, on l'appela au chevet de l'enfant du roi, et en entrant, il vit la Mort debout à sa tête ; alors il lui donna de son eau et le guérit ; il en alla de même une seconde fois, mais à la troisième fois, la Mort était à ses pieds, et l'enfant mourut.

Le temps passa et l'homme, un jour, voulut rendre visite au parrain afin de lui raconter comment cela se passait avec son eau miraculeuse. Mais lorsqu'il fut dans sa maison, il y trouva une drôle de maisonnée : sur le premier escalier, la pelle et le balai se querellaient farouchement et se battaient avec rage.

— Où demeure Monsieur le parrain ? leur demanda-t-il cependant.

— A l'étage, montez ! lui répondirent-ils.

Mais à l'étage au-dessus, il y avait une quantité de doigts de morts sur le palier.

— Où demeure Monsieur le parrain ? leur demanda-t-il.

— Un étage au-dessus, lui répondit un des doigts.

Sur le troisième palier, c'étaient des têtes de morts qui formaient un tas, et qui l'envoyèrent encore à l'étage au-dessus.

Sur le quatrième palier, c'étaient des poissons qui se tenaient eux-mêmes sur le feu et qui se faisaient frire eux-mêmes dans la poêle. Eux encore l'envoyèrent à l'étage au-dessus. Mais lorsqu'il eut grimpé jusqu'à ce cinquième palier, il alla regarder dans l'appartement par le trou de la serrure, et là, il vit le parrain qui portait une paire de cornes superbes.

Lorsqu'il ouvrit la porte et entra, Monsieur le parrain se précipita dans son lit et se couvrit complètement.

— Monsieur le parrain, dit l'homme, quelle étrange maisonnée chez vous ! Sur l'escalier du premier étage, j'ai trouvé le balai et la pelle qui se chamaillaient et se bourraient de coups.

— Comment peut-on se montrer aussi naïf ? répondit le parrain. C'étaient le domestique et la servante qui s'expliquaient.

— Oui, mais au second palier, il y avait une grande quantité de doigts de morts.

— Quel enfantillage ! se moqua le parrain. N'avez-vous pas reconnu que c'étaient des scorsonères, qu'on appelle aussi vulgairement des salsifis ?

— Mais au troisième palier, il y avait un tas de têtes de morts.

— Espèce d'idiot, ce n'étaient que des choux ! protesta le parrain avec humeur.

— Au quatrième, il y avaient des poissons qui se faisaient frire eux-mêmes dans la poêle.

Et comme il venait de le dire, les poissons frits entrèrent d'eux-mêmes et vinrent se servir, sans l'assistance de personne, dans une assiette pour être mangés.

— Au cinquième étage, reprit l'homme, j'ai regardé par le trou de la serrure et je vous ai vu, vous, Monsieur le parrain, et vous aviez de longues, longues cornes !

— Mais ce n'est pas vrai ! hurla le parrain.

L'homme s'était déjà enfui tellement il avait peur ; et qui sait ce que Monsieur le parrain aurait fait de lui, s'il était resté là !

dame trude[1]

Il était une fois une petite fille extrêmement têtue et imprudente qui n'écoutait pas ses parents et qui n'obéissait pas quand ils lui avaient dit quelque chose. Pensez-vous que cela pouvait bien tourner ?

Un jour, la fillette dit à ses parents : « J'ai tellement entendu parler de Dame Trude que je veux une fois aller chez elle : il paraît que c'est fantastique et qu'il y a tant de choses étranges dans sa maison, alors la curiosité me démange. »

Les parents le lui défendirent rigoureusement et lui dirent : « Ecoute : Dame Trude est une mauvaise femme qui pratique toutes sortes de choses méchantes et impies ; si tu y vas, tu ne seras plus notre enfant ! »

La fillette se moqua de la défense de ses parents et alla quand même là-bas. Quand elle arriva chez Dame Trude, la vieille lui demanda :

— Pourquoi es-tu si pâle ?

— Oh ! dit-elle en tremblant de tout son corps, c'est que j'ai eu si peur de ce que j'ai vu.

— Et qu'est-ce que tu as vu ? demanda la vieille.

— J'ai vu sur votre seuil un homme noir, dit la fillette.

— C'était un charbonnier, dit la vieille.

— Après, j'ai vu un homme vert, dit la fillette.

— Un chasseur dans son uniforme, dit la vieille.

— Après, j'ai vu un homme tout rouge de sang.

— C'était un boucher, dit la vieille.

— Ah ! Dame Trude, dans mon épouvante, j'ai regardé par la fenêtre chez vous, mais je ne vous ai pas vue : j'ai vu le Diable en personne avec une tête de feu.

— Oho ! dit la vieille, ainsi tu as vu la sorcière dans toute sa splendeur ! Et cela, je l'attendais et je le désirais de toi depuis longtemps : maintenant tu vas me réjouir.

1. C'est un nom des sorcières.

Elle transforma la fillette en une grosse bûche qu'elle jeta au feu, et quand la bûche fut bien prise et en train de flamber, Dame Trude s'assit devant et s'y chauffa délicieusement en disant : « Oh ! le bon feu, comme il flambe bien clair pour une fois ! »

la mort marraine

C'était un très pauvre homme qui avait douze enfants et qui devait travailler nuit et jour pour arriver à leur donner leur pain quotidien. Quand naquit son treizième enfant, le pauvre homme, ne sachant plus vers qui se tourner, s'en alla se planter dans une grande rue, bien décidé, dans sa détresse, à demander au premier venu, homme ou femme, de servir de parrain ou de marraine à ce dernier enfant. Le premier qui se présenta n'était autre que le Bon Dieu, qui savait bien tout ce que le pauvre homme avait sur le cœur, et qui lui dit :

— Je veux bien servir de parrain à ton enfant, mon brave homme, ta pauvreté me fait peine, et je veillerai sur lui pour qu'il soit heureux sur cette terre.

— Qui es-tu ? demanda l'homme.

— Je suis le Bon Dieu.

— Alors je n'ai aucun besoin de Toi comme parrain, déclara l'homme. Tu donnes aux riches et tu laisses les pauvres se mourir de faim !

Et il se détourna du Seigneur pour s'en aller plus loin. Alors, ce fut le Diable qui vint à sa rencontre et qui lui dit :

— Que cherches-tu ? Si tu me prends comme parrain pour ton enfant, il aura l'or à profusion et les richesses à foison, sans parler de tous les plaisirs de la vie par-dessus le marché.

— Qui es-tu ?

— Je suis le Diable.

— Alors je ne veux pas de toi comme parrain, dit l'homme ; tu trompes et tu déçois les hommes que tu induis en tentation.

Il lui tourna le dos et s'en alla plus loin, où vint vers lui la Mort squelettique, qui lui offrit d'être la marraine de l'enfant.

— Qui es tu ? demanda l'homme.

— Je suis la Mort, devant qui tous sont égaux.

— Ta justice est la même pour tous, dit l'homme, tu ne fais pas de différence entre le riche et le pauvre et tu prends tout le monde semblablement. Tu seras la marraine de mon enfant.

— Je donnerai à ton fils la richesse et la célébrité qui ne manquent jamais à ceux qui m'ont comme amie.

— Le baptême se fera dimanche prochain, dit l'homme, je compte donc sur toi sans faute.

La Mort se présenta comme elle l'avait promis et tint l'enfant sur les fonts baptismaux comme le devait une parfaite marraine.

Après des années, quand le garçon fut devenu grand, sa marraine vint le voir un jour et lui dit de la suivre. Il l'accompagna donc et ils allèrent dans la forêt, où elle lui fit connaître une plante qui poussait là.

— Tu vas recevoir à présent ton cadeau de baptême, lui dit-elle. Je vais faire de toi un médecin fameux : quand tu seras appelé auprès d'un malade, je t'apparaîtrai chaque fois, et si tu me vois à la tête du malade, tu pourras hardiment annoncer que tu te charges de le guérir ; tu n'auras qu'à lui administrer de cette plante, et il se rétablira. Mais si tu me vois à ses pieds, tu sauras qu'il m'appartient et tu pourras affirmer en toute assurance que rien au monde, ni aucun médecin, ne pourra le sauver. Mais garde-toi bien d'employer la plante contre mon gré, sinon tu aurais à t'en repentir.

Il ne fallut pas longtemps pour que le jeune homme devînt le docteur le plus fameux au monde. « Au premier coup d'œil qu'il jette sur le malade, disait-on de lui, il sait déjà où il en est, s'il guérira ou s'il devra mourir ». On accourait de partout pour le consulter, on lui amenait des malades de tous les coins du monde et il recevait tant d'or, qu'il devint très vite un homme richissime. Et voilà que le roi tomba malade et qu'il fut appelé à son chevet pour dire si la guérison était possible. Comme il entrait dans la chambre, il vit aussitôt la Mort qui se tenait aux pieds de Sa Majesté, et il sut qu'aucune plante ici-bas ne pouvait plus rien pour ce malade-là. « Si je pouvais pour une fois ruser avec la Mort, pensa le médecin, elle le prendra sûrement très mal de ma part, mais quand même, je suis son filleul et son ressentiment finira par tomber. Je vais risquer la chose ». Vivement, il prit l'auguste malade et le coucha dans l'autre sens, de façon que la Mort se trouvât à sa tête pendant qu'il lui administrait la plante guérisseuse. Le roi se rétablit et retrouva la parfaite santé ; mais la Mort vint trouver le médecin, lui fit un sombre et menaçant visage en lui disant, le doigt levé, d'un ton sévère :

— Tu m'as dupée. Je te le pardonne pour cette fois, parce que tu es mon filleul. Mais ne t'y risques pas une seconde fois : ce serait sans pardon pour toi et je t'emmènerais sur l'heure.

Or, peu après, la fille du roi tomba très gravement malade. Le roi, dont elle était l'unique enfant, en pleurait nuit et jour à s'en brûler les yeux ; il fit proclamer que celui qui saurait l'arracher à la mort deviendrait son époux et recevrait la couronne en héritage. Le médecin fameux, quand il se présenta au lit de la malade, vit la Mort à ses pieds. Il aurait dû se rappeler l'avertissement de sa marraine et sa menace, mais la princesse était si belle, et devenir son époux lui promettait un tel bonheur, qu'il en fut ébloui, enivré, et n'eut plus d'autre idée. Il ne vit point que la Mort le surveillait d'un regard courroucé, levant son bras décharné en fermant son poing osseux pour le menacer. Non, il ne la vit point et tourna la malade pour lui mettre la tête aux pieds et les pieds à la tête, lui faisant prendre aussitôt la plante merveilleuse : et le rouge lui revint aux joues, la vie reprit en elle et sa guérison fut assurée.

La Mort, voyant pour la seconde fois lui échapper une vie qui lui appartenait, s'avança d'un pas lent vers le médecin et lui dit :

— De toi, c'en est fini : c'est maintenant ton tour.

Elle le prit et le serra si fort de sa froide main que toute résistance lui fut impossible : il la suivit dans une cavité souterraine immense, où il vit, en rangées innombrables, des milliers et des milliers de flambeaux de toutes tailles, les uns grands, d'autres à demi consumés déjà, d'autres enfin tout près de s'éteindre et n'ayant plus qu'une minuscule flamme vacillante. A chaque instant, d'aucuns s'éteignaient et d'autres s'allumaient, et l'on eût dit que les petites flammes ne faisaient que sauter d'ici pour se poser là.

— Tu vois, dit la Mort, ce sont les flammes de vie des hommes : les grandes sont celles des enfants, les moyennes sont celles des vieillards qui sont près de mourir. Mais il y a aussi beaucoup d'enfants ou de jeunes gens qui n'ont, eux, qu'une toute petite flamme.

— Montre-moi la mienne, demanda le médecin, qui s'imaginait la voir encore bien haute.

La Mort lui indiqua une flamme si minuscule que c'était à peine si elle brûlait encore, tellement elle était près de s'éteindre. « Tu vois ? te voilà ! » lui dit-elle.

— Oh ! ma chère marraine, supplia le médecin atterré, allumez-m'en une autre, de grâce ! Faites-le pour l'amour de moi, que je puisse jouir encore d'un temps de vie, devenir un roi et l'époux de la belle princesse !

— Je ne le puis, dit la Mort ; il faut qu'une flamme s'éteigne pour qu'une autre s'allume.

— Alors posez la vieille sur une nouvelle, qui continuera de la faire brûler quand elle sera au bout ! proposa le médecin.

La Mort feignit d'accéder à son désir et choisit une belle flamme toute jeune et vivace, comme pour y mettre la flamme presque inexistante : mais elle avait à se venger et, comme par mégarde, elle laissa tomber la flamme minuscule qui s'éteignit aussitôt. Et le médecin lui-même tomba inerte sur le sol, livré désormais aux mains de la seule Mort.

le voyage du petit-poucet

Un tailleur avait un fils qui était né minuscule et n'avait jamais dépassé la taille du pouce d'un homme ; c'était pourquoi on l'avait appelé le Petit-Poucet. Mais si petit qu'il fût, il avait du cœur au ventre et plus de courage que bien des grands.

— Père, dit-il un jour, je veux et je dois m'en aller pour voir du pays et connaître le monde.

— Tu as raison, fiston ! répondit le père qui prit une longue aiguille à tricoter, y souda une garde de cire à cacheter qu'il fondit sur la chandelle, et la lui tendit. Tiens ! voilà au moins une épée pour te défendre sur ta route ! lui dit-il.

Le minuscule tailleur, qui voulait partager le dernier repas avec ses parents, sauta jusqu'à la cuisine pour voir un peu ce que Madame sa mère avait cuisiné comme festin d'adieu.

— Madame ma mère, que nous donnes-tu aujourd'hui à manger ? demanda-t-il.

— Regarde toi-même ! dit la mère.

Alors le Petit-Poucet sauta dans la cheminée et regarda dans le chaudron ; mais comme il avait trop tendu le cou en se penchant sur la marmite, la vapeur qui montait du bouillon l'enleva et l'emporta par la cheminée. Un moment, il chevaucha les airs sur cette vapeur puis il redescendit par terre ; et le petit tailleur, qui se trouvait du coup au milieu du monde extérieur, commença son voyage et s'en alla d'abord s'engager chez un maître tailleur ; mais dans cette maison, la nourriture ne lui plaisait pas.

— Madame la maîtresse, si vous ne nous donnez pas une meilleure nourriture, dit le Petit-Poucet, je m'en irai d'ici et demain de bonne heure, j'écrirai à la craie sur votre porte : « Trop de pommes de terre et pas assez de viande ; adieu, roi des patates ! »

— Qu'est-ce que tu veux encore, petite sauterelle ? cria la maîtresse de maison en colère, empoignant un torchon pour en frapper notre Poucet.

Mais le petit tailleur sauta se mettre à l'abri sous le dé, glissa un œil au-dehors et tira la langue à la maîtresse.

— Je vais t'apprendre ! cria-t-elle en prenant le dé entre ses doigts pour s'emparer de l'insolent.

Mais le dé était vide, car déjà le Petit-Poucet avait sauté se cacher dans le torchon ; et quand elle secoua le torchon pour le trouver, il s'était glissé dans une fente de la table.

— Hé, hé ! Madame la maîtresse ! l'appela-t-il en sortant sa petite tête.

Elle voulut le frapper d'un coup de torchon, mais il était déjà dans le tiroir, où elle finit quand même par le trouver, le prendre et le jeter dehors.

Le petit tailleur s'en alla sans souci, marchant droit devant lui, et arriva ainsi dans une grande forêt, où il fit la rencontre de bandits qui s'apprêtaient à dévaliser le trésor du roi. En voyant le petit bout d'homme, ils se dirent : « Voilà un marmouset qui pourrait bien passer par un trou de serrure et qui nous servirait fort bien de passe-partout ! »

— Holà ! toi, le géant Goliath, cria l'un d'eux, cela te dirait-il de venir avec nous à la salle du trésor ? Tu te glisserais à l'intérieur et tu nous passerais l'argent.

Le Petit-Poucet réfléchit un moment, finit par accepter et s'en fut avec eux à la salle du trésor, dont il examina la porte du haut en bas pour voir si elle n'avait pas une bonne petite fente quelque part. Il ne lui fallut pas longtemps pour découvrir ce qu'il cherchait : une fente assez large pour qu'il pût s'y glisser. Il allait s'y engager, quand l'une des deux sentinelles en faction devant la porte l'aperçut et dit à son compagnon de garde :

— Dis donc, qu'est-ce que c'est que cette vilaine araignée qui court par là ? Je vais l'écraser sous ma botte !

— Laisse donc aller cette pauvre bête qui ne t'a rien fait ! répondit l'autre soldat.

Pendant ce temps, le Petit-Poucet avait heureusement passé à travers la fente et se trouvait à l'intérieur de la chambre du trésor. Il alla ouvrir la fenêtre, sous laquelle attendaient les voleurs, et il commença à leur jeter les écus d'or un à un. Il était en plein travail quand il entendit le roi qui venait admirer ses richesses, et vite, vite, il se cacha. Le roi remarqua bien que nombre de beaux écus d'or manquaient, mais il n'arrivait pas à comprendre qui avait bien pu les voler, puisque rien n'était fracturé et que toutes les serrures et tous les verrous étaient intacts et parfaitement fermés. Au bout d'un moment, le roi s'en alla et dit aux sentinelles devant la porte : « Ayez l'œil, vous autres, il y a quelqu'un qui en veut à mon or ».

La porte refermée, Petit-Poucet s'était remis au travail, mais les sentinelles, de l'extérieur, entendirent les écus qui dansaient à l'intérieur et qui sonnaient cling ! cling ! cling ! Ils se précipitèrent à l'intérieur pour s'emparer du voleur. Ouiche donc ! Le Petit-Poucet les avait entendus dans leur lourde hâte, et il s'était montré beaucoup plus rapide, sautant dans un coin pour se cacher derrière un bel écu brillant. Il s'était glissé dessous et personne ne pouvait le voir ; alors il s'offrit le luxe d'appeler les gardes pour se moquer d'eux : « Hé ! hé ! Je suis ici ! » Les sentinelles accoururent, mais le temps qu'elles arrivent, il était déjà sous un autre écu, dans un autre coin, et leur criait : « Ho ! ho ! Je suis là ! » Les soldats y bondirent, mais le Petit-Poucet ne les avait pas attendus et criait d'un troisième endroit : « Ohé ! je suis ici ! » Puis ailleurs, et encore ailleurs, et ainsi de suite jusqu'à ce que les soldats, exaspérés et las d'être moqués, s'en allèrent et reprirent leur garde devant la porte du trésor. Aussitôt les pièces d'or reprirent le chemin de la fenêtre et tous les écus y passèrent prestement, jusqu'à ce que le trésor fût parfaitement vide. La dernière pièce, Petit-Poucet l'expédia de toutes ses forces, sauta dessus et s'en alla avec elle par la fenêtre pour venir tomber au milieu des autres. Les bandits ne tarissaient pas d'éloges et multipliaient leurs félicitations : « Tu es un grand héros, finirent-ils par lui dire, veux-tu être notre chef ? » Le Petit-Poucet les remercia mais s'excusa, car, leur dit-il, il voulait d'abord voir le monde. Quand ils firent le partage du butin, notre minuscule tailleur ne put rien prendre qu'un petit sou, n'ayant pas la force de porter autre chose avec lui.

Il boucla alors le ceinturon de son épée, souhaita le bonjour à la bande et prit la route entre ses jambes. Ici ou là, il entra travailler chez certains maîtres-tailleurs, mais ce genre de travail ne lui plaisait guère et, pour finir, il loua ses services comme valet dans une auberge. Mais là, ce furent les servantes qui le prirent en grippe parce qu'elles n'arrivaient jamais à l'apercevoir, alors qu'il voyait tout ce qu'elles faisaient en cachette, se trouvant toujours là pour les surprendre et aller raconter aux patrons combien d'assiettées elles avaient mangé à table ou ce qu'elles avaient chipé dans le garde-manger pour leur compte personnel. « Tu n'y perdras rien pour attendre, pensèrent-elles, et nous te le ferons payer ! » Elles complotèrent, en cherchant quelque vilain tour à lui jouer.

Un jour que l'une d'elles était en train de faucher dans le jardin, voyant le Petit-Poucet batifoler et gambader parmi les hautes herbes de la pelouse, elle s'empressa de faucher l'endroit et de le ramasser avec l'herbe, qu'elle alla bien vite porter aux vaches, en cachette. Parmi les vaches, il y en avait une grosse et noire, qui l'avala avec son herbe, mais sans lui faire de mal. Dans le ventre de la bête, il ne se plaisait pas, mais pas du tout, parce que c'était tout sombre et qu'il n'y avait pas la moindre lumière dans ces noires ténèbres. Quand on vint traire la vache, il se mit à crier :

Traich, trich, train
Le seau n'est-il pas bientôt plein ?

Mais nul ne l'entendit à cause du bruit que faisait le lait en fusant dans le seau, et cela ne servit de rien. Un peu plus tard arriva l'aubergiste dans son étable : « Demain, dit-il devant la grosse vache noire, on va tuer et bouchoyer cette bête. » Petit-

Poucet, dans le ventre de la vache, fut pris d'une telle peur qu'il se mit à crier de toute sa petite voix claire :

— Laissez-moi d'abord sortir ! Je suis dedans !

— Mais où es-tu ? demanda le maître, qui avait fort bien entendu cette voix, mais ne savait pas d'où elle pouvait venir.

— Dans la noire ! Dans la noire ! cria le Poucet. Mais le maître ne le comprit pas et s'en alla tout bonnement.

Le lendemain matin la vache fut abattue, saignée et découpée. Par bonheur le Petit-Poucet passa entre les coups de hache et les coups de couteau sans y laisser sa vie, mais il resta prisonnier de la chair à saucisses ; et lorsque le boucher s'approcha et se mit à hacher, le marmouset hurla de toute la force de ses petits poumons : « Pas trop menu ! pas trop menu ! Je suis au milieu de la viande ! » Mais à quoi bon ? Avec le bruit que faisait le hachoir, personne ne pouvait rien entendre. Petit-Poucet se trouvait à présent jeté dans son plus grand péril, mais le péril donne du nerf et fait marcher les jambes : à force de sauter et de bondir de-ci de-là pour éviter le pire, il réussit à passer entre les couteaux du hachoir sans dommage pour ses membres, et il sauva sa peau. Sa peau et rien de plus, car sortir de là, il ne le pouvait pas, quoi qu'il fît : la vie qu'il venait de sauver n'avait au bout du compte pas d'avenir ailleurs qu'à l'intérieur d'une saucisse. Ce domicile était plutôt exigu, à vrai dire, et il lui fallut, de plus, se trouver suspendu dans la cheminée pour y être fumé, ce qui fit que le temps de cet interminable séjour lui parut plutôt long ! Mais enfin, en plein hiver, arriva le jour qu'il fut dépendu, car la saucisse était destinée à l'assiette d'un client. Aussi, quand l'aubergiste, dans sa cuisine, se mit à couper la saucisse en tranches, le Petit-Poucet fit-il bien attention de ne pas avancer sa tête au-dehors pour ne pas risquer de se faire couper le cou. Libéré, enfin, il respira le bon air du dehors et bondit pour se sauver.

Car dans cette maison où il en avait tant vu, il n'avait pas l'intention de rester une seconde de plus : sa seule hâte et son unique pensée étant de reprendre la route pour aller voir du pays. Pourtant sa liberté ne fut pas de longue durée. En pleine campagne, il se trouva nez à nez avec un renard qui l'avala sans même y prendre garde, tout en rêvant à autre chose.

— Eh ! monsieur le renard ! hurla le petit homme, je suis déjà au beau milieu de votre gosier, laissez-moi reprendre ma liberté !

— Tu as raison, répondit le renard, te manger toi, c'est tout autant que rien. Mais il faut que tu me promettes toutes les poules du poulailler de ton père, si tu veux que je te laisse aller.

— De tout mon cœur ! répondit le Petit-Poucet. Les poules, tu les auras toutes jusqu'à la dernière, je te le promets !

Alors le renard lui rendit sa liberté et le porta lui-même jusque chez lui, dans la maison paternelle. Et quand le père retrouva son cher petit bout de fils, il fut si heureux qu'il donna bien volontiers ses poules au renard.

— Et en plus, annonça triomphalement le Petit-Poucet à son père, je te rapporte une bonne petite somme d'argent !

Et il lui tendit la pièce d'un sou qu'il avait gagnée au cours de son périple.

— Mais pourquoi le renard s'était-il vu donner toutes les malheureuses poules sans qu'elles eussent rien à dire ?

— Eh bien, petit idiot, ton père aussi aime mieux son enfant que les poules de son poulailler !

l'oiseau d'ourdi

Il était une fois un maître sorcier qui se donnait l'apparence d'un pauvre et s'en allait mendier de maison en maison pour s'emparer des jolies filles. Nul au monde ne savait où il les emportait, et jamais plus elles ne revenaient de là-bas.

Un jour, il se présenta à la porte de quelqu'un qui avait trois filles, jolies toutes les trois ; et il avait l'air d'un misérable mendiant tout loqueteux et presque à bout de forces, avec une vieille besace sur le dos qui semblait faite pour emporter les dons de la charité. Il mendia humblement un petit quelque chose à manger, et quand la fille aînée vint pour lui apporter un morceau de pain, il la toucha seulement du bout du doigt, ce qui l'obligea à sauter elle-même dans la besace. Aussitôt l'homme s'éloigna à grandes et solides enjambées, gagnant rapidement une sombre forêt au milieu de laquelle il avait sa maison. Là, dans cette maison, tout était merveilleux, et la jeune fille avait tout ce qu'elle pouvait désirer ou même souhaiter, car il lui donnait tout. « Mon trésor, lui dit-il, ton cœur ici n'aura plus rien à désirer : tu verras comme tu seras bien chez moi. »

Quelques jours passèrent, puis il lui dit :

— Je dois m'absenter et te laisser seule, mais ce ne sera pas long. Voici toutes les clefs de la maison : tu peux aller partout, à la seule exception d'une chambre, à laquelle correspond cette petite clef-ci. Dans celle-là, je t'interdis d'entrer sous peine de mort.

Il lui confia également un œuf en lui disant :

— Cet œuf, garde-le-moi précieusement et porte-le de préférence toujours sur toi, car s'il venait à se perdre, cela provoquerait un énorme malheur.

Elle prit les clefs ainsi que l'œuf, promettant d'exécuter tout à la lettre. Une fois le maître parti, elle alla ici et là visiter la maison du haut en bas, admirant tout ce qu'il y avait à admirer, les chambres qui étincelaient d'or et d'argent, des merveilles telles qu'il lui semblait n'avoir jamais rien vu d'aussi beau, ni seulement rêvé de pareilles splendeurs. Elle arriva aussi, pour finir, devant la porte interdite et voulut passer outre ; mais la curiosité la retint, la tracassa, ne la laissa pas en repos. Elle considéra la petite clef, qui ressemblait aux autres, l'introduisit dans la serrure et la tourna un tout petit peu, mais la porte s'ouvrit d'un coup. Et que vit-elle, lorsqu'elle entra ? Au milieu de la chambre, un grand bac plein de sang où nageaient des membres humains, et à côté un gros billot avec une hache étincelante. Elle eut un tel sursaut d'effroi que l'œuf, qu'elle tenait à la main, lui échappa et tomba dans le bac sanglant. Elle le reprit bien vite et voulut le nettoyer du sang qui le tachait, mais elle eut beau laver, frotter, essuyer : il n'y avait rien à faire, le sang réapparaissait toujours.

Peu de temps après, l'homme rentra de son voyage et sa première demande fut pour les clefs et pour l'œuf. Elle les lui tendit en tremblant, et il s'aperçut tout de suite, en voyant les taches sur l'œuf, qu'elle était entrée dans la chambre sanglante.

— Puisque tu es entrée contre ma volonté dans la chambre, lui dit-il, tu vas maintenant y retourner contre ta volonté ! Tu as fini de vivre.

Il la jeta à terre, la traîna par les cheveux dans la terrible pièce, lui trancha la tête sur le billot puis lui coupa les membres en inondant le plancher de son sang, et les jeta avec les autres dans le grand bac.

— Maintenant je vais aller chercher la seconde ! dit à haute voix le maître sorcier, qui reprit aussitôt son apparence de pauvre mendiant et revint, comme tel, devant la porte de la maison où il avait pris la première demoiselle.

La seconde lui apporta un morceau de pain, il la toucha du doigt et l'emporta comme l'autre. Elle ne connut pas un meilleur sort que sa sœur, car elle aussi se laissa pousser par la curiosité, ouvrit la porte et vit la chambre sanglante avant de le payer de sa vie.

Alors le sorcier s'en alla chercher la troisième sœur, qui était plus intelligente et plus rusée. Après qu'il lui eut remis les clefs et l'œuf et se fut en allé, elle prit soin tout d'abord de mettre l'œuf en sûreté, puis elle visita toute la maison pour entrer finalement, elle aussi, dans la chambre interdite. Hélas ! que n'y vit-elle pas ? Ses deux sœurs bien-aimées gisaient là, horriblement assassinées et coupées en morceaux, dans le bac sanglant avec d'autres corps ! Courageusement elle s'avança et chercha leurs membres épars, les rassembla et les remit comme il convenait : la tête, le tronc, les bras et les jambes ; et dès que les corps furent complets, quand ils eurent tous leurs membres sans que rien ne manquât, la vie revint et les parties se ressoudèrent, si bien que les deux sœurs ouvrirent leurs yeux et se retrouvèrent bien vivantes. Quelle joie ! quelles embrassades ! quel bonheur pour toutes trois !

A son retour de voyage, l'homme réclama les clefs et l'œuf, sur lequel il ne décela pas la moindre tache de sang. Alors il dit :

— Tu as subi l'épreuve : tu seras donc mon épouse.

Il n'avait plus aucun pouvoir sur elle et devait, au contraire, faire absolument tout ce qu'elle désirait.

— Très bien, dit-elle, mais tu devras d'abord porter une pleine besace d'or à mon père et à ma mère ; et cette besace, c'est sur ton dos que tu devras la porter, afin que ce présent ait un sens et une réelle valeur. Pendant ce temps, moi, je ferai les préparatifs de la noce.

Elle courut alors retrouver ses sœurs, qu'elle avait cachées dans un cabinet, et leur dit :

— L'heure et l'instant sont venus, et je peux vous sauver ! Le maudit va lui-même vous ramener, à son insu, à la maison en vous portant sur son dos. Mais dès que vous serez à la maison, envoyez-moi vite du secours !

Elle les mit toutes deux au fond d'une besace, puis elle les couvrit d'or, de façon qu'on ne puisse pas les voir, puis elle appela le maître sorcier et lui dit :

— Voilà la besace que tu vas porter, mais ne t'arrête pas en chemin et ne cherche pas à te reposer : je te verrai de ma petite fenêtre d'en haut et je te surveillerai !

Le sorcier chargea la lourde besace sur son dos et se mit en route aussitôt, mais elle pesait si lourd que la sueur lui en coulait du front et lui inondait le visage. Il s'arrêta et s'assit pour se reposer un moment, mais une voix lui cria de l'intérieur de la besace : « Je te vois de ma petite fenêtre ! Tu te reposes ! Allons, marche ! » Il se releva et se remit en route, croyant que c'était sa fiancée qui lui avait crié cela depuis la lucarne, là-bas. Une nouvelle fois, il essaya de se reposer, mais cette fois encore la voix cria : « Je te vois de ma petite fenêtre ! Tu te reposes ! Veux-tu bien te remettre en marche ! » Puis chaque fois qu'il faisait mine de s'arrêter, succombant sous la charge, la voix le rappelait à l'ordre et il lui fallait marcher, de telle sorte qu'il finit par arriver à bout de souffle et en gémissant à la maison des parents, où il déposa son or et, avec l'or, les deux sœurs saines et sauves.

Dans la maison du sorcier, pendant ce temps, la fiancée préparait la noce et invitait tous les amis de la maison à y prendre part. Puis elle prit une tête de mort qui grimaçait de toutes ses dents, la para de bijoux et lui mit une couronne de fleurs avant d'aller la poser devant la fenêtre du grenier comme si elle regardait dehors. Quand tout fut prêt, elle se plongea elle-même dans un tonneau de miel, puis alla se rouler dans l'édredon qu'elle avait éventré, de sorte qu'elle eut l'air d'un oiseau étrange, mais plus du tout d'un être humain ; et alors elle quitta la maison pour rentrer chez elle. En chemin, elle rencontra un premier groupe d'invités de la noce, qui lui demanda :

O toi, l'oiseau d'Ourdi, d'où viens-tu par ici ?
— Tout droit de la maison de l'Ourdisseur Ourdi.
— Que fait là-bas la jeune fiancée ?
— De haut en bas, la maison préparée,
A la lucarne elle est allée
Pour voir venir les invités.

Plus loin, elle rencontra le fiancé lui-même qui s'en revenait d'un pas lourd et lent, tellement il était fatigué. Comme les autres, il l'interrogea :

O toi, l'oiseau d'Ourdi, d'où viens-tu par ici ?
— Tout droit de la maison de l'Ourdisseur Ourdi.
— Que fait là-bas ma jeune fiancée ?
— De haut en bas, la maison préparée,
A la lucarne elle est allée
Pour voir venir son fiancé.

Regardant tout là-bas, au grenier, le fiancé y vit dans la lucarne la tête de mort couronnée de fleurs et ornée de bijoux ; mais comme c'était si loin encore, il crut que c'était, en effet, sa fiancée qui le regardait venir, et il la salua en lui faisant signe joyeusement. Mais dès qu'il se trouva avec les invités à l'intérieur de la maison, les frères et les parents des trois sœurs arrivèrent justement, accourant au secours de la fiancée. La sachant maintenant sauvée, ils fermèrent toutes les portes et les issues de la maison de façon que personne ne pût en sortir, puis ils y mirent le feu. Et le maître sorcier avec toute sa bande y périt dans les flammes.

le conte du genévrier

Il y a de cela bien longtemps, au moins deux mille ans, vivait un homme riche qui avait une femme de grande beauté, honnête et pieuse ; ils s'aimaient tous les deux d'un grand amour, mais ils n'avaient pas d'enfant et ils en désiraient tellement, et la femme priait beaucoup, beaucoup, nuit et jour pour avoir un enfant ; mais elle n'arrivait pas, non, elle n'arrivait pas à en avoir.

Devant leur maison s'ouvrait une cour où se dressait un beau genévrier, et une fois, en hiver, la femme était sous le genévrier et se pelait une pomme ; son couteau glissa et elle se coupa le doigt assez profondément pour que le sang fît quelques taches dans la neige. La femme regarda le sang devant elle, dans la neige, et soupira très fort en se disant, dans sa tristesse : « Oh ! si j'avais un enfant, si seulement j'avais un enfant vermeil comme le sang et blanc comme la neige ! » Dès qu'elle eut dit ces mots, elle se sentit soudain toute légère et toute gaie avec le sentiment que son vœu serait réalisé. Elle rentra dans la maison et un mois passa : la neige disparut ; un deuxième mois, et tout avait reverdi ; un troisième mois, et la terre se couvrit de fleurs ; un quatrième mois, et dans la forêt, les arbres étaient tout épais et leurs branches vertes s'entrecroisaient sans presque laisser de jour : les oiseaux chantaient en foule et tout le bois retentissait de leur chant, les arbres perdaient leurs fleurs qui tombaient sur le sol ; le cinquième mois passé, elle était un jour sous le genévrier et cela sentait si bon que son cœur déborda de joie et qu'elle en tomba à genoux, tant elle se sentait heureuse ; puis le sixième mois s'écoula, et les fruits se gonflèrent, gros et forts, et la femme devint toute silencieuse ; le septième mois passé, elle cueillit les baies du genévrier et les mangea toutes avec avidité, et elle devint triste et malade ; au bout du huitième mois, elle appela son mari et lui dit en pleurant : « Quand je mourrai, enterre-moi sous le genévrier. » Elle en éprouva une immense consolation, se sentit à nouveau pleine de confiance et heureuse jusqu'à la fin du neuvième mois. Alors elle mit au monde un garçon blanc comme la neige et vermeil comme le sang, et lorsqu'elle le vit, elle en fut tellement heureuse qu'elle en mourut.

Son mari l'enterra alors sous le genévrier et la pleura tant et tant : il ne faisait que la pleurer tout le temps. Mais un jour vint qu'il commença à la pleurer moins fort et moins souvent, puis il ne la pleura plus que quelquefois de temps à autre ; puis il cessa de la pleurer tout à fait. Un peu de temps passa encore, maintenant qu'il ne la pleurait plus, et ensuite il prit une autre femme.

De cette seconde épouse, il eut une fille ; et c'était un garçon qu'il avait de sa première femme : un garçon vermeil comme le sang et blanc comme la neige. La mère, chaque fois qu'elle regardait sa fille, l'aimait beaucoup, beaucoup ; mais si elle regardait le petit garçon, cela lui écorchait le cœur de le voir ; il lui semblait qu'il empêchait tout, qu'il était toujours là en travers, qu'elle l'avait dans les jambes continuellement ; et elle se demandait comment faire pour que toute la fortune revînt à sa fille, elle y réfléchissait, poussée par le Malin, et elle se prit à détester le petit garçon qu'elle n'arrêtait pas de chasser d'un coin à l'autre, le frappant ici, le pinçant là, le maltraitant sans cesse, de telle sorte que le pauvre petit ne vivait plus que dans la crainte. Quand il revenait de l'école, il n'avait plus un instant de tranquillité.

Un jour, la femme était dans la chambre du haut et la petite fille monta la rejoindre en lui disant :

— Mère, donne-moi une pomme !

— Oui, mon enfant ! lui dit sa mère, en lui choisissant dans le bahut la plus belle pomme qu'elle put trouver. Ce bahut, où l'on mettait les pommes, avait un couvercle épais et pesant muni d'une serrure tranchante, en fer.

— Mère, dit la petite fille, est-ce que mon frère n'en aura pas une aussi ?

La femme en fut agacée, mais elle répondit quand même :

— Bien sûr, quand il rentrera de l'école.

Mais quand elle le vit qui revenait, en regardant par la fenêtre, ce fut vraiment comme si le Malin l'avait possédée : elle reprit la pomme qu'elle avait donnée à sa fille, en lui disant : « Tu ne dois pas l'avoir avant ton frère. » Et elle la remit dans le bahut, dont elle referma le pesant couvercle.

Et lorsque le petit garçon fut arrivé en haut, le Malin lui inspira son accueil aimable et ses paroles gentilles : « Veux-tu une pomme, mon fils ? » Mais ses regards démentaient ses paroles car elle fixait sur lui des yeux féroces, si féroces que le petit garçon lui dit :

— Mère, tu as l'air si terrible : tu me fais peur. Oui, je voudrais bien une pomme.

Sentant qu'il lui fallait insister, elle lui dit :

— Viens avec moi ! et, l'amenant devant le gros bahut, elle ouvrit le pesant couvercle et lui dit : Tiens ! prends toi-même la pomme que tu voudras !

Le petit garçon se pencha pour prendre la pomme, et alors le Diable la poussa et boum ! elle rabattit le lourd couvercle avec une telle force que la tête de l'enfant fut coupée et roula au milieu des pommes rouges.

Alors elle fut prise de terreur (mais alors seulement) et pensa : « Ah ! si je pouvais éloigner de moi ce que j'ai fait ! » Elle courut dans une autre pièce, ouvrit une commode pour y prendre un foulard blanc, puis elle revint au coffre, replaça la tête sur son cou, la serra dans le foulard pour qu'on ne puisse rien voir et assit le garçon sur une chaise, devant la porte, avec une pomme dans la main.

La petite Marlène, sa fille, vint la retrouver dans la cuisine et lui dit, tout en tournant une cuillère dans une casserole qu'elle tenait sur le feu :

— Oh ! mère, mon frère est assis devant la porte et il est tout blanc ; il tient une pomme dans sa main, et quand je lui ai demandé s'il voulait me la donner, il ne m'a pas répondu. J'ai peur !

— Retournes-y, dit la mère, et s'il ne te répond pas, flanque-lui une bonne claque !

La petite Marlène courut à la porte et lui demanda : « Frère, donne-moi la pomme, tu veux ? » Mais il resta muet et elle lui donna une gifle bien sentie, en y mettant toutes ses petites forces. La tête roula par terre et la fillette eut tellement peur qu'elle se mit à hurler en pleurant, et elle courut, toute terrifiée, vers sa mère :

— Oh ! mère, j'ai arraché la tête de mon frère !

Elle sanglotait, sanglotait à n'en plus finir, la pauvre petite Marlène. Elle en était inconsolable.

— Marlène, ma petite fille, qu'as-tu fait ? dit la mère. Quel malheur ! Mais à présent tiens-toi tranquille et ne dis rien, que personne ne le sache, puisqu'il est trop tard pour y changer quelque chose et qu'on n'y peut rien. Nous allons le faire cuire en ragoût, à la sauce brune.

La mère alla chercher le corps du garçonnet et le coupa en menus morceaux pour le mettre à la sauce brune et le faire cuire en ragoût. Mais la petite Marlène ne voulait pas s'éloigner et pleurait, pleurait et pleurait, et ses larmes tombaient dans la marmite, tellement qu'il ne fallut pas y mettre de sel.

Le père rentra à la maison pour manger, se mit à table et demanda : « Où est mon fils ? » La mère vint poser sur la table une pleine marmite de ragoût à la sauce brune et petite Marlène pleurait sans pouvoir s'en empêcher. Une seconde fois, le père demanda : « Mais où est donc mon fils ? »

— Oh ! dit la mère, il est allé à la campagne chez sa grand-tante ; il y restera quelques jours.

— Mais que va-t-il faire là-bas ? demanda le père ; et il est parti sans seulement me dire au revoir !

— Il avait tellement envie d'y aller, répondit la femme ; il m'a demandé s'il pouvait y rester six semaines et je le lui ai permis. Il sera bien là-bas.

— Je me sens tout attristé, dit le père ; ce n'est pas bien

qu'il soit parti sans rien me dire. Il aurait pu quand même me dire adieu !

Tout en parlant de la sorte, le père s'était mis à manger ; mais il se tourna vers l'enfant qui pleurait et lui demanda :

— Marlène, mon petit, pourquoi pleures-tu ? Ton frère va revenir bientôt. Puis il se tourna vers sa femme : « O femme, lui dit-il, quel bon plat tu as fait là ! Sers-m'en encore. »

Elle le reservit, mais plus il en mangeait, et plus il en voulait.

— Donne-m'en, donne-m'en plus, je ne veux en laisser pour personne : il me semble que tout est à moi et doit me revenir.

Et il mangea, mangea jusqu'à ce qu'il ne restât plus rien, suçant tous les petits os, qu'il jetait à mesure sous la table. Mais la petite Marlène se leva et alla chercher dans le tiroir du bas de sa commode le plus joli foulard qu'elle avait, un beau foulard de soie, puis, quand son père eut quitté la table, elle revint ramasser tous les os et les osselets, qu'elle noua dans son foulard de soie pour les emporter dehors en pleurant à gros sanglots. Elle alla et déposa son petit fardeau dans le gazon, sous le genévrier ; et quand elle l'eut mis là, soudain son cœur se sentit tout léger et elle ne pleura plus. Le genévrier se mit à bouger, écartant ses branches et les resserrant ensemble, puis les ouvrant de nouveau et les refermant comme quelqu'un qui manifeste sa joie à grands gestes des mains. Puis il y eut soudain comme un brouillard qui descendit de l'arbre jusqu'au sol, et au milieu de ce brouillard c'était comme du feu, et de ce feu sortit un oiseau splendide qui s'envola très haut dans les airs en chantant merveilleusement. Lorsque l'oiseau eut disparu dans le ciel, le genévrier redevint comme avant, mais le foulard avec les ossements n'était plus là. La petite Marlène se sentit alors toute légère et heureuse, comme si son frère était vivant ; alors elle rentra toute joyeuse à la maison, se mit à table et mangea.

L'oiseau qui s'était envolé si haut redescendit se poser sur la maison d'un orfèvre, et là il se mit à chanter :

Ma mère m'a tué ;
Mon père m'a mangé ;
Ma sœurette Marlène
A pris bien de la peine
Pour recueillir mes os jetés
Dessous la table, et les nouer
Dans son foulard de soie
Qu'elle a porté sous le genévrier.
Kywitt, kywitt, bel oiseau que je suis !

L'orfèvre était à son travail, dans son atelier, occupé à fabriquer une chaînette d'or ; mais lorsqu'il entendit l'oiseau qui chantait sur son toit, cela lui parut si beau, si beau qu'il se leva précipitamment, perdit une pantoufle sur son seuil et courut ainsi jusqu'au milieu de la rue, un pied chaussé, l'autre en chaussette, son grand tablier devant lui, tenant encore dans sa main droite ses pinces à sertir, et dans la gauche la chaînette d'or ; et le soleil brillait clair dans la rue. Alors il resta là et regarda le bel oiseau auquel il dit :

— Oiseau, que tu sais bien chanter ! Comme c'est beau ! Chante-le-moi encore une fois, ton morceau !

— Non, dit l'oiseau, je ne chante pas deux fois pour rien. Donne-moi la chaînette d'or, et je le chanterai encore.

— Tiens, prends la chaînette d'or, elle est à toi, dit l'orfèvre, et maintenant chante-moi encore une fois ton beau chant.

L'oiseau vint prendre la chaînette d'or avec sa patte droite, se mit en face de l'orfèvre et chanta :

Ma mère m'a tué ;
Mon père m'a mangé ;
Ma sœurette Marlène
A pris bien de la peine
Pour recueillir mes os jetés
Dessous la table, et les nouer
Dans son foulard de soie

Qu'elle a porté sous le genévrier.
Kywitt, kywitt, bel oiseau que je suis !

Et aussitôt il s'envola pour aller se poser sur le toit de la maison d'un cordonnier, où il chanta :

Ma mère m'a tué ;
Mon père m'a mangé ;
Ma sœurette Marlène
A pris bien de la peine
Pour recueillir mes os jetés
Dessous la table, et les nouer
Dans son foulard de soie
Qu'elle a porté sous le genévrier.
Kywitt, kywitt, bel oiseau que je suis !

Le cordonnier entendit ce chant et courut en bras de chemise devant sa porte pour regarder sur son toit, et il dut mettre la main devant ses yeux pour ne pas être aveuglé par le soleil qui brillait si fort.

— Oiseau, lui dit-il, comme tu sais bien chanter !

Il repassa sa porte et rentra chez lui pour appeler sa femme. « Femme, lui cria-t-il, viens voir un peu dehors : il y a un oiseau, regarde-le, cet oiseau qui sait si bien chanter ! » Il appela aussi sa fille et les autres enfants, et encore ses commis et la servante et le valet, qui vinrent tous dans la rue et regardèrent le bel oiseau qui chantait si bien et qui était si beau, avec des plumes rouges et vertes, et du jaune autour de son cou : on aurait dit de l'or pur ; et ses yeux scintillants : on aurait dit qu'il avait deux étoiles dans sa tête !

— Oiseau, dit le cordonnier, maintenant chante encore une fois ton morceau.

— Non, dit l'oiseau, je ne chante pas deux fois pour rien ; il faut que tu me fasses un cadeau.

— Femme, dit le cordonnier, monte au grenier : sur l'étagère la plus haute, il y a une paire de chaussures rouges ; apporte-les-moi.

La femme monta et rapporta les chaussures.

— Tiens, c'est pour toi, l'oiseau ! dit le cordonnier. Et maintenant chante encore une fois.

L'oiseau descendit et prit les chaussures avec sa patte gauche, puis il se renvola sur le toit où il chanta :

Ma mère m'a tué ;
Mon père m'a mangé ;
Ma sœurette Marlène
A pris bien de la peine
Pour recueillir mes os jetés
Dessous la table, et les nouer
Dans son foulard de soie
Qu'elle a porté sous le genévrier.
Kywitt, kywitt, bel oiseau que je suis !

Et quand il eut chanté, il s'envola, serrant la chaîne d'or dans sa patte droite et les souliers dans sa gauche, et il vola loin, loin, jusqu'à un moulin qui tournait, tac-tac, tac-tac, tac-tac, tac-tac ; et devant la porte du moulin il y avait vingt garçons meuniers qui piquaient une meule au marteau, hic-hac, hic-hac, hic-hac, pendant que tournait le moulin, tac-tac, tac-tac, tac-tac. Alors l'oiseau alla se percher dans un tilleul et commença à chanter :

Ma mère m'a tué.

Un premier s'arrêta et écouta :

Mon père m'a mangé.

Deux autres s'arrêtèrent et écoutèrent :

Ma sœurette Marlène
A pris bien de la peine.

Quatre autres s'arrêtèrent à leur tour :

Pour recueillir mes os jetés
Dessous la table, et les nouer
Dans son foulard de soie.

A présent, ils n'étaient plus que huit à frapper encore :

Qu'elle a porté

Cinq seulement frappaient encore :

sous le genévrier.

Il n'en restait plus qu'un qui frappait du marteau :

Kywitt, kywitt, bel oiseau que je suis !

Le dernier, à son tour, s'est aussi arrêté et il a même encore entendu la fin.

— Oiseau, dit-il, ce que tu chantes bien ! Fais-moi entendre encore une fois ce que tu as chanté, je n'ai pas entendu.

— Non, dit l'oiseau, je ne chante pas deux fois pour rien. Donne-moi la meule et je chanterai encore une fois.

— Tu l'aurais, bien sûr, si elle était à moi tout seul, répondit le garçon meunier.

— S'il chante encore une fois, approuvèrent tous les autres, il est juste qu'il l'ait, et il n'a qu'à la prendre.

L'oiseau descendit de l'arbre et les vingt garçons meuniers, avec des leviers, soulevèrent la lourde meule, ho-hop ! ho-hop ! ho-hop ! ho-hop ! Et l'oiseau passa son cou par le trou du centre, prenant la meule comme un collier avec lequel il s'envola de nouveau sur son arbre pour chanter :

Ma mère m'a tué ;
Mon père m'a mangé ;
Ma sœurette Marlène
A pris bien de la peine
Pour recueillir mes os jetés
Dessous la table, et les nouer
Dans son foulard de soie
Qu'elle a porté sous le genévrier.
Kywitt, kywitt, bel oiseau que je suis !

Dès qu'il eut fini, il déploya ses ailes et s'envola, et il avait la chaînette d'or dans sa serre droite, et la paire de souliers dans sa serre gauche, et la meule était autour de son cou. Et il vola ainsi loin, très loin, jusqu'à la maison de son père.

Le père, la mère et petite Marlène sont là, assis à table. Et le père dit :

— C'est drôle comme je me sens bien, tout rempli de lumière !

— Oh ! pas moi, dit la mère, je me sens accablée comme s'il allait éclater un gros orage.

Petite Marlène est sur sa chaise qui pleure et qui pleure sans rien dire. L'oiseau donne ses derniers coups d'ailes, et quand il se pose sur le toit de la maison, le père dit :

— Ah ! je me sens vraiment tout joyeux et le soleil est si beau : il me semble que je vais revoir une vieille connaissance.

— Oh ! pas moi, dit la mère, je me sens oppressée et toute apeurée, j'ai les dents qui claquent, et dans mes veines on dirait qu'il y a du feu !

Elle se sent si mal qu'elle déchire son corsage pour essayer de respirer et se donner de l'air. Et la petite Marlène, dans son coin, est là qui pleure, qui pleure, et qui se tient son tablier devant les yeux ; et elle pleure tellement qu'elle a complètement mouillé son assiette. L'oiseau est venu se percher sur le genévrier ; il se met à chanter :

Ma mère m'a tué.

Alors la mère se bouche les oreilles et ferme les yeux pour ne rien voir ni entendre ; mais ses oreilles bourdonnent et elle entend comme un terrible tonnerre dedans, ses yeux la brûlent et elle voit comme des éclairs dedans

Mon père m'a mangé.

— Oh ! mère, dit le père, dehors il y a un splendide oiseau qui chante merveilleusement, le soleil brille et chauffe magnifiquement, on respire un parfum qui ressemble à de la cannelle.

Ma sœurette Marlène
A pris bien de la peine.

La petite Marlène cache sa tête dans ses genoux et pleure de plus en plus.

— Je sors, dit le père, il faut que je voie cet oiseau de tout près.

— Oh non, n'y vas pas ! proteste la mère. Il me semble que toute la maison tremble sur sa base et qu'elle s'effondre dans les flammes !

L'homme alla dehors néanmoins et regarda l'oiseau.

Pour recueillir mes os jetés
Dessous la table, et les nouer
Dans son foulard de soie
Qu'elle a porté sous le genévrier.
Kywitt, kywitt, bel oiseau que je suis !

Aux dernières notes, l'oiseau laissa tomber adroitement la chaîne d'or qui vint juste se mettre autour du cou de l'homme, exactement comme un collier qui lui allait très bien.

— Regardez ! dit l'homme en rentrant, voilà le cadeau que le bel oiseau m'a fait : cette magnifique chaîne d'or. Et voyez comme il est beau !

Mais la femme, dans son angoisse, s'écroula de tout son long dans la pièce et son bonnet lui tomba de la tête. L'oiseau, de nouveau, chantait :

Ma mère m'a tué.

— Ah ! s'écria la femme, si je pouvais être à mille pieds sous terre pour ne pas entendre cela !

Mon père m'a mangé.

La femme retomba sur le dos, blanche comme une morte.

Ma sœurette Marlène

chantait l'oiseau, et la petite Marlène s'exclama : « Je vais sortir aussi et voir quel cadeau l'oiseau me fera ! » Elle se leva et sortit.

A pris bien de la peine
Pour recueillir mes os jetés
Dessous la table, et les nouer
Dans son foulard de soie.

Avec ces mots, l'oiseau lui lança les souliers.

Qu'elle a porté sous le genévrier.
Kywitt, kywitt, bel oiseau que je suis !

La petite Marlène sentit que tout devenait lumineux et gai pour elle ; elle enfila les souliers rouges et neufs et se mit à danser et à sauter, tellement elle s'y trouvait bien, rentrant toute heureuse dans la maison.

— Oh ! dit-elle, moi qui me sentais si triste quand je suis venue dehors, et à présent tout est si clair ! C'est vraiment un merveilleux oiseau que celui-là, et il m'a fait cadeau de souliers rouges !

— Que non ! que non ! dit la femme en revenant à elle et en se relevant, et ses cheveux se dressaient sur sa tête comme des langues de feu. Pour moi, c'est comme si le monde entier s'anéantissait : il faut que je sorte aussi, peut-être que je me sentirai moins mal dehors !

Mais aussitôt qu'elle eut franchi la porte, baraboum ! l'oiseau laissa tomber la meule sur sa tête et la lui mit en bouillie. Le père et petite Marlène entendirent le fracas et sortirent pour voir. Mais que virent-ils ? De cet endroit s'élevait une vapeur qui s'enflamma et brûla en montant comme un jet de flammes, et quand ce fut parti, le petit frère était là, qui les prit tous les deux par la main. Et tous trois, pleins de joie, rentrèrent dans la maison, se mirent à table et mangèrent.

le vieux sultan

Un paysan avait un chien fidèle qui s'appelait Sultan, mais il était vieux et avait perdu toutes ses dents, si bien qu'il ne pouvait plus rien mordre. Et un jour, devant sa porte, le paysan dit à sa femme : « Demain matin, je prends le fusil et je vais tuer le vieux Sultan qui n'est plus bon à rien. » La femme s'émut de compassion pour la bonne vieille bête fidèle et dit :

— Lui qui nous a si bien et si fidèlement servis pendant de si longues années, nous pourrions bien lui accorder le pain de la grâce !

— Eh quoi ? dit l'homme, tu n'y penses pas ! Il n'a plus une dent dans la gueule et aucun voleur n'a peur de lui ; c'est bien son heure de partir à présent. Il nous a servis, mais aussi cela lui a valu la bonne pâtée dont il s'est nourri !

Le pauvre vieux chien, couché au soleil non loin de là, entendit tout et fut bien triste d'apprendre qu'il devait mourir le lendemain matin. Il avait un bon ami en la personne du loup, et, le soir, il se faufila jusqu'à la forêt pour aller lui confier sa peine et le triste destin qui l'attendait.

— Ecoute, camarade, reprends courage ! Je vais t'aider dans ta détresse et j'ai une bonne idée : le matin, de très bonne heure, ton maître s'en va faire les foins avec sa femme, et ils emmènent leur enfant avec eux, puisqu'il n'y a personne à la maison pour le garder ; ils le couchent à l'ombre d'une haie pendant qu'ils travaillent. Tu n'auras qu'à te coucher du côté du petit comme si tu voulais le garder, et moi je sortirai de la forêt pour venir enlever l'enfant ; alors tu te précipiteras derrière moi et tu me poursuivras comme pour me le reprendre ; je le laisserai tomber et tu le rapporteras à tes maîtres, qui croiront que tu l'as sauvé et qui te seront bien trop reconnaissants pour vouloir te faire ensuite le moindre mal : tout au contraire, tu rentreras en complète grâce et ils ne te laisseront plus jamais manquer de rien.

Cette idée plut beaucoup au chien et tout se passa comme prévu. Le père poussa des cris pendant que le loup fuyait à travers champs avec l'enfant dans sa gueule ; mais quand le vieux Sultan le rapporta, il ne se tenait plus de joie et il caressa le bon chien en lui disant : « Aussi longtemps que tu vivras, tu seras bien nourri et bien traité ; jamais on ne touchera même à un poil de ta fourrure ! » Et, se tournant vers sa femme, il lui dit : « Va vite à la maison et prépare-lui une bonne soupe au lait bien trempée, qu'il n'ait pas de mal à se donner pour la mâcher, et donne-lui mon oreiller : je lui en fais cadeau pour qu'il soit bien couché. » A partir de ce moment, le vieux Sultan eut la vie si belle qu'il n'avait plus rien à désirer.

Le loup vint un peu plus tard lui faire visite et se félicita de la bonne tournure des choses.

— Mais je compte bien, mon vieux, que tu fermeras l'œil si d'aventure je viens prendre au troupeau de ton maître un joli mouton bien dodu, ajouta-t-il. La vie devient de plus en plus dure de nos jours !

— Cela non, n'y compte pas ! répondit le chien. Je reste fidèle à mon maître et je ne peux pas consentir à cela !

Le loup pensa qu'il ne parlait pas sérieusement et, la nuit même, se glissa dans la bergerie pour emporter son mouton. Mais le fidèle Sultan avait averti son maître des mauvaises intentions du loup, et le maître était là qui l'attendait, armé d'un fléau avec lequel il lui caressa douloureusement l'échine. Le loup ne put que s'enfuir, mais il cria au chien : « Attends seulement un peu : tu vas me payer cela, faux-frère ! »

Le lendemain matin, déjà, le sanglier, envoyé par le loup, vint provoquer le chien en duel dans la forêt pour régler cette affaire d'honneur. Le vieux Sultan ne put trouver d'autre témoin que le vieux chat, un très vieux chat qui n'avait que trois pattes. Quand ils s'en allèrent tous les deux vers la forêt pour le duel, le pauvre vieux chat marchait péniblement sur ses trois pattes, et la douleur lui faisait tenir sa queue toute droite. Le loup et son témoin le sanglier se trouvaient déjà sur le terrain, et quand ils virent de loin approcher leur adversaire, ils crurent qu'il s'était armé d'une épée en prenant la queue droite du chat pour une arme. Et quand ils virent d'un peu plus près le chat boiteux qui s'avançait en plongeant de la tête à chaque pas, ils crurent que celui-là ramassait des pierres pour les jeter sur eux. Pris de peur tous les deux, ils se défilèrent : le sanglier fonça dans un épais fourré pour s'y cacher, et le loup monta dans un arbre pour se tenir à l'abri.

En arrivant sur le terrain du duel, le chien et le chat furent très étonnés de n'y trouver personne. Ils cherchèrent des yeux alentour. Or, le sanglier était si gros qu'il n'avait pas réussi à se dissimuler entièrement dans le fourré, et ses oreilles dépassaient. Le chat, si vieux qu'il fût, en les voyant bouger, crut que c'était une souris qui bougeait là et lui sauta dessus, mordant à belles dents dans cette proie inespérée. Avec un hurlement de douleur, le sanglier s'enfuit en quittant sa cachette au triple galop, mais non sans leur crier : « Dans l'arbre, le fautif est là-haut, dans l'arbre ! »

Levant les yeux, le vieux chien et le vieux chat aperçurent le loup, en effet, qui se sentit si honteux de sa couardise, si humilié de s'être montré si lâche, qu'il accepta la paix que le chien lui offrait.

les six frères cygnes

Il était une fois un roi qui chassait dans une grande forêt et qui avait mis tant d'ardeur à poursuivre son gibier que personne de sa suite n'avait pu garder le contact. Comme le soir tombait, il s'arrêta et regarda autour de lui ; il s'aperçut alors qu'il s'était égaré. Il chercha à sortir, mais ne trouva aucune issue. Il vit alors venir vers lui une vieille femme dont le grand âge faisait branler la tête. Mais c'était une sorcière.

— Ma brave femme, lui dit-il, ne pourriez-vous pas me montrer le chemin pour sortir de la forêt ?

— Mais certainement, sire le roi, je le puis parfaitement, lui répondit-elle, mais à une condition, et si vous ne l'acceptez pas, vous ne pourrez jamais sortir de la forêt où il faudra que vous mouriez de faim.

— Quelle est-elle, cette condition ? demanda le roi.

— J'ai une fille si belle que vous ne trouverez pas sa pareille sur terre, dit la vieille ; elle est en tous points digne de devenir votre épouse. Si vous consentez à faire d'elle la reine, je vous montrerai le chemin pour sortir de la forêt.

Dans l'angoisse de son cœur, le roi accepta ; et la vieille le conduisit jusqu'à une petite maison, dans laquelle sa fille se tenait au coin du feu. Elle accueillit le roi comme si elle l'attendait, et il put constater qu'elle était extrêmement jolie ; mais elle ne lui plaisait pourtant pas du tout, et il ne pouvait pas la regarder sans un secret frisson d'horreur. Après qu'il l'eut prise en croupe sur son cheval, la vieille lui enseigna le chemin et le roi regagna son château royal, où les noces furent célébrées.

Le roi avait été déjà marié une fois et avait sept enfants de sa première épouse : six garçons et une fille, et il les aimait plus que tout au monde. Et comme il pouvait craindre à présent que leur belle-mère ne les traitât pas bien, ou qu'elle leur fît du mal, il les prit avec lui et les emmena dans un château solitaire qui se dressait au cœur d'une forêt. Il y était si bien caché, et le chemin si difficile à découvrir, que le roi lui-même n'y serait jamais arrivé sans une pelote de fil, douée d'une vertu magique, que lui avait donnée une fée. Il n'avait qu'à laisser tomber cette pelote devant lui, alors elle se déroulait toute seule et lui montrait le chemin.

Mais le roi s'absentait si fréquemment pour aller voir ses chers enfants que la nouvelle reine eut soupçon de quelque chose et qu'elle chercha à savoir avec qui il pouvait bien avoir affaire ainsi, tout là-bas, au fond de la forêt. Elle en était si curieuse et elle donna tant d'argent aux serviteurs, qu'ils finirent par lui révéler le secret des enfants cachés dans le château secret, auquel on ne pouvait arriver qu'à l'aide de la pelote de fil qui montrait le chemin. Alors elle n'eut plus de tranquillité tant qu'elle n'eut pas découvert l'endroit où le roi gardait son fil magique ; puis elle s'empressa de coudre de petites chemises de soie auxquelles elle mit un sortilège, parce qu'elle avait appris la sorcellerie de sa mère. Profitant d'un jour que le roi était à la chasse, elle prit les petites chemises et gagna la forêt, où la pelote se déroula pour lui indiquer le chemin. Les enfants, qui avaient vu quelqu'un venir de loin, crurent que c'était leur père bien-aimé et coururent à sa rencontre en sautant de joie. Alors elle jeta sur chacun d'eux une petite chemise qui, en touchant leur peau, les transforma à l'instant même en cygnes. Et les cygnes s'envolèrent et s'éloignèrent par-dessus la forêt. Sur quoi la reine, satisfaite et heureuse, rentra au château royal en croyant s'être définitivement débarrassée de ces enfants d'une autre mère. Mais la fille, dont elle ignorait l'existence, n'était pas sortie avec ses frères, et le lendemain, lorsque le roi arriva pour visiter ses chers enfants, il ne trouva plus qu'elle dans le château.

— Où sont donc tes frères ? demanda le roi.

— Hélas ! mon cher père, ils sont loin et ils m'ont laissée toute seule ici, commença-t-elle.

Puis elle raconta au roi, son père, tout ce qu'elle avait pu voir de sa petite fenêtre, et comment ses frères, devenus des cygnes, s'étaient envolés par-dessus la forêt. Et elle lui fit voir les plumes qu'ils avaient perdues dans la cour et qu'elle avait recueillies.

Le roi en eut un grand chagrin, mais pas un instant il ne songea que ce fût la reine qui avait exécuté ce maléfice ; et comme il avait peur maintenant que sa fille, à son tour, ne disparût, il voulut l'emmener avec lui. L'enfant avait une telle appréhension à l'idée de voir sa belle-mère, qu'elle supplia son père de la laisser une nuit encore dans le château de la forêt. Et le roi le voulut bien.

En vérité, la malheureuse pensait à une seule chose : « Je ne m'attarderai pas ici : je vais partir à la recherche de mes frères. » Dès la nuit venue, elle se glissa dehors et s'enfonça dans la forêt. Toute la nuit elle marcha, et tout le jour suivant sans s'arrêter, jusqu'à ce que la fatigue ne lui permît pas d'aller plus loin. Mais voyant devant elle une cabane de branchages, elle grimpa jusque-là et y trouva une pièce avec six petits lits ; n'osant pas s'y étendre, elle se recroquevilla sous l'une de ces couchettes pour y passer la nuit, couchée à même le sol qui était pourtant bien dur. Quand le soleil fut sur le point de disparaître, elle entendit comme un froissement, et des cygnes entrèrent en volant par la fenêtre, six en tout, qui se posèrent sur le sol et se soufflèrent dessus, se soufflèrent leurs plumes jusqu'à la dernière, après quoi leur peau de cygnes s'enleva comme une chemise. En les regardant alors, elle reconnut ses frères et se tira, tout heureuse, de sa cachette sous le petit lit. Grande aussi fut la joie des six frères, quand ils virent devant eux leur sœur, mais bien vite assombrie.

— Tu ne peux pas rester ici, lui dirent-ils, c'est un refuge de brigands ; s'ils reviennent, ils te tueront.

— Ne pouvez-vous pas me protéger ? demanda la sœurette.

— Oh non, lui dirent-ils, parce que nous ne pouvons quitter notre corps de cygne qu'un quart d'heure chaque soir pour retrouver notre forme humaine, mais après nous redevenons des cygnes de nouveau.

La sœurette se mit à pleurer.

— N'est-il donc pas possible de vous délivrer ? demanda-t-elle.

— Hélas non, dirent-ils, les conditions sont trop dures. Il faudrait que tu restes six années sans parler ni rire, et que, pendant ce temps, tu nous tisses et nous couses six chemisettes de fleurs étoilées. Mais qu'un seul mot vienne à tes lèvres, tout est perdu et l'ouvrage est pour rien.

Le temps que ses frères lui parlent ainsi, et le quart d'heure était passé ; ils s'envolèrent par la fenêtre, redevenus des cygnes. Pour elle, sa décision était fermement arrêtée : elle délivrerait ses frères, fût-ce au prix de sa vie. Elle quitta, elle aussi, la cabane de branchages, s'enfonça plus avant dans la forêt, grimpa dans un arbre et y passa la nuit. Le matin, elle descendit et partit ramasser des fleurs étoilées, qu'elle se mit à tisser et à coudre. Pour parler, il n'y avait personne ; et pour rire, il n'y avait pas de quoi. Elle n'en avait d'ailleurs pas envie : assise là, elle ne pensait qu'à son ouvrage. Et le temps passait.

Le temps qu'elle avait passé comme cela s'était déjà bien prolongé quand, un jour, il arriva que le roi de cette contrée vint à la chasse dans la forêt, et ses chasseurs s'arrêtèrent au pied de l'arbre sur lequel elle était perchée.

— Qui es-tu ? lui crièrent-ils, tout étonnés de la voir là.

Elle ne répondit rien.

— Descends, viens avec nous ! Nous ne te voulons pas de mal.

Elle secoua seulement la tête. Et comme ils n'arrêtaient pas de la presser de questions, elle leur jeta sa chaîne d'or, avec l'idée qu'ils s'en contenteraient et la laisseraient tranquille. Mais ils ne cessèrent pas de l'appeler pour autant ; elle défit alors sa ceinture et la leur jeta aussi ; mais cela ne changea rien. Elle leur jeta ses jarretelles, et, petit à petit, tout ce qu'elle portait y passa, à la seule exception de sa petite chemise, qu'elle garda sur elle. Loin de se laisser détourner d'elle par ces cadeaux, les chasseurs, au contraire, grimpèrent sur l'arbre, s'emparèrent d'elle pour la faire descendre et l'amenèrent devant leur roi.

— Qui es-tu ? Que faisais-tu sur cet arbre ? demanda le roi.

Elle ne répondit rien. Il l'interrogea dans toutes les langues qu'il connaissait, mais elle resta muette comme un poisson. Elle était si belle, pourtant, que le cœur du roi s'en émut et s'éprit d'elle passionnément. Il la couvrit de son manteau, la prit sur son cheval et la ramena dans son château, où il l'habilla richement : elle resplendissait comme le jour dans sa grande beauté, mais il fut impossible de lui tirer une seule parole de la bouche. Le roi la fit asseoir à côté de lui à sa table, la trouva si gracieuse dans ses bonnes manières et si délicieusement pudique dans ses façons, qu'il déclara : « Voilà celle que je veux épouser, et aucune autre sur la terre ! » Et quelques jours plus tard il se maria avec elle.

Mais la mère du roi était une méchante femme à qui ce mariage déplaisait ; elle ne cessait de médire de la jeune reine. « Qui sait d'où sort cette garce qui ne sait pas parler ? disait-elle. Ce n'est pas une épouse digne d'un roi ! » Au bout d'un an, lorsque la jeune reine mit au monde son premier enfant, la vieille mère le lui enleva pendant qu'elle dormait et lui barbouilla les lèvres de sang, afin d'aller clamer devant le roi que c'était une ogresse et qu'elle avait mangé l'enfant. Le roi refusa de la croire et n'admit pas qu'on fît le moindre mal à cette épouse qu'il aimait. Quant à la jeune reine, elle s'occupait à coudre ses chemises de fleurs et concentrait là-dessus toute son attention. Quand, pour la seconde fois, elle donna naissance à un superbe garçon, la vieille mère usa du même subterfuge ; mais le roi ne put se résoudre à ajouter foi à ses accusations.

— Elle a trop de piété et de bonté pour pouvoir faire une chose pareille, affirma-t-il, et si elle n'était pas muette et pouvait se défendre, son innocence serait claire comme le jour !

Mais quand la vieille eut, pour la troisième fois, enlevé l'enfant et accusé plus fermement que jamais la jeune reine, qui ne souffla pas le moindre mot pour sa défense, le roi ne put pas faire autrement que de la laisser passer devant le tribunal, qui la condamna à mourir par le feu.

Le jour de son exécution arriva, mais c'était également le dernier jour des six années pendant lesquelles elle avait dû se taire et ne rire jamais. Elle avait donc délivré ses frères de la puissance de l'ensorcellement. Les six chemises étaient tissées, cousues et terminées, sauf la dernière à laquelle manquait encore la manche gauche. Et lorsqu'on vint la prendre pour la mener sur le bûcher, elle emporta les petites chemises sur son bras. Sur le bûcher, au moment qu'on allait l'allumer, elle regarda autour d'elle et vit alors arriver les six frères cygnes à tire-d'aile dans les hauteurs, et elle sut que sa propre délivrance approchait, et la joie envahit son cœur. Les cygnes se hâtaient et plongeaient vers elle du haut du ciel, passant assez près pour qu'elle pût leur jeter, l'une après l'autre, les chemises, à chacun la sienne; et sitôt que la chemise les touchait, ils se défaisaient de leur peau de cygnes pour redevenir ses frères, qu'elle avait maintenant devant elle, parfaitement vivants et alertes, éclatants de santé et de beauté. Au cadet seul, il manquait le bras gauche, à la place duquel il gardait, repliée sur son dos, une aile de cygne.

Ils s'embrassèrent avec effusion et tendresse, puis la jeune reine descendit du bûcher pour venir devant le roi, tout éberlué, auquel elle se mit à parler.

— Il m'est permis à présent d'ouvrir la bouche, mon mari bien-aimé, lui dit-elle, et de te révéler que je suis innocente: c'est faussement, mais à dessein, qu'on m'a accusée!

Après quoi elle raconta au roi comment la vieille avait usé de fraude en lui dérobant elle-même ses trois enfants pour les cacher. Alors, pour la plus grande joie du roi, les enfants furent retrouvés et amenés devant lui, tandis que la méchante belle-mère devait monter sur le bûcher, où elle fut attachée et brûlée et réduite en cendres.

Le roi, la reine et les six frères, par contre, vécurent de longues et longues années ensemble dans la tranquillité parfaite et le complet bonheur.

la belle au bois dormant

Il y avait dans le temps un roi et une reine qui se répétaient chaque jour : « Ah ! si seulement nous avions un enfant ! » Mais ils n'en avaient toujours pas. Un jour que la reine était au bain, il advint qu'une grenouille sauta de l'eau pour s'avancer vers elle et lui parler :

— Ton vœu sera exaucé, lui annonça-t-elle ; avant un an, tu mettras une fille au monde.

Ce que la grenouille avait dit se produisit, et la reine donna naissance à une fille ; et l'enfant était tellement jolie que le roi ne se tenait plus de joie et fit donner une grande fête. Il ne se contenta pas d'y inviter ses parents, amis et connaissances, mais il voulut aussi que les fées y eussent part afin qu'elles fussent favorables et bienveillantes à l'enfant. On en comptait treize dans le royaume, mais comme il n'y avait que douze assiettes d'or au palais, pour leur servir le festin, il fallut en laisser une chez elle.

La fête eut lieu et le festin se déroula au milieu des splendeurs, puis, quand tout finissait, les fées revêtirent l'enfant de leurs dons merveilleux : de l'une, la vertu ; de l'autre, la beauté ; de la troisième, la richesse ; et ainsi de suite pour tout ce qu'on peut souhaiter et avoir au monde. La onzième venait juste de prononcer son incantation, quand brusquement entra la treizième : celle qui n'avait pas été invitée et qui voulait se venger. Sans un salut ni seulement un regard pour personne, elle lança à voix haute sur le berceau cette parole : « La princesse, quand elle aura quinze ans, se piquera avec un fuseau et tombera morte ». Sans un mot de plus, elle fit demi-tour et quitta la chambre. Dans l'effroi général, la douzième fée qui avait encore à prononcer son vœu, s'avança vers le berceau ; elle ne pouvait pas annuler la malédiction, mais elle pouvait en atténuer les effets, aussi prononça-t-elle :

— Ce n'est pas dans la mort que sera plongée la princesse, mais dans un sommeil profond de cent années.

Le roi, qui eût bien voulu préserver son enfant chérie du mauvais sort, fit ordonner que tous les fuseaux soient brûlés dans le royaume tout entier. Les dons des fées se réalisèrent pleinement chez l'enfant qui devint si belle, si vertueuse, si gracieuse et si intelligente que tous ceux qui seulement la voyaient se sentaient obligés de l'aimer.

Le jour de ses quinze ans, il se trouva que le roi et la reine furent absents et que la jeune princesse resta toute seule au château, où elle se mit à errer çà et là, visitant les chambres et les galeries, les salons et les resserres selon sa fantaisie et son humeur. Sa promenade la conduisit finalement dans un très vieux donjon, dont elle gravit marche à marche l'étroit escalier tournant pour arriver devant une petite porte, tout en haut. Il y avait une vieille clé rouillée dans la serrure, et quand elle la fit tourner, la porte s'ouvrit d'un coup, lui découvrant une chambrette où se tenait une vieille femme assise, le fuseau à la main, occupée à filer son lin avec beaucoup d'ardeur.

— Bonjour, petite grand-mère, lui dit la princesse, que fais-tu là ?

— Je file, dit la vieille avec un bref mouvement de tête.

— Et cette chose-là, qui danse si joyeusement, qu'est-ce que c'est fit la demoiselle en s'emparant du fuseau pour essayer de filer elle aussi.

Mais elle l'avait à peine touché que l'incantation prenait son plein effet et qu'elle se piquait le doigt. Ce fut à peine si elle sentit la piqûre, car déjà elle tombait sur le lit, derrière elle, et s'y trouvait plongée dans le plus profond sommeil.

Ce sommeil profond se répandit sur le château entier, à commencer par le roi et la reine qui venaient de rentrer et se trouvaient encore dans la grand-salle, où ils se mirent à dormir, et avec eux toute la cour. Alors les chevaux s'endormirent dans les écuries, et les chiens dans la cour d'entrée, et les pigeons sur le toit, et les mouches même sur le mur, et le feu lui aussi, qui cessa de flamber dans la cheminée, et qui se fit silencieux et s'endormit ; le rôti sur la broche cessa de grillotter, et le cuisinier qui allait tirer l'oreille du marmiton pour quelque bêtise, le laissa et dormit. Même le vent se coucha, et plus la moindre feuille ne bougea sur les arbres tout autour du château.

Mais autour du château la broussaille épineuse se mit à croître et à grandir, à s'épaissir et à monter année après année, si bien que le château en fut d'abord tout entouré, puis complètement recouvert ; c'était à tel point qu'on ne le voyait plus du tout, non, pas même la bannière sur la plus haute tour. Et peu à peu, dans le pays, circula la légende de la belle Fleur-d'Epine endormie sous les ronces, car tel était le nom qu'on avait donné à la princesse ; et des princes y venaient de temps à autre, qui voulaient se forcer un passage à travers les buissons pour pénétrer dans le château. Mais c'était impossible parce que les buissons d'épines, comme avec des mains, se tenaient fermement ensemble, et les jeunes gens y restaient accrochés ; ils ne pouvaient plus s'en défaire et finissaient par mourir là de la plus misérable des morts.

Après bien des années et encore bien des années, il arriva qu'un fils de roi passa dans le pays et entendit ce que racontait un vieillard sur ce massif d'épines, et comment il devait y avoir un château par-dessous, dans lequel une princesse d'une beauté merveilleuse, appelée Fleur-d'Epine, dormait depuis cent ans déjà ; et avec elle dormaient aussi le roi, la reine et la cour tout entière. Ce prince avait également entendu raconter par son grand-père que de nombreux fils de rois étaient déjà venus et avaient essayé de passer à travers la broussaille, mais qu'ils en étaient tous restés prisonniers, mourant là d'une affreuse mort.

Le jeune prince n'en déclara pas moins : « Je n'ai pas peur : je veux y aller et voir la belle princesse Fleur-d'Epine ! » Le bon vieillard put bien le lui déconseiller tant qu'il voulut, il n'écouta rien et n'entendit rien de ce qu'on lui disait.

Mais en vérité, les cent années se trouvaient justement révolues et le jour était arrivé, que la princesse devait se réveiller. Quand le prince avança vers la haute roncière, il ne trouva plus rien devant lui que de belles et grandes fleurs épanouies, qui s'écartaient d'elles-mêmes pour lui ouvrir le passage, et qui se resserraient derrière lui en refermant leur masse épaisse. Dans la cour du château, il vit les chevaux couchés dans leurs stalles comme au-dehors, les grands chiens de chasse blancs et roux, qui dormaient ; sur le toit il vit des pigeons qui avaient tous la tête sous l'aile. A l'intérieur du château, quand il entra, les mouches dormaient sur le mur ; le cuisinier, dans sa cuisine, avait toujours le bras tendu, comme s'il voulait attraper le petit marmiton, et la servante était assise avec la poule noire qu'elle allait plumer ; il pénétra dans la grand-salle du trône, où il vit toute la cour royale endormie et couchée çà et là ; et plus haut, près du trône, le roi lui-même et la reine étaient allongés. Il s'avança encore et s'en alla plus loin ; tout était si calme et si parfaitement silencieux qu'on s'entendait respirer ; et pour finir, le prince monta dans le vieux donjon, ouvrit la porte de la chambrette haute où la belle princesse Fleur-d'Epine dormait. Couchée là, elle était si merveilleusement belle qu'il ne pouvait pas en détourner ses yeux ; il se pencha sur elle et lui donna un baiser.

A la caresse de ce baiser, Fleur-d'Epine ouvrit les yeux, et la belle se réveilla tout à fait, regarda le prince d'un regard tendre et amoureux. Alors ils redescendirent ensemble et quand ils furent en bas, le roi se réveilla, puis la reine et toute la cour sortirent de leur sommeil, et tous s'entre-regardaient avec des yeux ronds. Les chevaux dans la cour se relevèrent et s'ébrouèrent ; les chiens de chasse bondirent en frétillant de la queue ; les pigeons sur le toit tirèrent leur tête de sous l'aile, inspectèrent les environs et prirent leur vol ; les mouches recommencèrent à grimper le long des murs, cependant que le feu reprenait dans la cuisine et, flambant clair, remettait la cuisson en train ; le rôti à la broche grésilla de nouveau, et le cuisinier expédia une bonne taloche au marmiton, le faisant criailler, tandis que la servante se remettait à plumer sa volaille.

Alors furent célébrées avec splendeur les noces du prince avec la belle princesse, que la légende et les gens avaient nommée Fleur-d'Epine, et ce fut le bonheur pour eux jusqu'à la fin de leurs jours.

volétrouvé

Il était une fois un garde forestier qui s'en était allé à la chasse dans la forêt. Dès qu'il fut dans les bois, il entendit des cris qui ressemblaient à ceux d'un tout-petit enfant. Il approcha, se dirigeant vers ces vagissements, et arriva devant un grand, grand arbre, à la pointe duquel, tout là-haut, était couché un tout petit enfant. Mais en réalité sa mère s'était endormie au pied d'un arbre avec l'enfant dans son giron, et un rapace, qui l'avait vu, avait plongé sur lui, l'avait emporté dans son vol et l'avait déposé, finalement, tout en haut de cet arbre.

Le garde forestier grimpa dans l'arbre et en redescendit l'enfant trouvé. Il se dit : « Ce bébé, tu vas le prendre à la maison et l'élever avec ta petite Linette ». Il rapporta donc le tout-petit chez lui, où les deux enfants grandirent ensemble. Celui qui avait été trouvé sur l'arbre, parce qu'un grand oiseau l'avait volé, fut appelé Volétrouvé. Or, le petit Volétrouvé et la petite Linette s'aimaient tellement, mais tellement qu'ils ne pouvaient pas se quitter ; et si l'un des deux n'avait pas l'autre sous les yeux, il en était tout triste.

Le garde forestier avait une vieille cuisinière chez lui, et voilà qu'un beau soir, la vieille cuisinière prit un seau dans chaque main et s'en alla tirer de l'eau au puits ; mais elle ne se contenta pas d'un voyage, non, elle y alla à maintes reprises, ramenant à chaque fois les deux seaux pleins. Linette, qui la voyait faire, lui demanda :

— Dis donc, Mamé Suzanne, toute cette eau que tu portes, c'est pourquoi faire ?

— Si tu me promets de ne le dire à personne, je te le dirai.

La petite Linette l'assura qu'elle n'en dirait rien à personne et qu'elle ne le répèterait pas, alors la vieille cuisinière lui dit :

— Demain matin de bonne heure, quand le garde sera parti pour la chasse, je mettrai beaucoup d'eau à chauffer, et quand elle sera bien bouillante dans le grand chaudron, je jetterai dedans Volétrouvé et je le ferai cuire.

Le lendemain à l'aube, le garde forestier s'en alla à la chasse, laissant les deux enfants au lit. Dès qu'il fut éloigné, Linette dit à Volétrouvé : « Si tu ne me quittes pas, je ne te quitte pas non plus ! » Volétrouvé lui répondit : « Ni maintenant, ni jamais ! »

— Alors je vais te le dire, reprit Linette : hier soir, la vieille Suzanne a puisé des seaux et des seaux qu'elle a portés à la maison, et je lui ai demandé ce qu'elle voulait en faire ; elle m'a répondu que si je promettais de ne le dire à personne, elle me le dirait, et moi je lui ai promis que je ne le répèterais à personne. Alors elle m'a dit que de bonne heure, quand le père sera à la chasse, elle ferait bouillir l'eau dans le grand chaudron pour te jeter dedans et te faire cuire. Mais nous deux, nous allons vite nous lever et nous habiller pour fuir ensemble loin d'ici.

Les deux enfants se levèrent, s'habillèrent en vitesse et sortirent de la maison. Mais quand l'eau du grand chaudron commença à bouillir, la vieille cuisinière alla dans la chambre où dormaient les enfants pour s'emparer de Volétrouvé, qu'elle voulait faire cuire. Quand elle approcha de leurs lits, les deux enfants étaient partis et la vieille fut bien ennuyée.

— Qu'est-ce que je vais dire à présent au forestier, quand il va revenir et s'apercevra que les enfants ont disparu ? Il faut qu'on se mette tout de suite à leurs trousses et que nous les rattrapions avant qu'il soit trop tard !

Alors la cuisinière envoya trois valets derrière eux, en leur disant de courir et de ramener les enfants. Les petits, qui s'étaient assis à la lisière de la forêt, virent de loin les trois valets qui arrivaient en courant vers eux, et Linette dit à Volétrouvé :

— Si tu ne me quittes pas, je ne te quitte pas non plus.

— Ni maintenant, ni jamais ! répondit Volétrouvé.

— Deviens vite un petit rosier, lui dit-elle, et moi je serai une petite rose dessus.

Lorsque les trois valets arrivèrent près de la forêt, il n'y avait là qu'un rosier sauvage avec une petite rose claire tout en haut ; mais des enfants, pas la moindre trace.

— Rien à faire par ici ! décidèrent-ils ; et ils rentrèrent à la maison pour dire à la cuisinière que les enfants n'étaient visibles nulle part au monde, et que tout ce qu'ils avaient pu voir, c'était un jeune rosier sauvage avec une petite rose dessus.

— Bande de crétins ! leur lança la cuisinière, il fallait casser en deux le rosier et rapporter la petite rose avec vous ! Allez-y vite et faites-le !

Les trois repartirent donc chercher pour la seconde fois à l'endroit d'où ils venaient. Mais les enfants les virent encore de loin, qui arrivaient.

— Volétrouvé, si tu ne me quittes pas, je ne te quitte pas non plus ! dit Linette.

— Ni maintenant, ni jamais ! répondit Volétrouvé.

— Alors deviens, toi, une chapelle, et moi j'en serai la couronne.

Aussi, lorsque les trois valets arrivèrent là-bas, n'y avait-il rien d'autre à cette place qu'une chapelle avec sa couronne.

— Qu'est-ce qu'on peut faire ici ? se dirent-ils entre eux. Il n'y a plus qu'à rentrer à la maison !

Quand ils y arrivèrent, la vieille cuisinière leur demanda s'ils n'avaient rien trouvé. Ils lui répondirent que non, rien du tout, sauf une chapelle avec sa petite couronne.

— Stupides bêtes ! pourquoi n'avez-vous pas démoli la chapelle et rapporté la petite couronne avec vous ? tempêta la vieille. Il faut donc que j'y aille moi-même !

Ainsi la vieille cuisinière se servit de ses vieilles jambes et partit là-bas avec les trois valets, à la recherche des enfants. Mais les enfants virent de loin les trois valets qui revenaient, et derrière eux, la vieille cuisinière qui traînait la jambe.

— Volétrouvé, dit Linette, si tu ne me quittes pas, je ne te quitte pas non plus.

— Ni maintenant, ni jamais ! dit Volétrouvé.

— Alors, deviens un étang et je serai le canard qui nage dessus.

Mais quand la vieille cuisinière arriva et vit l'étang, elle se mit à quatre pattes et entreprit de le boire pour le mettre à sec. Le canard nagea à toute vitesse vers elle, l'attrapa par la tête avec son bec et la fit basculer dans l'eau, où la vieille sorcière se noya.

Alors les deux enfants rentrèrent ensemble à la maison, le cœur joyeux et content. Et s'ils ne sont pas morts, ils vivent encore à l'heure qu'il est.

le roi barbabec

Un roi avait une fille qui était extraordinairement belle, mais aussi tellement fière et hautaine à cause de cela, qu'elle ne trouvait jamais aucun prétendant assez bon pour elle. L'un après l'autre, elle les éconduisait avec dédain et, en plus, elle se moquait d'eux.

Le roi, son père, fit une fois préparer un grand festin auquel il invita tous ceux, partout à la ronde, qui pouvaient avoir envie de se marier. Tous furent placés suivant leur rang et leur condition : d'abord les rois, ensuite les princes, puis les ducs, les comtes, les chevaliers, enfin les gentilshommes ; et la fille du roi fut amenée devant eux tous et les passa en revue ; mais à chacun elle trouva quelque chose à reprocher. Celui-ci, elle le trouvait trop gros : une tonne à vin ! disait-elle ; celui-là était trop grand : grand corps, longue figure, le personnage est sans allure, disait-elle ; cet autre était trop petit : un petit rond, ça n'a pas de façon ; un autre, elle le trouvait trop pâle : la blancheur de la Mort, quelle horreur ! disait-elle en s'éloignant ; un autre encore était trop rouge : un vrai coq ! le sixième n'était pas assez droit : bois vert, il a séché au four ! disait-elle. Quand enfin elle eut, à tous, trouvé quelque défaut, elle se gaussa d'un roi jovial et bon qui occupait le haut bout de la lignée, sous prétexte qu'il avait le menton qui remontait un peu : « Ho ! celui-là, il a la barbe en bec ! » lança-t-elle ; et ce roi, depuis lors fut appelé Barbabec.

Le vieux roi, son père, quand il vit que sa fille n'avait que sarcasmes pour chacun et pour tous, et que, de tous les prétendants qu'il avait réunis, elle n'en trouvais pas un seul à son goût, le vieux roi se mit dans une grande colère et jura qu'elle aurait comme époux le premier mendiant qui viendrait devant la porte.

Quelques jours plus tard, un pauvre musicien vint chanter sous la fenêtre pour recevoir quelque aumône ; et le roi, dès qu'il l'entendit, donna l'ordre qu'on le fît monter. Le pauvre entra, loqueteux, guenilleux, et chanta devant le roi et devant sa fille pour demander humblement, quand il eut fini, une modeste aumône.

— Ta chanson m'a tellement plu, dit le roi, que je vais te donner ma fille comme épouse.

La princesse en fut horrifiée, mais le roi coupa court en lui disant :

— J'ai juré par serment que tu n'aurais pas d'autre époux que le premier mendiant qui se présenterait ici, et je ne me parjurerai pas !

Aucun discours n'y changea rien : le prêtre fut mandé et le mariage célébré sur l'heure, unissant la princesse avec le mendiant. Après la bénédiction, le roi dit à sa fille :

— Maintenant que te voilà l'épouse d'un mendiant, il ne sied pas que tu demeure au château. Va donc, et suis ton mari, puisque c'est ton devoir.

Le mendiant la prit par la main et l'emmena hors du palais, et ensuite elle dut faire tout le chemin à pied. Comme ils passaient dans une grande forêt, elle demanda :

— Cette belle forêt, à qui appartient-elle ?
— C'est au roi Barbabec, à lui qu'elle appartient !
— Que ne l'ai-je agréé : ce serait-là mon bien !
Hélas, pauvre de moi, fragile demoiselle,
Que ne l'ai-je épousé, le bon roi Barbabec !

Ils quittèrent la forêt pour entrer dans une magnifique plaine verdoyante et fertile, et là encore elle questionna :

— Cette belle campagne, à qui appartient-elle ?
— C'est au roi Barbabec, à lui qu'elle appartient.
— Que ne l'ai-je agréé : ce serait là mon bien !
Hélas, pauvre de moi, fragile demoiselle,
Que ne l'ai-je épousé, le bon roi Barbabec !

Quand ils eurent traversé cette plaine, ils arrivèrent aux portes d'une belle et grande ville, et elle demanda :

— La superbe cité ! A qui appartient-elle ?
— C'est au roi Barbabec, à lui qu'elle appartient.
— Que ne l'ai-je agréé : ce serait là mon bien !
Hélas, pauvre de moi, fragile demoiselle,
Que ne l'ai-je épousé, le bon roi Barbabec !

— Il ne me convient pas du tout et il me plaît bien moins encore, lui dit le musicien, que tu sois tout le temps à souhaiter un autre époux que moi ! Est-ce que je ne suis pas assez bon pour toi ?

Quand, pour finir, elle arriva devant une maisonnette vraiment minuscule, elle s'exclama :

Mon Dieu, une maison petite comme ça !
Quel est le malheureux qui peut habiter là ?

Le chanteur mendiant lui répondit : « Cette maison, c'est la mienne et la tienne ; ensemble nous habitons là ». Elle dut se plier pour passer sous la petite porte basse, et quand elle fut entrée :

— Où sont les serviteurs ? demanda-t-elle.

— Quoi, des serviteurs ? répondit le mendiant. Ce que tu veux avoir, c'est à toi de le faire : tu as des mains pour cela. Et tu vas commencer tout de suite par allumer le feu et remplir la marmite pour faire cuire le dîner.

Mais la princesse ne savait ni allumer le feu, ni faire la cuisine, et le mendiant dut lui-même y mettre la main pour que cela n'aille pas plus mal encore. Après leur maigre pitance, ils allèrent au lit, mais le mendiant l'en fit sortir de bonne heure le lendemain parce qu'il fallait qu'elle s'occupât de faire le ménage. Tant bien que mal, ils vécurent quelques jours de cette façon, mais ils eurent tôt fait de manger le peu qu'ils avaient.

— Femme, lui dit le mendiant, cela ne peut pas continuer comme cela : on ne peut pas toujours manger et ne rien gagner. Tu vas tresser des paniers.

Il sortit et alla couper de l'osier, qu'il lui rapporta. Elle se mit à ployer l'osier, mais les brins étaient durs et ses mains délicates s'y blessèrent.

— Je vois que cela ne va pas, dit le mari. Tu vas plutôt filer, tu en seras peut-être plus capable.

Elle s'assit et s'essaya à filer ; mais la rudesse du fil eut tôt fait de lui entamer et de lui faire saigner ses doigts trop tendres.

— Tu n'es vraiment bonne à rien, vois-tu ! dit l'homme. Me voilà bien nanti avec une femme comme toi ! C'est bon, on va essayer d'un commerce de poterie : des pots, des cruches et autres ustensiles de ce genre. Tu iras au marché et tu les vendras.

La malheureuse pensa aussitôt : « Ah ! si jamais des gens du royaume de mon père viennent sur ce marché et m'y voient en train de vendre, comme ils vont se gausser de moi ! » Mais à quoi bon ces réflexions ? Cela ne pouvait mener à rien et il fallut bien qu'elle s'exécutât, si elle ne voulait pas mourir de faim. La première fois, cela marcha bien : les gens achetaient volontiers à cette femme parce qu'elle était jolie, et ils payaient sans rechigner le prix qu'elle leur demandait ; mieux même, il y en eut qui lui donnèrent l'argent et lui laissèrent pourtant la marchandise.

Ils vécurent de son gain le plus longtemps possible, puis l'homme la réapprovisionna en marchandises et elle retourna s'asseoir dans un coin du marché avec ses pots et ses écuelles. Ivre sur son cheval, un hussard arriva soudain, qui piétina et mit en mille miettes ses malheureuses poteries. La pauvre se mit à pleurer, ne sachant plus que faire dans son désarroi.

— Hélas ! que faut-il qu'il m'arrive encore ? gémissait-elle. Que va dire mon mari ?

Elle courut à la maison et lui raconta le malheur.

— Mais aussi quelle idée d'aller s'installer juste au coin du marché avec de la poterie ! s'écria-t-il. Ah ! je vois bien que tu n'es décidément capable de rien faire de bon ! Je suis allé au château de notre roi et je leur ai demandé, là-bas, s'ils n'auraient pas besoin d'une fille de cuisine ; ils m'ont promis de t'engager. Comme cela, au moins, tu seras nourrie.

La princesse devint donc une servante de cuisine et dut faire les plus bas travaux. Elle remplissait deux pots avec les restes qu'on voulait bien lui donner, les calait dans les poches de son gros tablier et les rapportait à la maison chaque soir, pour qu'ils pussent manger tous les deux. Or, il advint que le mariage du fils aîné du roi allait se fêter au château, et la pauvre servante monta jusqu'à la porte de la grande salle du festin pour jeter un coup d'œil. Les lumières étincelaient et les invités arrivaient, tous plus beaux les uns que les autres ; devant cette splendeur, cette pompe glorieuse et cette magnificence, elle songea avec douleur à son destin, et son cœur se repentit amèrement de son orgueil et de sa morgue, qui l'avaient si bien abaissée et précipitée dans sa funeste pauvreté. Cachée derrière la porte pendant que se déroulait le festin, elle respirait la bonne odeur des plats qui ne cessaient de défiler devant elle à chaque service, et au passage les serviteurs ne se faisaient pas faute, quand ils retournaient vers les cuisines, de lui tendre un morceau ou deux de ce qu'il restait dans les plats ; vite, elle les mettait dans l'un ou l'autre de ses deux pots pour pouvoir rapporter de quoi manger à la maison.

Tout à coup le fils du roi entra, tout habillé de velours et de soie, avec des chaînes d'or autour du cou ; surprenant cette jolie femme qui se tenait derrière la porte, il lui prit la main pour l'entraîner dans la danse. Elle se défendit, tout effrayée, car elle venait de reconnaître le roi Barbabec, ce prétendant qu'elle avait repoussé avec tant de sarcasme et de dédain. Sa résistance fut vaine et elle fut obligée de le suivre dans la grand-salle où il l'entraînait ; et voilà que se déchira la ceinture de son tablier et que les pots roulèrent au sol, répandant la soupe et les reliefs qu'ils contenaient à la vue de tous. Ce fut un éclat de rire général et les moqueries fusèrent de tous côtés autour d'elle, qui en fut si honteuse qu'elle eût voulu se trouver à mille pieds sous terre. Elle bondit vers la porte et courut pour s'enfuir, mais elle était à peine dans l'escalier qu'une main d'homme la rattrapa et la retint, pour la ramener de force au salon. Quand elle leva les yeux sur l'homme, elle le reconnut sans peine : car c'était de nouveau le roi Barbabec.

— N'aie pas peur, lui dit-il d'un ton doux et aimable, le musicien qui t'a emmenée vivre dans sa misérable cahute et moi, nous sommes le même homme. Je l'ai fait parce que je t'aimais, et je me suis déguisé pour pouvoir t'épouser. Le hussard ivre qui a cassé toute ta poterie au marché, c'était encore moi. Tout cela est arrivé afin que soit rabattu ton orgueil, abaissée la fierté de ton esprit, et punie la hauteur de ton dédain pour moi avec les moqueries que tu y avais mises !

Elle fondit en larmes très amères et lui dit :

— Je me suis mise dans le plus grand tort et je ne suis pas digne d'être ton épouse !

— Console-toi, lui dit-il : les mauvais jours sont finis pour toi et ce sont nos noces que nous fêtons ici.

Les femmes d'atour arrivèrent alors et la parèrent des plus magnifiques vêtements et des bijoux les plus splendides ; puis son père entra, suivi de toute sa cour, pour la féliciter de son mariage avec le roi Barbabec et leur offrir à tous deux ses vœux de bonheur. Alors la véritable fête commença ; et j'aurais bien voulu m'y trouver avec toi !

blanche-neige

Il était une fois, en plein hiver, quand les flocons descendaient du ciel comme des plumes et du duvet, une reine qui était assise et cousait devant une fenêtre qui avait un encadrement de bois d'ébène, noir et profond. Et tandis qu'elle cousait négligemment tout en regardant la belle neige au dehors, la reine se piqua le doigt avec son aiguille et trois petites gouttes de sang tombèrent sur la neige. C'était si beau, ce rouge sur la neige, qu'en le voyant la reine songea : « Oh ! si je pouvais avoir un enfant aussi blanc que la neige, aussi vermeil que le sang et aussi noir de cheveux que l'ébène de cette fenêtre ! » Bientôt après, elle eut une petite fille qui était blanche comme la neige, vermeille comme le sang et noire de cheveux comme le bois d'ébène, et Blanche-Neige fut son nom à cause de cela. Mais la reine mourut en la mettant au monde.

Au bout d'un an, le roi prit une autre femme qui était très belle, mais si fière et si orgueilleuse de sa beauté qu'elle ne pouvait supporter qu'une autre la surpassât. Elle possédait un miroir magique avec lequel elle parlait quand elle allait s'y contempler :

Miroir, gentil miroir, dis-moi, dans le royaume
Qui est la femme la plus belle ?

Et le miroir lui répondait :

Vous êtes la plus belle du pays, Madame.

Alors la reine était contente, car elle savait que le miroir disait la vérité.

Blanche-Neige cependant grandissait peu à peu et devenait toujours plus belle ; et quand elle eut sept ans, elle était belle comme le jour et bien plus belle que la reine elle-même. Et quand la reine, un jour, questionna son miroir :

Miroir, gentil miroir, dis-moi, dans le royaume
Quelle est de toutes la plus belle ?

Le miroir répondit :

Dame la reine, ici vous êtes la plus belle,
Mais Blanche-Neige l'est mille fois plus que vous.

La reine sursauta et devint jaune, puis verte de jalousie ; à partir de cette heure-là, elle ne pouvait plus voir Blanche-Neige sans que le cœur lui chavirât dans la poitrine tant elle la haïssait. L'orgueil poussa dans son cœur, avec la jalousie, comme pousse la mauvaise herbe, ne lui laissant aucun repos ni de jour, ni de nuit. Elle appela un chasseur et lui dit : « Tu vas prendre l'enfant et l'emmener au loin dans la forêt : je ne veux plus la voir devant mes yeux. Tu la tueras et tu me rapporteras son foie et ses poumons en témoignage ».

Le chasseur obéit et emmena l'enfant ; mais quand il tira son couteau de chasse pour le plonger dans le cœur innocent de Blanche-Neige, elle se prit à pleurer et lui dit :

— Oh ! laisse-moi la vie sauve, mon bon chasseur : je m'enfuirai à travers bois et ne reparaîtrai jamais !

Elle était si belle que le chasseur s'apitoya et lui dit : « Sauve-toi, ma pauvre petite ! » Il était certain, au-dedans de lui-même, que les bêtes sauvages auraient tôt fait de la dévorer ; mais il n'en avait pas moins le cœur soulagé d'un gros poids en évitant ainsi de la tuer de sa main ; et comme un marcassin passait par là, il l'abattit et le dépouilla, rapportant son foie et ses poumons à la reine, en guise de preuve. Il fallut que le cuisinier les mît au sel et les fît cuire, après quoi la mauvaise femme les mangea, croyant se repaître du foie et des poumons de Blanche-Neige.

Dans la vaste forêt, la malheureuse fillette était désespérément seule et tellement apeurée qu'elle regardait, pour ainsi dire, derrière chaque feuille sur les arbres, ne sachant que faire ni que devenir. Elle commença à courir, s'écorchant aux épines et sur les pierres pointues, voyant sauter devant elle les bêtes sauvages qui venaient la frôler, mais qui ne lui faisaient pas de mal. Tant que ses petits pieds voulurent bien la porter, elle courut ainsi droit devant elle, et quand tomba la nuit, n'en pouvant plus, elle eut la chance de voir une toute petite maison où elle entra pour se reposer. Tout était petit dans cette maison en miniature, mais si propre et si charmant que c'est impossible de le dire. Il y avait une petite table qui était déjà mise, avec sa nappe blanche et sept petites assiettes ayant chacune son couvert : le petit couteau, la petite cuillère, la petite fourchette et le petit gobelet. Sept petits lits s'alignaient côte à côte le long du mur, bien faits, et tous avec de beaux draps blancs et frais.

Blanche-Neige avait si grand-faim et si terriblement soif qu'elle prit et mangea un petit peu dans chaque petite assiette, puis but une gorgée de vin dans chaque petit gobelet ; à chaque place aussi, elle avait pris une bouchée de pain. Après, comme elle était si fatiguée, elle voulut se coucher, mais aucun des petits lits n'était à sa taille : celui-ci était trop long, celui-là trop court, un autre trop étroit ; bref, elle les essaya tous, et le septième enfin lui alla parfaitement. Elle y resta couchée, fit sa prière et s'endormit.

Les maîtres du petit logis ne rentrèrent chez eux que lorsqu'il faisait déjà nuit noire, et c'étaient les sept nains qui piochent et creusent les montagnes pour trouver les filons de minerai. Ils allumèrent leurs petites bougies et s'aperçurent, avec la lumière, que quelqu'un était entré chez eux, parce que tout n'était pas parfaitement en ordre ni exactement comme ils l'avaient laissé en partant.

— Qui s'est assis sur ma petite chaise ? demanda le premier.

— Qui a mangé dans ma petite assiette ? fit le second.

— Qui a pris un morceau de mon petit pain ? dit le troisième.

— Qui m'a pris un peu de ma petite potée ? s'étonna le quatrième.

— Qui a sali ma petite fourchette ? questionna le cinquième.

— Qui s'est servi de mon petit couteau ? interrogea le sixième.

— Qui a bu dans mon petit gobelet ? s'inquiéta le septième enfin.

Le premier, en regardant un peu partout autour de lui, vit alors qu'il y avait un creux dans son lit et il s'exclama : « Qui s'est allongé sur mon petit lit ? » Les six autres accoururent et s'écrièrent tous, les uns après les autres : « Dans mon lit aussi quelqu'un s'est couché ! » Tous, sauf le septième, toutefois, qui arriva devant son lit et vit Blanche-Neige qui y était couchée et qui dormait. Il appela les autres qui galopèrent jusque là et poussèrent des cris de surprise et d'admiration en levant haut leurs petits bougeoirs pour éclairer Blanche-Neige.

— O mon Dieu ! O mon Dieu ! s'exclamaient-ils tous, la belle enfant ! Comme elle est mignonne ! Comme elle est jolie !

Leur joie était si grande qu'ils ne voulurent pas la réveiller et la laissèrent dormir dans le lit où elle était. Le septième nain s'en alla dormir avec ses compagnons, une heure avec chacun et la nuit fut passée.

Au jour, quand Blanche-Neige se réveilla, elle eut grand-peur en voyant les sept nains ; mais ils se montrèrent très amicaux avec elle et lui demandèrent :

— Comment t'appelles-tu ?

— Je m'appelle Blanche-Neige, leur répondit-elle.

— Comment es-tu venue dans notre maison ?

Elle leur raconta que sa marâtre avait voulu la faire mourir, mais que le chasseur lui avait laissé la vie sauve et qu'elle avait couru toute la journée sans s'arrêter, jusqu'au moment qu'elle avait trouvé leur maisonnette.

— Veux-tu prendre soin de notre ménage ? lui demandèrent les nains. Tu ferais la cuisine, les lits, la lessive, la couture, le tricot, et si tu tiens tout bien propre et bien en ordre, nous pourrions te garder avec nous et tu ne manquerais de rien.

— Oh ! oui, de tout mon cœur ! dit Blanche-Neige. (Et elle resta avec eux).

Elle leur faisait le ménage et leur tenait la petite maison bien propre et bien en ordre, et les nains s'en allaient le matin chercher dans la montagne les minéraux et l'or ; ils ne revenaient qu'à la nuit, et il fallait alors que leur repas fût prêt.

Toute la longue journée Blanche-Neige restait seule, et les gentils petits nains l'avertirent prudemment et lui dirent : « Tiens-toi bien sur tes gardes à cause de ta belle-mère : elle ne tardera pas à savoir que tu es ici. Ne laisse donc entrer personne ! »

La reine, en effet, quand elle crut avoir mangé le foie et les poumons de Blanche-Neige, ne douta plus dans sa pensée d'être de nouveau la première et la plus belle du royaume. Elle s'en alla devant son miroir et lui parla :

Miroir, gentil miroir, dis-moi, dans le royaume
Quelle est de toutes la plus belle ?

Alors le miroir répondit :

Dame la reine, ici, vous êtes la plus belle,
Mais Blanche-Neige sur les monts
Là-bas, chez les sept nains,
Est belle plus que vous, et mille fois au moins !

Elle frémit, car elle savait que le miroir ne pouvait pas dire un mensonge, et elle sut ainsi que le chasseur l'avait trompée et que Blanche-Neige vivait toujours. Alors elle se mit à réfléchir et à réfléchir encore au moyen de la supprimer, car si la reine n'était pas la plus belle de tout le pays, la jalousie la dévorait et ne la laissait pas en repos. Et pour finir, quand elle eut forgé quelque chose, elle se barbouilla le visage et se rendit méconnaissable en s'habillant comme une vieille colporteuse. Accoutrée et grimée de la sorte, elle passa les sept montagnes jusque chez les sept nains et frappa à la porte en lançant le cri de la colporteuse : « De beaux articles à vendre ! Rien que du beau, je vends ! »

Blanche-Neige vint regarder à la fenêtre et cria :

— Bonjours, ma bonne dame, qu'est-ce que vous vendez ?

— Du bel article, du bon article, répondit-elle, du lacet de toutes les couleurs !

En même temps elle en tirait un pour le montrer : un beau lacet tressé de soies multicolores.

« Cette brave femme, pensa Blanche-Neige, je peux la laisser entrer ! » Elle déverrouilla et la fit entrer pour lui acheter le beau lacet multicolore qu'elle voulait mettre à son corset.

— Mais mon enfant, de quoi as-tu l'air ? s'exclama la vieille. Viens ici, que je lace un peu proprement !

Blanche-Neige, sans méfiance, vint se planter devant la vieille et la laissa lui mettre le nouveau lacet ; mais la vieille passa si vite le lacet et le serra si fort que Blanche-Neige ne put plus respirer, suffoqua et tomba comme morte.

— Et voilà pour la plus belle ! ricana la vieille qui sortit précipitamment.

Le soir venu (mais ce n'était pas bien longtemps après) les sept nains rentrèrent à la maison : quel ne fut pas leur effroi en voyant leur chère Blanche-Neige qui gisait sur le sol, inerte et immobile comme si elle était morte ! Ils la redressèrent tout d'abord, et voyant comme elle était sanglée dans son corset, ils se hâtèrent d'en couper le lacet ; le souffle lui revint petit à petit et elle se ranima peu à peu. Lorsque les nains apprirent ce qu'il lui était arrivé, ils lui dirent : « Cette vieille colporteuse n'était nulle autre que la maudite reine. A l'avenir, garde-toi bien et ne laisse entrer nul être vivant quand nous n'y sommes pas ! »

La méchante femme, de son côté, aussitôt rentrée chez elle s'en alla devant son miroir et le questionna :

Miroir, gentil miroir, dis-moi, dans le royaume
Quelle est de toutes la plus belle ?

Et le miroir répondit comme devant :

Dame la reine, ici vous êtes la plus belle,
Mais Blanche-Neige sur les monts
Là-bas, chez les sept nains,
Est plus belle que vous, et mille fois au moins !

Son sang s'arrêta quand elle entendit ces paroles qui lui révélaient que Blanche-Neige, une fois encore, avait pu échapper à la mort. « A présent, pensa-t-elle, je vais composer quelque chose à quoi tu n'échapperas pas ! » Recourant alors aux artifices des sorcières qu'elle connaissait bien, elle fabriqua un peigne empoisonné. Ensuite elle se grima et s'habilla en vieille femme, mais avec un autre air que la fois précédente. Ainsi travestie, elle passa les sept montagnes pour aller jusque chez les sept nains, frappa à la porte et cria :

— Beaux articles à vendre ! Beaux articles !

Blanche-Neige regarda dehors et cria :

— Allez-vous-en plus loin ! Je ne dois laisser entrer personne dans la maison !

— Il n'est pas défendu de regarder ! répondit la fausse vieille en tirant le peigne empoisonné pour le lui faire voir à travers la fenêtre.

La petite le trouva si beau qu'elle ne put pas résister et qu'elle ouvrit la porte pour acheter le peigne à cette vieille femme.

— Et à présent laisse-moi faire, lui dit la vieille, je vais te peigner un peu comme il faut !

La pauvre Blanche-Neige, sans réfléchir, laissa faire la vieille, qui lui passa le peigne dans les cheveux ; mais à peine avait-elle commencé que le poison foudroya Blanche-Neige, qui tomba de tout son long et resta là, sans connaissance.

— Et voilà pour toi, merveille de beauté ! ricana la vieille qui s'éloigna bien vite.

Par bonheur, la nuit ne tarda pas à venir et les sept nains à rentrer. En voyant Blanche-Neige étendue sur le sol, ils pensèrent tout de suite à l'affreuse marâtre, cherchèrent ce qu'elle avait bien pu faire et trouvèrent le peigne empoisonné ; dès qu'ils l'eurent ôté de ses cheveux, Blanche-Neige revint à elle et leur raconta ce qu'il lui était arrivé. De nouveau, ils la mirent en garde et lui recommandèrent de ne jamais plus ouvrir la porte à qui que ce soit.

Quant à la reine, aussitôt son retour, elle alla s'asseoir devant son miroir et demanda :

Miroir, gentil miroir, dis-moi, dans le royaume
Quelle est de toutes la plus belle ?

Et le miroir répondit encore comme devant :

Dame la reine, ici vous êtes la plus belle,
Mais Blanche-Neige sur les monts
Là-bas, chez les sept nains,
Est plus belle que vous, et mille fois au moins !

Quand le miroir eut ainsi parlé, la reine trembla de rage et de fureur et s'écria :

— Il faut que Blanche-Neige meure, même si je dois y laisser ma vie !

Alors elle alla s'enfermer dans une chambre secrète où personne n'entrait jamais, et là, elle confectionna un terrible poison avec lequel elle fit une pomme empoisonnée, mais alors empoisonnée ! Extérieurement, elle était très belle, bien blanche avec des joues rouges, et si appétissante que nul ne pouvait la voir sans en avoir envie ; mais une seule bouchée, et c'était la mort.

Lorsque ses préparatifs furent achevés avec la pomme, la reine se brunit la figure et se costuma en paysanne, puis se rendit chez les sept nains en passant les sept montagnes. Quand elle eut frappé à la porte, Blanche-Neige passa la tête par la fenêtre et lui dit :

— Je ne peux laisser entrer personne au monde : les sept nains me l'ont défendu.

— Cela m'est égal, dit la paysanne, je saurai bien me débarrasser quand même de mes pommes. Tiens, je vais t'en donner une !

— Non, merci, dit Blanche-Neige. Je ne dois rien accepter non plus.

— Aurais-tu peur du poison ? dit la paysanne. Regarde : je coupe la pomme en deux ; la moitié rouge, c'est pour toi, et la blanche, je la mange, moi.

Parce que la pomme avait été faite si astucieusement que la moitié rouge était seule empoisonnée. Blanche-Neige avait grande envie de cette belle pomme, et quand elle vit la paysanne croquer à belles dents dans sa moitié de pomme, elle ne put pas résister et tendit le bras pour prendre l'autre moitié. Mais à peine la première bouchée fut-elle dans sa bouche qu'elle tomba morte sur le plancher. La reine l'examina avec des regards cruels et partit d'un grand éclat de rire, en s'écriant cette fois avec satisfaction :

— Blanche comme neige, rouge comme sang, noire comme le bois d'ébène, ce coup-ci les nains ne pourront plus te ranimer !

Et dès qu'elle fut devant son miroir, elle le questionna :

Miroir, gentil miroir, dis-moi, dans le royaume
Quelle est de toutes la plus belle ?

Alors et enfin, le miroir répondit :

Vous êtes la plus belle du pays, Madame !

Et là, son cœur envieux fut apaisé, autant que puisse être apaisé un cœur envieux.

Les nains, quand ils revinrent le soir à la maison, trouvèrent Blanche-Neige étendue sur le plancher ; mais cette fois elle n'avait plus de souffle et elle était vraiment morte. Ils la relevèrent ; ils cherchèrent bien partout s'ils ne trouvaient pas quelque chose d'empoisonné ; ils lui défirent son corset ; ils peignèrent ses cheveux ; ils la lavèrent avec de l'eau, puis avec du vin : mais rien de tout cela n'y fit ; morte elle était, la chère petite, et morte elle resta.

Ils la couchèrent sur une civière, et tous les sept, ils restèrent à côté et la pleurèrent pendant trois jours. Puis ils pensèrent à l'enterrer ; mais elle était encore aussi fraîche que si elle eût été vivante et elle avait encore toutes ses couleurs et ses belles joues rouges.

— Nous ne pouvons pas l'enfouir comme cela dans la terre noire ! dirent-ils.

Alors ils lui firent faire un cercueil de verre afin qu'on pût la voir de tous les côtés, puis ils l'y couchèrent et écrivirent dessus son nom en lettres d'or, en grandes, belles lettres capitales, sous lesquelles ils écrivirent encore qu'elle était une princesse, fille de roi. Ensuite ils portèrent le cercueil au haut de la montagne ; et depuis ce moment-là il y eut toujours l'un des sept qui y resta pour la garder. Et les bêtes y venaient aussi et pleuraient Blanche-Neige : d'abord ce fut une chouette, puis un corbeau, et une colombe en dernier.

Longtemps, longtemps Blanche-Neige resta là, dans son cercueil de verre, sans changer du tout ; le temps passa et passa, mais elle était toujours aussi fraîche, aussi blanche que neige, aussi vermeille que le sang, aussi noire de cheveux que l'ébène poli, et elle avait l'air de dormir.

Et puis un jour, il arriva qu'un prince, qui s'était égaré dans la forêt, passa la nuit dans la maison des nains. Il vit sur la montagne le cercueil dans lequel était exposée Blanche-Neige, qu'il l'admira beaucoup, et il lut aussi ce qui était écrit dessus en grandes lettres d'or. Alors il dit aux nains :

— Laissez-moi emporter le cercueil : je vous donnerai en échange ce que vous voudrez.

— Pour tout l'or du monde, tu ne pourras nous l'acheter ! répondirent-ils.

— Alors donnez-le-moi, reprit le prince, parce que je ne puis pas vivre sans admirer Blanche-Neige, et je la traiterai et la vénérerai comme ma bien-aimée, comme ce que j'ai de plus cher au monde !

Les bons nains, en entendant ses paroles, s'émurent de compassion pour lui et lui donnèrent le cercueil. Le prince le fit prendre par ses serviteurs, qui le chargèrent sur leurs épaules et l'emportèrent. Mais voilà qu'ils trébuchèrent contre une racine en le portant, et la secousse fit rendre à Blanche-Neige le morceau de pomme qui lui était resté dans le gosier. Ainsi libérée, elle ouvrit les yeux, souleva le couvercle de verre et se redressa, ayant retrouvé la vie.

— Oh ! mon Dieu, mais où suis-je ? s'exclama-t-elle.

— Tu es près de moi ! lui répondit le prince tout heureux, avant de lui raconter ce qui s'était passé.

Puis il dit :

— Je t'aime et tu m'es plus chère que tout au monde. Viens, accompagne-moi au château de mon père : tu seras mon épouse.

Alors Blanche-Neige s'éprit de lui et elle l'accompagna, et leurs noces furent célébrées dans la magnificence et la somptuosité.

Mais à ce grand mariage princier, la reine terrible, et maudite marâtre de Blanche-Neige fut invitée aussi ; et quand elle se fut richement habillée et parée, elle alla devant son miroir pour lui poser sa question :

Miroir, gentil miroir, dis-moi, dans le royaume
Qui est la femme la plus belle ?

Et le miroir lui répondit :

Dame la reine, ici vous êtes la plus belle,
Mais la nouvelle reine est mille fois plus belle.

Un juron échappa à l'horrible femme qui fut prise d'effroi, d'un tel effroi qu'elle ne savait plus que devenir. Pour commencer, son idée fut de ne pas aller du tout aux fêtes du mariage ; mais elle ne put y tenir et il fallut qu'elle y allât, dévorée par la jalousie, pour voir cette jeune reine.

Lorsqu'elle fit son entrée, elle reconnut immédiatement Blanche-Neige, et la peur qu'elle en eut la cloua sur place, sa terreur l'empêcha de bouger. Mais on lui avait déjà préparé des souliers de fer qui étaient sur le feu, à rougir : on les lui apporta avec des tenailles et on les mit devant elle, l'obligeant à s'en chausser et à danser, à danser dans ces escarpins de fer rouge jusqu'à sa mort, qui suivit bientôt.

la sacoche, le vieux chapeau et la petite trompette

Il était une fois trois frères qui étaient devenus si pauvres, mais si pauvres qu'ils souffraient de la faim et que, dans leur misère, ils n'avaient plus rien à se mettre sous la dent, pas même une miette de pain. Ils décidèrent alors que cela ne pouvait pas durer comme cela.

— Cela ne peut pas durer, dirent-ils : il vaut mieux que nous partions dans le monde y chercher notre chance.

Ils partirent aussitôt et ils coururent bien des chemins, foulèrent quantité de prairies, mais ils ne rencontraient toujours pas leur chance. Un jour vint, pourtant, qu'ils se trouvèrent dans une grande forêt, au cœur de laquelle se dressait une montagne ; et quand ils approchèrent de cette montagne, ils virent qu'elle était tout entière de pur argent.

— C'est bon, dit l'aîné, maintenant j'ai trouvé ma chance et je ne souhaite rien de plus !

Il prit autant d'argent qu'il en pouvait porter, fit demi-tour et rentra chez lui. Les deux autres frères, au contraire, se disaient :

— Nous attendons de notre chance, tout de même, un peu plus que de l'argent !

Et ils continuèrent leur voyage sans toucher à la montagne d'argent. Quelques jours plus tard, ils arrivèrent à une autre montagne, qui était toute d'or pur ; et le deuxième frère s'arrêta là, réfléchissant et indécis.

— Que dois-je faire ? se demandait-il. Est-ce que je vais chercher plus loin, ou est-ce que je prends tout l'or possible pour en avoir assez jusqu'à la fin de mes jours ?

Finalement, il se décida, bourra ses poches du plus d'or possible, dit adieu à son frère et rentra chez lui. Le troisième frère, cependant, se disait à haute voix :

— L'argent et l'or c'est bien joli, mais je n'en ai cure : je ne vais tout de même pas renoncer à ma chance pour cela ! Qui sait si elle ne me réserve pas quelque chose de mieux ?

Et il continua son voyage plus loin. Après trois jours de marche, il arriva dans une forêt bien plus grande que les autres et qui semblait sans fin ; il marchait et marchait, mais comme il n'y trouvait rien à manger ni à boire, il était sur le point de succomber de faim. Alors il grimpa tout en haut d'un très grand arbre pour essayer de voir si la forêt ne finissait pas quelque part ; mais aussi loin qu'il pouvait regarder, il ne voyait que des arbres et des arbres, et rien d'autre que le sommet des arbres. Alors il commença à redescendre du haut de l'arbre, mais il était si tourmenté par la faim et si torturé par la soif qu'il se dit, sans plus pouvoir penser à rien d'autre :

— Ah ! si seulement je pouvais manger encore une fois et me sentir rassasié !

Arrivé au pied de l'arbre, il y vit avec stupéfaction une petite table dressée, couverte de plats succulents dont le fumet montait jusqu'à lui.

« Ce coup-ci, pensa-t-il, mon vœu s'est exaucé à son heure et au bon moment ! »

Il ne se demanda pas qui avait préparé cette cuisine ou qui l'avait apportée là, mais il se mit tout simplement à table et mangea, et dévora, et savoura pour son plus grand plaisir, jusqu'au bout de sa faim et à sa pleine satisfaction.

« Ce serait quand même dommage, se dit-il quand il eut fini, de laisser cette jolie petite nappe se perdre ici, dans la forêt. »

Alors il la plia soigneusement et la mit dans sa poche, puis il poursuivit son chemin. Il marcha comme cela jusqu'au soir, et quand la faim se fit à nouveau sentir, il voulut voir un peu ce que ferait la nappe et la mit à l'épreuve ; il la sortit, l'étala, et dit à haute voix : « Donc je souhaite que tu sois de nouveau toute couverte de plats succulents ! » Et ses lèvres bougeaient encore quand la nappe, déjà, était si chargée de plats chauds et fumants, qu'il n'y avait plus la moindre place libre dessus.

— Ah ! maintenant je sais à quelle cuisine me sont préparés

mes repas, dit-il ; et tu me seras plus précieuse que la montagne d'argent et la montagne d'or, toi, ma petite nappe blanche !

Il avait bien compris, en effet, que c'était une petite nappe-couvre-toi, et qu'il ne manquerait plus jamais de rien ! Mais il estima pourtant que la possession de la petite nappe magique ne suffisait pas pour qu'il s'arrêtât et rentrât à la maison, décidant qu'il devait, au contraire, continuer à courir le monde pour y tenter sa chance.

Un jour, dans une forêt solitaire, il arriva devant un charbonnier tout noirci de cendre et de poussière qui avait mis, pour son repas, des pommes de terre sur le feu.

— Bonsoir, vieux merle noir ! lui dit-il. Comment te portes-tu dans ta solitude ?

— Les jours se ressemblent, répondit le charbonnier, avec des pommes de terre à tous les repas ; si cela te dit, je t'invite.

— Grand merci, répondit le voyageur, je ne voudrais pas venir te manger ton dîner, à toi qui n'attendais personne ; mais si tu veux bien accepter ma compagnie, alors c'est toi qui seras mon invité.

— Et qui donc va te faire la cuisine ? demanda le charbonnier. Je vois que tu n'as rien avec toi, et je peux te dire qu'à plusieurs heures d'ici, il n'y a personne à la ronde pour te fournir quoi que ce soit.

— Mais il n'empêche qu'il y aura un dîner comme tu n'en as jamais savouré de ta vie ! lui répondit-il.

Avec ces mots, il sortit sa petite nappe, l'étendit soigneusement sur le sol et dit : « Petite nappe, couvre-toi ! », et en un clin d'œil se trouvèrent dessus des marmites fumantes et des plats bouillants avec le bouilli et le rôti, les légumes et les sauces, tout cela aussi chaud que si l'on venait juste de les retirer du feu. Le charbonnier en ouvrit des yeux ronds, mais ne se fit pas prier pour se mettre à table, s'enfournant des bouchées toujours plus grosses l'une que l'autre dans le trou de sa face noire. Quand ils se furent bien régalés, le charbonnier eut un sourire épanoui et dit :

— Ecoute un peu : ta petite nappe, je ne peux que lui faire mes compliments. Voilà quelque chose qui m'irait bien à moi, tout seul dans la grande forêt, où il n'y a jamais personne pour me cuisiner du bon ! Je te propose un échange : là, dans le coin, tu vois, il y a une sacoche de soldat qui est suspendue ; c'est une sacoche toute avachie et sans allure aucune, il faut le dire, mais si elle ne ressemble plus à rien, elle cache pourtant en elle des qualités magiques. Moi, ici, je n'en ai plus l'emploi, alors j'aimerais bien te l'échanger contre ta nappe.

— Il faut d'abord que je sache ce que sont ses vertus magiques, répondit-il.

— Je vais te le dire, fit le charbonnier : chaque fois que tu donnes dessus un petit coup avec la main, il en sort un caporal avec six hommes armés de pied en cap, tout prêts à exécuter tes ordres, quels qu'ils soient.

— Si c'est bien comme tu le dis et pas autrement, lui répondit-il, moi, personnellement, je suis d'accord pour l'échange.

Il donna la petite nappe au charbonnier, prit la sacoche, se la mit à l'épaule, fit ses adieux et s'en alla. Un peu plus loin — mais vraiment il ne s'était guère éloigné ! — il voulut vérifier les vertus magiques de sa sacoche et frappa un petit coup de la main dessus. Les sept guerriers se tinrent devant lui et le caporal lui demanda :

— Quels sont les ordres du maître et du seigneur ?

— Que vous filiez au pas accéléré chez le charbonnier et que vous me rapportiez ma petite nappe ! commanda-t-il.

Ils firent demi-tour à gauche, gauche ! et revinrent peu après avec la petite nappe qu'il voulait, et qu'ils avaient enlevée au charbonnier sans plus de discours. Les soldats disparurent à son commandement et il continua sa route, comptant sur une chance toujours plus brillante encore.

Au coucher du soleil, il rejoignit un autre charbonnier qui finissait de se préparer son repas du soir et qui l'invita cordialement à le partager.

— Des pommes de terre avec du sel, lui dit-il, mais pas de graisse ; si cela te dit, assieds-toi et mangeons.

— Non, dit le voyageur, pour cette fois, c'est toi qui seras mon invité !

Et il tendit sa petite nappe par terre, la faisant aussitôt se couvrir des plats les plus exquis. Ils mangèrent et ils burent tous les deux, trouvant que la vie était belle. Quand le repas fut terminé, le charbonnier parla :

— Là-haut, sur la soupente, il y a un vieux chapeau tout cabossé et usé, mais qui possède des vertus singulières : quand on l'a sur la tête, si on lui donne un tour, des canons se mettent aussitôt en batterie comme si douze pièces étaient arrivées l'une après l'autre, et ils font feu de toutes leurs gueules, si bien que rien ni personne ne peut rien contre. Mais moi, ici, le vieux chapeau ne me sert plus à rien et je voudrais bien te l'échanger contre la petite nappe.

— Cela peut se faire, lui dit-il ; et il reçut le vieux chapeau, le mit sur sa tête, et laissa sa petite nappe au charbonnier.

Mais dès qu'il eut fait un tout petit bout de chemin en s'éloignant, il donna une tape sur sa sacoche et envoya rechercher le napperon, qu'ils lui rapportèrent. « Une bonne chose en amène une autre, se dit-il ; continuons ! » Et il continua, persuadé que sa chance n'était pas épuisée. Il ne se trompait pas dans ses idées, car lorsqu'il eut encore marché une journée, il arriva auprès d'un troisième charbonnier qui l'invita, tout comme les autres, à partager son repas où n'entraient que des pommes de terre cuites sans lard, ni le moindre semblant de graisse. Et tout comme pour les autres, il lui fit partager son repas enchanté sur la petite nappe merveilleuse ; le troisième charbonnier s'en régala tellement qu'il lui proposa, en échange de la nappe, une petite trompette qui possédait des pouvoirs plus merveilleux encore et autrement plus puissants que le vieux chapeau : car cette trompette, si l'on soufflait dedans, faisait crouler murs et murailles des forteresses et des châteaux, des villes et des villages à la ronde, les écrasant en un tas de décombres. Le voyageur laissa bien sa nappe en échange au charbonnier, mais il la fit reprendre peu après par son escouade ; et ainsi, pour finir, il avait tout à la fois la nappe magique, la sacoche, le vieux chapeau et la petite trompette qui faisaient tous des merveilles.

— Maintenant, se dit-il, me voilà un homme puissant et redoutable, et le moment est venu pour moi de retourner à la maison. Il faut que je voie un peu comment se portent mes frères.

Avec l'argent et l'or, ses frères s'étaient bâti une demeure magnifique où ils vivaient dans le luxe et la grande dépense. Mais quand il entra chez eux, sous prétexte que ses vêtements étaient à moitié en loques, avec le vieux chapeau qu'il avait sur la tête et la vieille sacoche toute avachie qu'il portait à l'épaule, ils refusèrent de le reconnaître et se moquèrent de lui.

— Tu prétends que tu es notre frère, lui dirent-ils, mais celui-là n'a eu que mépris pour l'argent et pour l'or, en comptant sur une meilleure et plus grande chance qu'il devait rencontrer ! Donc, quand il rentrera, ce sera pour le moins un monarque puissant, qui nous arrivera dans tout le déploiement de ses pompes et splendeurs, et non pas un guenilleux qui se présente comme un mendiant !

Et ils le firent tout bonnement jeter à la porte.

Furieux, il frappa coup sur coup sur sa sacoche jusqu'à ce qu'il eût devant lui, au garde-à-vous et en bon ordre, un bataillon de cent cinquante hommes. Il leur fit encercler la maison de ses frères, et deux de ses soldats devaient s'emparer d'eux pour les battre de verges jusqu'à ce qu'ils ne sachent plus comment ils s'appelaient. L'opération ne se fit pas sans bruit, et les gens d'alentour s'en émurent et voulurent même porter secours aux deux riches dans leur extrémité ; mais ils en furent pour leurs frais et ne purent que se frotter en vain aux soldats. L'émotion n'en fut que plus grande et le roi, pour finir, fut averti de la chose et la reçut fort mal. Un capitaine avec son escadron au grand complet fut envoyé sur place, avec mission d'expulser de la ville le fauteur de désordre. Mais l'homme à la sacoche eut tôt fait d'augmenter son armée personnelle, qui repoussa victorieusement tout l'escadron du capitaine et qui le mit en fuite, tout sanglant et honteux.

Cette fois, le roi prit la chose au sérieux et déclara que le gaillard s'en mordrait les doigts. Dès le lendemain, il envoya contre lui un contingent beaucoup plus nombreux, mais qui fut plus piteux encore que celui de la veille. Le roi y mit alors une véritable armée afin d'en finir au plus vite, mais le frère donna coup sur coup quelques tours à son vieux chapeau, et son artillerie de campagne entra en jeu, écrasant et jetant en déroute les soldats du roi.

— Puisque c'est comme cela, dit le vainqueur, je ne consentirai à la paix que si le roi me donne sa fille en mariage avec le commandement de tout son royaume.

Il fit connaître ses conditions du roi, qui fit venir sa fille et lui dit :

— Ce sera dur à avaler et le devoir est chose difficile ! Mais que me reste-t-il à faire, si ce n'est d'en passer par où il veut ? Pour avoir la paix et garder la couronne, il faut que je te donne à lui !

Le mariage, donc, fut célébré ; mais la fille du roi se sentit humiliée et honteuse d'avoir comme époux un homme du commun, toujours coiffé d'un vieux chapeau et portant à l'épaule une vieille sacoche comme un pauvre colporteur ou un mendiant. Sa seule idée était de se débarrasser de lui et de s'en libérer au plus vite, et pendant des jours et des nuits elle ne cessa pas de réfléchir aux moyens qu'elle pourrait utiliser pour y parvenir. Elle finit par se demander : « Est-ce que ce ne serait pas dans sa sacoche qu'il cacherait ses pouvoirs magiques ? » Alors elle changea de conduite et se fit tendre et caressante pour le séduire, et quand elle le vit attendri, elle lui confia, en y mettant toute l'émotion voulue :

— Oh ! si seulement tu voulais quitter cette horrible sacoche, qui te dépare tellement que j'en ai honte moi-même !

— Ma chère enfant, lui répondit-il, cette sacoche, que tu méprises tant, est mon trésor le plus précieux, car je ne redoute aucune puissance au monde tant que je l'ai avec moi.

Et, pour lui expliquer la chose, il lui avoua quelles étaient les forces magiques dont elle était douée. Elle se pendit à son cou comme pour un baiser, mais s'arrangea pour lui enlever prestement la sacoche, avec laquelle elle se sauva au plus vite. Dès qu'elle se trouva seule, elle frappa sur la sacoche et commanda aux soldats d'arrêter leur précédent maître et de le jeter hors du palais du roi. La première escouade obéit à ses ordres et, pour plus de sûreté, l'hypocrite épouse envoya à sa suite d'autres et d'autres soldats encore, avec l'ordre de le chasser hors du royaume, afin d'en être débarrassée à tout jamais.

Sans son vieux chapeau, il eût été irrémédiablement perdu. Mais profitant d'un instant où il avait les mains libres, il le fit tourner sur sa tête deux ou trois fois, et la canonnade commença aussitôt, repoussant et tuant toute la troupe et l'anéantissant, si bien que la fille du roi, en présence du désastre, dut venir elle-même lui demander sa grâce. Elle s'humilia de façon si émouvante et lui jura avec tant de chaleur que tout serait changé, bref, elle réussit si parfaitement à l'attendrir, qu'il consentit, finalement, à faire la paix comme elle le désirait.

Elle se montra gentille et douce avec lui, faisant semblant de l'aimer beaucoup. Il laissa faire. Mais elle fit si bien et sut tellement user de ses charmes que pour finir, un jour, il lui confia l'autre secret, à savoir que même dépossédé de la sacoche il gardait une puissance, et que celui qui la lui aurait prise ne pourrait rien faire contre lui tant qu'il aurait encore son vieux chapeau.

A peine en possession de ce secret, l'hypocrite princesse attendit seulement qu'il se fût endormi pour le lui enlever et le jeter dehors, dans la rue. Cette fois, elle se croyait bien sûre de son fait. Mais elle ne savait pas qu'il lui restait sa petite trompette, et lui, dans sa furieuse colère devant une telle duplicité, l'emboucha et souffla si fort que tout fut mis en ruine instantanément : du château, des donjons, des forteresses, de la ville et des villages, il ne resta pas une muraille debout, ni une pierre sur une pierre. Quant au roi et à sa fille, ils étaient morts dans l'écroulement. S'il ne s'était pas arrêté à temps et s'il avait soufflé un tout petit peu plus seulement dans sa trompette, les rochers mêmes se fussent écrasés et plus rien n'eût été debout dans tout le royaume.

Alors il n'y eut plus personne pour oser lui résister, et il s'installa sur le trône et prit la royauté de tout l'empire.

outroupistache

Il était une fois un meunier qui vivait pauvrement, mais qui avait une fille fort belle. Et un jour qu'il lui arriva d'entrer directement en conversation avec le roi, ce meunier, pour se vanter et se mettre en valeur, lui dit :

— J'ai une fille capable de filer la paille et d'en tirer du fil d'or pur.

— Voilà un art qui me plaît, dit le roi ; et si ta fille est aussi habile que tu le dis, conduis-la demain au château que je la voie à l'œuvre.

Le lendemain, quand la jeune fille fut devant lui, le roi la conduisit aussitôt dans une pièce toute emplie de paille, lui donna le rouet et la quenouille, et lui dit : « A présent, au travail ! Et si d'ici demain à la première heure tu ne m'as pas filé en or toute cette paille, il te faudra mourir ! »

Le roi s'en alla sur ces mots, ferma lui-même la porte sur elle et la laissa seule. La malheureuse resta là, accablée, désolée, désespérée, se sachant perdue et incapable de sauver sa vie, car elle ignorait tout d'un art qui eût permis de filer de l'or avec de la paille. Sa peur et son angoisse ne cessant d'augmenter, elle finit par éclater en sanglots. La porte s'ouvrit tout d'un coup et un petit lutin entra en lui disant :

— Bonsoir, mademoiselle la meunière. Pourquoi pleures-tu tellement ?

— Hélas ! lui répondit la jeune fille, il faut que je file de l'or avec de la paille et je n'y connais rien.

— Si je la file pour toi, qu'est-ce que tu me donnes ? demanda le lutin.

— Mon collier, offrit-elle.

Le petit homme prit le collier, s'assit au rouet et bss, bss, bss, en trois tours, la quenouille était pleine. Il en remet une autre et bss, bss, bss, en trois tours, la voilà pleine aussi ; alors une autre, une autre, et ainsi de suite jusqu'au matin, si bien que toute la paille était filée et que la chambre était pleine de fil d'or.

Le soleil se levait à peine, que déjà arrivait le roi ; il vit la chambre emplie de tout cet or, s'en étonna bien et s'en réjouit plus encore, mais sans trop le montrer, car son cœur était toujours avide d'or. Il fit amener la fille du meunier dans une autre chambre pleine de paille, mais celle-là bien plus vaste que la première, et il lui ordonna de tout filer avant le lever du jour si elle voulait avoir la vie sauve.

Se sachant perdue et ne voyant aucun moyen de se sauver, la pauvre éclata en pleurs de nouveau, et de nouveau la porte s'ouvrit tout d'un coup et le petit lutin apparut, lui disant :

— Qu'est-ce que tu me donnes, si je file de l'or avec toute cette paille à ta place ?

— La bague que j'ai au doigt, offrit la jeune fille.

Le petit homme prit la bague et se mit au rouet, bss, bss, bss, et le matin, il ne restait plus de paille et tout était plein de fil d'or.

Quand il le vit, le roi en fut réjoui au delà de toute mesure, mais sa soif de l'or n'était toujours pas satisfaite, et il fit conduire la fille du meunier dans une nouvelle chambre bien plus grande encore et toute emplie de paille. Cette fois, il lui dit : « Tu dois encore me filer tout cela dans cette nuit, mais si tu y parviens, tu seras mon épouse. » Et le roi s'en alla en se disant : « Toute fille de meunier qu'elle soit, je ne pourrais pas trouver une femme plus riche dans le monde entier. »

Dès que la jeune fille se trouva seule, le lutin réapparut pour la troisième fois et lui demanda :

— Qu'est-ce que tu me donnes si je file la paille pour toi ?

— Je n'ai plus rien que je puisse te donner ! dit la jeune fille.

— Alors promets-moi, quand tu seras reine, de me donner ton premier enfant.

Comme elle n'avait, dans sa détresse, aucun autre moyen de salut, et surtout comme elle n'engageait sa promesse que pour beaucoup plus tard « et que d'ici là, pensait-elle, Dieu seul sait comment les choses peuvent tourner », la jeune fille n'hésita pas très longtemps et promit son premier enfant au lutin, puisqu'il le voulait. Et le petit homme s'installa au rouet et bss, bss, bss, fila une fois de plus toute la paille en or.

Le lendemain matin, quand le roi vint et constata que tout était filé en or, ainsi qu'il l'avait souhaité, il fit préparer les noces et la jolie meunière fut faite reine.

Un an plus tard, elle mettait au monde un beau garçon, sans guère se soucier de la promesse qu'elle avait pu faire au lutin, car en vérité elle n'y pensait plus du tout. Mais il entra soudain dans sa chambre et lui dit :

— A présent, donne-moi ce que tu m'as promis.

La reine en fut horrifiée et supplia le petit homme de lui laisser son enfant en lui offrant toutes les richesses du royaume.

— Non, lui répondit-il, un être vivant m'est infiniment plus précieux que tous les trésors du monde.

La reine se mit à pleurer et à gémir tant et tant qu'à la fin, le petit homme en eut pitié et lui dit :

— Je te laisse un délai de trois jours, et si tu connais mon nom d'ici là, tu pourras garder ton enfant.

Alors la reine se mit à réfléchir et passa toute la nuit à se remémorer tous les noms possibles et à chercher ceux qu'elle ne connaissait pas, tous les noms qu'elle n'avait jamais entendus ; et le lendemain matin, elle envoya vite un messager courir le pays pour apprendre tous les noms qu'il pouvait y avoir encore.

Le soir, quand le lutin vint la voir, elle commença par Melchior, Gaspard et Balthazar, puis continua à lui énumérer dans l'ordre tous les noms qu'elle connaissait et tous ceux qu'elle avait pu apprendre ; mais à chacun le lutin répondait : « Non, ce n'est pas mon nom. »

Le lendemain (qui était donc le deuxième jour de son délai), la reine fit demander plus loin dans le voisinage comment s'appelaient les gens dans ces provinces-là ; et le soir, elle soumit au lutin des noms bizarres et extraordinaires ; des noms comme Côtefauve, par exemple, ou Gigotin, ou Lacejambe. Mais toujours il lui répondait : « Non, je ne m'appelle pas comme cela. »

Le troisième et dernier jour, le messager revint et dit à la reine :

— Je n'ai pas pu découvrir aujourd'hui un seul nom nouveau ; mais comme j'étais arrivé à une haute montagne tout là-bas, au dernier coin de la forêt où le lièvre et le renard se disent « Bonne nuit ! », j'ai aperçu soudain une toute petite maison ; et devant la maison il y avait un feu qui brûlait ; et devant ce feu, il y avait un drôle de petit bonhomme qui dansait en sautant sur une seule jambe et qui chantait :

Je fais cuire aujourd'hui, demain je brasserai
Après-demain j'irai
Chercher l'enfant de la reine.
Ah ! qu'il est bon que nul ne sache
Que je m'appelle Outroupistache !

Vous pouvez vous imaginer combien la reine fut contente en entendant ce nom. Et quand, un peu plus tard, le petit homme entra et demanda : « Eh bien, Madame la reine, comment est-ce que je m'appelle ? », elle commença par lui demander : « Ne t'appelles-tu pas Pierre ? — Non. — Ou Paul, peut-être ? — Non. »

— Ou alors est-ce que ce ne serait pas, qui sait, Outroupistache ?

— C'est le diable qui te l'a dit ! clama le petit homme. C'est le diable qui te l'a dit !

Et, dans sa rage, il tapa du pied si fort qu'il s'enfonça dans le sol jusqu'à l'entre-cuisse ; alors il saisit son pied gauche à deux mains et, fou de fureur, tira dessus pour s'écarteler et se déchirer soi-même le corps en deux.

roland le bien-aimé

Il y avait une fois une femme qui était une véritable sorcière et qui avait deux filles : une fille laide et méchante ; et celle-là, elle l'aimait parce que c'était sa vraie fille ; et l'autre, jolie et gentille, qu'elle haïssait parce que ce n'était que sa belle-fille. Et comme celle-là, à un certain moment, portait un beau tablier, l'autre, qui était jalouse et envieuse, voulut l'avoir et dit à sa mère qu'il le lui fallait.

— Sois tranquille, tu vas l'avoir ! lui répondit la vieille. Ta demi-sœur a mérité la mort depuis longtemps déjà, et cette nuit, quand elle dormira, je viendrai lui couper la tête. Tout ce qu'il faut, c'est que tu te mettes bien au fond du lit, toi, du côté du mur, et que tu la pousses bien au bord.

Tel est le malheur qui serait assurément arrivé à la pauvre fille, si elle ne s'était, heureusement, trouvée justement dans un coin où elle avait tout entendu. Il lui fut défendu de franchir la porte tout au long de la journée, et le soir, quand ce fut l'heure d'aller au lit, l'autre alla vite se coucher la première pour se tenir au fond du lit, mais la condamnée, tout doucement, la fit glisser devant pendant qu'elle dormait et se mit elle-même à sa place, contre le mur. Au milieu de la nuit, la vieille se glissa sans bruit jusque-là, tenant une hache dans sa main droite. De la main gauche, elle tâta sur le bord du lit pour bien vérifier qu'il y avait quelqu'un de couché là, puis elle prit sa hache à deux mains et l'abattit férocement, décapitant du premier coup sa propre fille.

Dès que la vieille s'en fut allée, croyant avoir tué la fille qu'elle n'aimait pas, celle-ci se leva et s'habilla pour s'enfuir et aller retrouver celui qu'elle aimait, et qui s'appelait Roland. Elle frappa à sa porte et lui dit, dès qu'il eut ouvert :

— Ecoute, Roland mon bien-aimé, il faut que nous prenions la fuite en toute hâte ! Ma belle-mère a voulu m'assassiner, mais c'est sa fille qu'elle a tuée sans le savoir. Dès qu'il va faire jour, elle s'en apercevra et ce sera notre perte !

— Mais si j'ai un conseil à te donner, lui dit Roland, c'est d'abord de lui prendre sa baguette magique, sinon nous n'arriverons jamais à lui échapper et à trouver le salut : elle nous poursuivra et nous rejoindra toujours !

La jeune fille retourna là-bas et s'empara de la baguette magique, après quoi elle prit aussi la tête coupée, dont elle fit tomber trois gouttes de sang sur le sol : la première près du lit, la seconde dans la cuisine et la troisième sur l'escalier. Elle rejoignit ensuite son bien-aimé et s'enfuit avec lui.

Au matin, quand la vieille sorcière se leva, elle commença par appeler sa fille, à laquelle elle voulait donner le tablier de l'autre. Mais sa fille ne répondit pas et vint encore moins. Elle l'appela plus fort et cria :

— Où es-tu ?

— Je suis là, sur l'escalier, répondit alors la première goutte de sang, je suis en train de balayer !

Mais la vieille eut beau monter les marches pour aller voir : il n'y avait personne. Elle cria de nouveau :

— Où es-tu ?

— Je suis là, dans la cuisine, en train de me réchauffer un peu, répondit la deuxième goutte de sang.

Mais quand la vieille arriva dans la cuisine, elle n'y vit personne non plus. Encore une fois, elle cria :

— Où es-tu ?

— Je suis ici, dans le lit, et je dors ! répondit la troisième goutte de sang.

La vieille alla dans la chambre et s'avança jusqu'au lit, mais ce fut pour y voir alors sa propre fille qui nageait dans son sang, décapitée.

Dans une colère folle, la sorcière sauta à la fenêtre, d'où elle vit — car certaines sorcières ont la vue qui porte très loin — sa belle-fille qui s'enfuyait avec son bien-aimé Roland.

— Cela ne vous servira de rien ! leur cria-t-elle. Vous seriez même au bout de l'horizon, que vous ne m'échapperez pas ! J'aurai tôt fait de vous rejoindre !

Elle enfila ses bottes de sept lieues, avec lesquelles elle faisait à chaque pas le chemin d'une heure, et il ne lui fallut pas longtemps pour rejoindre les deux fuyards. Mais la jeune fille, en la voyant approcher, se servit de la baguette magique pour changer son cher Roland en un lac au milieu duquel, changée elle-même en cane, elle se mit à nager. La sorcière, arrêtée sur la rive, jeta force miettes de pain et se donna toutes les peines du monde pour faire approcher la cane, qui se garda bien de s'y laisser prendre ; quand le soir tomba, la vieille dut abandonner ses tentatives et retourner chez elle. Alors la jeune fille reprit, avec son cher Roland, sa forme naturelle pour continuer à s'enfuir avec lui. Ils marchèrent toute la nuit jusqu'à la pointe du jour, et alors elle se changea elle-même en une fleur au milieu des épines, et elle changea Roland, son bien-aimé, en joueur de violon.

C'était tout juste fait, que déjà arrivait la sorcière qui entreprit le violoniste.

— Mon cher ménétrier, lui dit-elle, cette jolie fleur que je vois là, est-ce que je peux la cueillir ?

— Mais bien sûr ! lui dit-il. J'en profiterai pour jouer un peu.

Seulement voilà : quand la sorcière, pleine de hâte, se fut jetée au milieu du buisson épineux, et alors qu'elle tendait déjà la main pour cueillir la jolie fleur, car elle savait très bien *qui* était cette fleur, le violoniste commença à jouer de son instrument et il fallut, qu'elle le voulût ou non, il fallut absolument qu'elle dansât sur sa musique, dansât et dansât sans pouvoir s'arrêter, se déchirant dans les épines par la faute de cette danse enchantée. Plus il jouait vite, et plus haut elle devait sauter, bondir et tournoyer, de telle sorte que les ronces lui arrachèrent ses vêtements du corps, lui écorchèrent et lui déchirèrent la peau de plus en plus profondément, la faisant saigner de partout. Et comme la musique magique ne cessait toujours pas, il lui fallut danser et sauter et tressauter si longtemps qu'elle finit par tomber morte sur le sol.

Libérés, ils reprirent leur forme humaine et Roland dit :

— Maintenant, je vais aller tout de suite chez mon père et faire préparer nos noces.

— Et moi, pendant ce temps, je vais t'attendre ici, répondit la jeune fille. Et pour que nul ne me reconnaisse pendant que je serai là à t'attendre, je vais me changer en caillou, en un joli caillou rouge.

Roland s'éloigna donc et la jeune fille resta là, comme un joli caillou rouge sur la terre, immobile, à attendre le retour de son bien-aimé. Mais Roland, quand il fut chez lui, tomba dans les filets d'une autre, qui le prit et le retint si bien, qu'il en oublia complètement celle qui l'attendait et pour qui il était venu. La malheureuse resta longtemps, longtemps à l'attendre ; mais quand elle vit que décidément il ne revenait pas, le chagrin l'accabla et elle se changea en une fleur, espérant que quelqu'un viendrait la piétiner et l'écraser sous ses pieds. « Il y aura bien quelqu'un qui viendra par ici, pensa-t-elle, et qui m'écrasera ! »

Mais il se fit qu'un berger qui gardait ses moutons par là, vit la fleur et la trouva si belle qu'il la cueillit, l'emporta et la garda dans sa cantine. Et depuis ce moment-là, il se passa de bien curieuses choses dans la cabane du berger ! Le matin, quand il se levait, tout son ménage était déjà fait : la chambre était balayée, le banc et la table époussetés, le feu brûlait clair dans la cheminée, l'eau avait été tirée et rentrée ; à midi, quand il revenait, la table était mise et le repas était prêt, tout servi, excellent. Il n'arrivait pas à comprendre comment il se faisait que, sans qu'il vît jamais personne dans sa petite cabane où, d'ailleurs, personne n'aurait pu se cacher, tout fût ainsi en ordre et toujours prêt. Ce n'était certes pas pour lui déplaire, mais à la fin, il s'en inquiéta et se sentit même si peu rassuré qu'il alla consulter une fée sur cette affaire, et lui demanda un conseil. La fée lui dit :

— Il y a de la sorcellerie là-dessous. Tu n'as qu'à faire attention le matin, de très bonne heure ; et si jamais tu vois quelque chose bouger dans ta cabane, quoi que ce soit et quoi que cela puisse être, empresse-toi de jeter dessus un mouchoir blanc, l'enchantement sera empêché.

Le berger fit comme la fée le lui avait dit et le lendemain, à l'aube, guettant de toute son attention, il vit le couvercle de sa cantine se soulever et la fleur qui sortait. Il se leva prestement et jeta dessus un beau mouchoir bien blanc. La transformation étant annulée, il vit une belle jeune fille debout devant lui, qui lui avoua que c'était bien elle, en effet, qui s'était changée en fleur, et qu'elle lui avait tenu son ménage depuis qu'il l'avait cueillie et rapportée chez lui. Puis elle lui raconta toute sa triste histoire. Comme elle lui plaisait beaucoup, le berger lui demanda si elle voulait l'épouser.

— Non, lui dit-elle, parce que, même s'il m'a oubliée, je veux rester fidèle à Roland, mon bien-aimé. Mais je te promets, par contre, de ne pas m'en aller d'ici et de continuer à te tenir ta maison.

Elle resta donc et le temps passa ; le temps passa et vint le jour que les noces de Roland avec la rivale devaient être fêtées. Or, c'était une vieille coutume dans le pays que toutes les vierges fussent invitées et se rendissent aux noces pour honorer les jeunes mariés en leur chantant chacune quelque chose. En apprenant la nouvelle, la malheureuse délaissée fut triste plus que jamais, si triste qu'elle crut que son cœur allait se déchirer dans sa poitrine. Bien sûr, elle ne voulait pas aller au mariage, mais les autres jeunes filles du pays vinrent la chercher et il fallut qu'elle y allât. Et lorsque ce fut son tour de chanter, elle le laissa passer et se recula, se recula jusqu'à ce qu'il ne restât plus qu'elle, toute seule. Alors elle ne put plus reculer ni faire autrement que de chanter.

Mais elle commençait tout juste à chanter, et son chant avait tout juste pu parvenir à l'oreille de Roland, qu'il sursauta, se mit debout et cria : « Cette voix, je la reconnais, c'est celle de ma vraie fiancée ! Et je n'en épouserai pas une autre qu'elle. »

Car tout ce qu'il avait oublié, tout ce qui lui était sorti de l'esprit, oui, tout lui était revenu d'un seul coup dans le cœur. Et ce fut la jeune fille fidèle qui célébra ses noces avec Roland, le bien-aimé. Sa souffrance finissait là, et le bonheur pour elle commençait.

l'oiseau d'or

Il y eut un roi, dans le temps jadis, qui avait derrière son château un parc magnifique agrémenté d'un verger merveilleux ; et dans ce verger, il y avait un arbre qui ne portait que des pommes d'or pur. Quand ces pommes mûrirent, on les compta ; mais il en manqua une le lendemain matin. On rapporta la chose au roi, qui ordonna qu'une garde veillât chaque nuit au pied de l'arbre. Comme le roi avait trois fils, dès la tombée du jour, il envoya son fils aîné monter la garde sous le pommier aux pommes d'or ; mais quand minuit sonna, l'aîné n'avait pu résister au sommeil et s'était endormi ; et le lendemain matin, il manquait une pomme d'or. La nuit suivante, ce fut le deuxième fils qui fut chargé de monter la garde, mais il ne fit pas mieux, et quand sonna minuit il s'était endormi tout comme son frère ; et le lendemain matin, une pomme manquait à l'arbre. Ce fut alors le tour de veille du troisième fils, qui se tenait prêt ; mais le roi ne lui faisait pas grande confiance et pensait plutôt qu'il ne réussirait pas mieux que ses frères ; néanmoins, pour finir, il le laissa aller.

Le jeune homme s'étendit sous l'arbre, veilla et ne se laissa pas surprendre par le sommeil. Lorsque sonna minuit, il y eut un froissement dans l'air et le guetteur put voir, au clair de lune, un oiseau brillant, dont le plumage était fait d'or entièrement. L'oiseau vint se percher sur l'arbre et commença à becqueter une pomme, mais le jeune homme lui décocha une flèche qui le mit en fuite. Or la flèche l'avait frôlé et l'une de ses plumes d'or était tombée sur le sol. Le jeune homme la ramassa et la montra le lendemain matin au roi, son père, en lui racontant ce qu'il avait vu dans la nuit. Le roi réunit son conseil, dont tous les membres, sans exception, estimèrent qu'une plume comme celle-là avait, à elle seule, plus de valeur que le royaume entier.

— Si cette plume est si précieuse, déclara le roi, il ne me sert à rien d'en avoir une : ce qu'il me faut et ce que je veux avoir, c'est l'oiseau tout entier !

Le fils aîné se mit en route, confiant en son habileté et ne doutant pas qu'il aurait tôt fait de trouver l'oiseau d'or. Quand il eut fait un bon bout de route, il vit un renard à la lisière d'une forêt, prit son fusil et le visa.

— Ne tire pas sur moi ! lui cria le renard. Pour la peine, je te donnerai un excellent conseil. Puisque tu es en chemin pour chercher l'oiseau d'or, tu vas arriver ce soir dans un bourg, où il y a deux auberges qui se font vis-à-vis. Dans l'une, les lumières brillent et l'on mène joyeuse vie ; mais ce n'est pas là que tu dois entrer. Va dans l'autre, au contraire, qui est toute sombre et qui te paraîtra sinistre au possible.

« Une bête est une bête, pensa le fils du roi, quel conseil raisonnable aurais-je à en attendre ? » Et il tira. Mais il manqua le renard qui détala ventre à terre, la queue tendue, et disparut sous le couvert. Le fils du roi reprit sa route et arriva, vers le soir, dans le bourg où se trouvaient les deux auberges. Dans l'une on chantait et dansait ; l'autre, au contraire, paraissait triste et avait l'air misérable.

« Je serais bien bête, pensa-t-il, de préférer cette auberge minable à celle qui a si bonne mine ! » Il entra donc dans l'auberge joyeuse, y fit la fête et vécut là une vie de plaisirs, en oubliant tout à fait et l'oiseau, et son père, et toutes les bonnes leçons qu'il avait reçues.

Comme le temps passait sans que le fils aîné revînt à la maison, le deuxième fils du roi se mit en route à son tour à la recherche de l'oiseau d'or. Tout comme son frère aîné, il rencontra le renard qui lui donna son bon conseil, et il n'en tint pas compte. Il arriva dans le bourg aux deux auberges, et derrière la fenêtre de celle où retentissait la clameur des joyeusetés, il vit son frère qui lui faisait signe et l'appelait. Incapable de résister, il y entra et ne vécut plus que pour son plaisir.

Un certain temps de nouveau s'écoula, puis le fils cadet voulut se mettre à son tour en quête de l'oiseau d'or et tenter, lui aussi, sa chance ; mais son père s'y opposa. « C'est inutile, affirma-t-il ; celui-ci trouvera l'oiseau d'or encore moins que ses frères ; et s'il lui arrive quelque malheur, il ne saura jamais s'en tirer : c'est ce qu'il y a de pis avec lui ! » Mais à la fin, à force d'insistance, il se laissa fléchir pour avoir la paix et consentit à le laisser partir quand même.

A la lisière de la forêt, il rencontra le renard qui le supplia de lui laisser la vie en échange du bon conseil. Le cadet avait bon cœur et lui répondit :

— Sois tranquille, je ne te ferai pas de mal, mon petit renard !

— Tu n'auras pas à t'en repentir, répondit le renard, et pour que cela aille plus vite, viens, monte et cramponne-toi à ma queue.

Il y était à peine que le renard détalait, franchissant les obstacles à une telle vitesse que le vent lui sifflait dans les cheveux. Ils furent bientôt au bourg, où le jeune homme quitta son extraordinaire monture et suivit le bon conseil. Sans seulement jeter un regard alentour, il alla directement dans l'auberge misérable, où il passa une nuit bien tranquille. Le lendemain matin, dès qu'il se retrouva en pleine campagne, il aperçut le renard qui l'attendait et qui lui dit :

— Je vais t'apprendre ce que tu as à faire encore. Avance toujours tout droit et tu finiras par arriver à un château devant lequel des soldats sont couchés : tout un bataillon ; mais ne t'en trouble pas, parce qu'ils seront tous en train de dormir et de ronfler ; tu passes par-dessus pour te diriger tout droit à l'intérieur du château, dont tu traverseras les salles en enfilade jusqu'à ce que tu sois dans une chambre où il y a un oiseau d'or dans une cage de bois. A côté, il y a une cage d'or vide : c'est pour la parade ; aussi garde-toi bien de retirer l'oiseau de sa vilaine cage de bois pour le mettre dans la splendide cage d'or, sinon cela irait mal pour toi.

Après ces paroles, le renard tendit sa queue et le jeune prince s'y accrocha, emporté à une telle vitesse que le vent lui sifflait dans les cheveux. Quand il fut devant le château, tout y était comme le renard le lui avait dit ; et il arriva finalement dans la chambre où l'oiseau d'or se tenait perché dans une cage de bois, et à côté était pendue une cage d'or ; les trois pommes d'or se trouvaient aussi dans la pièce, une ici, l'autre là, et la troisième ailleurs. Le jeune homme songea alors qu'il serait ridicule de laisser le bel oiseau d'or dans cette vilaine cage rustique, et il en ouvrit la porte pour prendre l'oiseau et le mettre dans la cage d'or. Au même instant, l'oiseau poussa un cri strident. Les soldats, réveillés, se précipitèrent à l'intérieur et le mirent, lui, en prison, d'où on le tira le lendemain pour le faire passer devant le tribunal, qui le condamna à mort après ses aveux. Le roi, toutefois, déclara qu'il lui laisserait la vie, à condition qu'il lui ramène le cheval d'or : celui qui galope plus vite que le vent ; et qu'il lui donnerait encore, en plus, l'oiseau d'or à titre de récompense.

Le jeune prince se mit donc en route, mais en soupirant avec une grande tristesse, car où trouverait-il le cheval d'or ? Et tout à coup, il aperçut son vieil ami le renard qui était là, assis sur son chemin.

— Tu vois, dit le renard, c'est arrivé parce que tu n'as pas voulu m'écouter. Mais reprends courage : je vais m'occuper de toi et te dire comment tu parviendras jusqu'au cheval d'or. Avance toujours tout droit, et tu finiras par arriver à un château où le cheval est à l'écurie. Devant les écuries seront couchés les palefreniers et les autres valets ; mais ils dormiront et ronfleront, et tu pourras tranquillement mener dehors le cheval d'or. Seulement fais bien attention à une chose : mets-lui la mauvaise selle de bois et de cuir, et non pas la selle d'or qui est à côté, sinon cela irait mal pour toi !

Le renard tendit sa queue, le jeune prince s'assit et se cramponna, aussitôt emporté par monts et par vaux à une telle vitesse que le vent lui sifflait dans les cheveux. Tout se passa comme le renard l'avait dit, et il entra dans l'écurie où était le cheval d'or ; mais comme il voulait le seller, il ne put se résoudre à lui sangler la vilaine selle ordinaire, et il se dit :

« Une si belle bête, ce serait une honte pour lui, si je ne lui mettais pas la belle selle d'or dont il est digne ! » Mais la selle d'or n'eut pas plutôt touché le dos du cheval d'or, qu'il se mit à hennir puissamment. Les palefreniers et les autres, réveillés, s'emparèrent du jeune homme et le jetèrent en prison. Jugé le lendemain, il fut condamné à mort ; mais le roi lui promit la vie sauve et le cheval d'or par-dessus, s'il lui ramenait la belle princesse du château d'or.

Le cœur lourd, le jeune homme se remit en route, mais heureusement pour lui, le fidèle renard n'était pas loin et il le trouva bientôt.

— Je devrais t'abandonner à ton malheur ! lui dit le renard. Mais j'ai pitié de toi et je veux t'aider encore une fois dans ta détresse. Ton chemin te conduit tout droit au château d'or : tu en approcheras le soir parce que la nuit, quand tout est silencieux et tranquille, la belle princesse se rend au pavillon de bain pour s'y baigner. Dès son entrée, bondis vers elle et prends-lui un baiser : elle te suivra et tu n'auras plus qu'à t'en aller avec elle. Mais surtout ne permets pas qu'elle aille auparavant dire adieu à ses parents, sinon cela tournerait au plus mal pour toi !

Et le renard tendit sa queue, le prince s'y installa pour filer à une telle vitesse que le vent lui sifflait dans les cheveux. Au château d'or, tout se présenta comme le renard l'avait dit. Le jeune homme attendit jusqu'à minuit que tout fût plongé dans un profond sommeil, et la belle princesse se rendit au pavillon de bain ; il bondit hors de sa cachette et lui prit un baiser. Elle lui dit qu'elle le suivrait volontiers et avec joie, mais elle le supplia désespérément et avec force larmes de lui permettre d'aller auparavant dire adieu à ses parents. Il commença par refuser, mais comme elle versait de plus en plus de larmes et se jetait à ses pieds en le suppliant, il s'en émut finalement et la laissa aller. A peine la jeune fille arriva-t-elle devant le lit de son père qu'il se réveilla, lui, le roi, et avec lui tous les autres dans le château ; le jeune homme fut arrêté et jeté en prison.

Le lendemain matin, le roi lui dit :

— C'est ta vie que tu as perdue ! Le seul moyen, pour toi, d'obtenir ta grâce, c'est de m'ôter en huit jours la montagne qui est devant ma fenêtre et qui me bouche la vue. Si tu y parviens, tu auras ma fille en récompense.

Le prince commença aussitôt à piocher et à pelleter la terre et le roc sans discontinuer, mais au bout de sept jours, quand il vit le peu qu'il avait enlevé — si peu que tout son labeur était tout juste comme rien ! — il se découragea complètement et perdit tout espoir. Mais vers le soir de ce septième jour, le renard apparut et lui dit :

— Tu ne mérites pas que je m'occupe de toi, mais va te coucher et dormir à présent, je ferai le travail à ta place.

Quand il se réveilla, le lendemain matin, et regarda par la fenêtre, la montagne avait totalement disparu. Tout joyeux, le jeune homme se hâta d'aller l'annoncer au roi en exigeant qu'il tînt sa promesse, et le roi, bon gré ou mal gré, se trouva bien obligé de respecter sa parole et de lui donner sa fille.

Alors ils s'éloignèrent tous les deux du château d'or, et il ne fallut pas longtemps pour que le renard fût auprès d'eux, toujours fidèle.

— Tu as maintenant le mieux du mieux, dit le renard, c'est vrai ; mais de la belle princesse du château d'or dépend, pour toi, la possession du cheval d'or.

— Comment obtenir l'un sans perdre l'autre ? questionna le jeune homme.

— Je vais te le dire, annonça le renard. D'abord, tu vas amener la belle princesse du château d'or au roi qui te l'avait demandée. Il y aura grande liesse à sa cour, et ils te feront présent du cheval d'or avec reconnaissance. Tu le monteras aussitôt, et dès que tu seras en selle, tu leur tendras la main à tous pour leur faire tes adieux, et à la belle demoiselle en dernier ; et là, quand tu lui serreras la main, attire-la bien vite sans la lâcher et pars au triple galop : personne ne pourra te rejoindre pour te la reprendre, puisque ton cheval galope plus vite que le vent.

Tout fut accompli de la manière la plus heureuse et le prince emporta la belle princesse sur son cheval d'or. Le renard fidèle ne fut pas en retard et dit bientôt au jeune homme :

— Maintenant, je vais aussi t'aider à obtenir l'oiseau d'or. Tu feras descendre la belle demoiselle quand tu approcheras du château où est l'oiseau, et moi je veillerai sur elle. Tu entreras à cheval sur ta monture d'or dans la cour intérieure du château, y suscitant une grande joie aussitôt, qui leur fera te donner l'oiseau d'or en présent. Dès que tu auras la cage dans ta main, pars au triple galop pour venir nous rejoindre et emmener avec toi la belle princesse.

Lorsque tout se fut accompli très heureusement, le jeune prince voulut retourner chez lui avec son triple trésor, mais le renard lui dit :

— Maintenant, j'attends que tu me donnes ma récompense pour tout ce que j'ai fait pour toi !

— Et quel est ton désir ? demanda le jeune prince.

— Que tu me tues, puis me coupes la tête et les pattes quand nous serons dans la forêt.

— Ce serait du joli comme expression de gratitude ! répondit le jeune prince. Non, vraiment, je ne consentirai jamais à te faire cela ! C'est impossible.

— Puisque tu ne veux pas le faire, dit le renard, je vais te laisser ; mais avant de te quitter, je te donnerai encore un bon conseil. De deux choses, tu dois te garder : ne fais pas l'achat de gibier de potence et ne va pas t'asseoir sur la margelle d'un puits.

Et sur ces derniers mots, le renard disparut au cœur de la forêt.

« Quelle mouche le pique ? pensa le jeune homme. C'est quand même une bête bien étrange, et qui a de bien drôles d'idées ! Payer pour avoir du gibier de potence, qui le ferait ?

Quant à prendre pour siège la margelle d'un puits, c'est une envie que je n'ai encore jamais eue ! »

Emmenant la belle princesse en croupe, il galopa sur le chemin qui devait les mener au royaume paternel. Ils passèrent bientôt par le bourg où les deux frères du prince étaient restés. Il y avait grande foule et grand tumulte sur la place, et quand il demanda quelle en était la cause, il apprit que deux hommes allaient être pendus. Il s'approcha, et vit alors que ces deux hommes n'étaient autres que ses frères, qui s'étaient ruinés dans leurs débordements et qui avaient commis toutes sortes de délits. Il demanda si l'on ne pouvait obtenir leur libération.

— Si vous payez pour eux, bien sûr ! lui répondirent les gens. Mais pourquoi iriez-vous dépenser votre argent pour racheter de tels vauriens ?

Sans réfléchir, il paya pour racheter leur vie et ils continuèrent la route tous ensemble.

Ils arrivèrent ainsi dans la forêt où le renard leur était apparu la première fois ; et comme le soleil était chaud et qu'il faisait bon frais à l'ombre des grands arbres, les deux frères proposèrent : « Si nous restions un peu à nous reposer à côté de ce puits ? Nous pourrions en profiter pour manger un morceau et nous désaltérer. »

Ils firent donc la pose, et le jeune homme, tout en continuant la conversation, s'assit négligemment, et sans penser à mal, sur la margelle du puits ; ses deux frères le poussèrent et l'y firent tomber à la renverse. Ils s'emparèrent alors de la belle princesse, du cheval et de l'oiseau d'or, et se hâtèrent de regagner le château de leur père.

— Voilà, père, lui dirent-ils, nous te rapportons non seulement l'oiseau d'or, mais encore le cheval d'or et la princesse du château d'or.

Il y eut grande liesse au château à cet heureux retour, mais le cheval ne mangea plus, l'oiseau ne chanta plus, et la belle demoiselle resta triste et n'arrêta pas de pleurer.

Dans sa chute, le frère cadet ne s'était pas tué : le puits, heureusement, était à sec, et il était tombé sans se faire de mal sur la mousse qui en tapissait le fond. Seulement, il ne pouvait plus en sortir. Le renard, cette fois encore, lui fut fidèle et ne l'abandonna pas dans sa détresse : il sauta lui aussi au fond du puits et lui reprocha avec véhémence d'avoir oublié son conseil.

— Je ne puis pourtant pas t'abandonner, ajouta-t-il, et je vais t'aider à revoir la lumière du jour.

Il lui dit de se bien cramponner à sa queue et il le tira ainsi jusqu'en haut.

— Mais tu n'es pas encore hors de péril, dit le renard quand ils furent hors du puits. Tes frères, qui n'étaient pas certains de ta mort, ont fait cerner la forêt par des gardes qui doivent t'abattre à vue. Il faut donc que tu leur échappes et que tu passes inaperçu.

Rencontrant un pauvre en chemin, le jeune homme changea d'habits avec lui et parvint dans cette défroque jusqu'au château de son père et entra dans la cour. Nul ne l'avait reconnu, mais l'oiseau se mit aussitôt à chanter, le cheval commença à manger et la belle princesse arrêta de pleurer d'un seul coup. Le roi s'en étonna et lui demanda comment cela se faisait.

— Je ne sais pas, répondit la jeune fille. Je me sentais si affreusement triste, et voilà que je me sens toute heureuse et joyeuse au-dedans de moi. On dirait que mon vrai fiancé est venu tout soudain.

Et, bien que les deux frères l'eussent menacée de mort si elle révélait quoi que ce fût, elle raconta alors au roi toute la vérité de l'histoire. Le roi ne dit rien, mais ordonna que tous ceux qui étaient au château parussent devant lui ; et dans le nombre, parut aussi le jeune prince revêtu de ses loques et caché sous ses haillons ; mais le cœur de la belle princesse ne pouvait pas se tromper et elle le reconnut immédiatement, courant le serrer dans ses bras.

Les mauvais frères furent arrêtés et mis à mort sur l'heure, tandis que le jeune prince était uni par le mariage à la belle princesse et devenait l'héritier du trône de son père.

Mais le pauvre renard, quel a été son sort ? Un jour que le fils du roi était retourné dans la forêt — c'était longtemps, bien longtemps après tout cela — il rencontra de nouveau le renard qui lui dit :

— Toi, tu as maintenant tout ce que tu peux désirer ; mais pour moi le malheur n'a toujours pas de fin, alors qu'il est en ton pouvoir de me délivrer.

Et de nouveau, il le supplia avec instance, lui demandant de le tuer et de lui couper la tête et les pattes. Cette fois donc, le prince le fit : il tua le renard, le décapita et lui trancha les pattes ; et aussitôt qu'il l'eut fait, le renard se changea en un jeune homme qui n'était autre que le frère de la belle princesse, enfin délivré de l'enchantement qui le tenait prisonnier.

Et depuis lors il ne manqua plus rien à leur bonheur aussi longtemps qu'ils vécurent, les uns comme les autres.

le chien et le moineau

Il y avait un chien de berger dont le maître n'était pas un bon maître, mais quelqu'un qui le laissait souffrir de la faim. Alors le chien s'en alla tristement parce qu'il avait si grand-faim qu'il ne pouvait plus le supporter. Sur la route, il rencontra un moineau qui lui dit :

— Frère chien, pourquoi es-tu si triste ?

— Je suis affamé et je n'ai rien à manger, répondit le chien.

— Mon cher frère, tu n'as qu'à venir avec moi à la ville, dit le moineau ; je m'arrangerai pour que tu aies ton content.

Ils s'en allèrent donc tous les deux à la ville, et quand ils arrivèrent devant l'étal d'un boucher, le moineau dit au chien de rester là, qu'il allait piquer pour lui un morceau de viande et le lui faire tomber. Il alla se poser sur l'étal, regarda de droite et de gauche si personne ne le voyait, puis s'escrima à coups de bec, à coups de patte, tirant, poussant, tant et si bien qu'à force, il fit tomber un gros morceau que le chien happa bien vite pour aller le dévorer dans un coin.

— Viens, lui dit le moineau quand il eut mangé, nous allons aller chez un autre boucher : il faut que tu aies un autre morceau pour bien te rassasier.

Lorsque le chien eut dévoré le second morceau de viande, le moineau lui demanda s'il en avait assez.

— Oui, répondit le chien, de viande j'ai eu mon content ; mais du pain, je n'en ai pas encore mangé.

— Viens avec moi, dit le moineau, tu en auras aussi.

Il mena son ami devant une boulangerie, où il alla lui-même travailler dans une pile de petits pains, piquant par-ci, piquant par-là, jusqu'à ce qu'il eut réussi à en faire rouler quelques-uns par terre. Le chien les mangea ; et comme il n'en avait pas eu assez, ils allèrent encore chez un autre boulanger, où ils firent de même. Quand le chien eut mangé cette nouvelle ration de pain, le moineau lui demanda s'il avait eu assez et se sentait vraiment rassasié.

— Oh ! oui, répondit-il, je propose que nous allions faire une petite promenade à l'extérieur de la ville. Voilà qui serait parfait !

Ils gagnèrent la campagne et s'avancèrent tous deux sur la grand-route. Mais il faisait très chaud, ce jour-là ; et quand ils eurent parcouru un petit bout de chemin, le chien dit au moineau qu'il se sentait un peu las et qu'il ferait bien un petit somme.

— Mais oui, dit le moineau, tu n'as qu'à dormir tranquillement et moi, pendant ce temps, je vais me percher sur une branche.

Le chien était si fatigué, le pauvre, qu'il se coucha immédiatement, là, sur la route, et s'endormit aussitôt. Le moineau, sur sa branche, vit arriver sur la route un charretier qui conduisait un attelage de trois chevaux et qui avait deux tonneaux dans sa charrette ; comme il ne faisait pas mine de vouloir éviter le chien qui dormait dans l'ornière, le moineau lui cria :

— Ne l'écrase pas, charretier ! Sinon je te ruinerai.

Le charretier se contenta de grommeler qu'un moineau était bien incapable de le réduire à la pauvreté, et, faisant claquer son fouet, il continua sa route et écrasa le chien sous ses roues.

— Tu as tué mon frère le chien, lui cria le moineau, et tu vas me le payer ! Ton attelage et ta charrette, voilà ce que cela va te coûter !

— Oui, oui, ma charrette et mon attelage ! ricana le charretier. Quel mal pourrais-tu me faire, petit moineau ?

Et il continua tranquillement sa route. Mais le moineau se faufila sous la grosse bâche du chariot et se mit à piquer dans la bonde d'un des tonneaux, piquant et piquant jusqu'à la faire sauter, si bien que tout le vin du tonneau se déversa, sans même que le conducteur s'en aperçût. Un peu plus loin, toutefois, en jetant un coup d'œil par-dessus son épaule pour voir si tout allait bien, il vit que des gouttes tombaient de sa charrette. Il s'arrêta, vérifia l'état de ses tonneaux et s'aperçut que l'un deux était complètement vide.

— Oh ! malheureux que je suis ! s'exclama-t-il en constatant le désastre.

— Pas encore assez ! lui lança l'oiseau, qui vola sur la tête du premier cheval et lui creva les yeux à coups de bec.

En le voyant faire, le charretier furieux attrapa sa hache et courut pour frapper le moineau sur la tête du cheval ; mais le moineau s'envola vivement et l'homme frappa sa bête et la tua du coup.

— Oh ! malheureux que je suis ! s'exclama le charretier devant le désastre.

— Pas encore assez ! lui lança le moineau, en le laissant dételer le cheval mort et repartir avec les deux qui lui restaient. Dès que la charrette s'ébranla de nouveau, il se glissa sous la grosse bâche pour becqueter la seconde bonde et la faire sauter comme la première, vidant ainsi le deuxième tonneau.

Lorsque le charretier s'en aperçut, il était bien trop tard.

— Oh ! malheureux que je suis ! se désola-t-il en voyant le désastre.

— Pas encore assez ! lui cria le moineau, qui vola sur la tête du second cheval et lui creva les yeux.

Le charretier s'y précipita, la hache haute ; mais le moineau s'était envolé quand le coup arriva, et le second cheval eut la tête fendue et tomba mort, comme le premier.

— Oh ! malheureux que je suis ! s'exclama le charretier.

— Pas encore assez ! lui lança le moineau, déjà revenu sur la tête du troisième cheval, auquel il creva les yeux.

Fou furieux, le charretier frappa de toutes ses forces sans seulement regarder où, cherchant à atteindre l'oiseau qui s'envolait ; et il tua son troisième cheval tout comme les deux autres, en lui fendant la tête.

— Oh ! malheureux que je suis ! se désola-t-il en voyant le désastre.

— Pas encore assez, lui lança le moineau en virevoltant autour de l'homme. A présent, c'est chez toi que je vais aller !

Le moineau s'éloigna, et le charretier dut abandonner sa

charrette sur place et rentrer chez lui à pied, rageant et fulminant.

— Quel malheur ! quel malheur ! cria-t-il à sa femme en arrivant. Le vin s'est vidé complètement et les trois chevaux sont morts !

— Hélas, hélas ! lui répondit sa femme, je ne sais quel vilain oiseau est venu chez nous ; mais il a rassemblé tous les oiseaux à la ronde et ils sont tous venus se jeter sur notre blé, au grenier, où ils sont en train de tout avaler !

L'homme se précipita au grenier, où il vit des milliers et des milliers d'oiseaux posés partout, qui lui avaient déjà mangé tout son blé. Et le moineau était là, au milieu de la bande.

— Oh ! malheureux que je suis ! s'écria le charretier en voyant ce nouveau désastre.

— Pas encore assez ! lui lança encore le moineau ; tu me le payeras de ta vie, charretier ! Puis il s'envola dehors.

Le charretier, qui avait perdu tout ce qu'il possédait, redescendit et alla s'asseoir, enragé de colère et de dépit, près de son feu. Le moineau, posé sur le rebord de la fenêtre, lui cria de nouveau du dehors : « Tu me le payeras de ta vie, charretier ! » Comme un fou, aveuglé de fureur, l'homme lança sa hache à la volée, mais tout ce qu'il réussit à faire fut de briser sa fenêtre en la cassant par le milieu, car le moineau s'était envolé pour venir se percher sur la cheminée et lui crier encore : « Il t'en coûtera la vie, charretier ! » L'homme se rua sur lui et frappa, frappa comme un fou furieux, démolissant complètement la cheminée cette fois, mais sans atteindre l'oiseau qui s'était posé ailleurs, et qui continua le manège aussi longtemps qu'il y eut encore quelque chose à détruire dans la maison : l'armoire, le miroir, le banc, la table, les autres meubles, la vaisselle, tout y passa, et même les murs de la maison pour finir, que l'homme abattit dans la rage de sa poursuite, mais toujours sans pouvoir atteindre le moineau. Néanmoins, à la fin des fins, il le tint dans sa main.

— Est-ce que je le tue ? proposa sa femme.

— Ah ! non, s'écria-t-il, ce serait bien trop doux ! Il faut qu'il meure d'une mort lente et cruelle : je vais l'avaler tout vif.

Il se mit l'oiseau dans la bouche et l'avala d'un coup. Mais le moineau, dès qu'il fut dans son ventre, se mit à battre des ailes et à monter, monter toujours plus jusqu'à ce qu'il fût dans le gosier, puis dans la bouche de l'homme, où il avança sa petite tête pour lui crier encore une fois : « Tu vas le payer de ta vie, charretier ! »

Alors l'homme tendit sa hache à sa femme et lui dit : « Femme ! tue-le ! Tue-le, là, dans ma bouche ! » La femme frappa, mais au lieu de toucher l'oiseau, elle frappa son mari à la tête et le tua net. Mais le moineau était sorti et s'envolait au loin.

le frédé et sa chattelise

Il était une fois un homme qui s'appelait Frédé, et une femme qui s'appelait Chattelise ; et comme ils venaient tout juste de se marier, ils en étaient encore aux premiers jours de leur jeune ménage. Un matin, donc, Frédé dit à sa jeune femme :

— Ecoute, ma Chattelise, il faut que j'aille aux champs. Je compte donc que la cuisine sera faite et la table mise quand je rentrerai, afin que nous mangions, et qu'un bon pot de frais sera tiré, afin que nous nous désaltérions.

— Tu peux partir tranquille, mon Frédé chéri, tout sera fait comme tu l'entends, lui répondit sa Chattelise.

Aussi, quand approcha l'heure du repas, la jeune épouse s'en alla-t-elle prendre dans la cheminée une saucisse qu'ils y avaient suspendue pour la fumer ; elle la mit dans une poêle avec un peu de beurre sur le feu, et resta là, à la faire rissoler ; mais tout en tenant le manche de la poêle, Chattelise suivait ses idées et se disait : « Le temps que cuise la saucisse, je peux bien descendre à la cave tirer de quoi boire. » Elle appuya donc le manche de la poêle pour l'assujettir, empoigna un pot et descendit à la cave tirer de la bière. Et pendant que coulait la bière, Chattelise attendait en laissant courir ses regards, quand tout à coup l'idée lui vint que le chien, en haut, n'était pas à la chaîne. « Eh ! se dit-elle, tu as raison, il n'est pas attaché : il serait bien capable de me tirer la saucisse de la poêle pour la manger ! » Vite, elle y courut, grimpant l'escalier quatre à quatre ; mais quand elle arriva dans la cuisine, le chien tenait déjà la saucisse par un bout entre ses dents et la tirait derrière lui sur le sol. Chattelise se jeta à ses trousses pour la lui reprendre, et comme elle n'était pas avare de sa peine, elle le poursuivit dehors, à travers champs. Le chien n'était pas maladroit non plus, et il sautait d'un champ à l'autre en emportant la saucisse qui volait et sautait avec lui. Se voyant distancée, Chattelise fit demi-tour et rentra à la maison en se disant : « Ce qui est fait, est fait ; on n'y peut rien. » Et comme elle s'était essoufflée et fatiguée à tant courir, elle revint à tout petits pas et prit le temps de retrouver et son souffle et son calme. Pendant ce temps, la bière coulait à flots dans la cave, parce que Chattelise n'avait pas eu le temps de tourner le robinet, et la cruche n'avait pas tardé non plus à se remplir et à déborder. La bière coula, puisque rien ni personne ne l'arrêtait, coula et se déversa dans toute la cave jusqu'à ce qu'il n'y eût plus rien dans le tonneau. Du haut de l'escalier, Chattelise aperçut le malheur : « Tonnerre ! s'écria-t-elle, comment faire à présent pour que Frédé n'en sache rien ? » Elle chercha une idée pendant un bon moment, puis se rappela tout d'un coup qu'il y avait, au grenier, un sac de belle farine de froment rapporté de la dernière foire. « La farine, mais oui ! se dit-elle, voilà qui va très bien pomper la bière ! On a raison d'être économe : ce qu'on a su garder vous sert dans la nécessité ! »

Elle courut au grenier, prit le sac de farine et le porta péniblement jusqu'à la cave où elle le renversa en faisant ouf ! — mais juste sur la cruche qu'elle renversa également, répandant ainsi la boisson de Frédé sur le sol inondé de la cave.

— Ce n'est que juste, dit Chattelise ; où est l'un, il faut que l'autre soit aussi !

Elle se mit alors à répandre la farine bien partout dans la cave ; et quand elle eut fini, contemplant son ouvrage, elle s'en félicita à haute voix. « Hein ! Regarde un peu si c'est propre et net à présent ! »

Vers midi, Frédé rentra chez lui.

— Alors, femme, qu'est-ce que tu m'as préparé de bon ?

— Ah ! mon petit Frédé, j'avais une bonne saucisse qui cuisait, mais pendant que j'étais à la cave à tirer de la bière, le chien me l'a volée dans la poêle ; et pendant que je pourchassais le chien, toute la bière s'est répandue dans la cave ; et puis quand j'ai voulu jeter la farine pour sécher toute cette bière, la cruche s'est aussi renversée et vidée sur le sol. Mais tu peux être content quand même, parce que maintenant, la cave est propre comme elle ne l'a jamais été ! Et tout est bien sec à présent.

— Mais Chattelise, Chattelise ! se récria Frédé, est-ce que tu ne pouvais pas éviter de faire cela ? D'abord tu laisses le chien voler la saucisse ; ensuite tu vides tout le tonneau de bière ; et par-dessus le marché tu gâches toute notre fine farine de froment !

— Oh ! tu as raison, mon petit Frédé ! lui dit sa Chattelise. Je ne m'en étais pas bien rendu compte avant que tu me le dises. Tu aurais dû me le dire avant !

Le mari ne dit rien de plus, mais n'en pensa pas moins : « Si c'est comme cela que se présentent les choses avec la femme, il va falloir y avoir l'œil et se montrer prudent. »

Or, il s'était économisé une jolie petite somme de bons écus, qu'il avait changés en or, et précautionneusement, il les montra à sa femme en lui disant :

— Tu vois ces jaunets, Chattelise ? Je vais les mettre dans un pot que j'enterrerai dans l'étable, sous la mangeoire à vaches. Mais que je ne te voie pas y toucher, sinon cela irait mal pour toi !

— Tu peux être tranquille, mon Frédé chéri, lui répondit-elle, je n'y toucherai absolument pas !

Mais une fois que Frédé était parti, des colporteurs arrivèrent au village avec leur marchandise, tout un lot de poteries, des plats, des bols, des poêlons et autres marmites, et ils vinrent demander à la jeune femme si elle n'avait besoin de rien.

— Oh ! mes braves gens, leur dit-elle, je n'ai pas d'argent et je ne peux rien acheter ; mais si vous avez l'emploi de jaunets, je suis toute prête à vous acheter des tas de choses.

— Des jaunets ? firent les colporteurs, et pourquoi pas, après tout ? Cela peut se faire... Voyons d'abord quel air ils ont !

— Allez dans l'étable, leur dit-elle, et creusez sous la mangeoire à vaches : vous les trouverez ; moi, je n'ai pas le droit d'y aller avec vous.

Les filous allèrent à l'étable, creusèrent comme elle le leur avait dit et mirent la main sur les belles pièces d'or, qu'ils s'empressèrent d'empocher avant de prendre la fuite, laissant derrière eux pots et marmites dans la maison, où ils se gardèrent bien de remettre les pieds.

Se voyant avec toute cette nouvelle vaisselle, Chattelise se dit qu'elle devait la mettre en service ; mais comme il n'en manquait pas dans sa cuisine où elle avait tout ce qu'il fallait, elle commença par briser le fond de tous ses pots, qu'elle suspendit ensuite comme ornements aux solives, tout autour de la maison. A son retour à la maison, Frédé vit cette décoration nouvelle et demanda aussitôt :

— Chattelise, qu'est-ce que tu as fait ?

— Des achats, que j'ai faits, mon petit Frédé, parce qu'ils ont bien voulu des jaunets ! répondit-elle. Mais tu sais, je n'y ai absolument pas touché moi-même : ce sont les colporteurs eux-mêmes qui les ont déterrés, et je n'ai pas bougé d'ici.

— Ah ! femme, qu'est-ce que tu as fait là ? soupira le Frédé. Ces jaunets, c'était de l'or, tu m'entends, de l'or pur ! Et c'était toute notre fortune. Jamais tu n'aurais dû faire une chose pareille !

— Oh ! Frédé, tu as raison, lui répondit-elle. Mais je n'en savais rien : tu aurais dû me le dire avant !

Chattelise resta un petit moment dans ses pensées, réfléchissant en silence, après quoi elle dit :

— Ecoute, Frédé, cet or, nous allons le reprendre : il faut courir derrière les voleurs.

— Alors viens, dit Frédé, on va essayer. Mais emporte du beurre et du fromage, que nous ayons quelque chose à manger en cours de route.

— D'accord, Frédé, j'en emporte, dit Chattelise.

Et les voilà partis ; mais comme Frédé marchait d'un meilleur pas, la Chattelise traînait derrière et prenait du retard. « C'est tout avantage pour moi, pensait-elle, parce que pour le retour, j'aurai tout ce bout de chemin d'avance. » Plus loin, dans un endroit escarpé, de profondes ornières creusaient la route de chaque côté. « Oh, là, là ! se dit Chattelise, comme ils ont déchiré, torturé et blessé ce pauvre sol ! Il ne va plus jamais pouvoir guérir après cela ! » Et comme elle avait bon cœur, elle se servit du beurre comme d'un baume pour en enduire le fond des ornières, afin qu'elles n'eussent pas tant à souffrir du poids brutal des roues ; mais en se baissant pour mieux appliquer ses soins charitables, elle fit tomber hors de sa poche un des fromages, qui roula jusqu'en bas de la pente. « Je viens de faire toute cette dure montée, pensa Chattelise, je ne vais pas maintenant redescendre la côte pour la gravir encore une fois. A un autre d'aller le chercher ! » Elle prit un second fromage et l'envoya rouler en bas, vers l'autre. Voyant que les fromages ne revenaient toujours pas, elle en envoya un troisième les rejoindre, en se disant qu'ils attendaient peut-être de la compagnie et n'aimaient pas voyager seuls. Au bout d'un moment, comme ils ne remontaient toujours pas, Chattelise se dit : « Vraiment je ne comprends pas ce qu'il se passe ! Ou alors c'est que le troisième n'a pas pris le bon chemin et s'est égaré. Je vais donc envoyer là-bas le quatrième pour qu'il les appelle. » Le quatrième, néanmoins, ne fit pas mieux que le troisième et Chattelise, fâchée, expédia coup sur coup le cinquième et le sixième fromage qu'elle avait ; et c'étaient les deux derniers. Un bon moment elle resta là, debout, à attendre qu'ils reviennent et guettant leur retour ; mais ils n'arrivaient toujours pas et elle leur cria : « Hé ! on pourrait aussi bien vous envoyer après la mort, à voir le temps que vous mettez ! Est-ce que vous vous imaginez que je vais patienter plus longtemps ? Je continue ma route, tant pis pour vous ! Vous n'aurez qu'à me courir derrière pour me rattraper, voilà tout ! Vous êtes plus jeunes et vous avez de meilleures jambes que moi ! »

Chattelise s'en alla donc et rejoignit Frédé, qui s'était arrêté à l'attendre parce qu'il voulait bien manger un morceau.

— Bon, lui dit-il, sors un peu ce que tu as apporté à manger.

Elle lui tendit le pain sec.

— Mais où sont le beurre et le fromage ?

— Ah ! mon Frédé chéri, du beurre, je m'en suis servi pour soigner les pauvres ornières ; mais les fromages ne vont pas tarder à arriver : il y en a un qui s'était échappé, alors j'ai envoyé les autres le chercher.

— Tu n'aurais pas dû faire cela, Chattelise, dit Frédé, ni étaler le beurre sur la route, ni jeter les fromages en les faisant rouler sur la pente !

— Oui, je comprends, Frédé chéri ! Mais tu aurais dû me le dire avant.

Alors ils mangèrent leur pain sec, et Frédé demanda :

— Chattelise, as-tu pensé, avant de partir, à fermer comme il faut notre maison ?

— Non, Frédé, je n'y ai pas pensé ; tu aurais dû me le dire avant !

— Bien, alors retournes-y maintenant et n'oublie pas, surtout, de bien veiller à la sécurité de la maison avant de t'en aller. Tu rapporteras aussi quelque chose d'autre à manger ; moi, je t'attendrai ici.

Chattelise retourna vers la maison, et tout en marchant elle se disait : « Mon petit Frédé m'a dit de lui rapporter autre chose à manger ; c'est donc que le beurre et le fromage ne lui disent rien ; je vais lui faire un baluchon de poires sèches, et je prendrai aussi un cruchon de vinaigre pour qu'il se passe la soif. » Elle trouva la maison ouverte comme elle l'avait laissée, noua une bonne quantité de poires sèches dans une toile, empoigna un cruchon de vinaigre et ressortit en verrouillant soigneusement la porte du haut, après quoi elle enleva la porte du bas et la prit sur son dos, bien sûre qu'en emportant la porte, elle la mettait en sécurité parfaite, et la maison aussi, par conséquent. Une fois en route, elle prit tout son temps : « Plus j'irai lentement, se disait-elle, et mieux mon cher Frédé se reposera. »

Lorsque, enfin, elle le rejoignit :

— Tiens, Frédé ! lui dit-elle : je t'ai apporté aussi la porte ;

comme cela tu pourras toi-même tout le temps la surveiller et la maison sera bien gardée.

— Oh ! mon Dieu, s'exclama Frédéric, ce qu'elle a de bonnes idées, la femme que j'ai ! La porte du bas, elle l'enlève afin que tous puissent entrer, et celle du haut, elle y met le triple verrou ! Mais il est maintenant trop tard pour que tu retournes encore une fois à la maison, ajouta-t-il, et puisque tu as apporté la porte jusqu'ici, il te faudra continuer à la porter tout le long du chemin !

— La porte, je veux bien la porter, Frédé chéri, lui dit-elle ; mais ce sont les poires sèches et le cruchon de vinaigre qui vont me peser lourd : alors je vais les suspendre à la porte ; elle n'aura qu'à les porter !

Ils entrèrent enfin dans la forêt et y cherchèrent leurs voleurs, mais en vain. Quand l'obscurité vint, ils grimpèrent se réfugier sur un arbre pour y passer la nuit ; mais à peine y étaient-ils installés, voilà qu'arrivèrent les gaillards qui trouvent ce qu'on n'a pas encore perdu et emmènent en leur compagnie ce qui ne tenait pas du tout à les accompagner. Ils firent halte précisément au pied de l'arbre sur lequel Frédé et sa Chattelise étaient montés, allumèrent un feu et s'apprêtèrent à faire le partage de leur butin. Sans bruit, Frédé descendit de l'arbre en se cachant derrière le tronc et ramassa des cailloux sans se laisser voir, puis remonta comme il était descendu, avec l'intention de lapider les voleurs et de les tuer à coups de pierres. Mais les cailloux tombèrent autour d'eux sans les atteindre, et l'un des malandrins s'écria : « Il va faire bientôt jour ! Le vent s'est levé et fait tomber les pommes de pin ! »

Chattelise, qui avait toujours sa porte sur son épaule, trouva qu'elle commençait à lui peser trop lourd et pensa que ce devait être la faute des poires.

— Mon petit Frédé, lui dit-elle, il faut que je jette les poires en bas : c'est trop lourd !

— Non, Chattelise, pas maintenant, lui souffla Frédé : cela

pourrait les mettre en éveil et leur faire découvrir notre présence.

— Oh ! Frédé, mais je t'assure, cela pèse tellement : je ne peux plus le supporter ! dit Chattelise.

— Eh bien, jette-les, par le Diable !

Les poires sèches dégringolèrent de branche en branche jusqu'en bas, où l'un des malandrins observa : « Il y a des oiseaux qui nous crottent dessus ! »

Au bout d'un petit moment, Chattelise revint à la charge :

— Oh ! Frédé, lui dit-elle, il faut aussi que je verse le vinaigre.

— Non, Chattelise, pas maintenant, dit Frédé ; ils risqueraient de nous découvrir.

— Mais Frédé, il le faut : c'est trop lourd, vraiment, c'est trop lourd !

— Eh bien, verse-le, par le Diable ! dit Frédé.

Alors elle versa le pot de vinaigre qui ruissela sur les voleurs, en bas.

— Tiens ! dit l'un, voilà déjà la rosée qui tombe.

Chattelise en vint à se demander, finalement, si ce n'était pas la porte, tout compte fait, qui lui pesait si lourd sur le dos.

— Frédé, il faut que je jette aussi la porte ! dit-elle.

— Non, non, Chattelise, ne la jette pas : ils nous découvriraient sûrement.

— Mais Frédé, il le faut : elle pèse trop lourd ! Il faut que je la jette.

— Non, Chattelise, il faut que tu la tiennes encore.

— Elle me pèse trop lourd, Frédé ! Il faut que je la jette en bas.

— Eh bien ! dit Frédé exaspéré, jette-la par le Diable ! Et advienne que pourra !

La table dégringola avec un bruit épouvantable en cassant des branches au passage, puis s'écrasa sur le sol avec un grand plof ! Les malandrins, épouvantés, prirent la fuite en poussant des cris :

— C'est le Diable ! C'est le Diable qui descend de l'arbre !

Ils décampèrent en laissant tout sur place et sans se retourner. Au petit matin, quand Frédé et sa Chattelise descendirent de l'arbre, ils trouvèrent tout leur or et n'eurent que la peine de le ramasser pour rentrer à la maison.

Lorsqu'ils se retrouvèrent chez eux, Frédé prit sa Chattelise à part et lui dit :

— Ecoute, Chattelise, il faut maintenant que tu sois sérieuse et que tu travailles avec énergie et grande application.

— Oh ! oui, mon Frédé chéri, je vais m'y mettre tout de suite ; et pour commencer, je vais aller cueillir des fruits dans le verger.

Arrivée au verger, Chattelise parla avec elle-même et se demanda : « Est-ce que je mange d'abord, ou est-ce que je dors un peu avant de cueillir ? Bien ! je crois que je vais d'abord manger un morceau ». Alors la Chattelise mangea, après quoi, tout ensommeillée, elle commença à cueillir en maniant vaguement son couteau, rêvant à moitié, si bien qu'elle réussit à couper en deux ses vêtements : la robe, la blouse et la chemise. Elle s'assoupit complètement ensuite, et après un long somme, quand elle se releva et se vit à moitié nue : « Est-ce que je suis moi ou est-ce que je ne suis pas moi ? » se demanda-t-elle tout éberluée. « Sûrement que je ne suis pas moi ! » La nuit était tombée et Chattelise rentra vite au village, frappa au carreau de sa maison appela :

— Frédé chéri !

— Ouais, qu'est-ce que c'est ? cria-t-il de l'intérieur.

— Oh ! Frédé chéri, je voudrais seulement savoir : est-ce que Chattelise est rentrée ?

— Oui, bien sûr, elle est couchée et elle dort probablement.

— Ah ! bon, répondit-elle, alors c'est que je suis bien rentrée à la maison.

Et elle s'en alla, quittant le village. Sa première rencontre fut celle de malandrins qui cherchaient à voler ; elle alla droit à eux et leur proposa de voler avec eux. Ils n'hésitèrent pas à accepter son aide, et même s'en félicitèrent, car ils se disaient qu'elle connaissait bien les lieux et les bonnes occasions. Chattelise partit devant eux et ils la suivirent. Elle alla de maison en maison en criant :

— Bonnes gens, avez-vous quelque chose ? Nous cherchons à voler !

— Cela promet ! se dirent entr'eux les voleurs qui n'eurent plus qu'une hâte : se débarrasser de cette aide-là !

— Dis donc, lui dirent-ils, le curé du village a des carottes dans un champ, juste à l'entrée du bourg. Vas-y et voles-en pour nous !

Chattelise y alla aussitôt et entra dans le champ de carottes, où elle se mit à en arracher ; mais paresseuse comme elle l'était, elle restait pliée en deux pour n'avoir pas la peine de se relever d'un rang à l'autre. Vint à passer un homme qui vit cette étrange silhouette et resta un moment à l'observer, s'imaginant que c'était le Diable en personne qui s'activait dans les carottes du curé. Alors il courut jusqu'au village, frappa à la porte du presbytère et cria :

— Monsieur le curé ! Il y a le Diable qui est en train de voler vos carottes !

— Mon Dieu ! s'écria le curé. Et moi qui ai une jambe paralysée : je ne peux pas aller là-bas pour le chasser par les exorcismes !

— Qu'à cela ne tienne, dit l'homme, je vous prends sur mon dos et je vous y porte.

Il prit le curé sur son dos et le porta jusqu'à son champ. Comme ils arrivaient là-bas, la Chattelise se redressa de toute sa hauteur et s'étira pour chasser son mal de reins. En voyant cette longue ombre noire dans la nuit, le curé poussa un cri :

— Oh ! le Diable !

Et les deux hommes prirent la fuite à toutes jambes, mais le curé, avec sa jambe malade, avait une si grande peur qu'il courut encore plus vite que l'homme, qui avait peur aussi et qui avait deux bonnes jambes !

les deux frères

Il y avait une fois deux frères : un riche et un pauvre. Le riche, qui était orfèvre, avait la méchanceté dans le cœur ; et le pauvre, qui gagnait sa vie en fabriquant des balais, était honnête et bon. Or, celui-là, le pauvre, avait deux fils qui étaient jumeaux et qui se ressemblaient comme deux gouttes d'eau ; et il arrivait parfois aux deux frères d'aller chez leur oncle, le riche, où ils trouvaient à l'occasion quelque chose à manger des restes de sa table.

Un jour que le pauvre s'en était allé dans la forêt faire provision de genêt pour ses balais, voilà qu'il aperçut un oiseau tout en or et si beau, si beau qu'il n'avait jamais vu encore un oiseau pareil. Ramassant un caillou, il le lança et eut la chance de toucher l'oiseau ; mais il le toucha seulement et lui enleva une plume d'or, tandis que l'oiseau s'envolait au loin. Le pauvre ramassa la plume d'or et la porta à son frère, l'orfèvre, qui l'examina et dit : « C'est de l'or véritable ». Alors il la lui acheta et lui donna beaucoup d'argent contre la plume.

Le lendemain, comme il était monté dans un bouleau pour y couper de quoi faire des balais, le pauvre aperçut de nouveau le bel oiseau d'or qui s'envolait ; il se mit à sa recherche et il trouva un nid, et dedans il y avait un œuf qui semblait en or. Il emporta cet œuf chez lui, puis le porta à son frère, qui lui dit à nouveau que c'était de l'or pur, et qui le lui acheta à son bon prix.

— Ce que je voudrais, dit l'orfèvre à la fin, c'est l'oiseau lui-même.

Le pauvre retourna une troisième fois dans la forêt et vit de nouveau l'oiseau sur son arbre ; il l'abattit d'un coup de pierre et le rapporta à son frère, qui le lui paya d'une bonne quantité de pièces d'or.

— Me voilà tranquille pour l'avenir, pensa le pauvre, qui rentra tout heureux chez lui.

L'orfèvre était malin et plein de ruse, en réalité, car il savait très bien quelle sorte d'oiseau c'était là ; il appela sa femme et lui dit : « Tu me feras rôtir l'oiseau d'or, mais attention, et que rien n'y manque surtout : je tiens à le manger en entier et tout seul ! » Ce n'était, en effet, pas un oiseau ordinaire, mais un oiseau d'une sorte tellement extraordinaire, que celui qui mangeait son cœur et son foie trouvait ensuite, chaque matin, une pièce d'or sous son oreiller. L'épouse prépara donc l'oiseau pour le mettre à rôtir, le plaça sur la broche et le laissa cuire. Elle était occupée à quelque autre travail quand les deux jumeaux, tout à fait par hasard, arrivèrent en courant de chez leur père, le pauvre fabricant de balais, et entrèrent dans la cuisine où ils vinrent devant l'âtre et donnèrent, pour s'amuser, quelques tours à la broche. En la tournant ainsi, ils avaient fait tomber deux petits morceaux de l'intérieur de l'oiseau dans la lèchefrite, et l'un des garçons suggéra : « Ces deux petits bouts, nous allons les manger : personne ne le remarquera et j'ai tellement faim ! » Ils avancèrent leurs petits doigts dans la lèchefrite et se partagèrent les deux morceaux, qu'ils mangèrent entièrement.

— Qu'avez-vous mangé ? leur demanda la femme qui revenait dans la cuisine à ce moment-là, et qui les avait vus avaler la dernière bouchée.

— Quelques petites bribes qui étaient tombées de l'oiseau, répondirent-ils.

— Mon Dieu, ce ne peut être que le foie et le cœur ! s'exclama la femme tout effrayée, qui s'empressa d'aller tuer un chapon, dont elle prit le cœur et le foie pour les mettre à l'intérieur de l'oiseau, de façon que son mari ne pût se douter de rien et ne se fâchât point.

Quand l'oiseau fut rôti et bien à point, elle le servit à son mari, l'orfèvre, qui le mangea à lui tout seul et ne laissa rien dans le plat. Mais le lendemain à son réveil, quand il fouilla de la main sous son oreiller pour y chercher la pièce d'or, il n'en trouva pas plus ce jour-là que la veille ni les autres jours.

Les deux jumeaux, de leur côté, ignoraient tout du bonheur qui leur était échu ; mais quand ils se levèrent, le lendemain matin, ils entendirent tous les deux quelque chose qui tombait en tintant par terre. Ils le ramassèrent, et c'étaient deux pièces d'or : chacun la sienne. Ils allèrent les montrer à leur père qui s'en étonna et leur demanda comment pareille chose était possible. Mais comme ils trouvèrent encore deux pièces d'or le lendemain matin, et de même chaque jour l'un après l'autre, le pauvre homme alla trouver son frère et lui raconta cette histoire étrange. L'orfèvre, lui, comprit tout de suite comment c'était arrivé, et que les deux garçons avaient mangé le cœur et le foie de l'oiseau merveilleux ; aussi voulut-il se venger d'eux par jalousie et par méchanceté de cœur.

— Tes garçons ont un pacte avec le Mauvais, dit-il à son frère. Ne touche pas à cet or maudit, et ne garde pas plus longtemps les enfants dans ta maison : le Démon les tient en son pouvoir et peut te perdre toi-même aussi bien !

Dans la crainte qu'il avait du Diable, le pauvre père, malgré toute la peine que cela lui faisait, emmena les jumeaux très loin dans la forêt et les y abandonna, le cœur navré, écrasé de tristesse.

Les deux garçons perdus coururent çà et là dans la forêt et cherchèrent le chemin de la maison, mais loin de le trouver, ils ne firent que s'égarer toujours plus. A la fin, pourtant, ils rencontrèrent un chasseur qui leur demanda qui ils étaient.

— Nous sommes les enfants du pauvre fabricant de balais, répondirent-ils à ce brave homme, auquel ils racontèrent que leur père n'avait pas voulu les garder plus longtemps dans sa maison parce que tous les matins, il y avait une pièce d'or sous leur oreiller.

— Ma foi, dit le chasseur, il y a pis que cela, si vous restez bien honnêtes et si vous ne tombez pas dans la paresse à cause de cet or.

Les enfants étaient sympathiques à ce brave homme qui n'en avait pas lui-même, et il les ramena chez lui.

— Je serai votre père, leur dit-il, et je vous élèverai.

Tout en leur apprenant le métier de chasseur, il leur mit

de côté pour l'avenir les pièces d'or qu'ils trouvaient l'un et l'autre chaque matin, quand ils se levaient. Lorsqu'ils furent de vrais jeunes gens, leur père adoptif les emmena un jour dans la forêt et leur dit : « Mes enfants, vous allez aujourd'hui passer votre épreuve de tireurs, que je puisse vous déclarer au terme de votre apprentissage et vous inclure dans la corporation des chasseurs ». Ils se mirent donc à l'affût et attendirent très longtemps sans que se présentât le moindre gibier ; mais pour finir le chasseur vit venir au-dessus de leur tête un vol d'oies sauvages en forme de triangle, et il dit à l'un des jumeaux de tirer la dernière de chaque ligne. Le jeune tireur le fit, et réussit ainsi son épreuve. Peu après, un second vol arriva, qui avait cette fois la forme du chiffre deux ; et le chasseur commanda au second frère de tirer la première et la dernière oie de la figure. Il le fit, et réussit aussi son épreuve. Alors leur père adoptif prononça :

— Je vous déclare libres de mon enseignement et francs-chasseurs désormais.

Les deux frères quittèrent le poste d'affût, après cela, et s'enfoncèrent ensemble dans la forêt pour se consulter et discuter de ce qu'ils allaient faire. Ils se mirent d'accord et le soir, quand ils revinrent à la maison pour le dîner, ils s'adressèrent solennellement à leur père adoptif et lui dirent :

— Nous ne voulons toucher à rien de ce qu'il y a sur la table, ni manger la moindre bouchée de nourriture avant que vous n'ayez répondu à notre demande.

— Et quelle est cette requête ? demanda-t-il.

— A présent que nous sommes instruits, il nous faut aussi terminer notre compagnonnage en parcourant le vaste monde ; nous vous demandons donc la permission de partir pour accomplir notre voyage.

— Vous parlez là en véritables et hardis chasseurs, leur dit-il : votre vœu correspond à mon plus cher désir. Partez donc et voyez du pays, vous ne vous en trouverez que mieux !

La joie illuminait le visage du vieux chasseur, et ils firent un heureux repas tous les trois en trinquant gaîment ensemble.

Le jour venu, le père adoptif fit aux deux garçons cadeau d'un excellent fusil et d'un bon chien, les laissa prendre ce qu'ils voulaient dans leur réserve d'or, puis leur fit un bout de conduite. Au moment des adieux, il leur donna encore un couteau neuf et tout brillant.

— Ce couteau, leur dit-il, gardez-le précieusement aussi longtemps que vous serez ensemble ; mais si un jour vous vous séparez, plantez-le dans un arbre à l'endroit de votre séparation ; en y revenant, l'un de vous deux pourra toujours savoir ce qu'il est advenu de l'autre, car s'il meurt, le côté de la lame tourné dans la direction qu'il aura prise se rouillera, et s'il vit, la lame restera toujours brillante de son côté.

Les deux frères s'éloignèrent ensemble et poursuivirent leur route plus loin, toujours plus loin, arrivant pour finir dans une forêt si vaste, qu'ils ne purent pas en sortir après toute une journée de marche. Ils s'y installèrent donc pour la nuit et mangèrent ce qu'ils avaient dans leurs sacs. Mais le lendemain, quand ils eurent marché toute la journée, ils n'en étaient toujours pas sortis ; et comme ils n'avaient plus rien à manger, l'un des frères dit à l'autre, avant la nuit : « Il faut que nous nous tirions quelque gibier, sinon nous allons périr de faim ». Il arma son fusil et se mit aux aguets. Voyant déboucher un gros lièvre déjà âgé, il épaula, prêt à tirer ; mais le lièvre lui cria :

Brave chasseur, laisse-moi sauf
Et je te donne deux levrauts.

D'un bond, il fut dans le fourré et revint avec deux petits lièvres, si gentils et si joueurs que les deux chasseurs n'eurent pas le cœur de les tuer. Ils les gardèrent avec eux, et les deux levrauts les suivirent sans quitter leurs talons. Un peu plus loin, la silhouette fuyante d'un renard se glissa devant eux, et les deux frères allaient tirer quand le renard leur cria :

Braves chasseurs, laissez-moi sauf,
Je vous donne deux renardeaux.

Et il leur ramena deux adorables renardeaux, que les chasseurs furent tout aussi incapables de tuer, tant ils étaient mignons. Ils tinrent compagnie aux petits lièvres et suivirent avec eux. Peu après, ce fut un loup qui sortit de l'épaisseur du hallier. Ils l'avaient déjà mis en joue quand le loup leur cria :

Braves chasseurs, laissez-moi sauf
Et vous aurez deux louveteaux.

Les deux jeunes loups allèrent rejoindre les autres et suivirent les chasseurs avec eux. Presque aussitôt, ce fut un ours qu'ils eurent dans leur mire, mais comme il avait encore envie de rester sur ses pattes et de trotter à sa guise, il leur cria :

Braves chasseurs, laissez-moi sauf
Deux oursons seront mon cadeau.

Les deux oursons allèrent rejoindre le reste de la compagnie, ce qui fit qu'ils étaient huit déjà. Mais qui surgit pour finir ? Ce fut un lion, qui apparut en secouant sa crinière. Les deux chasseurs, pourtant, ne se laissèrent pas effrayer et visèrent le lion, qui leur cria bien vite :

Braves chasseurs, laissez-moi sauf
Et vous aurez deux lionceaux.

Et il revint, lui aussi, avec ses deux petits ; ce qui fait que les deux chasseurs avaient maintenant deux lions, deux ours, deux loups, deux renards et deux lièvres qui les suivaient et qui étaient à leur service. Mais tout cela n'avait rien fait pour calmer leur faim, bien au contraire ! Alors ils parlèrent aux renards :

— Dites donc, vous autres, les maîtres tapinois, attrapeznous quelque chose à manger, vous avez ce qu'il faut en ruse et en astuce !

— Il y a un bourg, pas loin d'ici, qui nous a déjà procuré plus d'un poulet, répondirent-ils ; nous vous montrerons le chemin.

Ils arrivèrent alors dans ce village, où ils purent acheter à manger pour eux et pour leur troupe ; puis ils continuèrent le voyage. Les renards connaissaient admirablement le coin et ses resources, n'ignorant rien des basses-cours qui s'y trouvaient, et ils surent renseigner les chasseurs à la croisée de tous les chemins et des sentiers de la région. Ils séjournèrent quelque temps dans ce pays qu'ils parcoururent en tous sens ; mais comme ils n'y trouvaient point d'emploi où ils pussent rester tous ensemble, ils décidèrent de se séparer. Ils se partagèrent donc leur troupe d'animaux et chacun des deux frères eut son lion, son ours, son loup, son renard et son lièvre ; ils se firent leurs adieux en se jurant fidélité jusqu'à la mort, dans leur amour fraternel, plantèrent dans un arbre le couteau que leur avait donné leur père adoptif et partirent chacun dans sa direction, l'un vers le couchant, l'autre vers le levant.

Le second des deux jumeaux arriva, suivi de ses animaux, dans une ville qui était toute tendue de crêpe noir. Il entra dans une auberge et demanda à l'aubergiste s'il pouvait loger ses bêtes et faire en sorte qu'elles aient à manger. Oui, dit l'aubergiste, qui les mit dans une étable dont le mur avait un trou ; et le lièvre passa par le trou pour aller se chercher un chou, qu'il mangea ; le renard lui aussi passa par le trou, se procura une poule qu'il mangea, et après la poule, mangea encore le coq. Mais ni le loup, ni l'ours, ni le lion, qui étaient bien trop gros, ne pouvaient se glisser par le trou et sortir ; alors l'aubergiste les fit mener dans un champ où dormait une vache, dont ils purent se régaler jusqu'à ce qu'ils eussent oublié leur faim. Tranquillisé au sujet de ses bêtes, le chasseur demanda alors à l'aubergiste pourquoi la ville était ainsi tendue de crêpe noir.

— Parce que demain doit mourir la fille unique de notre roi, répondit l'aubergiste.

— Elle est donc si malade ? demanda le chasseur.

— Non pas, dit l'aubergiste, elle est en excellente santé et dans toute sa jeune fraîcheur, mais elle doit quand même mourir.

— Comment cela se fait-il ? questionna le chasseur.

— Au-dessus de la ville se dresse une montagne où vit un dragon, expliqua l'aubergiste ; chaque année, il lui faut une jeune vierge à dévorer, sinon il dévasterait tout. Mais à présent que toutes nos vierges y ont passé, il ne reste plus que la seule fille du roi, pour laquelle il n'y a plus de grâce possible : elle doit être livrée au dragon demain.

— Mais pourquoi n'a-t-on pas tué le dragon ? s'étonna le chasseur.

— Hélas ! tant de chevaliers l'ont tenté déjà ! Mais tous, sans exception, y ont laissé la vie. Le roi a même promis sa fille à celui qui vaincrait le dragon, ajouta l'aubergiste, et aussi que le vainqueur lui succéderait sur le trône à sa mort.

Le chasseur ne dit rien ; mais le lendemain, à l'aube, il emmena ses animaux et gravit avec eux la montagne du dragon. Il y avait une petite chapelle tout en haut, et sur l'autel de cette chapelle trois coupes pleines étaient posées, avec cette inscription au-dessous : « Celui qui vide les coupes sera l'homme le plus fort de la terre et pourra se servir de l'épée enfouie sous le seuil ».

Il ne vida pourtant pas les coupes, non, pas à ce moment-là : il revint sur le seuil, creusa et découvrit l'épée, mais fut incapable de la faire bouger ; alors il rentra dans la chapelle et but les trois coupes, qui le rendirent tellement fort, que non seulement il put enlever l'épée, mais encore il la maniait comme si elle ne pesait rien.

Quand ce fut l'heure et le moment que la vierge princesse devait être offerte au dragon, le roi, le maréchal et toute la cour la suivirent en cortège hors de la ville. En voyant de loin le chasseur au sommet de la montagne, elle crut que c'était le dragon qui l'attendait là-haut et s'arrêta, ne voulant pas y aller. Non, elle ne voulait pas monter, la pauvre ! Mais pour finir, il lui fallut bien reprendre sa marche douloureuse et terrible, puisque si elle n'y allait pas, la ville entière serait anéantie ! Et tandis qu'elle gravissait la pente, le roi et ses courtisans firent demi tour, dans la pire affliction, et rentrèrent au palais. Le maréchal du roi, par contre, resta sur place, car il devait et voulait observer tout de loin.

Parvenue au sommet de la montagne, la princesse y trouva, non pas le dragon, mais le jeune chasseur qui s'efforça de la rassurer et lui dit qu'il voulait la sauver ; il la mit à l'abri dans la chapelle, où il l'enferma. Presque aussitôt survint, avec un bruit énorme, le dragon à sept têtes, qui se trouva fort surpris de voir là le jeune chasseur et qui lui demanda :

— Que viens-tu donc chercher, ici, sur cette montagne.

— Je suis venu pour te combattre, répondit le chasseur.

— Après tant de chevaliers qui y ont laissé la vie, j'en aurai vite fini avec toi ! annonça le dragon, qui se mit immédiatement à vomir des flammes par les sept gueules de ses sept têtes.

Le feu aurait dû se propager dans l'herbe sèche et le chasseur succomber, suffoqué par la fumée et brûlé par le brasier ; mais ses animaux accoururent pour piétiner le feu et l'étouffer à mesure. Alors le dragon se jeta en avant pour en finir avec le chasseur, mais l'épée siffla dans l'air et trancha trois des têtes. Fou de fureur, le dragon se dressa de toute sa hauteur, cracha des flammes sur le chasseur et se rua à l'assaut pour l'écraser ; mais le chasseur brandit son épée et lui trancha encore trois têtes. Le monstre s'affaissa, perdant ses forces et son sang ; mais dans un dernier sursaut, il s'élança encore sur le chasseur, qui rassembla toutes ses forces pour frapper, et réussit à lui trancher la queue avant de retomber, lui aussi, exténué, incapable d'achever le vaincu. Alors il appela ses fidèles animaux qui déchiquetèrent le dragon et le mirent en pièces. Le combat ayant pris fin, le chasseur se traîna jusqu'à la chapelle et l'ouvrit, pour trouver la princesse étendue sur le sol : l'épouvante et l'angoisse avaient été trop fortes pendant le terrible duel, et elle s'était évanouie. Il la porta dehors, et lorsqu'elle fut revenue à elle et eut ouvert les yeux, il lui montra le corps déchiré du dragon en lui disant qu'elle était sauvée et qu'elle n'avait plus rien à craindre.

— Et tu seras mon époux bien-aimé, lui dit-elle tout heureuse, car mon père m'a promise à celui qui tuerait le dragon !

Retirant alors son collier de corail, elle le divisa pour le passer en collier à chacun des animaux fidèles comme un signe de sa reconnaissance, et le lion reçut pour sa part le petit fermoir d'or. Au chasseur, elle fit présent de son fin mouchoir qui était brodé à son nom ; et le chasseur, l'ayant reçu, alla couper les sept langues dans les gueules du dragon, et les noua dans le mouchoir pour les garder précieusement.

Epuisé comme il l'était par la bataille et par le feu, réellement à bout de forces, il dit alors à la jeune fille : « Nous allons dormir un peu maintenant, puisque nous sommes tous les deux si exténués et si las ». La princesse approuva et ils s'étendirent côte à côte sur le sol, puis le chasseur dit à son lion : « Tu veilleras sur nous et tu monteras la garde, afin que nul ne nous surprenne pendant notre sommeil ! »

La princesse et le chasseur tombèrent dans le sommeil tout aussitôt, et le lion resta assis là, veillant sur eux ; mais lui aussi était fatigué par le combat, et à son tour il appela l'ours et lui dit : « Il faut que je dorme un petit peu, alors tiens-toi près de moi et s'il arrive quelque chose, réveille-moi ! » L'ours se tint à côté du lion ; mais comme il était fatigué, il appela le loup et lui dit : « Il faut que je dorme un petit peu, alors tiens-toi près de moi et s'il arrive quelque chose, réveille-moi ! » Le loup prit la garde à son tour, mais il était fatigué semblablement, et il appela le renard pour lui dire : « Il faut que je dorme un petit peu, alors tiens-toi près de moi et s'il arrive quelque chose, réveille-moi ! » Le renard se mit près du loup ; mais lui aussi se sentait fatigué, et il appela le lièvre, auquel il dit : « Il faut que je dorme un petit peu, alors tiens-toi près de moi et s'il arrive quelque chose, réveille-moi ! » Le lièvre se mit à côté du renard ; mais comme il était aussi fatigué que les autres, le pauvre, n'ayant plus personne à appeler pour la garde, il s'endormit.

Et ainsi la princesse dormait, et le chasseur dormait, et le lion, l'ours, le loup, le renard et le lièvre dormaient ; et tous étaient plongés dans un sommeil profond.

Mais le maréchal du roi, qui devait et voulait tout observer de loin, quand il vit que le dragon n'avait pas emporté la princesse et que tout était tranquille sur la montagne, fortifia son courage et monta à son tour. Il vit le dragon décapité, taillé en pièces et déchiqueté sur le sol, et non loin, la princesse étendue à côté d'un chasseur qui avait près de lui ses animaux ; tous étaient endormis et plongés dans le plus profond sommeil. C'était un homme sans cœur et sans foi, qui tira son épée, coupa la tête du chasseur et emporta la princesse au bas de la montagne. Quand elle se réveilla, tout apeurée en le voyant, il lui dit :

— Je te tiens en mon pouvoir maintenant : il ne te reste plus qu'à dire que c'est moi qui ai tué le dragon.

— Comment pourrais-je le dire, puisque c'est un chasseur qui l'a fait avec ses animaux ? protesta la princesse.

Il tira son épée et menaça de la tuer si elle ne lui obéissait pas, l'obligeant à lui en donner sa parole. Et quand elle se fut engagée par serment, il la mena devant le roi, qui ne savait plus que faire tant il était heureux de revoir vivante son enfant chérie, qu'il croyait déjà dévorée par le monstre.

— J'ai tué le dragon et délivré ta fille avec tout le royaume, dit le maréchal ; c'est pourquoi je la réclame comme mon épouse, conformément à la promesse.

Le roi se tourna vers sa fille et lui demanda s'il disait la vérité.

— Oh oui ! dit-elle, il faut que cela soit ainsi ; mais je tiens à ce que le mariage ne soit pas célébré avant un an et un jour, puisque tel est mon droit.

Car elle espérait bien, dans l'intervalle, avoir des nouvelles du chasseur qu'elle aimait.

Pendant ce temps, sur la montagne du dragon, les animaux dormaient toujours à côté de leur maître tué ; alors un gros bourdon vint se poser sur le nez du lièvre, qui l'éloigna d'un coup de patte et continua de dormir ; le bourdon revint, mais le lièvre le chassa de nouveau et dormit de plus belle. Alors le bourdon revint encore et lui piqua le nez pour le réveiller tout à fait. A peine tiré de son sommeil, le lièvre réveilla le renard, qui réveilla le loup, qui réveilla l'ours, qui réveilla le lion. Et quand le lion fut réveillé et s'aperçut que la jeune fille n'était plus là et que son maître était mort, il poussa un rugissement terrible et s'écria : « Qui est le criminel ? Qui a perpétré cet assassinat ? Ours, pourquoi ne m'as-tu pas réveillé ? » L'ours se tourna vers le loup et lui demanda : « Pourquoi ne m'as-tu pas réveillé ? » Le loup demanda au renard : « Pourquoi ne m'as-tu pas réveillé ? » et le renard au lièvre : « Pourquoi ne m'as-tu pas réveillé ? » Mais le pauvre lièvre qui n'avait personne sur qui se retourner, resta le seul à devoir répondre, et dut endosser toute la responsabilité de la faute. Les autres tous voulaient lui tomber dessus, mais il les implora et leur dit :

— Ne me tuez pas ! Ne me tuez pas ! Je saurai ressusciter notre maître et faire qu'il retrouve la vie ! Je connais une montagne où pousse une certaine racine, et celui qui a cette racine dans la bouche se guérit de toute maladie et de toute blessure. Mais la montagne est à deux cents heures d'ici.

— Tu as vingt-quatre heures pour courir là-bas et en revenir avec la racine ! décida le lion.

Alors le lièvre partit à toute vitesse, et au bout de vingt-quatre heures il était de retour, rapportant la racine. Le lion prit la tête du chasseur et la remit en place, et le lièvre introduisit la racine dans sa bouche. Aussitôt la plaie disparut, le cœur se remit à battre et la vie revint dans tous les membres du chasseur qui se réveilla, effaré en voyant que la jeune fille n'était plus là. « Elle sera partie pendant que je dormais, pensa-t-il tristement, parce qu'elle ne voulait pas de moi ! »

Mais le lion, dans sa précipitation, avait posé la tête de son maître à l'envers, et celui-ci était tellement triste dans ses pensées, à cause de la princesse, qu'il ne s'en aperçut même pas. Ce ne fut qu'à midi, quand il voulut manger, qu'il se rendit compte qu'il avait le visage du côté du dos ; et comme il ne comprenait pas ce qu'il lui arrivait, il questionna les animaux sur ce qui s'était produit durant son sommeil. Le lion lui répondit et lui raconta qu'ils s'étaient eux aussi endormis, écrasés de fatigue, et qu'ils l'avaient trouvé mort à leur réveil, la tête détachée du tronc ; mais que le lièvre avait rapporté la racine souveraine contre tout mal, et que lui, dans sa hâte, il lui avait replacé la tête à l'envers ; mais ce ne serait pas grave, parce que maintenant, il allait réparer cette faute. Et aussitôt, en effet, il lui arracha la tête de nouveau, la remit à l'endroit, et le lièvre la lui ressouda grâce à la racine.

Triste comme il l'était, le chasseur s'en alla à travers le monde en faisant danser ses animaux devant les gens, et le hasard voulut qu'au bout d'un an, jour pour jour, son voyage le ramenât justement dans la ville où il avait sauvé la fille du roi en tuant le dragon. Mais la ville, cette fois-ci, était toute tendue de rouge écarlate.

— Qu'est-ce que cela veut dire ? demanda-t-il à l'aubergiste. Il y a un an, la ville était tendue du crêpe noir, et aujourd'hui, c'est de rouge écarlate.

— Il y a un an, répondit l'aubergiste, la fille du roi devait être livrée au dragon, mais le maréchal a combattu le dragon et l'a tué ; c'est demain que seront célébrées les noces. La ville était tendue de noir en signe de deuil l'autre fois ; et aujourd'hui elle est tendue de rouge en signe de réjouissance et de grande joie.

Le lendemain donc — jour que devaient se célébrer les noces — le chasseur se mit à table à midi et dit à l'aubergiste :

— Aujourd'hui, monsieur l'aubergiste, le croyez-vous ? je vais manger à votre table du pain fait pour le roi !

— Oui-da, monsieur, je suis prêt à parier cent pièces d'or que ce ne sera pas le cas, répondit l'aubergiste.

Le chasseur prit le pari et remit une bourse de cent pièces d'or en gage à l'aubergiste ; puis il appela son lièvre et lui dit : « Tu vas sauter jusqu'au château, mon cher messager bondissant, et tu me rapporteras de là-bas du pain dont mange le roi. » Le petit lièvre, qui était le plus menu de tous, n'avait personne à envoyer à sa place ; aussi fallut-il qu'il y allât lui-même en se portant sur ses jambes. « Mais gare ! se dit-il, je vais avoir tous les chiens courants à mes trousses, en m'en allant tout seul, comme cela, par les rues de la ville ! » Et il n'avait pas tort de le penser, car déjà toute une meute de chiens l'avait pris en chasse, les crocs gourmands, prêts à lui faire dans le poil de beaux accrocs. Il leur échappa d'un bond — tu aurais dû voir cela ! — et réussit à se glisser dans une guérite sans que la sentinelle eût seulement le temps de le voir. La meute arriva, bien décidée à l'en déloger et glapissant à qui mieux mieux ; mais le soldat n'était pas homme à supporter ce genre de plaisanterie devant sa guérite, et il se mit à cogner sur la bande à grands coups de crosse, les faisant tous hurler et fuir précipitamment ; maintenant, au moins, ils savaient pourquoi ils criaient ! Débarrassé de son escorte bruyante, le lièvre profita de l'air pur et ne fit qu'un saut jusqu'à l'intérieur du château, courant tout droit se mettre sous la chaise de la fille du roi. Une fois-là, il gratta doucement le pied de la princesse.

— Vas-tu t'en aller ? cria la princesse, croyant que c'était son petit chien familier.

Le lièvre insista et lui gratta le pied une seconde fois.

— Vas-tu t'en aller ? s'impatienta la princesse, croyant toujours que c'était son chien.

Le lièvre ne se laissa pas intimider et recommença une troisième fois à lui gratter le pied. La fille du roi regarda à son pied, cette fois, et reconnut tout de suite le lièvre à son collier. Elle le prit dans ses bras et l'emporta vite dans sa chambre pour le questionner :

— Que désires-tu, mon cher petit lièvre ?

— Mon maître, qui a tué le dragon, est en ville, dit le lièvre, et il m'a envoyé chercher du pain que mange le roi.

Transportée de joie, la demoiselle fit venir le boulanger et lui ordonna d'apporter un pain de la fournée spéciale qu'on réservait au roi.

— Mais il faut que le boulanger l'apporte lui-même, reprit le lièvre, sinon les chiens me mettraient à mal !

Le boulanger de la cour apporta donc le pain jusqu'à l'entrée de l'auberge où le lièvre, dressé sur son train arrière, le reçut dans ses pattes et le porta devant son maître.

— Et voilà, monsieur l'aubergiste, dit le chasseur, les cent ducats d'or sont à moi !

L'aubergiste n'en croyait pas ses yeux, tant il était étonné.

— Eh bien, monsieur l'aubergiste, maintenant que j'ai le pain, je vais aussi manger du rôt du roi.

— Je voudrais bien voir cela ! s'exclama l'aubergiste, qui ne voulut toutefois pas engager de pari nouveau.

Le chasseur appela son renard et lui dit : « Mon habile petit renard, tu vas t'introduire au château et tu me rapporteras du rôti de la table du roi. » Maître Goupil s'y connaît en feintes et en subtilités, aussi parvint-il à se glisser de coins en coins et de détours en détours jusqu'au château, sans se laisser seulement flairer par un chien ; là-bas, il se mit sous la chaise de la fille du roi et lui toucha le pied. Elle baissa les yeux et reconnut aussitôt le renardeau à son collier, l'emmena dans sa chambre et lui demanda :

— Mon cher petit renard, que désires-tu ?

— Mon maître, qui a tué le dragon, est dans la ville, dit le renard, et il m'a envoyé demander un rôt tel qu'en mange le roi.

La princesse fit venir le rôtisseur, qui dût lui préparer un rôti comme ceux qu'on servait au roi ; il le porta jusqu'à l'entrée de l'auberge pour le donner au renard, qui lui prit le plat des mains, chassa les mouches d'un coup de queue, et vint poser le rôt devant son maître.

— Et voilà, monsieur l'aubergiste ! dit le chasseur. Mais à présent que j'ai le pain du roi et le rôti du roi, je veux aussi manger les légumes de Sa Majesté.

Il appela le loup et lui dit : « Va, mon petit loup, et rapporte-moi un plat de légumes comme en mange le roi. » Le loup courut tout droit jusqu'au château, car il n'avait rien à craindre de personne ; et quand il fut parvenu auprès de la princesse, il tira un peu sur sa robe pour qu'elle regarde vers lui. La fille du roi reconnut aussitôt le petit loup à son collier et l'emmena bien vite dans sa chambre pour lui demander :

— Que désires-tu, mon cher louveteau ?

— Mon maître, qui a tué le dragon, est en ville, lui dit le loup, et il m'a envoyé chercher un plat de légumes comme ceux que mange le roi.

Elle fit venir le cuisinier, qui reçut l'ordre de dresser un plat des légumes du roi et de le porter jusqu'à l'entrée de l'auberge en compagnie du loup. Quand ils y furent, le loup prit le légumier des mains du cuisinier et le porta devant son maître.

— Et voilà, monsieur l'aubergiste ! dit le chasseur. J'ai le pain, la viande et les légumes du roi ; mais je veux aussi manger les douceurs et les confiseries du dessert du roi.

Il appela son ours et lui dit :

— Mon bon ourson, toi qui es amateur de sucreries, va me chercher là-bas des friandises du roi.

L'ours se dandina jusqu'au château sans rencontrer personne, car tout le monde avait fui devant lui ; mais quand il arriva au poste de garde, les sentinelles le mirent en joue, voulant lui interdire l'accès du palais royal. L'ours se dressa sur ses pattes de derrière et distribua quelques gifles à droite et à gauche, juste assez pour flanquer toute la garde sur le dos, après quoi il entra tranquillement et se rendit directement dans les appartements de la princesse. Parvenu derrière elle, il grogna tout doucement pour attirer son attention ; la fille du roi se retourna et reconnut aussitôt l'ourson à son collier, l'emmena dans sa chambre et lui demanda :

— Que désires-tu, mon cher petit ours ?

— Mon maître, qui a tué le dragon, est dans la ville, lui dit l'ours, et il m'a envoyé pour que je lui rapporte des douceurs comme en mange le roi.

Elle fit venir le confiseur et lui commanda de préparer des sucreries comme en mange le roi, puis d'aller avec l'ours les porter jusque devant la porte de l'auberge. Une fois arrivé, l'ours donna d'abord un coup de langue aux pralines qui étaient tombées en roulant par terre, puis il se dressa sur ses pattes de derrière, reçut le plat de confiserie et le porta devant son maître.

— Et voilà, monsieur l'aubergiste ! dit le chasseur. J'ai à présent le pain, la viande, les légumes et le dessert du roi ; mais je veux aussi arroser dignement mon royal déjeuner et boire le vin que boit le roi.

Il appela le lion et l'envoya, lui qui ne détestait pas tâter du bon et du meilleur à l'occasion, chercher là-bas quelques bouteilles du vin que boit le roi. Le lion s'avança au beau milieu des rues désertes, car les gens avaient fui au loin ; et quand la garde voulut lui interdire le passage, il n'eut qu'à rugir une fois, une seule, pour vider le poste de tous ses soldats. A la porte des appartements de la princesse, le lion frappa avec sa queue ; la princesse vint ouvrir elle-même et, reconnaissant aussitôt le lionceau à son collier où brillait le petit fermoir d'or, elle le fit entrer chez elle et lui demanda :

— Que désires-tu, mon cher gentil lion ?

Mon maître, qui a tué le dragon, est en ville, dit le lion, et il m'a envoyé chercher du vin comme le roi en boit.

La princesse fit venir le grand échanson, qui reçut l'ordre de tirer pour le lion du vin de la réserve personnelle du roi.

— Je vais descendre à la cave avec lui, dit le lion ; il est préférable que je puisse vérifier moi-même s'il me donne le bon.

Ils descendirent ensemble, et quand ils furent à la cave, l'échanson espéra qu'il pourrait lui tirer un pot de vin ordinaire : celui qu'on donnait aux serviteurs.

— Attends un peu ! lui dit le lion. Il faut que je le déguste pour savoir.

Et d'un coup de langue, il lappa la moitié du pot, puis y revint et le sécha entièrement.

— Non, trancha-t-il, ce n'est pas le bon.

Le grand échanson lui jeta un regard torve, mais ne dit rien et s'en alla plus loin tirer le vin d'un autre fût, réservé celui-là au maréchal du roi.

— Attends ! dit le lion. Il faut que je le goûte d'abord.

Et il s'en tira un demi-setier qu'il lampa d'un coup.

— Il est déjà meilleur, dit le lion, mais ce n'est pas encore le bon !

Cette fois, l'échanson courroucé, grommela tout haut : « Qu'est-ce qu'un malheureux animal sauvage peut connaître aux vins ? » Le lion se contenta de lui appliquer une bonne tape sur le derrière de la tête, qui l'aplatit le nez dans la poussière. L'homme se releva sans rien dire, s'épousseta et conduisit le lion à une cave spéciale où l'on tenait en réserve le vin de Sa Majesté, dont pas un seul de ses sujets ne devait boire une goutte. Le lion s'en versa un bon demi-setier, le dégusta et dit :

— Celui-là, oui. Ce doit être le bon ! Tu vas m'en remplir six bouteilles : c'est la juste mesure.

L'échanson exécuta les ordres et tous deux remontèrent. Mais quand le lion sortit de la cave et se trouva à l'air libre, sa démarche se fit un peu hésitante et vague : il titubait un peu et ressentait les effets d'une légère ivresse : aussi le grand échanson dut-il porter les bouteilles et l'accompagner jusqu'à la porte de l'auberge. Le lion prit alors le panier de six bouteilles dans sa gueule et s'en fut le déposer devant son maître.

— Et voilà, monsieur l'aubergiste ! dit le chasseur. Maintenant que j'ai le pain, la viande, les légumes, le dessert et le vin du roi, je vais me mettre à table et déjeuner avec mes animaux.

Il s'installa et festoya avec le lièvre, le renard, le loup, l'ours et le lion, mangeant et buvant allégrement, avec un bel entrain, car le chasseur était heureux dans le fond de son cœur : il savait à présent que la fille du roi l'aimait et n'avait jamais cessé de l'aimer. Quand ils eurent terminé leur repas, il s'adressa à l'aubergiste et lui dit :

— Voyez-vous, monsieur l'aubergiste, maintenant que j'ai mangé et bu comme le roi mange et boit, je vais me rendre à la cour pour épouser la fille du roi.

— Comment cela se ferait-il, alors qu'elle a déjà son fiancé et que les noces se célébreront aujourd'hui même ? se récria l'aubergiste.

Le chasseur tira de sa poche le mouchoir dont la princesse lui avait fait présent sur la montagne du dragon, et dans lequel il avait noué les sept langues du monstre.

— Voilà ce qui me le permettra, monsieur l'aubergiste : ce que j'ai là dans la main.

Après avoir regardé le mouchoir, l'aubergiste s'exclama :

— Je veux bien croire tout ce qu'on voudra, mais cela, non, je ne le croirai jamais ! Je suis prêt à parier tout ce que j'ai, mon auberge et ses dépendances !

— Tope-la ! dit joyeusement le chasseur, qui tira une bourse de mille écus d'or et la lui tendit. Voici mon enjeu !

Au palais, pendant le festin, le roi questionna sa fille :

— Qu'est-ce que te voulaient toutes ces bêtes sauvages qui n'ont cessé d'aller et de venir dans mon château ?

— Il ne m'est pas possible de le dire, répondit la princesse ; mais si vous envoyez chercher leur maître pour le faire venir, vous ferez bien.

Le roi avait aussitôt dépêché un serviteur à l'auberge pour qu'il invitât l'étranger à venir au palais, et le serviteur arriva juste comme le chasseur venait de parier avec l'aubergiste.

— Et voilà, monsieur l'aubergiste ! dit le chasseur. Le roi

m'envoie un serviteur pour m'inviter au palais ; mais je n'accepte pas encore son invitation.

Il se tourna vers le serviteur du roi et lui dit :

— Je prierai Sa Majesté le roi de m'envoyer des vêtements royaux, un carrosse à six chevaux et des serviteurs pour ma suite.

Lorsque le roi eut connaissance de cette réponse, il en fut grandement surpris et se tourna vers sa fille pour lui demander :

— Que faut-il faire ?

— Faites qu'il ait ce qu'il désire, lui dit-elle, vous ferez bien.

Le roi envoya donc là-bas les vêtements royaux, le carrosse attelé de six chevaux et le nombre requis de serviteurs.

—Et voilà, monsieur l'aubergiste ! dit le chasseur en les voyant arriver : ils viennent me chercher avec tout l'apparat que j'ai souhaité !

Il revêtit le costume royal, prit avec lui le mouchoir qui serrait les sept langues du dragon, monta dans le carrosse et se rendit à l'invitation du roi.

— Comment faut-il l'accueillir ? demanda le roi à sa fille, en le voyant arriver.

— Allez vous-même à sa rencontre, vous ferez bien, dit-elle.

Le roi se leva donc et alla en personne à la rencontre de l'étranger, qu'il accueillit à l'entrée du château, accompagna en haut des marches et introduisit dans la grand-salle, où il le fit asseoir entre sa fille et lui-même. Le maréchal, en sa qualité de fiancé, avait aussi sa place à côté de la princesse, mais de l'autre côté, et il ne reconnut pas le chasseur. C'était l'instant de la cérémonie où les sept têtes du dragon étaient présentées solennellement, et le roi expliqua au nouvel arrivant : « Ce sont les sept têtes que le maréchal a coupées au dragon, et c'est pourquoi je lui donne aujourd'hui ma fille comme épouse. » Le chasseur se leva, ouvrant successivement les sept gueules de chaque tête et demanda :

— Où sont les sept langues du dragon ?

La question glaça et fit pâlir le maréchal, qui fut pris de peur et ne savait comment répondre, mais qui finit dans son trouble par affirmer :

— Les dragons n'ont point de langue.

— Les menteurs devraient, eux, n'en point avoir ! dit le chasseur. Mais les dragons en ont, et les langues du dragon sont le témoignage et la preuve du vrai vainqueur !

Dénouant le mouchoir, il l'ouvrit alors, et les sept langues étaient là ; et il les prit une à une pour les placer dans la gueule correspondante, montrant évidemment que chacune s'adaptait parfaitement. Il prit ensuite le mouchoir sur lequel était brodé le nom de la princesse, et il le lui fit voir, lui demandant de dire à qui elle en avait fait présent.

— A celui qui a combattu et tué le dragon, dit-elle.

Il appela alors ses animaux près de lui, leur ôta le collier qu'ils portaient, et au lion le petit fermoir d'or, qu'il fit voir à la princesse en lui demandant à qui elle avait fait présent de son collier de corail, le partageant entre tous.

— Le collier et son fermoir d'or étaient les miens, c'est vrai, et je les ai mis en collier comme signe de reconnaissance, en les partageant entre les divers animaux qui ont aidé à vaincre et à terrasser le dragon.

Le chasseur parla à son tour et dit :

— Epuisé par le combat, je me suis allongé pour retrouver des forces et je me suis endormi profondément ; c'est alors que le maréchal est arrivé et m'a décapité. Ensuite il a enlevé la princesse et l'a contrainte, par la menace, à dire que c'était lui qui avait tué le dragon. Mais je prouve qu'il en a menti avec la triple preuve des sept langues, du mouchoir et des colliers.

Il relata alors comment ses animaux l'avaient ramené à la vie grâce à une racine magique, comment il avait voyagé de par le monde pendant toute une année, et comment il était revenu justement dans la ville pour y découvrir, par ce que lui avait dit l'aubergiste, l'imposture flagrante du maréchal.

— Est-il vrai, demanda le roi à sa fille, que c'est lui qui a tué le dragon ?

— C'est vrai, oui ! répondit-elle. Et je puis l'attester, maintenant que le forfait du maréchal a été révélé au grand jour sans que j'y fusse pour rien, car il m'avait arraché le serment que je me tairais ; et je me suis tue. Mais c'était la raison pour laquelle j'avais réclamé de ne célébrer mon mariage qu'au bout d'un an et un jour.

Le roi fit appeler et siéger sur l'heure les douze juges de la haute cour, dont la sentence condamna le maréchal à mourir écartelé par quatre bœufs. Et le jugement fut exécuté sans délai, tandis que le roi accordait la main de sa fille au chasseur, qu'il prit en outre comme lieutenant général et gouverneur de tout le royaume.

Les noces furent célébrées dans la liesse générale, et le jeune prince héritier ne manqua d'y inviter son vrai père et son père adoptif, qu'il couvrit de richesses. Il n'avait pas non plus oublié l'aubergiste, auquel il dit, quand il arriva :

— Et voilà, monsieur l'aubergiste, j'ai épousé la fille du roi ; votre auberge et ses dépendances sont à moi.

— C'est juste et c'est conforme au droit, répondit l'aubergiste.

— Sans doute, mais le droit n'est pas tout, et vous nous permettrez d'user de notre grâce : vous garderez l'auberge avec ses dépendances, et les mille pièces d'or comme cadeau pardessus.

Tout le monde était content, mais le jeune roi et sa jeune reine étaient les plus heureux de tous et vivaient dans le complet bonheur. Souvent il allait à la chasse pour son plaisir, et ses animaux le suivaient fidèlement. Or, il y avait, dans les environs, une forêt assez peu rassurante et qui avait fâcheuse réputation : on disait que celui qui y pénétrait n'arrivait pas facilement à en sortir ; mais cela n'empêchait pas le jeune roi d'avoir grande envie d'y aller chasser — si grande envie qu'il finit, à force d'insistance, par en arracher la permission au vieux roi. Il chevaucha donc entouré d'une suite nombreuse, et quand il arriva près de la forêt, voyant une belle biche d'une blancheur de neige s'y enfoncer, il dit à ses gens : « Attendez-moi ici, je vous rejoindrai : je veux donner la chasse à cette bête magnifique. » Et il galopa et s'enfonça sous bois, suivi de ses seuls animaux fidèles.

Les gens de sa suite s'étaient arrêtés et restèrent sur place à l'attendre jusqu'au soir ; mais à la nuit, comme il n'était toujours pas revenu, ils remontèrent à cheval et regagnèrent le château royal, où ils rapportèrent à la jeune reine que le roi s'était jeté dans la forêt enchantée à la poursuite d'une biche blanche et n'avait pas réapparu. Ce qui la mit en grande inquiétude à son sujet.

Mais lui, tout à l'ardeur de sa poursuite, il avait galopé derrière la biche blanche, croyant mille fois la rejoindre mais sans jamais y arriver : chaque fois qu'il l'avait à sa portée, elle lui échappait ; et pour finir il l'avait perdue tout à fait. Il se rendit compte alors qu'il s'était enfoncé très profondément au cœur de la forêt, qu'il ne connaissait pas ; il emboucha son cor et sonna son appel, mais nulle réponse ne lui parvint. Il était bien trop loin pour que ses gens pussent l'entendre. Il était bien trop tard aussi pour qu'il pût revenir ce jour-là ; la nuit n'allait pas tarder à tomber. Alors il descendit de cheval, se fit un feu sous un arbre et se prépara à passer la nuit là. Le feu flambait, ses animaux s'étaient couchés près de lui, et il se reposait, quand il lui sembla tout à coup entendre comme une voix humaine qui appelait. Il regarda partout à la ronde, mais ne vit rien. Quelques instants plus tard, il entendit de nouveau comme un gémissement dans les branches de l'arbre au-dessus de lui : il leva la tête et aperçut une vieille femme dans l'arbre, une pauvre vieille qui gémissait sans fin :

— Oh ! que j'ai froid ! Ce que j'ai froid ! Oh, oh, oh ! je suis gelée !

— Descends de là et viens te chauffer, si tu as si froid ! lui cria-t-il.

— Non, tes bêtes vont me mordre ! dit la vieille.

— Mais non, pas du tout, ma vieille mère, tu n'as qu'à venir.

La vieille, qui était en réalité une sorcière, lui dit alors :

— Je vais t'envoyer une badine de l'arbre, et si tu leur en donnes un petit coup sur le dos, les animaux ne me feront rien.

Elle lui jeta une baguette avec laquelle il toucha ses animaux, qui s'immobilisèrent instantanément et furent changés en pierre. N'ayant plus rien à craindre des animaux, la sorcière dégringola de son arbre et le toucha lui, de sa baguette ; et il fut aussitôt changé en pierre. Alors elle éclata de rire et les tira tous, lui et ses animaux, dans une fosse où gisaient déjà quantité d'autres pierres de même sorte.

Au château, la jeune reine se tourmentait de plus en plus en voyant que son époux ne revenait toujours pas. Mais il se trouva que dans le même temps, son frère jumeau, celui qui s'en était allé vers le levant, arriva à son tour dans le royaume. Il avait cherché un emploi, n'en avait pas trouvé et s'était mis à voyager en faisant danser ses animaux devant les gens ; mais à force d'errer de la sorte, il songea un beau jour à revenir à l'endroit de leur séparation pour examiner la lame du couteau qu'ils avaient planté dans l'arbre, et apprendre ainsi ce qu'il était advenu de son cher frère. Quand il y arriva, il vit que la lame, du côté de son frère, avait rouillé sur la moitié de sa longueur, l'autre moitié étant brillante et nette comme avant. Il en fut effrayé et se dit : « Il faut qu'un grand malheur lui soit arrivé ! Mais peut-être pourrai-je encore le sauver, puisque la moitié de la lame brille toujours ». Suivi de ses animaux, il avait aussitôt pris la direction du couchant pour arriver bientôt devant les portes de la ville, où la garde vint à sa rencontre et lui demanda s'il voulait qu'on allât annoncer son retour à la jeune reine, qui l'attendait dans l'angoisse depuis plusieurs jours et qui redoutait sa mort dans la forêt enchantée. Aucun des soldats ne pouvait penser, en effet, qu'il ne fût point le jeune roi en personne, d'abord à cause de la ressemblance des deux jumeaux, et ensuite parce que celui-ci, comme l'autre, avait derrière lui ses cinq animaux fidèles. Comprenant lui-même qu'on le prenait pour son frère, il se dit que le mieux serait de ne détromper personne, mais de se laisser passer pour lui, car il pourrait ainsi plus aisément voler à son secours. Il laissa donc la garde l'escorter jusqu'au palais, où il fut accueilli avec de grandes démonstrations de joie. La jeune reine, qui ne doutait pas que ce fût son époux, lui demanda pourquoi il était resté si longtemps absent.

— Je me suis perdu dans une forêt, lui répondit-il, et je n'arrivais pas à en sortir.

La nuit venue, il dormit dans la chambre royale et le lit conjugal, mais il mit une épée à double tranchant entre la jeune reine et lui. Ne comprenant pas ce que cela voulait dire, la jeune femme n'osa pourtant pas lui poser de question.

Il ne s'attarda au château que quelques jours, tout en cherchant à s'informer le plus complètement possible sur ce qui avait trait à la forêt enchantée, et pour finir, il déclara qu'il voulait y aller encore une fois à la chasse. Le roi et la jeune épouse voulurent à tout prix l'en empêcher, mais il persista dans son intention et quitta le château avec une forte escorte. Lorsqu'il approcha de la fameuse forêt, il lui arriva exactement ce qu'il était arrivé à son frère : il aperçut une superbe biche d'une blancheur immaculée et s'élança à sa poursuite en disant à ses gens de l'attendre.

— Restez là jusqu'à mon retour : je poursuis cette bête magnifique et je vous rejoindrai ici.

Il galopa et s'enfonça seul dans la forêt, suivi de ses animaux. La biche lui échappait chaque fois qu'il se voyait sur le point de la prendre, et ainsi il s'enfonça très avant dans l'épaisseur de la forêt, où il dut se résoudre à passer la nuit quand il eut perdu son gibier, car il était bien trop tard pour en sortir ce jour-là. Il se fit un feu, ses animaux se couchèrent, et il entendit un gémissement : « Ho, ho, ho ! comme j'ai froid ! » Il chercha d'où venait cette plainte et finit par découvrir la même sorcière dans son arbre.

— Descends de là, ma bonne vieille, et viens te chauffer si tu as si froid ! lui dit-il.

— Non, tes bêtes vont me mordre !

— Mais pas du tout ! Tu n'as qu'à descendre.

— Je vais t'envoyer une badine, dit la vieille, et si tu touches le dos de chaque bête, alors là, elles ne me feront rien.

Cette proposition éveilla les soupçons du chasseur : il ne se fiait pas du tout à cette vieille femme et lui répondit sèchement :

— Je ne toucherai certainement pas à mes animaux ! Descends immédiatement ou je vais te chercher !

— Qu'est-ce que tu t'imagines ? lui cria-t-elle. Tu ne peux rien contre moi.

— Arrive ici tout de suite, lui dit-il en levant son fusil, sinon je tire pour t'abattre.

— Tire toujours, ricana la vieille, je n'ai rien à craindre de tes balles.

Il visa, tira, mais sans résultat aucun, si ce n'est l'éclat de rire strident de la sorcière qui savait qu'aucune balle de plomb ne pouvait l'atteindre et qui lui cria : « Ce n'est pas encore ce coup-ci que tu me toucheras ! » Sachant bien de quoi il retournait, le chasseur arracha trois boutons d'argent de sa tunique et les plaça dans son arme comme projectiles, n'ignorant pas que les balles d'argent annulent tous les sortilèges ; quand il fit feu, la sorcière dégringola avec un hurlement. Il la maintint au sol en l'écrasant sous son pied, et il lui dit : « Si tu ne m'apprends pas immédiatement où est mon frère, vieille sorcière, je t'empoigne et je te jette dans mon feu ! »

Dans la pire épouvante, elle le supplia de lui faire grâce en lui avouant :

— Il est changé en pierre avec ses animaux, couché dans une fosse.

Menaçant, il l'obligea à se lever et à l'y conduire.

— Maudite guenon ! tu vas rendre mon frère et toutes les créatures qui sont ici à vie, sinon c'est le feu pour toi ! lui dit-il quand ils furent devant la fosse.

Elle prit une baguette et en toucha les pierres, qui reprirent aussitôt leur première forme : son frère et ses animaux redevinrent vivants, et bien d'autres avec eux, des marchands, des artisans, des bergers, qui se levèrent tous, remercièrent le jeune chasseur de les avoir délivrés et s'en retournèrent chez eux. Quant aux deux frères jumeaux, tout heureux de ces retrouvailles, ils tombèrent dans les bras l'un de l'autre et s'embrassèrent de tout cœur. Ils empoignèrent ensuite la sorcière, lui attachèrent les bras et les jambes et la précipitèrent dans le feu, où elle brûla comme une torche ; et quand il n'en resta plus que des cendres, la forêt s'ouvrit toute seule et devint claire et lumineuse, si transparente qu'ils pouvaient voir le château royal, qui se trouvait pourtant à une distance de trois heures de route.

Ensemble, les deux frères s'engagèrent sur le chemin du retour, tout en se racontant l'un à l'autre, en cours de route, la destinée qu'ils avaient eue. Lorsque celui qui était devenu lieutenant général et régent de tout le royaume en fut à cet épisode et le raconta à son frère, celui-ci s'exclama :

— Je le savais déjà, parce qu'en arrivant à la ville, où ils m'ont tous pris pour toi, j'ai été reçu avec tous les honneurs dus à un roi, et la jeune reine m'a traité comme son époux ; j'étais à table à côté d'elle et je dormais dans son lit.

Fou de colère et de jalousie en entendant ces paroles, le frère tira son épée et frappa, décapitant son frère. Mais dès qu'il vit ce frère mort et baignant dans son sang rouge, il fut pris de remords et se repentit aussitôt : « Mon frère m'a délivré, s'écria-t-il, et moi, en retour, je l'ai assassiné ! » Secoué de sanglots, il gémissait et se lamentait dans sa douleur. Alors son lièvre vint s'offrir d'aller lui quérir la racine guérisseuse, et il partit d'un bond, aussi vite qu'une flèche, réussissant à la lui rapporter quand il en était encore temps. Le mort retrouva la vie, grâce à elle, et ne sut rien de sa blessure dont il ne restait pas la moindre trace.

Ils poursuivirent leur route comme si de rien n'était, et le jeune roi dit à son frère : « Ecoute, nous nous ressemblons comme deux gouttes d'eau ; tu portes comme moi des vêtements royaux, et nous avons l'un et l'autre nos animaux qui nous suivent. Nous allons entrer dans la ville chacun de notre côté par les portes opposées, et nous rendre en même temps chez le roi ». Ils se séparèrent pour se présenter en même temps aux deux entrées opposées de la ville ; et lorsque le roi apprit en même temps par l'une et l'autre sentinelle que le jeune roi revenait de la chasse, suivi de ses animaux, il se leva et s'écria : « Mais enfin, ce n'est pas possible, il y a plus d'une heure de chemin d'une porte à l'autre ! »

Venant de chaque direction, les deux frères entrèrent en même temps dans la cour du château et montèrent ensemble le grand escalier. Le roi s'adressa à sa fille et lui dit :

— Regarde toi-même et dis-moi lequel est ton mari. Ils se ressemblent tellement que moi, je ne puis pas savoir.

En grand émoi, la jeune reine resta un moment sans pouvoir rien dire, car elle était incapable, elle aussi, de savoir lequel des deux était son mari ; mais à la fin, elle pensa au collier qu'elle avait donné aux animaux, et quand elle vit briller le petit fermoir d'or au cou du lion, elle poussa un soupir et s'écria avec un grand bonheur :

— Le voici, mon véritable époux : c'est celui qui a derrière lui ce lion-là !

— Oui, c'est le vrai ! s'exclama le jeune roi en riant aux éclats.

Passant tous à table, ils mangèrent ensemble et burent et trinquèrent joyeusement, car ils étaient heureux. Et le soir, quand le jeune roi se mit au lit, il entendit sa femme lui demander :

— Mais pourquoi donc, les nuits dernières, as-tu toujours mis entre nous cette épée à double tranchant ? J'ai eu si peur ! Je croyais que tu voulais me tuer...

Il comprit et il sut alors combien loyal avait été son frère.

le bouffron

Il était une fois un village où tous les paysans avaient du bien au soleil et vivaient à l'aise, tous sauf un, qui était très pauvre et qu'ils avaient surnommé le Bouffron, du nom d'une mauvaise figue. Il ne possédait pas même une seule vache, ni seulement le premier sou pour en acheter une. Mais sa femme et lui n'avaient que plus envie d'en avoir une. Ils y pensaient tout le temps.

— Ecoute, j'ai une bonne idée, dit le Bouffron à sa femme : nous avons là notre parrain le menuisier, qui pourrait bien nous fabriquer un veau de bois et nous le peindre en marron, pour qu'il ait l'air d'un vrai veau ; le veau grandira avec le temps et comme cela, nous aurons notre vache.

La femme fut de cet avis, et le brave menuisier tailla, rabota et confectionna le veau comme il fallait, le peignit de la bonne couleur, lui ayant fait la tête basse comme s'il était en train de paître.

Le lendemain matin, quand on sortit les vaches du village pour les mener aux herbages, le Bouffron appela celui qui les gardait, le fit entrer chez lui et lui dit :

— Regarde un peu, j'ai là un petit veau ; mais il est encore trop faible pour marcher et il faut qu'on le porte.

— Très bien, dit le vacher en prenant le petit veau dans ses bras pour l'emmener avec le troupeau et le mettre au pré.

Le veau, tête baissée, ne bougeait pas de place et avait tout à fait l'air d'une bête gourmande qui broute en veux-tu, en voilà. « A voir comme il bouffe, se dit le berger, celui-là ne tardera pas à gambader tout seul ! » Et le soir, quand il rassembla son troupeau pour le faire entrer, il dit au petit veau : « Si tu peux rester debout à t'empiffrer toute la journée, tu peux aussi bien te servir de tes pattes pour marcher ; il n'y a aucune raison pour que je te porte dans mes bras. » Sur quoi il ramena ses vaches.

Mais le Bouffron attendait sur le pas de sa porte, examinant le troupeau qui traversait le village ; et quand il vit que son veau n'y était pas, il demanda après lui.

— L'est resté dehors et continue de bouffer, dit le vacher. Il a jamais voulu s'arrêter pour venir avec les autres.

— Tout cela c'est très joli, dit le Bouffron, mais à moi, il me faut mon bétail tout de même !

Ils retournèrent tous les deux jusqu'au pâturage. Mais quelqu'un avait volé le petit veau, et il n'y était plus.

— Il se sera sauvé ! opina le vacher.

— A d'autres ! rétorqua le Bouffron. Mais à moi, cela ne me va pas du tout !

Et il traîna le vacher devant le maire du village, qui le condamna pour sa négligence à remplacer le veau perdu par une vache, qu'il lui fallut donner au Bouffron.

Ils en furent ravis, lui et sa femme qui avaient depuis si longtemps désiré posséder une vache ; mais ils n'avaient pas de fourrage à lui donner. Et comme ils ne pouvaient pas la nourrir, ils durent bientôt la tuer pour la viande. Quand ils eurent salé la viande, le Bouffron se rendit à la ville pour y vendre la peau et acheter un veau pour la somme. En cours de route, près d'un moulin, il trouva un corbeau qui avait les ailes cassées ; il le recueillit par charité et l'enveloppa dans la peau de la vache. Mais le temps était si mauvais, avec des rafales de vent et de pluie, qu'il dut renoncer à poursuivre sa route et s'en fut demander un abri dans le moulin. La meunière était seule au logis.

— C'est bon, lui dit-elle, tu n'as qu'à te coucher dans le foin, là ! Et elle lui donna un quignon de pain avec un bout de fromage.

Le Bouffron mangea, puis s'enfonça dans le foin avec sa peau à côté de lui, et le corbeau dedans. La meunière ne s'occupa plus de lui, pensant tout simplement qu'il était fatigué et s'était endormi. Le curé arriva sur ces entrefaites, bien accueilli par la meunière qui lui dit : « Mon mari n'est pas là, nous allons bien nous régaler. » Mais le Bouffron, dans son foin, entendit tout, et comment elle parlait de se régaler avec le curé, ce qui l'indigna, lui qui avait dû se contenter d'un bout de pain avec un bout de fromage ! La femme mit la table, et sur la table quatre choses différentes : du rôti, de la salade, du gâteau et du vin.

Ils venaient de s'asseoir et allaient tout juste commencer, quand on frappa dehors. « Mon Dieu, c'est mon mari ! » dit la femme. Vite, vite, elle cacha le rôti dans le four, le vin sous l'oreiller, la salade au bout du lit, le gâteau sous le lit et le curé dans l'armoire du vestibule. Puis elle ouvrit à son mari en s'exclamant : « Dieu soit loué ! Te voilà revenu ! Il fait un temps de fin du monde. » Le meunier aperçut le Bouffron dans le foin et demanda ce qu'il faisait là.

— Oh ! le pauvre bougre, dit sa femme, il a été pris par la tourmente et il est venu demander à s'abriter ici de la pluie et du vent. Je lui ai donné un bout de pain et de fromage, en lui permettant de se coucher dans le foin.

— Tu as bien fait, dit l'homme, mais prépare moi vite quelque chose à manger, je crève de faim !

— C'est que je n'ai rien d'autre que du pain et du fromage ! dit la femme.

— Va toujours, dit l'homme, pourvu que je mange. Je n'ai rien contre le fromage.

Il appela alors l'homme qui était dans le foin : « Viens donc, tu vas manger encore un morceau avec moi ! » Le Bouffron ne se le fit pas dire deux fois et arriva dare dare. Après qu'ils eurent mangé, le meunier remarqua la peau de vache posée à terre et, dedans, le corbeau qu'elle enveloppait.

— Qu'est-ce que tu as là ? demanda-t-il.

— Là-dedans ? C'est mon devin que j'ai, dit le Bouffron.

— Pour moi, il peut prophétiser aussi ? demanda le meunier.

— Et pourquoi pas ? répondit le Bouffron. Mais il ne dit que quatre choses, et la cinquième, il la garde pour lui.

Le meunier était curieux. « Fais-le parler pour moi, alors ! »

dit-il. Le Bouffron glissa la main dans la peau et pressa la tête du corbeau, pour le faire croasser et gémir crr, crr, crr.

— Qu'est-ce qu'il a dit ? questionna le meunier.

— Il a dit, un : qu'il y avait du vin caché sous l'oreiller.

— Que le diable m'emporte ! fit le meunier, qui alla soulever l'oreiller et trouva la bouteille. « Et ensuite ? » demanda-t-il.

Le Bouffron serra la tête du corbeau qui croassa et fit encore crr, crr, crr.

— Qu'est-ce qu'il a dit ?

— Il a dit, deux : qu'il y avait du rôti dans le four.

— Que le diable m'emporte ! fit le meunier, qui y alla et trouva le rôti. « Et après ? » demanda-t-il.

Le Bouffron fit à nouveau prophétiser son oiseau.

— Il a dit, trois : qu'il y avait de la salade au bout du lit.

— Que le diable m'emporte ! fit le meunier, qui y alla et trouva la salade. « Et encore ? »

Le corbeau croassa une dernière fois.

— Il a dit, quatre : qu'il y avait du gâteau sous le lit.

— Que le diable m'emporte ! fit le meunier, qui trouva le gâteau.

Ils se mirent tous les deux gaillardement à table, tandis que la meunière, défaillante de peur, terrorisée à en mourir, prenait toutes les clefs et allait se fourrer au lit. Le meunier aurait bien voulu connaître la cinquième chose, mais le Bouffron lui dit : « Mangeons d'abord tranquillement les quatre premières, parce que la cinquième pourrait être plus désagréable ! » Ils commencèrent donc par tout manger et boire, après quoi ils se mirent à discuter du prix que le meunier allait payer pour entendre la cinquième prophétisation ; à force de marchander, ils arrivèrent à trois cents écus et en furent d'accord. Le Bouffron pressa une fois de plus la tête de son corbeau et le fit croasser.

— Qu'est-ce qu'il a dit ? questionna le meunier.

— Il a dit que dehors, dans l'armoire du vestibule, le diable se cachait !

— Le diable ! dit le meunier. Il faut qu'il sorte !

Et il alla ouvrir la porte de la maison. Mais il fallut que la femme donnât les clefs, et ce fut le Bouffron qui ouvrit la porte de l'armoire, d'où le curé sortit en fuyant de toute la vitesse de ses jambes.

— J'ai vu l'homme noir passer, s'exclama le meunier, je l'ai vu de mes propres yeux ! Tout était vrai !

Et le lendemain matin, à la toute première heure, le Bouffron s'en alla, emportant les trois cents écus sans crier gare ni demander son reste.

Revenu chez lui, le Bouffron ne fit pas de bruit, mais se fit bâtir tout doucement une jolie maison, se procurant une chose après l'autre ; et les gros cultivateurs du village se disaient entre eux : « Il faut que le Bouffron, ma parole, soit allé au pays où il neige de l'or et où l'on ramasse l'argent à pleins boisseaux ! » Il dut, finalement, comparaître devant le maire pour expliquer d'où lui venait sa richesse.

— J'ai vendu ma peau de vache en ville pour trois cents écus, répondit-il.

En entendant cela, les autres paysans, alléchés par un aussi formidable bénéfice et ne voulant pas laisser passer l'occasion, se précipitèrent chez eux, abattirent toutes leurs vaches et en tirèrent les peaux afin d'aller en ville les vendre aussi avantageusement. Le maire exigea, en sa qualité de maire, que sa servante fût la première à y aller ; mais quand elle arriva chez le marchand, à la ville, il lui donna tout au plus trois écus pour une peau, et encore était-ce parce qu'elle arrivait la première ; parce que les autres, quand ils arrivèrent, n'en tirèrent même pas autant. « Que voulez-vous que je fasse de toutes ces peaux ? » leur disait le marchand.

Ils revinrent au village furieux contre le Bouffron qui les avait menés en bateau ; et comme ils voulaient se venger, ils portèrent plainte contre lui devant le maire, l'accusant et le rendant responsable de cette tromperie. Tout innocent qu'il fût, le Bouffron s'entendit unanimement condamner à mort par immersion et noyade : il devait être enfermé dans un tonneau percé de trous, que les autres feraient rouler au fond de la rivière.

La sentence devant être exécutée sur l'heure, le condamné fut emmené et ils allèrent chercher un prêtre qui devait dire pour lui la messe des morts. Comme il devait être seul à l'entendre, les autres s'éloignèrent ; mais quand le Bouffron leva les yeux sur le prêtre, qui reconnut-il ? Le curé qui était venu chez madame la meunière !

— Je vous ai tiré de l'armoire, lui dit-il, sauvez-moi maintenant du tonneau !

Mais avant que le curé ait eu le temps seulement de répondre, voici qu'arrivait, menant ses moutons, le berger de l'endroit ; et comme depuis longtemps le Bouffron savait que celui-là désirait ardemment devenir le maire du village, il se mit à crier de toutes ses forces, feignant l'indignation et l'entêtement :

— Non ! Je ne le ferai pas ! Et quand le monde entier le voudrait, non, non et non, je ne veux pas le faire !

Intrigué, le berger s'approcha et lui demanda :

— Qu'est-ce qu'il se passe ? Qu'est-ce que tu ne veux pas faire ?

— Ils veulent à tout prix que je devienne le maire et pour cela, que je me mette dans ce tonneau. Mais je ne veux pas, non, je ne veux absolument pas m'y mettre.

— S'il n'y a que cela à faire, moi, je ne demande pas mieux ! répondit le berger.

— Si tu te mets dedans, lui dit le Bouffron, tu deviendras aussi le maire.

Tout heureux, le berger s'introduisit dans le tonneau, et le Bouffron cloua sur lui le couvercle. Cela fait, il guida le troupeau de l'entonné, dont il se faisait l'héritier direct, et il s'éloigna en emmenant ses moutons. Le curé, pour sa part, alla annoncer à la communauté que la messe était dite. Alors ils revinrent tous et firent rouler le tonneau vers la rivière ; et quand il se mit à rouler, le berger, à l'intérieur du tonneau, se prit à hurler : « Mais je veux bien être maire ! Je veux bien être maire ! » Ils l'entendirent tous, et pas un ne douta que ce fût le Bouffron qui criait ainsi.

— Nous sommes parfaitement de cet avis nous aussi ! répondirent-ils. Mais il faut d'abord que tu ailles voir un peu ce qui se passe là-bas, en bas !

Et ils firent rouler le tonneau qui coula au fond de la rivière.

Quand ce fut fini, les paysans rentrèrent chez eux, au village, où le Bouffron arrivait aussi, la mine réjouie, en poussant son troupeau de moutons devant lui.

— Hé, le Bouffron, d'où viens-tu comme cela ? s'étonnèrent les paysans, est-ce que tu sors de l'eau ?

— Evidemment, répondit le Bouffron ; je suis descendu, descendu toujours plus profond, et quand je suis arrivé tout au fond, j'ai fait sauter le couvercle du tonneau et je suis sorti : il y avait là de vertes et belles prairies où broutaient des moutons innombrables, d'où j'ai pris ce troupeau que j'ai ramené avec moi.

— Mais il en reste encore là-bas ? voulurent savoir les paysans.

— Naturellement, répondit le Bouffron, et bien plus que vous ne pourrez jamais en amener !

Alors ils discutèrent entre eux et convinrent qu'ils allaient, eux aussi, se chercher là-bas chacun son troupeau de moutons ; mais le maire intervint et dit : « C'est moi qui irai le premier ! » Ils se rendirent tous au bord de l'eau, et comme il y avait justement dans le bleu du ciel de petits nuages blancs comme des flocons qui moutonnaient, ils les virent se mirer dans l'eau et s'exclamèrent : « On voit déjà les moutons dans les profondeurs ! » Le maire les bouscula pour se pousser en avant : « Laissez-moi passer ! disait-il. C'est à moi de descendre le premier et de voir : je vous appellerai si tout va bien ! »

Et il sauta au beau milieu de l'eau qui retentit d'un grand plouf.

Les autres, sur le bord, crurent qu'il les appelait : « Hou, hou ! » et toute la bande se précipita la tête la première à qui ne serait pas le dernier.

Alors il ne resta plus un homme au village et le Bouffron, comme unique héritier de tous, fut un homme richissime.

la reine des abeilles

Deux princes, qui s'en étaient allés en quête d'aventures autrefois, avaient fini par mener une telle vie de débauche et de crapulerie qu'ils n'étaient plus jamais revenus chez eux. Leur frère cadet, qu'on surnommait le Benêt, quitta à son tour le palais de son père pour partir à leur recherche ; mais quand il les eut retrouvés, ses deux frères se gaussèrent de lui parce qu'il prétendait, dans sa naïveté, réussir là où eux-mêmes, qui étaient beaucoup plus malins, avaient échoué. Ils prirent la route tous trois ensemble, arrivant bientôt devant une fourmilière. Les deux frères aînés voulaient la détruire à coups de pied pour s'amuser de l'affolement des bestioles et de leur hâte précipitée à emporter leurs œufs loin du désastre. Mais le cadet, surnommé le Benêt, leur dit avec sérieux :

— Laissez ces petites bêtes tranquilles ! Elles ne vous ont rien fait, et je ne supporterai pas que vous y touchiez !

Ils continuèrent leur chemin et arrivèrent près d'un lac, sur lequel nageaient des quantités de canards. Les deux aînés voulurent en capturer un couple pour le faire rôtir, mais le Benêt s'y opposa et leur dit :

— Laissez ces bêtes tranquilles ! Elles ne vous ont rien fait, et je ne supporterai pas que vous y touchiez !

Ils continuèrent et trouvèrent bientôt un nid d'abeilles sauvages, mais tellement gorgé de miel qu'il en dégoulinait le long de l'arbre. Les deux aînés voulurent allumer un feu au pied de l'arbre afin d'étouffer les abeilles et de prendre le miel. Mais le Benêt les en empêcha vigoureusement.

— Laissez ces bêtes tranquilles ! leur dit-il. Elles ne vous ont rien fait, et je ne supporterai pas que vous leur fassiez du mal.

Ils continuèrent leur marche et arrivèrent, pour finir, à un château étrange : il y avait des chevaux dans les écuries, mais ils étaient de pierre ; et il n'y avait pas âme qui vive à l'intérieur du château. Ils passèrent de salle en salle sans rencontrer même une ombre, visitèrent tous les appartements et finirent par arriver, tout au fond du château, devant une porte trois fois close par une triple serrure, mais avec un petit guichet, en son milieu, qui permettait de regarder de l'autre côté, dans cette dernière chambre. Ils y virent un petit homme tout gris, assis à une table. Ils l'appelèrent une fois, deux fois, mais il n'entendit pas ; quand ils l'appelèrent pour la troisième fois, le petit homme se leva brusquement, vint ouvrir chacune des trois serrures et sortit de la chambre, sans souffler mot. Toujours sans un seul mot, il les mena devant une table magnifiquement servie, où ils n'eurent que la peine de s'asseoir et de manger. Losqu'ils eurent tous les trois bien mangé et bien bu, le petit homme gris les conduisit l'un après l'autre chacun dans une chambre différente pour la nuit.

Le lendemain matin, le petit homme gris entra dans la chambre de l'aîné des trois frères, lui fit un signe et le mena jusqu'à une table de pierre, sur laquelle étaient gravées les trois épreuves qu'il fallait accomplir pour désenchanter le château. Comme première épreuve, il fallait chercher dans la forêt, sous la mousse, les perles de la princesse qui étaient au nombre de mille ; et celui qui ne les aurait pas trouvées toutes, jusqu'à la dernière, avant le coucher du soleil, serait lui-même changé en pierre. Pas une seule et unique perle ne devait manquer.

L'aîné alla dans la forêt et chercha toute la journée, chercha et chercha ; mais quand le jour toucha à sa fin, c'était tout juste s'il en avait trouvé cent. Il en fut de lui comme c'était gravé sur la table : il fut changé en pierre.

Le second jour, ce fut le deuxième frère qui tenta l'aventure, mais il ne s'en tira guère mieux que son frère aîné, puisqu'il ne parvint à trouver quelque deux cents perles ; et il fut changé en pierre.

Quand vint enfin le tour du frère cadet, il chercha lui aussi sous la mousse pour commencer ; mais c'était tellement difficile de trouver les perles, et cela allait si lentement, si lentement, qu'il en désespéra, s'assit sur une pierre et se mit à pleurer. Il était là, prostré, quand arriva devant lui, pour l'aider, le roi des fourmis qu'il avait sauvées naguère ; et avec cinq mille de ses sujets, il eut tôt fait de lui trouver et rassembler les mille perles de la princesse.

Ce n'était là que la première épreuve, et la deuxième était qu'il fallait trouver, au fond du lac, la clef de la chambre à coucher de la princesse. Le Benêt y alla, et quand il fut au bord du lac, les canards, auxquels il avait sauvé la vie, eurent tôt fait de plonger et de lui rapporter la clef.

Mais la troisième épreuve était la plus difficile, car il s'agissait de désigner, entre les trois princesses endormies, toutes trois filles du roi, la plus jeune et la plus jolie. Or, elles se ressemblaient absolument, et la seule différence qu'il y avait entre elles était le genre de sucrerie qu'elles avaient mangé juste avant de s'endormir : l'aînée avait mangé un morceau de sucre candi, la seconde avait goûté un peu de sirop, et la cadette avait mangé une cuillerée de miel.

Ce fut la reine des abeilles que le Benêt avait sauvées du feu, qui arriva à son secours ; elle goûta aux lèvres de chacune des trois princesses et se posa sur la bouche de celle qui avait mangé du miel, permettant ainsi au jeune prince de désigner celle des trois qui était la cadette. L'enchantement qui pesait sur le château se trouva aussitôt levé, et tout sortit de son sommeil, cependant que ceux qui avaient été changés en pierre retrouvaient leur forme vivante.

Le Benêt, puisque tel était le surnom qu'on lui avait donné, épousa la princesse la plus jeune et la plus adorable, héritant du royaume à la mort du roi, son père ; quant aux deux frères, ils épousèrent les deux autres princesses, ses sœurs.

les trois plumes

Il était une fois un roi qui avait trois fils : deux qui étaient intelligents et instruits, alors que le troisième ne parlait guère : il était simple d'esprit et tout le monde l'appelait le Simplet. Le roi, en vieillissant, sentant ses forces décliner et songeant à sa mort, ne savait pas auquel de ses trois fils il devait laisser le royaume en héritage. Il leur dit à chacun :

— Partez, et celui de vous trois qui me rapportera le plus fin tapis, ce sera lui le roi après ma mort.

Afin d'éviter toute dispute et toute contestation entre ses fils, il les conduisit lui-même tous les trois devant la porte du château, où il leur dit : « Je vais souffler trois plumes en l'air, une pour chacun de vous, et dans la direction que sa plume aura prise, chacun de vous ira. » La première plume s'envola vers l'est, la seconde vers l'ouest, et la troisième resta entre les deux et ne vola pas loin, retombant presque tout de suite par terre. L'un des frères partit donc à droite, l'autre à gauche, non sans se moquer du Simplet qui devait rester où sa plume était retombée, c'est-à-dire tout près.

Le Simplet alla s'asseoir à côté de sa plume, et il se sentait bien triste. Mais voilà tout à coup qu'il s'aperçut de l'existence d'une trappe, juste à côté de la plume ; il leva cette trappe, découvrit un escalier et descendit les marches sous la terre. En bas, il arriva devant une seconde porte et frappa. Il entendit une voix à l'intérieur qui criait :

Mademoiselle la reinette,
Petite grenouillette verte,
Fille de race grenouillère,
Grenouillante gambette,
Va vite voir qui est dehors !

La porte s'ouvrit et il vit une grosse grasse grenouille entourée de tout un monde de petites grenouilles sautillantes. La grosse grenouille lui demanda quel était son désir.

— J'aimerais bien le plus beau et le plus fin tapis, dit-il.

La grosse appela une petite reinette et lui dit :

Mademoiselle la reinette,
Petite grenouillette verte,
Fille de race grenouillère,
Grenouillante gambette,
Apporte-moi la grosse boîte.

La jeunette grenouille alla chercher la boîte, et la grosse mère l'ouvrit pour remettre au Simplet le fin tapis qui s'y trouvait : mais un tapis si merveilleusement fin qu'on n'en pouvait pas tisser un pareil en haut, dans le monde. Il remercia la grenouille et remonta sur terre.

Les deux autres frères étaient convaincus que leur cadet, qu'ils tenaient pour un complet idiot, ne trouverait rien de rien et ne pourrait rien apporter. « A quoi bon nous fatiguer à chercher ? » se dirent-ils ; et ils se contentèrent d'enlever à la première bergère qu'ils rencontrèrent les tissus grossiers qu'elle avait sur le corps pour revenir au château les apporter à leur père. Au même moment le Simplet revenait lui aussi, apportant son superbe tapis. Le roi, en le voyant, fut tout étonné.

— Selon la stricte justice, dit-il, le royaume devrait revenir au cadet.

Mais les deux autres ne laissèrent pas de repos à leur père, lui disant qu'il était tout à fait impossible que le Simplet, qui ne comprenait rien à rien, devînt le roi, et qu'il fallait imposer une nouvelle condition. Ils insistèrent tellement que le père y consentit.

— Deviendra roi celui qui me rapportera la plus belle bague, dit-il.

Ils descendit avec ses trois fils devant la porte du château, souffla les trois plumes qui s'envolèrent comme la première fois : l'une vers l'est, l'autre vers l'ouest et la troisième entre les deux, volant à peine pour aller de nouveau tomber à côté de la trappe. Les deux aînés partirent donc à droite et à gauche, et le Simplet alla devant lui, ouvrit la trappe et descendit vers la grosse grenouille, lui disant cette fois qu'il avait besoin de la plus belle bague. La grosse se fit apporter la boîte et en sortit une bague, qu'elle lui remit : une bague étincelante de pierres rares, si belle et si finement montée qu'aucun orfèvre sur la terre n'en pourrait travailler une pareille.

A l'idée que leur Simplet de frère eût à chercher un anneau d'or, les deux aînés se moquèrent et se rirent, estimant une fois de plus qu'il n'était pas utile qu'ils se fatiguassent à chercher. Ils se contentèrent d'arracher les vieux clous d'une vieille jante de roue à une vieille charrette, et apportèrent chacun son clou au roi, leur père. Mais le Simplet vint et lui donna la bague d'or où scintillaient les feux des pierres précieuses, et le roi déclara cette fois encore que le royaume lui revenait de droit.

Les deux aînés ne cessèrent de tracasser, de tourmenter leur père pour qu'il imposât une troisième condition ; le roi finit par y consentir et promit le royaume à celui qui reviendrait avec la femme la plus belle. Il souffla les trois plumes, qui s'envolèrent exactement comme les fois précédentes.

Le Simplet ne s'embarrassa de rien et ne fit ni une, ni deux, mais descendit tout droit chez la grosse grenouille à laquelle il dit :

— Il faut que je revienne avec la plus belle femme au château.

— Hé, comme tu y vas ! s'exclama la grosse. La femme la plus belle ? Mais je ne l'ai pas comme cela, sous la main ! Attends seulement un peu : tu l'auras tout de même !

Elle lui donna une carotte creusée, à laquelle six petites souris étaient attelées.

— Qu'est-ce que je vais en faire ? demanda le Simplet tout éberlué et tout triste.

— Tu n'as qu'à y installer l'une de mes petites reinettes, répondit la grosse mère grenouille.

Il ne choisit pas, mais attrapa dans le cercle la première

venue et la mit dans la carotte creusée. A peine y fut-elle, qu'elle se transforma et devint une merveilleuse demoiselle ; la carotte était un carrosse, et les six petites souris de magnifiques chevaux. Le Simplet embrassa la belle, fouetta les chevaux et arriva devant le roi.

Ses frères, pendant ce temps, ne s'étaient donné aucun mal, se contentant de ramener avec eux les deux premières paysannes venues. « Elles seront toujours plus belles que la femme qu'il pourra trouver ! » se dirent-ils. Mais quand le roi les vit, ce fut pour leur dire que le royaume reviendrait à leur cadet. Ils ne voulurent toujours rien entendre et fatiguèrent les oreilles du roi à lui répéter : « Nous ne pouvons pas admettre que le Simplet devienne roi ! » Ils voulaient une nouvelle épreuve entre les femmes.

— Qu'elles sautent à travers le lustre suspendu au milieu de la salle, dirent-ils, et que la préférence aille à celui qui aura amené la plus capable.

C'était un grand anneau de fer, suspendu assez haut, et ils pensaient que les paysannes seraient assez fortes pour cet exercice, tandis que la belle demoiselle s'y romprait les os. Le roi céda une fois de plus à leurs instances, et les deux paysannes sautèrent, réussissant l'une et l'autre à passer dans le cercle ; mais toutes les deux retombèrent si lourdement et si maladroitement qu'elles se cassèrent bras et jambes, aussi gros et tout épais qu'ils fussent.

Alors ce fut le tour de la belle demoiselle du Simplet, qui sauta elle aussi, mais avec toute la grâce et la légèreté d'une biche, à travers le gros anneau de fer. Il ne pouvait plus y avoir de résistance ni d'opposition après cela ; et ce fut ainsi qu'il hérita de la couronne et qu'il régna longtemps dans sa sagesse.

l'oie d'or

Un homme avait trois fils, dont le cadet avait été surnommé le Bêta. On se moquait de lui, on l'humiliait toujours, on lui faisait toutes sortes de misères.

L'aîné, un jour, devait aller dans la forêt couper du bois ; alors sa mère lui donna à emporter une belle galette aux œufs et un flacon de vin. Lorsqu'il fut arrivé dans la forêt, il y rencontra un petit gnome tout vieux et tout gris qui le salua et lui dit :

— Donne-moi un petit bout de ton gâteau et laisse-moi boire un petit coup de ton vin : j'ai si grand-faim et si terriblement soif !

— Passe ton chemin, répondit le fils malin : si je te donne mon gâteau et mon vin, il ne m'en restera plus pour moi !

Plantant là le petit homme, il s'éloigna et se mit au travail. Mais il avait tout juste donné quelques coups de cognée au premier arbre qu'il voulait abattre, quand il rata son coup et s'entailla sérieusement le bras. Il lui fallut rentrer bien vite à la maison pour se faire panser et soigner. Il ne le savait pas, mais c'était le petit gnome tout vieux et tout gris qui avait provoqué l'accident.

Le second fils partit à son tour pour la forêt, et sa mère lui donna, comme à son frère, une bonne galette aux œufs et de bon vin. Il rencontra également le petit homme gris, qui lui demanda un peu de sa galette et un peu de son vin.

— Passe ton chemin, lui répondit le second fils malin : si je te donne mon gâteau et mon vin, je n'aurai plus rien pour moi ! Et il planta là le petit homme pour aller au travail. Sa punition ne se fit guère attendre, car aux premiers coups de cognée qu'il donna, la cognée glissa et lui entailla gravement la jambe. Il appela et l'on dut le porter chez lui.

— Père, dit alors le Bêta, je vais y aller, moi, couper du bois !

— Tes deux frères se sont blessés, répondit le père ; alors ne te mêle pas de cela, toi qui ne comprends rien à rien !

Mais le Bêta revint à la charge et supplia si longtemps son père qu'à la fin, excédé, il lui donna la permission.

— Eh bien, vas-y donc ! lui dit-il. Il n'y a rien de tel que l'expérience : c'est par où l'on se blesse que vous vient la sagesse.

La galette que lui donna sa mère était une galette à l'eau, cuite à la cendre ; et la boisson qu'elle lui donna était de la petite bière déjà aigre. Dans la forêt, il rencontra, tout comme ses frères, le petit gnome tout vieux et tout gris qui lui demanda un peu de sa galette et un peu de sa boisson.

— Je n'ai qu'une galette cuite à la cendre et de petite bière rance, répondit le Bêta, mais si tu veux t'en contenter, viens et mangeons.

Ils s'assirent ; mais lorsque le Bêta sortit sa galette à la cendre, c'était une belle galette aux œufs, toute dorée ; et quand il sortit sa bouteille de petite bière, c'était du vin, et du meilleur ! Ils mangèrent et ils burent, puis le gnome parla :

— Parce que tu as bon cœur et sais partager ce que tu as, je vais, moi, te faire un don. Tu vois cet arbre là-bas, ce tout vieil arbre ? Abats-le, et dans la souche, tu vas trouver quelque chose.

Le gnome le salua et disparut. Le Bêta alla jusqu'au vieil arbre, l'abattit et découvrit dans les racines de la souche une oie qui avait des plumes d'or. Il l'extirpa de là et l'emporta avec lui jusqu'à l'auberge, où il allait passer la nuit. Mais l'aubergiste avait trois filles dont la curiosité fut piquée quand elles virent cette oie : elles se demandaient quelle sorte d'oiseau merveilleux c'était là et elles avaient grande envie d'avoir une des plumes d'or. « Je trouverai bien une occasion de lui arracher une plume », pensa l'aîné des filles, qui profita d'une courte absence du Bêta pour s'approcher de l'oie et lui tirer une plume. Ouiche ! ses doigts et sa main y restèrent pris, collés : impossible de les en détacher ! Peu après, c'était la seconde des filles qui arrivait avec la même pensée : se tirer pour elle une plume d'or ; mais elle n'eut pas touché sa sœur qu'elle était, elle aussi, accrochée et ne pouvait plus se détacher ! Poussée par la même envie, la troisième sœur arriva pour arracher de même une plume de l'oie d'or. Ses deux sœurs lui crièrent de ne pas approcher.

— Reste où tu es, pour l'amour de Dieu ! Reste où tu es ! N'avance pas !

Ne comprenant pas pourquoi elle ne devait pas approcher, elle pensa au contraire : « Si elles y sont, je peux bien y aller aussi ! » Et elle y alla, restant accrochée à la deuxième sœur dès qu'elle l'eut seulement frôlée. Soudées ainsi, elles durent passer la nuit là, la première à tenir l'oie, la seconde à tenir la première, et la troisième à tenir la seconde.

Le lendemain matin, le Bêta prit son oie sous le bras et s'en alla, sans s'occuper le moins du monde des trois filles qui étaient accrochées derrière. Et il fallut qu'elles suivissent coûte que coûte, trottant ici et sautant là, partout où il lui plaisait d'aller, gauche, droite, gauche, droite, posant les pieds et remuant les jambes comme il le faisait. En pleine campagne, le curé les croisa, étonné du cortège qu'il voyait là.

— Vous n'avez pas honte, vilaines filles, de courir avec ce garçon jusqu'au milieu des champs ? les réprimanda-t-il. Est-ce que ce sont choses qui se font ?

Il attrapa la dernière par le bras pour la tirer en arrière ; mais dès qu'il l'eut touchée, voilà qu'il dut suivre lui aussi et fut attaché avec les autres. Un peu plus loin, ils rencontrèrent le sacristain qui ouvrit de grands yeux en voyant monsieur le curé aux trousses de trois jeunes filles.

— Hé, monsieur le curé ! lui cria-t-il, où courez-vous si vite ? N'oubliez pas que nous avons un baptême tout à l'heure !

Et le sacristain courut pour attraper le curé par sa manche, à laquelle il resta attaché derrière les autres. Ils étaient maintenant cinq à la queue leu leu derrière le Bêta et son oie. Voyant deux paysans qui revenaient des champs, la bêche sur l'épaule, le curé les appela pour qu'ils viennent avec leurs outils les détacher, lui et le sacristain, du reste de la bande ; mais dès que les paysans y eurent mis la main, ils furent attachés à leur tour et obligés de suivre, ce qui fait qu'ils étaient sept à présent derrière le Bêta et son oie.

Marchant toujours, il arriva dans une ville, dont le roi avait une fille d'un si grand sérieux qu'elle n'avait encore jamais ri de sa vie. Alors le roi avait pris un édit qui donnait sa fille en mariage à celui qui parviendrait à la faire rire. Le Bêta, quand il apprit la chose, se rendit avec son oie et la suite devant la fille du roi, qui éclata de rire en voyant ces sept à la queue leu leu, qui tricotaient des jambes sans pouvoir s'arrêter. Le Bêta la réclama donc comme épouse, mais le roi, qui ne trouvait pas ce gendre à son goût, fit toutes sortes de difficultés et lui dit, pour finir, qu'il ne lui donnerait sa fille que s'il lui amenait quelqu'un qui fût capable de boire une pleine cave de vin. Pensant aussitôt que le vieux petit gnome tout gris pourrait l'aider, le Bêta retourna tout droit à la forêt. Arrivé à l'endroit où il avait abattu son arbre, il y vit un homme assis, la mine longue et le visage triste. Le Bêta lui demanda ce qu'il avait, et ce qui lui pesait tellement sur le cœur.

— C'est la terrible soif qui me brûle, répondit l'homme, et que je ne peux pas arriver à éteindre ! L'eau fraîche n'y fait rien, et s'il est vrai que je viens d'engloutir tout un tonneau de vin, qu'est-ce qu'une goutte sur une pierre chauffée à blanc ?

— Dans ce cas je puis te rendre service, lui dit le Bêta ; viens avec moi et tu pourras boire à ta soif.

Il l'emmena dans la cave du roi, où l'homme s'installa sous le plus gros tonneau, qu'il vida jusqu'à la dernière goutte, puis passa au second tonneau et ainsi de suite, buvant et buvant jusqu'à s'en faire mal aux hanches. Un jour plein ne s'était pas encore écoulé quand la cave fut entièrement vide.

Le Bêta s'en alla une seconde fois réclamer son épouse, mais le roi enrageait à la pensée que ce rustre, dont tout le monde se moquait et qu'on appelait le Bêta, pût être le mari de sa fille ; il ergota et finit par lui imposer une nouvelle condition : il ne lui donnerait sa fille que s'il était capable de découvrir un homme qui mangerait une montagne de pain. Le Bêta ne perdit pas son temps en longues réflexions : il retourna dans la forêt, et quand il arriva à l'endroit où il avait abattu l'arbre, il y trouva un homme qui se serrait le ventre avec sa ceinture et qui lui dit, la mine sombre :

— Je viens de manger une pleine fournée de baguettes de pain ; mais à quoi bon, quand on a la faim que j'ai ? Mon ventre est toujours vide, et pour ne pas mourir de faim je suis obligé de me serrer la ceinture.

— Lève-toi et suis-moi, lui dit le Bêta tout heureux à cette nouvelle : tu vas pouvoir te rassasier.

Il l'emmena à la cour du roi, qui avait fait rassembler tout le blé du royaume pour en faire une énorme montagne de pains empilés. L'homme sorti de la forêt s'y attaqua aussitôt et se mit à manger, tant et si bien qu'il l'avait engloutie en moins d'une journée. Et le Bêta, pour la troisième fois, alla réclamer son épouse, que le roi chercha encore à lui refuser en exigeant, comme nouvelle épreuve, qu'il trouvât un bateau capable de naviguer sur terre comme sur l'eau.

— Que tu viennes à la barre d'un bateau tel que celui-là, dit le roi, et tu épouseras aussitôt ma fille !

Le Bêta s'en retourna directement dans la forêt, où il trouva le petit gnome tout vieux et tout gris qui l'attendait : celui avec lequel il avait partagé son gâteau.

— Pour toi, j'ai bu la cave et mangé la montagne, lui dit-il ; je vais aussi te procurer le bateau. Et si je fais tout cela, c'est parce que tu as bon cœur et que tu t'es montré généreux avec moi.

Il lui donna ce bateau qui naviguait sur terre comme sur l'eau, et quand le roi le vit, il ne put certes pas lui refuser sa fille plus longtemps.

Le mariage eut lieu ; et quand mourut le roi, le Bêta hérita du royaume où il vécut encore longtemps dans le bonheur avec son épouse.

toutes-fourrures

Il était une fois un roi qui avait une épouse à la chevelure d'or, et d'une telle beauté qu'on ne reverra plus jamais sa pareille sur terre. Mais il advint qu'elle tomba malade et que, se sentant près de mourir, elle appela le roi à son chevet et lui demanda une promesse.

— Si tu veux te remarier après ma mort, lui dit-elle, promets de n'épouser aucune femme qui ne serait pas aussi belle que je le suis et qui n'aurait pas les cheveux d'or que j'ai.

Le roi lui donna sa promesse et elle ferma les yeux pour mourir.

Inconsolable, le roi le fut longtemps, et il ne songeait pas du tout à prendre une seconde femme ; mais ses conseillers finirent par lui dire que cela n'était pas possible et qu'il fallait que le roi se mariât pour donner une reine à ses sujets. Des messagers partirent dans toutes les directions à la recherche d'une beauté qui pût se comparer à celle de la reine morte ; mais comme elle n'avait pas son égale au monde, ils eurent beau chercher : ils ne trouvèrent point. Et même s'ils avaient pu trouver une princesse aussi belle, il n'y en avait pas qui eût d'aussi beaux cheveux d'or. L'un après l'autre, tous les messagers rentrèrent au royaume sans avoir pu accomplir leur mission.

Mais le roi avait une fille qui était le vivant portrait de sa défunte mère et qui avait, comme elle, de magnifiques cheveux d'or ; et un jour, après qu'elle eut grandi, le roi fut frappé de sa ressemblance avec l'épouse bien-aimée qu'il avait perdue, et voici qu'il s'enflamma d'une ardente passion pour elle.

— Je veux épouser ma fille, annonça-t-il à ses conseillers, parce qu'elle a toute la beauté de ma reine défunte et que, comme cela, j'aurai enfin pu trouver une fiancée qui soit à sa ressemblance.

Les conseillers s'épouvantèrent de ces paroles et dirent au roi :

— Mais Majesté, Dieu ne permet pas que le père épouse sa fille ! C'est un péché d'où rien de bon ne peut sortir et qui entraînera le royaume à sa perdition.

La princesse elle-même fut épouvantée en apprenant quelles étaient les intentions de son père, et elle espéra pouvoir le faire revenir sur sa décision. Dans ce dessein, et afin de gagner du temps, elle lui dit :

— Avant de me soumettre à votre désir, je veux d'abord avoir trois robes : la première du même or que le soleil, la seconde du même argent que la lune, et la troisième du même brillant que les étoiles ; et je veux par-dessus un manteau qui soit fait de toutes les fourrures et de toutes les peaux des animaux qui vivent dans le royaume ; un manteau pour lequel chacun d'eux aura donné un morceau de son pelage.

En formulant ces exigences, elle n'avait, en vérité, qu'une seule idée, car elle se disait qu'il serait impossible de les satisfaire et que, par conséquent, ce serait le moyen d'arrêter son père dans son mauvais dessein.

Pourtant le roi ne se laissa pas décourager, bien au contraire : les plus adroites mains des plus habiles vierges du royaume durent se mettre à tisser les trois robes, sur son ordre : une robe d'or comme le soleil, une robe d'argent comme la lune et une robe de brillants comme les étoiles ; et tous les chasseurs du royaume reçurent pour tâche impérative de capturer tous les animaux du royaume, sans aucune exception, pour leur prendre à chacun un morceau de peau ; après quoi il fit confectionner un manteau de ces mille et mille fourrures. Et lorsque tout fut terminé, le roi se fit apporter le manteau, l'étala sous les yeux de sa fille et lui dit : « Demain se fera la noce. »

La princesse, en voyant qu'il ne lui restait plus aucun espoir de changer les sentiments de son père, décida de s'enfuir avant l'heure fatale. La nuit même, quand tout dormait, elle se leva et prit dans son trésor trois objets précieux : une bague d'or, un rouet d'or en miniature et un aspe d'or (un dévidoir) ; ses trois robes de soleil, de lune et d'étoiles, elle les serra dans une coquille de noix ; le manteau de toutes fourrures, elle l'enfila ; puis, après s'être noirci le visage et les mains avec de la suie, elle recommanda son âme à Dieu et s'en alla, marchant sans s'arrêter tout au long de la nuit pour arriver finalement dans une vaste forêt. Et là, comme elle était très fatiguée, elle se glissa dans le creux d'un arbre et s'endormit.

Elle dormait encore quand le soleil se leva, et elle dormait encore quand il faisait déjà grand jour sur la forêt. Et ce jour-là, précisément, le roi qui possédait cette forêt y était à la chasse, et les chiens de sa meute arrivèrent en flairant auprès de l'arbre et se mirent à tourner autour en aboyant à grande voix.

— Allez donc voir un peu là-bas quel gibier s'est tapi ! dit le roi à ses chasseurs.

Il ne leur fallut pas longtemps pour obéir à l'ordre royal et revenir.

— C'est un animal bizarre qui est couché dans l'arbre creux, dirent-ils au roi. Nous n'en avons jamais vu de cette sorte : il a tous les pelages et toutes les fourrures. Il est couché et il dort.

— Veillez alors à le capturer vivant, ordonna le roi. Vous n'aurez qu'à l'attacher sur le chariot pour l'emmener.

Mais la jeune fille se réveilla quand les chasseurs la saisirent, et elle leur dit, tout effrayée :

— Ayez pitié de moi, je vous en prie, et emmenez-moi avec vous ! Je suis une malheureuse que père et mère ont abandonnée !

— Tu es bonne pour la cuisine, Toutes-Fourrures ! lui dirent les chasseurs. Allons, viens avec nous : tu pourras toujours ramasser les cendres du feu !

Ils la firent monter dans le chariot et l'amenèrent au château royal, où ils lui désignèrent un recoin sous l'escalier, un réduit qui ne voyait pas la lumière du jour.

— Voilà ton logement, Toutes-Fourrures, lui dirent-ils. Tu pourras dormir là.

Puis ils l'expédièrent à la cuisine, où ils la mirent à faire tout le gros travail : elle eut à porter l'eau et à chercher le bois, à entretenir le feu, à plumer la volaille, éplucher les légumes et trier les cendres. Longtemps cette vie misérable continua pour elle. Hélas ! belle princesse, que faut-il que tu sois devenue ?

Mais vint un jour qu'il y eut grande fête au château ; alors Toutes-Fourrures, le souillon, demanda au cuisinier la permission de monter un moment pour aller jeter un coup d'œil là-haut, en promettant de rester derrière la porte.

— Oui, tu peux y aller, lui dit le cuisinier, mais dans une demi-heure je veux te voir ici à ramasser les cendres.

Elle prit sa petite lampe à huile, gagna son noir recoin où elle enleva sa pelisse, se lava le visage et les mains que la suie maculaient, et retrouva tout l'éclat naturel de sa rare beauté. Ensuite elle ouvrit sa coquille de noix pour en tirer la robe qui avait l'éclat du soleil. Habillée ainsi, elle monta à la fête où tout le monde lui ouvrit respectueusement passage, car nul ne la connaissait et tous pensaient qu'elle ne pouvait être qu'une princesse. Et le roi vint à elle, lui prit la main et la fit danser en l'admirant de tout son cœur et en se disant que ses yeux n'avaient encore jamais vu de femme aussi belle. Elle fit sa révérence à la fin de la danse, profita du moment où le roi avait les yeux tournés, et s'éclipsa sans que nul ne sût où elle était allée. On appela même, pour les interroger, les sentinelles de garde à l'entrée du château, mais personne ne l'avait vue passer.

Evidemment, elle avait couru jusqu'à son réduit, enlevant prestement sa belle robe pour se salir bien vite avec de la suie le visage et les mains et enfiler sa pelisse, redevenant ainsi Toutes-Fourrures en un clin d'œil. Comme elle entrait à la cuisine pour se mettre au travail et balayer les cendres, le cuisinier lui dit :

— Laisse, cela peut attendre jusqu'à demain. Occupe-toi plutôt de me faire cuire la soupe du roi : j'ai envie d'aller, moi aussi, jeter un petit coup d'œil là-haut. Mais attention, hein !

N'aie pas le malheur de laisser tomber un cheveu dans la soupe, sinon c'est fini pour toi, tu n'auras plus rien à manger !

Là-dessus le cuisinier s'en alla et Toutes-Fourrures prépara la soupe du roi, une panade, qu'elle fit en y mettant tout son art ; quand elle l'eut finie, elle alla prendre sa bague d'or dans son réduit et la déposa au fond de la soupière où elle servit la soupe ; et quand la danse eut pris fin, le roi se fit apporter sa soupe et la mangea avec délices, car jamais, à son avis, il n'en avait mangé d'aussi bonne. Il en reprit, et quand il eut vidé la soupière, il découvrit au fond une bague d'or, se demandant comment cette bague avait pu venir là. Il envoya chercher le cuisinier, qui eut grand-peur en entendant que le roi le réclamait devant lui, et qui dit à Toutes-Fourrures : « C'est sûrement parce que tu as laissé tomber un cheveu dans la soupe ! Oh ! tu seras battue si c'est le cas ! »

— Qui a fait cette soupe ? demanda le roi au cuisinier quand il fut devant lui.

— C'est moi, répondit-il.

— Tu mens, dit le roi ; la soupe était faite autrement que d'habitude et elle était bien meilleure.

— Ce n'est pas moi qui l'ai faite, je dois le reconnaître, avoua le cuisinier ; c'est la petite Toutes-Fourrures.

— Va, et dis-lui de monter !

Lorsqu'elle arriva devant lui, le roi lui demanda :

— Qui es-tu ?

— Je suis une malheureuse qui n'a plus ni père ni mère, répondit-elle.

— Quel est ton emploi au château ?

— Oh ! je ne suis bonne à rien qu'à décrotter les bottes, quand on ne me les jette pas à la tête.

— D'où te vient cette bague, qui était dans la soupe ? demanda encore le roi.

— Je ne sais rien d'aucune bague, répondit-elle.

Et comme le roi n'arrivait à rien tirer d'elle, il fallut bien qu'il la renvoyât aux cuisines.

Après un certain temps, il y eut une nouvelle fête, et Toutes-Fourrures demanda la permission d'aller regarder comme la fois précédente.

— Tu peux y aller, répondit le cuisinier ; mais reviens dans une demi-heure pour préparer la soupe du roi, puisqu'il l'aime tant.

Elle courut à son recoin, se lava bien vite et tira de sa noix la robe couleur de lune qu'elle revêtit. Elle monta ensuite à la fête, et elle avait tout d'une princesse ; le roi, en la voyant, vint à sa rencontre et fut tout heureux, car il l'avait reconnue. Comme le bal commençait, il l'ouvrit avec elle. Mais la danse terminée, elle disparut si prestement que le roi ne put pas savoir par où elle était partie. Elle courut à son réduit, se retransforma en Toutes-Fourrures pour gagner la cuisine et faire la soupe du roi. Profitant de l'absence du cuisinier, elle mit cette fois son petit rouet d'or dans la soupière, où la soupe fut versée. Plus tard, on la servit au roi qui la trouva aussi bonne que l'autre fois et qui fit encore appeler le cuisinier. Comme la fois précédente, le cuisinier dut avouer que cette exquise panade avait été confectionnée par Toutes-Fourrures. De nouveau, elle fut appelée devant le roi et lui répondit de nouveau qu'elle était tout juste bonne à recevoir à la tête les bottes qu'on lui lançait, et qu'elle ne savait absolument rien d'un petit rouet d'or.

Lorsque le roi donna une troisième fête, tout se passa exactement de même, à cette seule différence près que le cuisinier, ce jour-là, lui dit : « Il faut que tu sois une sorcière, Toutes-Fourrures, et tu as certainement quelque chose que tu jettes toujours dans la soupe pour qu'elle soit si bonne et que le roi la trouve meilleure que toutes celles que je peux lui faire ! » Mais comme elle le supplia et supplia, il lui permit enfin d'aller jeter un coup d'œil en haut ; elle mit cette fois la robe qui avait tout le brillant des étoiles et parut dans le grand salon. Le roi dansa de nouveau avec elle et se dit, en la voyant, qu'elle était plus belle que jamais. Tout en dansant, il lui mit au doigt, sans qu'elle s'en aperçût, un anneau d'or ; et il avait donné des ordres pour que la danse durât plus longtemps. A la fin de la danse, le roi voulut la retenir par la main, mais elle se dégagea brusquement et réussit à s'enfuir si vite, en se cachant dans la foule, qu'il eut l'impression qu'elle s'était évanouie dans les airs. Elle courut à perdre haleine jusqu'à son réduit ; mais comme la danse avait duré si longtemps, elle ne pouvait plus changer sa belle robe : elle se contenta d'enfiler par-dessus sa pelisse de Toutes-Fourrures, sans même prendre le temps, dans sa hâte, de se barbouiller entièrement la figure et les mains de suie. Un de ses doigts resta blanc ; et elle courut vite, vite à la cuisine où elle prépara la soupe du roi, dans laquelle elle mit son aspe d'or en profitant de l'absence du cuisinier.

Le roi, quand il trouva le petit dévidoir d'or au fond de la soupière, fit appeler Toutes-Fourrures. Elle vint, et il vit son doigt blanc avec l'anneau qu'il lui avait secrètement passé pendant la danse. Alors il lui prit la main et la retint avec force ; elle se débattit pour se dégager, et dans son effort voilà que la pelisse de Toutes-Fourrures s'entrouvrit, découvrant un éclair brillant de la robe d'étoiles. Le roi lui prit son manteau et le lui ôta ; ses cheveux d'or se défirent et elle apparut dans toute sa merveilleuse beauté, qu'il lui était impossible de cacher maintenant, comme il lui était impossible aussi de cacher qui elle était. Et lorsqu'elle eut lavé la suie de son visage et la cendre de ses mains, elle fut d'une beauté comme jamais on n'en a pu voir sur la terre.

— Tu es mon amour et ma fiancée, lui dit le roi, et plus jamais, plus jamais nous ne nous séparerons l'un de l'autre !

Les noces furent célébrées et ils vécurent heureux jusqu'à leur mort.

la fiancée du petit lapin

Il était une fois une femme avec sa fille qui avaient un beau jardin de choux. Un lapin y vint, à la saison d'hiver, et voilà qu'il leur mangeait tous les choux. Alors la femme dit à sa fille :

— Va au jardin et chasse-moi le lapin !

— Ouste ! ouste ! dit la fille. Petit lapin, tu nous boulottes tous les choux !

— Viens, fillette, dit le lapin, mets-toi sur ma queue de petit lapin et suis-moi dans ma chaumière de petit lapin.

La fille ne veut pas.

Le lendemain, revient le petit lapin qui mange encore les choux, et la femme dit à sa fille :

— Va au jardin et chasse-moi le lapin !

— Ouste ! ouste ! dit la fille. Petit lapin, encore tu nous boulottes nos choux !

— Viens, fillette, dit le lapin, mets-toi sur ma queue de petit lapin et suis-moi dans ma chaumière de petit lapin.

La fille ne veut pas.

Le surlendemain, voilà le petit lapin revenu, en train de boulotter les choux. Alors, la mère dit à sa fille :

— Va au jardin et chasse-moi le lapin !

— Viens, fillette, dit le lapin, mets-toi sur ma queue de petit lapin et suis-moi dans ma chaumière de petit lapin.

La fille s'assied sur le petit bout de queue du lapin, qui file au loin et la mène dans sa chaumière.

— Maintenant, fillette, fais bouillir le chou vert et le millet, je vais inviter les gens de la noce.

Et les invités de la noce arrivèrent tous ensemble. Mais qui étaient les gens de la noce ? Je peux te le dire parce que c'est ce qu'on m'a raconté : les invités, c'étaient tous les lapins, et le corbeau y était venu aussi comme curé pour unir les époux, et le renard était le sacristain, et l'autel sous l'arc-en-ciel.

Mais la fillette se sentait triste : elle était toute seule.

Arrive le petit lapin, qui lui dit :

— Viens servir ! Viens servir ! Les invités sont gais !

La fiancée ne dit rien. Elle pleure. Petit lapin s'en va. Petit lapin revient.

— Sers-les donc ! lui dit-il. Sers-les donc ! Les invités sont affamés !

La fiancée ne dit rien. Elle pleure. Petit lapin s'en va. Petit lapin revient.

— Sers enfin ! lui dit-il. Sers enfin ! Les invités vont s'impatienter !

La fiancée ne dit toujours rien ; alors petit lapin s'en va. Elle fait une poupée de paille, qu'elle habille de ses vêtements, lui met une cuillère de bois dans la main, la pose devant la marmite au millet, puis s'en retourne chez sa mère.

Petit lapin revient encore une fois en criant : « Vas-tu servir ? Vas-tu servir ? » Il se précipite sur la poupée de paille et lui frappe un coup sur la tête, qui lui fait tomber son bonnet.

Il s'aperçoit alors que ce n'est pas sa fiancée et s'éloigne ; et il est tout triste.

les douze chasseurs

Il était une fois un fils de roi qui avait une fiancée et qui l'aimait beaucoup. Mais un jour qu'il était auprès d'elle, bien heureux, voici qu'il reçut la nouvelle que son père, gravement malade et à l'article de la mort, voulait le voir une dernière fois avant sa fin.

— Il faut que je te quitte et m'en aille, dit le prince à sa bien-aimée, mais reçois cette bague en souvenir : lorsque je serai devenu roi, je reviendrai te chercher et je te ramènerai chez moi.

Il sauta à cheval et s'en fut. En arrivant auprès de son père, il le trouva sur le point de mourir.

— Il fallait que je te voie avant de mourir, mon cher fils, afin que tu me promettes de te marier selon ma volonté, dit le mourant qui lui nomma alors une certaine princesse dont il devrait faire sa femme.

Bouleversé par sa douleur, le fils répondit sans réfléchir : « Oui, mon père, il sera fait selon votre volonté. » Et l'instant d'après, le roi avait fermé les yeux ; c'était fini : il était mort.

Lors donc que le prince fut devenu roi et que le temps du deuil fut écoulé, il se vit dans l'obligation de remplir la promesse qu'il avait faite à son père sur son lit de mort. Il demanda en mariage la princesse désignée et sa demande fut agréée.

Mais sa première fiancée apprit aussi la nouvelle et souffrit tellement de cette infidélité qu'elle faillit en mourir.

— Mon enfant chérie, pourquoi es-tu si affreusement triste ? lui demanda son père. Tout ce que tu pourras désirer, tu l'auras !

Après une courte réflexion, elle dit à son père que ce qu'elle désirait avoir, c'étaient onze jeunes filles qui lui ressemblassent de visage, de taille et d'allure.

— Puisque tel est ton vœu, promit le père, il sera exaucé dans la mesure du possible.

Il fit poursuivre des recherches dans tout son royaume jusqu'à ce qu'on eût découvert onze jeunes vierges qui ressemblaient beaucoup à la princesse, sa fille, aussi bien de visage que par la taille et par l'allure. La princesse, quand elle les vit, commanda douze uniformes de chasseurs exactement semblables. Chacune des onze dut revêtir le sien, et la princesse s'habilla du douzième. Elle fit alors ses adieux à son père, monta à cheval avec ses onze compagnes, et toutes ensemble elles chevauchèrent jusqu'au château du fiancé qu'elle aimait d'un si grand amour. Arrivée à sa cour, elle lui demanda s'il n'avait pas besoin de chasseurs à son service, lui disant que tous les douze voulaient rester ensemble. Le roi ne l'avait pas reconnue, bien qu'il l'eût examinée ainsi que ses compagnons ; et comme ces gens lui plaisaient, il les prit volontiers à son service, les douze vierges devenant ainsi les douze chasseurs personnels du roi.

Or, le roi possédait un lion qui était un animal étrange, car il avait la connaissance de tout ce qui était secret et caché ; et un beau soir, le lion parla ainsi au roi :

— Tu t'imagines peut-être que tu as douze chasseurs ?

— Oui, dit le roi, assurément ce sont douze chasseurs que j'ai.

— Tu fais erreur : ce sont douze jeunes filles, dit le lion.

— Ce n'est sûrement pas vrai ! dit le roi. Comment me le prouveras-tu ?

— Oh ! rien de plus facile, dit le lion. Tu n'as qu'à répandre des petits pois dans ton antichambre, et il te suffira de regarder : les hommes ont un pas sûr, et s'ils marchent où il y a des pois, ils écrasent ceux qu'ils écrasent, mais ils n'en font rouler aucun ; les femmes, par contre, ont un pas léger et menu, et leur démarche sautillante et dansante fera rouler les pois.

Le roi écouta bien volontiers le conseil léonin et donna l'ordre de répandre des petits pois dans son antichambre. Seulement, il y avait un des serviteurs du roi qui aimait beaucoup les chasseurs et qui alla les prévenir, quand il sut qu'on avait préparé pour eux une épreuve.

— Le lion veut prouver au roi que vous êtes des filles, leur dit-il.

La princesse le remercia beaucoup, puis dit à ses onze compagnes :

— Attention ! Surveillez-vous bien et marchez d'un pas sûr en écrasant les petits pois !

Le lendemain, donc, le roi fit appeler les douze chasseurs, et lorsqu'ils arrivèrent dans l'antichambre où étaient répandus les pois, ils marchèrent et s'avancèrent d'un pas si assuré que pas un seul petit pois ne roula. Et ils se retirèrent de même.

— Tu vois bien, dit le roi à son lion. Tu as voulu me tromper : ce ne sont pas des jeunes filles ; ils ont bel et bien marché comme des hommes !

— C'est uniquement parce qu'elles avaient été prévenues et savaient qu'on les mettait à l'épreuve, alors elles se sont forcées à marcher d'un pas d'homme. Mais tu n'as qu'à faire placer douze rouets dans ton antichambre, et tu les verras s'en approcher et se réjouir, ce que ne feraient point des hommes, assurément.

Le roi suivit le conseil et fit placer douze rouets dans l'antichambre.

Mais le serviteur qui voulait du bien aux chasseurs s'en fut les prévenir et leur découvrit le piège.

— Attention ! dit la princesse à ses onze compagnes lorsqu'elles furent seules, surveillez-vous bien et ne jetez pas un seul coup d'œil du côté des rouets !

Et le lendemain matin, quand le roi fit appeler les chasseurs, ils traversèrent virilement l'antichambre et aucun n'eut un seul regard pour les rouets.

— Tu vois bien que tu m'avais menti, dit le roi au lion ; ce sont bel et bien des hommes : ils n'ont pas jeté un regard aux rouets !

— C'est seulement parce qu'elles avaient été prévenues de l'épreuve, et elles l'ont fait exprès, affirma le lion.

Mais le roi ne voulut rien entendre, ni écouter ; il ne crut plus son lion désormais.

Chaque fois que le roi s'en allait à la chasse, ses chasseurs, les douze, le suivaient fidèlement, et ils les appréciait de plus en plus. Il les aimait énormément. Mais un jour que le roi se trouvait à la chasse, voici qu'on vint l'avertir que sa fiancée s'était officiellement mise en route et approchait du château. Ce fut un tel coup pour la vraie fiancée, que le cœur lui manqua soudain et qu'elle s'évanouit. Croyant qu'il était arrivé un accident à son cher chasseur, le roi courut à lui pour lui porter secours et lui ôta son gant. Il vit alors briller à son doigt l'anneau dont il avait fait présent à sa première fiancée et, la regardant bien, il la reconnut sous son déguisement. Tout son amour lui envahit le cœur et il l'embrassa tendrement, lui disant, dès qu'elle ouvrit les yeux en revenant à elle :

— Tu es mienne et je suis tien ! Pas un homme sur terre ne pourra rien changer à cela !

Il dépêcha un messager à la seconde fiancée, la priant de retourner dans son royaume parce qu'il avait déjà son épouse, et que celui qui a retrouvé la clef perdue n'a plus besoin de la nouvelle.

Les noces furent célébrées et le lion rentra en grâce, puisqu'il avait quand même et vraiment dit la vérité.

l'apprenti larron et son maître

Yann désirait faire apprendre un métier à son fils ; et alors il s'en va à l'église et prie Notre-Seigneur pour savoir ce qui conviendrait le mieux. Derrière l'autel, le sacristain caché a entendu et dit : « Le grand larron ! qu'il aille larronner ! »

Yann s'en revient dire à son fils qu'il doit apprendre le métier : « Voleur de grand chemin, c'est le Seigneur qui me l'a dit ! » Il part avec son fils et cherche un homme capable de lui apprendre le métier, quelqu'un d'expert en larronnerie. Ils vont pendant un bon bout de temps, entrent dans une grande forêt, trouvent une toute petite maison cachée, où se tient une vieille.

— Ne connaîtriez-vous pas un homme qui sache le métier de voleur de grands chemins ? lui demande Yann.

— Ça ! il peut bien l'apprendre ici, dit la vieille ; mon fils est un maître dans cette branche.

Il parle alors avec le fils, lui demandant s'il connaît vraiment bien le métier.

— Si je le connais ? s'exclame le maître voleur. Votre fils, vous n'avez qu'à me le laisser en apprentissage pendant un an, et quand vous reviendrez, si vous êtes capable de le reconnaître, vous ne me devrez rien pour son apprentissage ; mais si vous ne le reconnaissez pas, vous me devrez deux cents écus.

Le père s'en retourna à la maison, et le fils apprit la larronnerie, les tours et les moyens de la sorcellerie, la magie et l'escroquerie. Au bout d'un an, le père se tourmente et se lamente, il pleure à grands sanglots, se demandant comment il pourrait bien faire pour arriver à reconnaître son fils. Il pleure et se tourmente tellement tout au long de sa route, qu'un petit homme arrive et lui demande :

— Qu'as-tu à tant pleurer, toi, l'homme ? Pourquoi es-tu triste ?

— Ah ! dit Yann, c'est que j'ai mon fils en apprentissage depuis un an chez un maître larron, qui m'avait dit de revenir au bout d'un an, et que si je reconnaissais mon fils, je n'aurais rien à lui payer ; mais que si je ne pouvais pas le reconnaître, il me faudrait lui payer deux cents écus. Une telle somme, où voulez-vous que je la prenne ? Et moi, j'ai tellement peur de ne pas le reconnaître ! Parce que si je ne peux pas, je ne peux pas payer non plus !

Le petit homme lui dit qu'il n'avait qu'à prendre avec lui un croûton de pain là-bas, pour aller se placer sous le manteau de la cheminée aussitôt entré. « Il y a un petit panier sur la grande solive où sont accrochées les marmites, ajouta-t-il, et le petit oiseau qui regardera hors du panier, c'est celui-là, ton fils ! »

Yann s'en alla avec un petit croûton de pain noir qu'il s'était coupé tout exprès pour le panier, là-bas ; et le petit oiseau passa la tête au-dehors.

— Alors, mon fils, te voilà donc ? s'exclama le père, et son fils fut tout heureux que son père l'eût découvert.

Mais le maître voleur gronda :

— Il faut que le Diable en personne te l'ait soufflé ! Autrement, comment pouvais-tu reconnaître ton fils ?

— Père, allons-nous-en ! dit le fils.

Ils s'en allèrent, et le père prit le chemin de la maison pour y rentrer avec son fils. En cours de route, ils virent venir un carrosse vers eux.

— Père, dit le fils, je vais me transformer en un superbe lévrier, et vous pourrez gagner une bonne somme en me vendant !

Déjà, le seigneur mettait la tête hors du carrosse qui était arrivé à leur hauteur, et il appela le père :

— Holà, mon brave, veux-tu vendre ton chien ?

— Pour sûr ! dit le père.

— Combien en veux-tu ? demanda le seigneur.

— Trente écus d'or.

— Hé, l'homme, c'est beaucoup demander, observa le seigneur. Mais c'est un mâle si bien musclé, il a si belle allure que je veux l'avoir.

Le seigneur prend le chien dans son carrosse ; mais le chien n'attend que d'être un peu plus loin pour sauter par la portière. Il n'est déjà plus un lévrier, mais le fils qui marche à côté de son père.

Ils arrivent tous deux à la maison. Le lendemain, c'était la foire au bourg voisin.

— Je deviens un beau cheval et vous allez me vendre à la foire, père ! dit le fils. Mais quand vous m'aurez vendu, n'oubliez pas de m'enlever la bride, sinon je ne pourrais plus redevenir un homme.

Le père va avec le cheval à la foire, où le maître voleur est venu aussi ; c'est lui qui achète le cheval pour cent écus ; mais le père oublie et ne lui enlève pas sa bride. L'homme enfourche le cheval et rentre chez lui, où il le met à l'écurie. Voyant passer la servante devant la porte, le cheval l'appelle et lui dit : « Retire-moi la bride ! Retire-moi la bride ! »

La servante s'arrête et se met à rire : « Tiens, tu sais parler, toi ? » Et elle lui ôte la bride ; et le cheval devient un moineau qui s'envole par la porte ; mais le maître sorcier devient également un moineau qui vole à sa poursuite. Ils se retrouvent et se battent en jouant ; mais le maître a le dessous, et il se jette à l'eau en devenant poisson. Alors le jeune homme devient poisson également et ils jouent encore, et le maître perd à nouveau. Il se transforme en coq, mais le jeune devient un renard qui lui coupe le cou. D'un coup de dents, il a décapité le maître ; et ainsi il est mort, et mort il est resté jusqu'aujourd'hui.

yorinde et yori

Il était une fois un vieux château au cœur d'une grande et épaisse forêt ; il n'était habité que par une seule et unique vieille femme qui était une archisorcière. Le jour, elle se transformait en chatte ou en chouette, mais la nuit elle redevenait normalement la femme qu'elle était. Elle avait le pouvoir d'attirer et de fasciner le gibier et les oiseaux, qu'elle capturait sans se déplacer, pour les mettre à la marmite ou sur la rôtissoire. Si quelqu'un approchait du château, à la distance de cent pas il était immobilisé et figé sur place, incapable de faire un mouvement tant qu'elle ne l'avait pas désensorcelé ; mais si d'aventure c'était une pure jeune fille qui entrait dans ce cercle magique de cent pas, la sorcière la transformait en oiseau et la mettait dans une corbeille, puis elle portait la corbeille dans une chambre du château. Elle avait bien sept mille corbeilles de cette sorte dans le château, et dans chacune un oiseau de cette rare espèce.

Or, il y avait aussi une jeune fille qui s'appelait Yorinde, et qui était la plus belle de toutes les vierges de son temps ; et il y avait encore un très beau garçon qui s'appelait Yoringue, et tous deux s'étaient promis l'un à l'autre. Ils étaient au temps de leurs fiançailles et se trouvaient extrêmement heureux en compagnie l'un de l'autre. Pour se faire leurs confidences et parler en toute intimité, ils s'en allèrent se promener dans la forêt.

— Garde-toi bien et fais attention de ne pas t'approcher du château ! dit Yoringue.

La soirée était magnifique et le soleil couchant coulait de l'or entre les branches des arbres sous le vert sombre de la forêt ; dans le feuillage des hêtres centenaires, la tourterelle faisait entendre son chant plaintif. Yorinde pleurait par moments, s'arrêtant dans les rayons du soleil avec une plainte ; et Yoringue pleurait et gémissait aussi. Ils se sentaient tout désemparés, bouleversés comme s'ils allaient mourir : ils regardaient de tous côtés, mais ils étaient perdus et ne savaient plus du tout par où ils devaient aller pour rentrer. Déjà il ne restait plus qu'une moitié de soleil par-dessus la montagne, l'autre moitié était dessous. En regardant dans le taillis, Yoringue aperçut le vieux mur du château tout près, là, tout près de lui ; il en fut tout épouvanté et saisi d'une angoisse mortelle. Yorinde chantait :

Mon oiselet au rouge anneau
Chante douleur, douleur, douleur :
Chante à la mort du tourtereau,
Chante douleur, doul... twicut, twic !...

Yoringue se tourna vers Yorinde. Yorinde venait d'être transformée en un rossignol qui chantait « twicut, twic ! ». Une chouette aux yeux phosphorescents vint tourner trois fois autour d'elle, battant lourdement des ailes, et par trois fois elle poussa son ululement : « Oulou-hou-houou... » Yoringue ne pouvait bouger, pas faire le moindre mouvement ; il était figé là comme une pierre ; il ne pouvait ni pleurer, ni crier ; rien. Le soleil, à présent, avait complètement disparu : la chouette vola jusqu'à un buisson touffu, d'où sortit immédiatement une vieille femme toute tordue, maigre et jaune, avec de gros yeux rouges proéminents, et un nez si crochu qu'il lui touchait la pointe du menton. Tout en marmonnant des choses, elle attrapa le rossignol et l'emporta sur son poing.

Yoringue ne put rien dire, ne put absolument pas bouger. Le rossignol était loin.

La femme finit par revenir et prononça d'une voix caverneuse : « Je te salue, Zéchiel, lorsque la lune en la corbeille brille ; défais les liens, Zéchiel, à la bonne heure ! » Et Yoringue se trouva libre.

Il se jeta aux genoux de la vieille femme, la suppliant de lui rendre Yorinde ; mais elle lui dit qu'il ne l'aurait jamais plus, et s'en alla. Il eut beau appeler, pleurer, gémir, rien n'y fit. « Que vais-je devenir, oh ! que vais-je devenir ? »

Yoringue s'éloigna et finit par arriver dans un village inconnu, où il resta longtemps à garder les moutons. Il s'en allait souvent tourner autour du vieux château, mais pas trop près. Et pour finir il eut un rêve, une nuit, où il trouvait une fleur rouge de sang, dont le cœur était une perle très belle et très grosse. Il cueillait la fleur et avec elle se rendait au château, et tout ce qu'il touchait avec la fleur était délivré de l'enchantement. Dans son rêve, il avait aussi retrouvé sa Yorinde grâce à la fleur.

Le matin, quand il fut réveillé, il courut aussitôt par monts et par vaux à la recherche d'une fleur pareille. Huit jours durant, il la chercha, et à l'aube du neuvième jour, il trouva la fleur rouge de sang. Elle avait dans son cœur une grosse goutte de rosée, aussi grosse qu'une belle perle. Cette fleur, il la porta jour et nuit jusqu'à ce qu'il fut au château. Quand il franchit le cercle des cent pas, il ne fut pas cloué sur place, non : il s'avança jusqu'au grand porche de l'entrée. Yoringue se sentait transporté de joie. Il toucha la grand-porte avec la fleur, et les deux lourds battants s'ouvrirent aussitôt. Il entra, s'avança dans la cour, écouta pour savoir où étaient les oiseaux, et il les entendit enfin. Alors il y alla et entra dans la salle, où la sorcière était en train de donner à manger à ses oiseaux dans leurs sept mille corbeilles. Lorsqu'elle vit Yoringue, elle entra en fureur, dans une terrible fureur, crachant l'insulte, le fiel et le poison contre lui, mais sans pouvoir l'approcher à deux pas. Il ne s'occupa pas d'elle, mais s'avança tout droit vers les paniers aux oiseaux pour les examiner ; des rossignols, hélas ! il y en avait des centaines et des centaines. Comment pourrait-il jamais retrouver sa Yorinde dans un pareil nombre ? Il était là, perplexe, plongé dans sa contemplation, quand il aperçut, du coin de l'œil, la vieille qui emportait subrepticement une petite corbeille avec son oiseau dedans, essayant de se glisser vers la porte. Il y vola d'un bond, toucha le panier avec sa fleur, et la vieille femme aussi. A présent, elle était impuissante avec ses sortilèges, et Yorinde était là, qui lui jeta les bras autour du cou ; et elle était toujours aussi belle, aussi belle qu'elle l'avait toujours été !

Alors Yoringue rendit à leur virginité tous les autres oiseaux, puis il ramena Yorinde à la maison, où ils vécurent encore longtemps, infiniment heureux l'un avec l'autre.

les trois enfants-gâtés de la fortune

Un père, une fois, appela ses trois fils devant lui : au premier, il fit don d'un coq ; au second, il donna une faux ; au troisième, il fit cadeau d'un chat.

— Me voici déjà bien vieux, leur dit-il, et proche de la mort ; c'est pourquoi j'ai voulu m'occuper de votre avenir avant de finir mes jours. Mais je n'ai pas d'argent à vous donner, et ce que je vous ai offert n'a pas l'air de valoir grand-chose ; pourtant, tout peut changer si vous savez en tirer parti : que chacun de vous cherche seulement un pays où ce qu'il a soit inconnu, et sa fortune sera faite.

Après la mort du père, l'aîné s'en alla donc avec son coq ; mais partout où il arrivait, on connaissait déjà le coq : dans les villes, il le voyait de loin sur la pointe des clochers, qui tournait au vent ; dans les villages, il y en avait toujours plusieurs à chanter. Qui pouvait s'émerveiller de son coq ? Il en vint presque à abandonner l'idée de faire fortune par ce moyen. Pour finir, cependant, il se trouva qu'il arriva sur une île où les gens n'avaient jamais vu de coq et ne savaient pas non plus diviser ni compter le temps. Ils savaient bien quand c'était le matin et quand c'était le soir, naturellement ; mais la nuit, quand ils ne dormaient pas, ils étaient incapables de savoir où ils en étaient.

— Voyez le fier animal qu'il est ! leur dit-il. Il a la tête couronnée de rubis et, tel un chevalier, il porte des éperons. Il vous appelle trois fois dans la nuit à des intervalles précis, et quand il lance son troisième appel, le soleil se lève aussitôt. Quand il chante en plein jour, par contre, c'est parce que le temps va changer et il vous l'annonce.

Cela plaisait beaucoup aux habitants de l'île, qui restèrent éveillés toute une nuit et qui entendirent chanter le coq avec une grande joie, écoutant son clair cocorico lancé fièrement à deux heures, puis à quatre heures et enfin à six heures du matin, juste avant le lever du soleil. Ravis, ils lui demandèrent s'il consentirait à leur vendre son coq et quel prix il en demandait.

— Le poids d'or que peut porter un âne, répondit-il.

— Ce n'est rien pour un animal aussi précieux ! s'exclamèrent-ils tous, d'une même voix. Et ils lui donnèrent avec plaisir ce qu'il avait demandé.

Lorsqu'il revint chez lui avec sa richesse, ses frères s'émerveillèrent d'un tel trésor, et le deuxième décida : « Je vais partir moi aussi, voir un peu si je parviendrai à tirer un aussi beau parti de ma faux. » Mais il ne sembla pas que cela dût tourner ainsi, car partout il croisait des paysans qui avaient, tout comme lui, la faux sur l'épaule, et une faux tout aussi bonne que la sienne ! Pourtant il eut la chance, finalement, d'arriver sur une île où les gens n'en connaissaient pas l'usage. Quand la moisson était mûre, ils amenaient des canons devant les champs et tiraient, mais le procédé n'était pas sans inconvénients : ou bien les boulets passaient au-dessus et manquaient le blé, ou bien encore ils frappaient les épis en pleine tête, au lieu de faucher la paille, et ils massacraient le grain très malheureusement. Bref, ils perdaient toujours beaucoup de la récolte, sans parler du bruit effroyable que cela faisait aux oreilles. Quand donc il vint avec sa faux, avançant en silence et couchant tout tranquillement tant de blé à mesure, ils en furent bouche bée et ouvrirent de grands yeux. Emerveillés comme ils l'étaient, ils offrirent de lui donner ce qu'il voudrait de sa faux, et il en obtint autant d'or que pouvait en porter un cheval.

Alors le troisième frère voulut aussi trouver, pour son chat, un placement qui lui fût profitable. Mais pour lui comme pour les deux autres, rien ne se fit tant qu'il resta sur la terre ferme : il y avait tant et tant de chats partout, que les gens devaient noyer les petits pour ne pas en avoir trop. Finalement, il s'embarqua sur un navire et aborda une île où, par bonheur pour lui, nul n'avait encore jamais vu de chat, alors que l'île était infestée par les souris : que le maître fût ou non chez lui, les souris dansaient sur la table et sur les chaises, tant il y en avait. Tout le monde se plaignait de ce fléau, auquel même le roi n'avait pas trouvé de remède dans son propre palais : les souris pullulaient et couinaient dans tous les coins. rongeant tout ce qui pouvait leur tomber sous la dent. Alors le chat commença sa chasse aux souris et eut tôt fait de nettoyer une ou deux chambres de leur peu souhaitable présence ; le roi s'entendit aussitôt prier et supplier d'acquérir ce merveilleux animal pour le bien de tout le royaume, et il versa très volontiers le prix qu'on lui en demandait, à savoir toute la charge d'or que pourrait porter un mulet.

Ce fut ainsi que le troisième frère revint à la maison avec une richesse encore plus grande que celle de ses deux autres frères.

Dans le palais du roi, le chat se paya un véritable régal de souris, et le nombre qu'il en mangea, cela ne peut pas se compter. Mais après tant de labeur et d'ardeur, il s'arrêta, n'en pouvant plus, tant il avait grand-soif. Il s'assit, leva bien haut la tête et appela : « Miaou ! Miaou ! » Le roi, entouré de sa cour, sursauta en entendant ce cri étrange, et tous les autres avec lui furent pris d'une telle frayeur qu'ils quittèrent tous le château, fuyant au plus vite. Le conseil du roi se réunit alors pour décider de la meilleure conduite à tenir en pareille occurrence, et l'on discuta longtemps, gravement. Pour finir, la résolution fut arrêtée d'envoyer un ambassadeur au chat, lui demandant de vouloir bien quitter le château de bon gré pendant qu'il était encore temps, car autrement ils auraient recours à la force pour le chasser de chez eux. « Mieux vaut encore souffrir du fléau des souris, puisque c'est un mal que nous connaissons et auquel nous sommes habitués, expliquèrent les conseillers, plutôt que de livrer nos vies en proie à un monstre pareil. »

Ce fut donc un fils de noble sang qui dut y aller, afin d'apprendre du chat s'il voulait bien accepter de quitter les lieux de son plein gré. Le chat, dont la terrible soif n'avait fait qu'augmenter pendant tout ce temps, répondit par un double et sonore « Miaou-miaou ! Miaou-miaou ! », que le noble chevalier interpréta comme un refus catégorique de l'intéressé. Il revint donc, et rapporta au roi cette réponse négative.

— C'est bon, décréta le conseil ; il nous faut recourir à la force !

On alla chercher les canons, qui tirèrent à boulets rouges sur le château jusqu'à ce qu'il fût en flammes. Quand le feu arriva dans la pièce où se tenait le chat, celui-ci se sauva fort heureusement en sautant par la fenêtre. Personne ne l'avait vu, si bien que les assiégeants ne cessèrent le terrifique bombardement qu'après avoir entièrement détruit et rasé le château.

six à qui rien ne résiste

Il était une fois un homme qui s'y entendait à tout faire ; il s'était engagé pendant la guerre et s'y était conduit avec bravoure et héroïsme, mais quand la guerre fut finie, il reçut son congé avec, pour toute solde, trois malheureux deniers pour le voyage. « Attendez un peu ! se dit-il, cela ne se passera pas comme cela, vous pouvez bien me croire ! Je vais trouver les gens qu'il faut, et le roi sera obligé de me remettre tous les trésors de son royaume jusqu'au dernier liard ! »

Encore tout plein de courroux, il entra dans la forêt, où il vit quelqu'un arracher des arbres comme d'autres arrachent une tige d'herbe ; et il en arracha six, l'un après l'autre, sous ses yeux !

— Voudrais-tu être mon serviteur et venir avec moi ? lui demanda-t-il.

— Je veux bien, répondit l'homme fort, mais il faut d'abord que je porte ce fagot à ma mère.

Alors il prit l'un des arbres, qu'il tourna comme un lien autour des cinq autres, mit ce « fagot » sur son épaule et partit avec. Il ne tarda pas à revenir pour suivre son nouveau maître.

— A nous deux, lui dit celui-ci, nous ferons ce que nous voudrons dans le monde !

Après qu'ils eurent cheminé un moment, ils arrivèrent près d'un chasseur, genou en terre, qui avait épaulé sa carabine et qui visait. Ne voyant pas sur quoi il pouvait bien vouloir tirer, le maître lui demanda :

— Qu'est-ce que tu tires donc là, chasseur ?

— A deux lieues d'ici, sur un rameau de chêne, il y a une mouche, à laquelle je veux enlever l'œil gauche, répondit le chasseur.

— Oh ! viens avec moi : si nous sommes trois, rien ne nous résistera au monde !

Le chasseur se déclara prêt à partir et il vint avec lui. Ils marchèrent tous les trois ensemble et, après un moment, ils virent sept moulins à vent, et leurs ailes tournaient vigoureusement, bien qu'on ne sentît pas la moindre brise et qu'on ne vît pas une feuille bouger seulement un peu.

— Je ne comprends pas comment ces moulins tournent, alors qu'il n'y a pas un souffle de vent, dit le maître.

Et il passa outre, suivi de ses deux serviteurs, poursuivant le voyage. Peut-être à deux lieues de là, pour le moins, ils aperçurent un homme qui s'était installé dans la fourche d'un arbre et qui se bouchait une narine pour souffler avec l'autre.

— Que fais-tu là, dis-moi ? lui demanda le maître.

— Il y a sept moulins à vent à deux lieues de distance, et c'est sur eux que je souffle pour les faire tourner.

— Oh ! viens donc avec moi ! A nous quatre, nous viendrons à bout de tout au monde, dit le maître.

Le souffleur descendit de son arbre et suivit. Ils cheminèrent un moment et trouvèrent quelqu'un qui se tenait sur une seule jambe et qui avait débouclé l'autre pour la coucher par terre, à côté de lui.

— Tu te mets à l'aise, à ce que je vois, pour un parfait repos ! dit le maître.

— Je suis coureur, répondit l'homme, et c'est pour ne pas bondir trop vite que je me suis décroché une jambe. Sans cela, avec mes deux jambes, je cours plus vite que ne vole un oiseau.

— Oh ! viens donc avec moi ! dit le maître. A nous cinq, rien au monde ne pourra nous résister.

Il ramassa sa jambe et les suivit ; mais ils n'eurent pas à marcher longtemps avant de rencontrer quelqu'un qui avait sur la tête un drôle de petit chapeau mis de travers, tout incliné sur une oreille.

— Allons, allons, un peu de tenue ! lui lança le maître. Est-ce que tu ne peux pas mettre ton chapeau un peu droit, au lieu de l'incliner si grotesquement sur l'oreille ? Tu as l'air d'un vrai fou comme cela.

— C'est que je ne peux pas me le permettre, répondit

l'homme. Si je le pose droit, cela provoque un froid si terrible que les oiseaux se gèlent en l'air et tombent morts du ciel.

— Oh ! viens avec moi ! dit le maître. Si nous sommes tous les six ensemble, alors le monde est à nous.

Ils arrivèrent tous les six dans une ville, dont le roi avait fait connaître que celui qui vaincrait sa fille à la course pourrait l'épouser, mais qu'il serait décapité s'il était vaincu. Le maître se fit annoncer comme concurrent, et quand il fut devant le roi, lui dit qu'il voulait faire courir son serviteur pour lui.

— Dans ce cas, dit le roi, sa vie aussi sera mise en jeu avec la tienne, et vos deux têtes seront tranchées si vous n'emportez pas la victoire.

Les choses bien admises et convenues de part et d'autre, le maître réemboîta solidement la seconde jambe du coureur et lui dit : « A toi maintenant de te montrer rapide et de faire que nous emportions la victoire ! »

Pour la course elle-même, c'était à celui des deux qui rapporterait, le premier, de l'eau d'une certaine fontaine fort éloignée. Le coureur reçut une cruche, la fille du roi également, et tous deux prirent le départ en même temps. En un clin d'œil, alors que la princesse en était à ses premières foulées, le coureur avait déjà disparu à la vue de tous, car il allait véritablement plus vite que le vent. En un rien de temps, il arrivait déjà à la fontaine, y remplissait sa cruche et faisait demi-tour. Il couvrit encore la moitié du chemin de retour, quand il ressentit soudain une grande lassitude ; il déposa sa cruche, se coucha sur le sol et s'endormit, tranquillisé par son avance. Pour plus de sûreté, il s'était fait un oreiller de la carcasse d'une tête de cheval qui traînait là, par terre, afin que l'inconfort l'empêchât de sommeiller trop longtemps. Mais pendant ce temps, la fille du roi, qui savait aussi admirablement courir (au moins aussi bien qu'un être humain le peut), était arrivée à la fontaine, où elle avait rapidement empli sa cruche pour se hâter de revenir ; quelle joie ce fut pour elle de découvrir le coureur couché par terre et endormi. « Ah ! l'ennemi s'est livré entre mes mains ! »

se dit-elle en se réjouissant. Vite, elle lui vida sa cruche et reprit sa course légère. Tout eût été irrémédiablement perdu si, par bonheur, le chasseur à la vue perçante n'avait pas surveillé les choses du haut du château et vu ce qui s'était passé.

— Il ne sera pas dit que la princesse l'emportera sur nous ! s'exclama-t-il en épaulant son arme.

Et il tira si bien qu'il fit éclater la tête de cheval sous celle du dormeur, sans le toucher ni lui faire le moindre mal. Réveillé par la secousse, le coureur sauta sur ses pieds, vit que sa cruche était vide et que la fille du roi était déjà loin vers le but. Sans se laisser abattre, il repartit à toutes jambes vers la fontaine, remplit sa cruche à nouveau et s'élança de plus belle sur la voie du retour, si bien qu'il arriva au but dix bonnes minutes avant la fille du roi.

— Cette fois-ci, voyez-vous, je me suis servi de mes jambes, s'exclama-t-il en arrivant. Ce que j'ai fait avant, cela ne peut même pas s'appeler courir.

Mais le roi se sentait malade, et sa fille tout autant, qu'un simple soldat démobilisé l'eût emporté. Ils ne pouvaient l'admettre et ils complotèrent ensemble, cherchant par quel moyen ils pourraient les éliminer, lui et ses compagnons.

— J'ai trouvé un moyen, dit le roi à sa fille ; tu n'as plus besoin de t'inquiéter : nous ne les reverrons plus !

Sur quoi, plein de prévenances, il fit son invitation aux six.

— Il faut que vous fêtiez votre victoire, leur dit-il. Venez, vous allez pouvoir prendre du bon temps, vous régaler et boire tout à votre aise.

Il les mena dans une pièce qui avait un plancher de fer et des portes de fer, et des fenêtres avec de gros barreaux de fer. Au milieu de la salle était dressée une table richement servie de toutes sortes de mets rares et exquis.

— Installez-vous, dit le roi, et surtout ne vous privez de rien !

Mais une fois qu'ils furent entrés, il fit fermer derrière eux les portes de fer, qui furent verrouillées solidement de l'extérieur ; puis il ordonna au cuisinier de faire du feu au-dessous de la chambre et de le pousser activement jusqu'à en faire rougir le dallage de fer. Le cuisinier obéit aux ordres et poussa son feu ; mais tout d'abord, dans la salle, les six crurent que la chaleur était celle de leur festin, et ils continuèrent à manger. Quand la chaleur devint par trop forte, toutefois, ils se levèrent pour sortir ; mais les portes fermées leur apprirent que le roi leur voulait du mal et comptait les étouffer.

— Seulement il se trompe et il n'y parviendra pas ! dit l'homme au petit chapeau. Le froid que je vais faire venir va humilier le feu et le crever de honte.

Il se contenta de remettre son petit chapeau bien d'aplomb sur sa tête, et le froid fut tel, tout soudain, qu'il repoussa la chaleur comme par enchantement et que les sauces, dans les plats, commencèrent à figer.

Au bout d'une heure ou deux, le roi pensa qu'ils ne pouvaient qu'être consumés et tous morts ; aussi donna-t-il l'ordre d'ouvrir les portes, afin de voir par lui-même ce qu'il en était d'eux. Les portes s'ouvrirent, et que vit-il ? Tous les six étaient là, frais et gaillards, aussi vivants qu'on peut l'être, mais apparemment tellement frigorifiés, qu'ils coururent tous à la porte avec soulagement, en lui disant qu'ils étaient heureux de sortir pour pouvoir enfin se réchauffer, parce que le froid était si grand dans la salle que les mets avaient gelé dans les plats. Courroucé, le roi descendit en personne aux cuisines pour s'en prendre violemment au cuisinier et lui reprocher de n'avoir pas exécuté ses ordres, lui demandant quelle excuse il avait à avancer pour ce manquement.

— Mais, Majesté, on ne saurait chauffer plus ! lui dit le cuisinier. Voyez vous-même !

Le roi ne put que constater que le feu, sous la salle, était un véritable feu d'enfer qui, pourtant, n'avait produit aucun effet sur les six.

Comment se débarrasser de ces indésirables ? Telle était la question à laquelle, de nouveau, le roi cherchait à répondre. Il finit par faire venir le maître devant lui et proposa :

— Si tu consens à accepter de l'or contre ton droit sur ma fille, je t'en donnerai autant que tu en voudras.

— Tout à fait d'accord, Majesté : si vous me donnez autant d'or qu'en peut porter mon serviteur, dit le maître, je renonce de plein gré à la princesse.

Le roi fut très heureux de ce consentement, et le maître lui précisa qu'il attendrait une quinzaine et viendrait prendre livraison de son or. Quittant alors le château, le maître mobilisa tous les tailleurs du royaume, afin de les mettre tous au travail durant cette quinzaine à coudre pour lui un sac immense. Et lorsque ce sac gigantesque fut prêt, l'homme fort qui déracinait les arbres d'une main n'eut plus qu'à se le mettre à l'épaule pour se rendre chez le roi.

— Qu'est-ce que c'est que cet énorme gaillard qui arrive avec, sur son épaule, une poche de toile plus vaste qu'une maison ? s'exclama le roi épouvanté en le voyant, car il pensait : « Mon Dieu, que va-t-il me soutirer comme or ! »

Il ordonna qu'on lui apportât un tonneau d'or, que six hommes solides eurent de la peine à apporter ; le messager du maître, d'une seule main, vida la barrique dans son sac tout en demandant :

— Pourquoi si peu en apporter ? Il y en a tout juste pour le fond du sac, et encore !

Tonneau après tonneau, coffre après coffre, le roi fit apporter le contenu entier de son trésor, que l'homme fort prenait et fourrait à mesure dans son sac ; et le sac n'était même pas plein à moitié !

— Il en faut toujours, dit-il. Faites-en porter, ces brimborions ne me font pas la moitié de ma charge !

Sept mille chariots d'or : c'est ce que le roi fit venir de toutes les parties du royaume ; et l'homme fort les jetait dans son sac à mesure qu'ils arrivaient, le charroi, l'attelage, tout ensemble, sans faire de détail. Mais il s'en fallait encore de beaucoup que le sac énorme fût rempli.

— Pourvu que mon sac se remplisse, dit l'homme en y engouffrant chargement, véhicule et équipage, je ne chicanerai pas sur l'emballage ! Tout ce qui vient, je l'enfourne jusqu'à ce que ce soit plein.

Tout avait disparu dans l'énorme sac, et pourtant il restait de quoi en mettre encore. Alors, le porteur déclara : « Il faut bien finir un jour, de toutes façons ! Cela n'a duré que trop longtemps ! » Et il referma et boucla son sac, non sans faire bien remarquer qu'il n'était pas encore plein. Puis il se le mit à l'épaule et s'en alla avec ses compagnons.

Furieux de voir emporter par un seul homme toutes les richesses du royaume, le roi ne put se contenir et donna l'ordre à sa cavalerie de courir sus aux six gaillards qui s'en allaient, afin de leur reprendre le contenu du sac. Deux régiments arrivèrent dare-dare et leur coupèrent la route en les encerclant.

— Vous êtes prisonniers ! leur crièrent-ils. Rendez le sac avec l'or qu'il contient, sinon c'est le massacre !

— Qu'est-ce que vous chantez là ? leur lança le souffleur. Vous dites que nous sommes prisonniers, oui, c'est bien cela ? Mais attendez un peu, on va d'abord vous envoyer valser en l'air, tous autant que vous êtes...

Se bouchant alors une narine, il souffla avec l'autre sur les deux régiments qui partirent les quatre fers en l'air, tourbillonnant dans l'espace par-dessus les montagnes et voltigeant de tous côtés dans le bleu du ciel. Tout en tournoyant, un vieux sergent demanda grâce en faisant état de ses neuf blessures et de son courage au combat, disant qu'un brave de son espèce ne méritait pas une mort aussi ridicule. Le souffleur retint un peu et dirigea son souffle de manière qu'il retombât sans dommage pour sa personne. Après quoi, il lui dit :

— Va et dis à ton roi qu'il devrait nous envoyer quelques régiments de plus : je m'amuserai un peu mieux en les faisant voltiger tous dans l'espace.

Mais le roi, quand il apprit la nouvelle, se résigna à ne pas pousser plus loin l'aventure.

— Qu'on les laisse tranquilles ! dit-il. Ces drôles-là sont capables d'on ne sait quoi !

Ainsi les six s'en allèrent en emportant tranquillement leurs trésors jusque chez eux, où ils les partagèrent entre eux pour vivre selon leur bon plaisir jusqu'à la fin de leurs paisibles jours.

le loup et l'homme

Le renard, un jour, entretenait son ami le loup de la force de l'homme, lui racontant que pas une seule bête ne pouvait l'affronter victorieusement, et que le seul moyen était la ruse.

— Moi, dit le loup, si je me trouvais à voir un homme, je saurais bien en venir à bout !

— C'est un service que je peux facilement te rendre, dit le renard. Viens chez moi demain matin de bonne heure, et je t'en ferai voir un.

Le loup arriva donc très tôt, et le renard l'emmena sur le chemin qu'empruntait chaque jour un chasseur. Ils virent d'abord venir un vieux soldat à la retraite.

— Est-ce là un homme ? demanda le loup.

— Non, dit le renard, celui-là *fut* un homme.

Peu après s'approcha un petit garçon qui allait à l'école.

— Est-ce là un homme ? demanda le loup.

— Non, dit le renard, celui-ci *deviendra* un homme.

Le suivant, enfin, n'était autre que le chasseur qui arrivait, le fusil à deux coups en bandoulière et le couteau de chasse à la ceinture.

— Tu le vois, celui-là ? Voilà un homme, dit le renard. Attaque-le et viens-en à bout si tu le peux ; mais moi, je vais me cacher dans mon terrier en tout cas.

Alors le loup s'élança à l'assaut de l'homme, s'avançant à découvert droit sur lui. Le chasseur l'épaula dès qu'il l'aperçut, regrettant en pensée de n'avoir pas chargé son arme à balle. Il tira et le loup reçut la charge de chevrotines en pleine face. Il grimaça sérieusement, mais ne s'arrêta pas pour si peu. Le chasseur le laissa approcher et lui expédia sa deuxième cartouche. La douleur fut cuisante, mais le loup serra les dents et se jeta sur le chasseur au corps à corps ; dégainant son couteau, l'homme lui en porta quelques coups à droite et à gauche, si bien que le loup s'enfuit en hurlant, perdant son sang de tous côtés, jusque chez le renard.

— Eh bien, frère loup, comment en es-tu venu à bout, de cet homme ? demanda le renard.

— Aïe, fit le loup, je ne m'étais pas fait une idée des forces de l'homme ! D'abord, il a pris un bâton qu'il avait à l'épaule et il a soufflé dedans, me faisant voler dans la figure quelque chose qui m'a terriblement piqué ; puis il a encore une fois soufflé dans son bâton, et j'ai reçu autour du nez comme la foudre et la grêle ; et quand je fus tout près de lui, il a tiré de son corps une côte luisante avec laquelle il m'a tellement blessé et battu, que c'est tout juste si je ne suis pas resté mort sur place !

— Là, dit le renard, tu as vu quel fanfaron tu es ! Tu enfonces la cognée si profond que tu n'es plus capable de la récupérer !

le loup et le renard

Le loup avait pris le renard chez lui ; et tout ce que voulait le loup, le renard était bien obligé de le faire, puisqu'il était le plus faible ; mais il aurait bien voulu échapper à son esclavage et se défaire de son maître.

Ils allaient donc, un jour, dans la forêt et marchaient ensemble, quand le loup dit à l'autre :

— Renard ! attrape-moi quelque chose à manger, ou bien c'est toi que je dévore !

— Je connais une ferme, répondit le renard, où ils ont une paire d'agneaux encore tout tendres ; si cela te dit, nous irons en prendre un.

Le loup approuva et ils s'y rendirent, et le renard déroba un agneau qu'il apporta au loup, puis s'en alla plus loin. Le loup croqua l'agneau à belles dents, mais ne se trouva pas satisfait de celui-là seul et voulut encore dévorer l'autre. Il entra donc dans la bergerie pour l'enlever ; mais il s'y prit si mal et avec tant de maladresse que la mère brebis s'en aperçut et se mit à bêler et à pousser de véritables hurlements ; et les paysans alertés accoururent. Trouvant le loup dans la bergerie, ils le rouèrent de coups tant qu'ils purent, si bien qu'il revint en boitant et en gémissant vers le renard.

— Tu m'as bien mis dedans ! grogna le loup. J'ai voulu aller prendre le second agneau là-bas, mais les paysans m'ont surpris et roué de coups.

— Espèce de Bouffe-toujours, lui dit le renard, pourquoi es-tu si glouton ?

Le lendemain, ils étaient repartis en campagne et le loup vorace dit encore au renard :

— Attrape-moi quelque chose à manger, ou bien c'est toi que je dévore !

— Je connais une ferme, dit le renard, où la femme a fait cuire des crêpes hier au soir. Allons-y et nous nous servirons.

Ils s'y rendirent, et le renard se glissa furtivement tout autour de la maison, reniflant et flairant jusqu'à ce qu'il eût découvert où était le plat, d'où il extirpa six crêpes qu'il ramena au loup.

— Voici de quoi manger, lui dit-il avant de s'en aller plus loin.

En un clin d'œil, le loup avait englouti les crêpes, et comme il trouvait qu'elles avaient un goût de revenez-y, il alla droit au plat, happa dedans comme un sauvage et réussit du premier coup à le renverser et à le casser avec un bruit à réveiller les morts. La femme accourut, vit le loup, appela ses gens à la rescousse, et tout le monde lui tapa dessus à tours de bras, et frappe que je te cogne ! Tant et si bien que le loup rejoignit le renard, dans la forêt, en ne marchant plus que sur deux pattes et en poussant des hurlements de douleur.

— Ah ! on peut dire que tu m'as salement mis dedans ! reprocha-t-il au renard. Les paysans m'ont surpris et m'ont tanné la peau comme il n'est pas permis.

— Bouffe-toujours, pourquoi es-tu si glouton ? lui répondit le renard.

Le lendemain, quand ils sortirent ensemble, le loup traînait la patte et boitait bas, mais cela ne l'empêcha pas de dire au renard, comme les autres fois :

— Trouve-moi de quoi manger, ou bien c'est toi que je dévore !

— Je sais où un homme a fait boucherie, dit le renard ; il a mis toute sa viande au saloir dans sa cave, et je connais l'endroit. Nous n'avons qu'à y aller.

Ils y allèrent, et le loup boiteux, tout en marchant, dit au renard :

— Mais cette fois, je vais avec toi ; il faut que tu puisses m'aider si je n'arrive pas à décamper, le moment venu.

— Bon, allons-y ! dit le renard, qui lui montra les ruses et lui indiqua les voies grâce auxquelles ils parvinrent finalement dans la cave au saloir.

De la viande, il y en avait pléthore, et le loup se mit aussitôt à table avec sa féroce voracité, tout en se disant avec satisfaction : « D'ici que je m'arrête, il faudra un moment ! »

Le renard s'en donna à cœur joie lui aussi, mais non sans courir de droite et de gauche, guettant et surveillant, revenant fréquemment au trou par lequel ils s'étaient introduits, afin de vérifier s'il avait la panse toujours assez normale pour y passer encore sans trop forcer.

— Mais mon cher renard, qu'est-ce que tu as, dis-moi, à courir sans cesse dans tous les coins et à passer et repasser toujours par le trou ? questionna le loup entre deux bouchées.

— Il faut bien que je surveille si personne ne vient, répondit le Rusé. Et toi, ne gloutonne pas trop !

— Moi, je ne quitte pas les lieux tant que le saloir n'est pas vide ! déclara le vorace en s'y remettant de plus belle.

Sur ces entrefaîtes arriva le fermier, alerté par les bonds et les perpétuelles allées et venues du renard dans la cave. Le renard n'eut pour ainsi dire pas le temps de le voir, qu'il était déjà dehors, ayant passé par le trou comme un éclair ; le loup se hâta bien derrière lui, mais il s'était tellement rempli la panse qu'il ne put jamais repasser par le trou, et le seul résultat de ses efforts frénétiques fut qu'il y resta pris, ne pouvant plus ni avancer, ni reculer. Armé d'un gros gourdin, le fermier n'eut que le mal de le frapper jusqu'à ce que mort s'ensuive.

Le renard, lui, galopait dans la forêt pendant ce temps-là, tout heureux d'être débarrassé de cet éternel glouton de Bouffetoujours.

le renard et la mère louve

La louve ayant mis un petit au monde invita le renard à en être parrain. « Il est de nos proches parents, après tout, s'était-elle dit ; il a beaucoup d'intelligence et de la ruse à en revendre, ce qui lui permettra d'instruire mon fiston et de le pousser dans le monde. »

Le renard s'en montra fort reconnaissant et se présenta sous ses meilleurs airs.

— Très digne et honorée Madame, lui dit-il, je tiens avant tout à vous remercier du grand honneur que vous me faites et à vous dire combien j'en suis flatté ; je puis vous assurer que je me conduirai de manière à vous emplir de joie.

Pendant le banquet, le renard se délecta de tout et se réjouit le palais aussi bien que le cœur.

— Chère Madame et digne mère, dit-il d'un air grave à la louve après le repas, dans le souci que nous prenons de notre petit filleul, il est de notre devoir de veiller à ce que vous-même mangiez suffisamment et ne mangiez que du meilleur, afin que le petit prenne des forces. Je connais une étable où il nous serait facile de nous procurer quelques excellents morceaux.

C'était là une genre de chansonnette qui n'était pas fait pour déplaire à la louve, qui suivit le renard vers la ferme en question. Il lui montra de loin la bergerie, en lui disant :

— Il vous sera facile de vous y glisser sans être vue ; moi, pendant ce temps, je vais aller voir de l'autre côté si je ne peux pas, qui sait ? me procurer quelque poulet.

Mais il se garda bien d'aller de ce côté-là, préférant revenir sur la lisière de la forêt où, bien à l'aise, il se coucha en allongeant les membres pour goûter le meilleur repos. La louve se faufila vers la bergerie et s'y introduisit, mais il y avait aussi un chien, qui fit un tel tintamarre que les paysans accoururent à l'instant, prenant la louve sur le fait et l'inondant d'une eau de lessive terriblement forte, car ils y avaient mis des cendres à demi consumées. Trempée et brûlée, la louve put leur échapper quand même et ramper dehors, où elle se traîna misérablement jusqu'à l'entrée de la forêt ; le renard, couché là, se fit plus misérable encore et gémit plus haut qu'elle.

— Oh ! ma chère, ma bonne amie, excellente Madame ! Les fermiers m'ont rompu les membres, par malheur, je les ai tous eus sur le dos ! Vous n'allez pas me laisser mourir ici d'épuisement, n'est-ce pas ? Vous me porterez, dites ! Il faut que vous m'éloigniez d'ici.

La louve, qui ne pouvait elle-même qu'avec peine se traîner, n'en fut que plus compatissante aux malheurs du renard : elle le chargea sur son dos et à grand-peine, marchant très lentement, elle transporta jusque chez elle ce parrain qui se portait aussi bien qu'un jeune renard en excellente santé peut se porter. Arrivé à sa porte, il sauta gaillardement par terre et la salua joyeusement :

— Bien le bonjour, chère Madame mère, mais ne laissez quand même pas brûler le rôti !

Avec un grand éclat de rire, il s'éloigna en gambadant et disparut.

le renard et le chat

Le hasard fit un jour que le chat, dans un bois, rencontra le seigneur renard. « Il est habile et plein d'expérience, pensa le chat en le voyant, c'est un grand personnage dans le monde, rsepecté à cause de sa haute sagesse. » Aussi l'aborda-t-il avec beaucoup d'amabilité.

— Bonjour, cher monsieur le renard, comment allez-vous ? La santé est bonne, j'espère. Et par ces temps de vie chère, comment vous débrouillez-vous ?

Le renard, tout gonflé d'une morgue hautaine, considéra le chat des pieds à la tête et de la tête aux pieds, se demandant pendant un bon moment s'il allait ou non donner une réponse à cet insolent animal.

— Dis donc, toi, misérable Lèche-Moustaches, espèce de drôle, espèce d'Arlequin grotesquement taché, espèce de crève-la-faim de chasseur de souris, qu'est-ce qu'il te prend ? Et d'où te permets-tu de venir me demander aussi familièrement de mes nouvelles ? Qui te crois-tu donc, malheureux ? Que sais-tu ? Combien d'arts connais-tu ? Quelles sont tes ressources ?

— Je n'en ai qu'une seule, répondit modestement le chat.

— Ah oui ? Et quoi ? fit le renard.

— Quand les chiens se mettent à mes trousses, dit le chat, je peux grimper à un arbre et me sauver.

— Et c'est tout ? laissa tomber le renard avec dédain. Sache que moi, je suis le maître de ruses par centaines et que j'ai, par-dessus, tout un sac à malices ! Tu me fais pitié, tiens ! Viens avec moi, et je te montrerai comment on se défait des chiens.

Au beau milieu de ce discours arriva un chasseur qui avait quatre chiens avec lui. Le chat bondit vivement sur un arbre et se réfugia tout au sommet, dans les dernières branches, où il se tint caché dans le feuillage.

— Ouvre ton sac, seigneur renard ! Ouvre ton sac, c'est le moment ! cria le chat du haut de son arbre.

Mais les chiens l'avaient pris déjà et le tenaient ferme.

— Holà, seigneur renard ! cria encore le chat, vous vous êtes empêtré dans vos centaines de ruses ; mais si vous n'aviez su que grimper comme moi, votre vie vous serait restée !

l'œillet

Il était une reine que Notre-Seigneur avait fermée de telle sorte qu'elle n'avait pas d'enfant. Aussi tous les matins allait-elle dans son jardin pour prier le Dieu du ciel de lui donner un fils ou une fille. Alors un ange du ciel descendit et lui dit : « Réjouis-toi : tu vas avoir un fils dont tous les vœux seront comblés ici-bas, sur la terre, quoi qu'il puisse souhaiter ! » La reine remonta bien vite trouver le roi pour lui porter l'heureuse nouvelle ; et quand le moment fut arrivé, elle mit au monde un garçon. Le roi, son père, en connut une véritable félicité.

Tous les matins, la reine avait coutume de descendre avec le bébé dans le parc où étaient les bêtes, et de se laver à la claire fontaine qu'il y avait là. Or, il arriva qu'un jour, elle s'endormit avec l'enfant sur ses genoux ; et le vieux cuisinier du château, sachant que l'enfant ne pouvait formuler un vœu sans qu'il se réalisât, vint le lui voler. Il tua un poulet et barbouilla de son sang le tablier de la reine endormie, emmena l'enfant dans une cachette secrète, puis revint dire au roi que la reine avait laissé les bêtes sauvages lui enlever l'enfant. Voyant le sang sur le tablier de la reine, le roi le crut en entra dans une terrible fureur : il commanda que fût bâtie une énorme tour, épaisse et profonde, dans laquelle ne pénétrait ni un rayon de soleil ni un rayon de lune, et il y fit enfermer la reine, son épouse, qu'on emmura. Elle devait rester sept années enfermée comme cela, sans nourriture ni boisson, de façon que la tour fût son tombeau. Mais Dieu lui envoya deux anges du ciel sous la forme de deux colombes, qui venaient deux fois par jour lui apporter sa nourriture afin qu'elle ne mourût pas d'inanition, et cela pendant les sept années.

Le cuisinier, après son rapt, réfléchit et se dit : « Si je reste ici, et si l'enfant réellement voit se réaliser tous ses désirs, il pourrait facilement m'arriver malheur. Il faut que je m'éloigne. » Et il quitta le château pour aller rejoindre l'enfant caché, qui avait déjà grandi et qui savait maintenant parler.

— Ecoute, lui dit-il, souhaite donc un beau château avec un parc et tout ce qu'il y faut.

L'enfant formula le vœu, et les mots n'étaient qu'à peine sortis de sa bouche, quand il y eut là le château, le parc et tout ce qui s'ensuit, le personnel, les dépendances, les écuries, tout cela. Après un certain temps, le cuisinier revint à la charge :

— Il n'est pas bon, lui dit-il, que tu sois toujours tout seul : souhaite-toi une belle demoiselle comme compagne.

Le prince fit son souhait et eut devant lui une demoiselle d'une telle beauté, qu'aucun peintre n'eût été capable de la peindre. Ils jouaient tous les deux ensemble et s'aimaient beaucoup, tandis que le cuisinier, de son côté, prenait son plaisir à la chasse comme un riche seigneur. Mais l'idée lui vint un jour que le jeune homme était fils de roi et qu'il pourrait vouloir se trouver chez son père, ce qui le mettrait, lui, dans le pire danger. Alors il monta voir la jeune demoiselle et, la prenant à part, lui dit : « Cette nuit, quand il dormira, tu iras à son lit et tu lui planteras un couteau dans le cœur ; tu m'apporteras ce cœur et sa langue, que je les voie. Car si tu ne le fais pas, c'est toi qui perdras ta vie ! »

Il la laissa sur ces paroles ; mais le lendemain, quand il revint, elle ne l'avait pas fait.

— Comment pourrais-je verser ce sang innocent qui n'a jamais offensé personne ? lui dit-elle.

— Tu n'as pas le choix ! dit le cuisinier. Si tu ne le fais pas, tu le payeras de ta propre vie !

Dès qu'il fut parti, la jeune fille se fit amener une jeune biche, la fit égorger et recueillit son cœur et sa langue sur une assiette. Lorsque le vieux revint et qu'elle le vit approcher, elle dit au prince : « Vite, cache-toi sous les couvertures ! » Alors le mauvais homme entra.

— Où sont le cœur et la langue du garçon ? demanda-t-il.

La demoiselle lui tendit l'assiette sans un mot, mais le fils du roi rejeta ses couvertures et cria :

— Toi, vieux pécheur, pourquoi as-tu voulu me tuer ? Moi, à

présent, je vais prononcer ta condamnation : tu seras transformé en un caniche noir avec un collier fait d'une chaîne d'or, et tu devras aller tirer des charbons ardents pour les manger, jusqu'à ce que des flammes te sortent de la gorge !

Dès qu'il eut prononcé ces paroles, le vieux fut changé en chien noir ; il avait une chaîne d'or autour du cou, et il fut obligé d'aller tirer des charbons ardents pour les manger jusqu'à ce que les flammes lui sortissent de la gorge. Le fils du roi demeura encore quelque temps, mais pas longtemps, car il pensait à sa mère et se demandait si elle était encore vivante.

— Je vais rentrer chez moi, finit-il par dire à la jeune fille qui l'avait sauvé ; veux-tu venir avec moi ? Tu n'auras pas à t'inquiéter de ta subsistance.

— Oh ! dit-elle, la route est si longue... Et qu'est-ce que je deviendrai dans ce pays étranger où je suis une inconnue ?

Comme ils ne voulaient pas se séparer, bien qu'elle ne désirât vraiment pas le suivre dans son pays, le prince souhaita qu'elle fût un œillet de toute beauté, qu'il emporta sur lui.

Il s'en alla vers son pays, et le caniche fut obligé de le suivre. Là-bas, il se rendit tout droit à la tour où sa mère était prisonnière ; mais la tour était si élevée qu'il désira avoir une échelle suffisamment haute pour monter jusqu'en haut, et l'échelle fut là, appuyée contre la haute muraille. Il y monta, jeta un coup d'œil à l'intérieur de la tour et appela : « Mère, ma mère bien aimée ! Madame la reine, êtes-vous encore en vie ?

— J'ai déjà mangé, je vous remercie, et je n'ai vraiment pas encore faim ! répondit la reine, qui croyait que c'étaient les anges du ciel qui lui parlaient.

— Je suis votre fils chéri, expliqua-t-il : celui dont on a prétendu qu'il avait été pris par les bêtes sauvages, mais qui est toujours bien vivant et qui ne va pas tarder à faire votre délivrance !

Il redescendit de là-haut et se rendit devant le roi, son père, en se faisant passer pour un chasseur étranger qui demandait à entrer à son service. Le roi répondit qu'il l'engagerait s'il était vraiment un excellent chasseur, bien que jamais, de mémoire d'homme, on n'eût vu le moindre gibier dans les frontières du royaume. Le chasseur lui promit, en réponse, qu'il lui fournirait du gibier en grande abondance, beaucoup plus qu'on n'en pourrait consommer à la table royale. Il fut engagé et appela immédiatement tous ceux qui, de près ou de loin, avaient affaire avec la vénerie dans le royaume ; et quand ils furent réunis, il les emmena tous avec lui dans la forêt. Tout ce monde le suivit et, une fois là-bas, il le disposa en un grand demi-cercle, appelant par son vœu du gibier dans la partie ouverte. Ce fut aussitôt une ruée de deux cents bêtes et plus, de magnifiques pièces, que les chasseurs n'eurent que la peine de tirer au fur et à mesure. Soixante chariots de paysans en furent chargés pour cette seule battue, et envoyés au roi qui en fut très heureux, car il put enfin avoir du gibier sur sa table, lui qui n'en avait pas vu depuis de longues années.

Dans son extrême joie, le roi décida d'inviter le lendemain les hauts personnages de sa cour à un grand festin. Et lorsqu'ils furent tous là, il voulut que le chasseur prît place à sa droite.

— Parce que tu es si habile chasseur, tu dois t'asseoir à côté de moi ! lui dit-il.

— Que Votre Majesté me pardonne ! répondit-il, mais je ne suis qu'un rude et mauvais chasseur.

— Il n'empêche que tu dois prendre place à côté de moi ! insista le roi, sans vouloir admettre d'excuse.

Le jeune homme dut accepter l'honneur, et quand il eut pris place à côté du roi, il souhaita qu'un des hauts personnages de la cour prît sur lui de demander au roi des nouvelles de la reine, si elle était morte ou vivante dans la grande tour. Le souhait venait tout juste d'être formulé quand le maréchal prit la parole :

— Royale Majesté, nous voici tous en joie, en train de festoyer, dit-il, mais nous voudrions bien savoir comment se porte

Madame la reine dans la tour, et si elle est encore en vie ou si elle s'est éteinte à force de privations.

— Elle est coupable d'avoir laissé dévorer mon fils par les bêtes sauvages, répondit le roi, et c'est pourquoi je ne veux pas entendre parler d'elle.

Le chasseur se leva pour dire :

— Gracieuse Majesté, la reine vit toujours et je suis votre fils, qui n'a jamais été victime des bêtes sauvages, mais bien du féroce et diabolique cuisinier de la cour, ce vieux malandrin qui a tout fait : c'est lui qui m'a enlevé en profitant de son sommeil et qui lui a barbouillé son tablier du sang d'un poulet qu'il venait d'égorger.

Attrapant alors le caniche par son collier, il ajouta :

— Le voici, le scélérat !

Il se fit apporter des charbons ardents que l'animal dut manger jusqu'à ce que les flammes lui sortissent de la gorge, après quoi il demanda au roi s'il voulait le voir sous sa vraie forme de cuisinier. Il désira qu'il fût tel, et dans l'instant le vieux cuisinier fut là, devant le roi, serré dans son grand tablier blanc avec le couteau à découper passé dans la ceinture. Le roi entra dans une violente colère en le voyant et ordonna qu'on le jetât dans le cachot le plus sombre et le plus profond.

— Monsieur mon père, lui dit alors le prince, désirez-vous aussi voir la charmante demoiselle qui m'a si tendrement élevé et qui m'a sauvé la vie en refusant de me tuer, alors que sa propre vie en répondait ?

— Oui, dit le roi, je serai heureux de la connaître.

— Gracieuse Majesté, vous qui êtes mon père bien-aimé, je vais vous la montrer sous la forme d'une belle fleur ! annonça le jeune homme, qui sortit l'œillet et le déposa sur la table du roi : un œillet d'une telle beauté que ni le roi, ni aucun de ses invités n'en avaient jamais vu de pareil.

— Et maintenant, dit le fils du roi, je vais vous la faire voir sous sa véritable forme !

Il fit son vœu, et la merveilleuse demoiselle fut là, si belle qu'aucun peintre n'eût été capable de la peindre : plus belle encore que toutes celles que les peintres ont pu rêver de peindre un jour.

Le roi envoya alors deux caméristes et deux serviteurs fidèles à la tour, afin qu'ils fissent escorte à Madame la reine pour la ramener à la table du roi. Elle vint, mais ne mangea guère.

— Le bon Dieu, qui dans Sa grâce charitable m'a nourrie dans la tour, dit-elle, ne va pas tarder à me rappeler à Lui.

Et en effet, elle vécut encore trois jours et mourut bienheureusement ; à son enterrement, il y eut deux colombes blanches qui suivirent, et c'étaient celles qui lui avaient apporté à manger dans la tour et qui étaient des anges du ciel ; et sur sa tombe les anges vinrent se poser. Le roi fit écarteler le cuisinier ; mais lui-même, rongé par le chagrin, ne tarda guère à mourir aussi. Son fils épousa la belle demoiselle qu'il avait apportée dans sa poche sous forme de fleur ; et s'ils vivent encore, c'est Dieu qui le sait comme Il l'a voulu.

margot-la-malice

Il y avait une cuisinière appelée Margot qui portait des chaussures à talons rouges, et quand elle les mettait pour sortir, elle se dandinait et se tournait de droite et de gauche en se disant, toute joyeuse, qu'elle était vraiment jolie fille. Quand elle rentrait à la maison, par bonne humeur, elle buvait un bon petit coup ; et comme le vin met en appétit, elle choisissait le meilleur de ce qu'elle avait cuisiné pour le goûter ; mais elle goûtait toujours, jusqu'à ce qu'elle n'eût plus faim du tout. « C'est un devoir pour la cuisinière, disait-elle, de savoir quel goût a ce qu'elle fait. » Et comme cela, elle avait toujours le meilleur de tout.

Un jour, son maître lui annonça : « Margot, ce soir j'ai un invité ; tu nous feras rôtir deux chapons bien tendres et savoureux. »

— Je m'y mets tout de suite, monsieur ! répondit Margot, qui s'en alla choisir deux jolis chapons qu'elle tua, ébouillanta, pluma, vida, prépara et enfila sur la broche, attendant le soir pour les mettre au feu. Les chapons commencèrent à bien dorer et bientôt furent à point, mais l'invité n'était toujours pas là. Alors Margot cria à son maître :

— Si l'invité n'arrive pas, il va falloir que je retire les chapons du feu ; mais c'est un crime et une désolation de ne pas les manger quand ils sont cuits à point, juteux et parfaits !

— Bon, dit le maître, je fais un saut dehors pour ramener l'invité.

Dès que le maître eut le dos tourné, Margot retira la broche de devant le feu et mit les chapons de côté, puis elle se dit : « A rester comme cela devant le feu de braise, on se donne soif à force de transpirer. Et qui sait maintenant quand ils vont venir ? En attendant, je vais faire un saut à la cave et boire un petit coup. »

Elle y courut, attrapa une cruche pour la remplir, se souhaita bonne santé et que Dieu la bénisse, sur quoi elle but un long trait. Mais comme la cruche n'était pas vide, elle se dit à haute voix : « Le vin se tient bien : et il n'est pas bon de le couper ! » Alors elle but tout le reste à longs traits. « Ça, c'était vraiment un bon coup, bien sérieux ! » Elle remonta ensuite, remit les chapons à rôtir, après les avoir bien beurrés et arrosés, et tout gaiement, elle fit tourner la broche. La peau, joliment croustillante et dorée, chantait que les chapons étaient cuits à point.

— Mais on ne sait jamais, dit Margot, il pourrait y manquer un petit quelque chose et ce serait trop dommage !

Alors elle goûta en y mettant le doigt, qu'elle lécha.

— Mon Dieu que ces chapons sont bons ! s'exclama-t-elle. C'est un vrai péché de ne point les manger immédiatement ! Ils sont parfaits. Parfaits !

Elle courut à la fenêtre pour voir si le maître n'arrivait pas. Mais non ! Il n'y avait personne en vue. Elle revint aux chapons et tourna la broche.

— Là ! en voilà un qui a l'aile qui commence à brûler ! Le mieux, c'est encore que je la mange tout de suite !

Elle la coupe et la mange, la trouve si savoureuse qu'elle se dit : « L'autre, il faut que je la coupe aussi, autrement le maître va trouver cela bizarre. » Et quand elle eut englouti les deux ailes, elle courut encore à la fenêtre ; mais personne ne venait.

— Si cela se trouve, pensa-t-elle, ils sont peut-être entrés quelque part et ne viendront pas dîner ici ! Mais ne t'en fais pas, Margot : il y en a un qui est de toute façon entamé ; alors tu vas boire un bon petit coup et là-dessus, finir de le manger ! Tu seras plus tranquille quand il sera tout mangé, et puis c'est péché que de laisser se perdre et dessécher un aussi succulent chapon qui est un véritable don de Dieu !

Elle fit un second saut jusqu'à la cave, où elle se rafraîchit fort noblement le gosier, puis s'en revint, gaillarde et joyeuse, manger le chapon en entier.

— Où est le premier, l'autre doit suivre, se dit-elle alors : ils vont ensemble, il n'y a pas de doute, et ce qui est bon pour l'un va pour l'autre également. Je crois qu'un autre petit coup ne me ferait pas de mal, ma petite Margot.

Aussitôt elle descendit s'humecter le palais bien vigoureusement, puis elle fit prendre au second chapon le chemin qu'avait suivi le premier. Elle venait juste de finir son petit festin personnel quand son maître rentra.

— Pressons-nous, Margot ! lui cria-t-il, notre invité arrive à l'instant !

— Bien monsieur, je vais servir ! dit Margot.

Le maître, pendant ce temps, vérifia s'il y avait tout ce qu'il fallait sur la table et s'empara du grand couteau à découper qu'il alla aiguiser dans le couloir. L'invité arriva, frappant civilement à la porte extérieure, et Margot y courut. Voyant que c'était l'invité, elle mit un doigt sur sa bouche et lui chuchota : « Ne faites pas de bruit et filez vite avant que mon maître ne vous voie, sinon cela va mal aller pour vous ! Il vous a invité à dîner, c'est vrai, mais c'est uniquement dans l'idée de vous couper les deux oreilles. Ecoutez-le : il est en train d'aiguiser son couteau !

Dès qu'il eut entendu le bruit du couteau qu'on aiguisait dans le couloir, l'invité fit demi-tour et prit ses jambes à son cou pour dévaler l'escalier et filer dans la rue. Margot ne perdit pas le nord et se précipita vers son maître en criant :

— Eh bien, ils sont jolis, les gens que vous invitez !

— Pourquoi dis-tu cela, Margot ? Qu'est-ce qu'il y a ?

— Oui, oui, du joli monde ! reprit Margot. Celui-là m'a arraché les deux chapons que je venais servir, et le voilà parti avec !

— En voilà des façons ! grogna le maître tout dépité à la pensée de ses deux succulents chapons rôtis. Si seulement il m'en avait laissé un, que j'aie quelque chose à manger !

Vite, il cria à l'autre de s'arrêter, et l'autre n'en fit rien, mais courut de plus belle. Alors le maître se lança à sa poursuite, tenant toujours le couteau dans sa main, et tout en courant il lui criait : « Pas les deux ! Pas les deux ! » voulant dire par là qu'il ne réclamait qu'un seul des deux chapons. Mais après ce que lui avait dit la Margot, le fuyard comprit que son hôte n'en voulait qu'à une de ses oreilles et ne les lui couperait pas les deux. Sur quoi il se mit à courir comme s'il avait le feu aux trousses, car il tenait, lui, à les ramener toutes les deux chez lui, ses oreilles.

le vieux grand-père et son petit-fils

Il était une fois un très, très vieil homme, si vieux que ses yeux n'y voyaient plus guère tant ils étaient troubles, que ses oreilles n'entendaient plus du tout et que ses pauvres vieux genoux tremblaient sous lui. Ses mains aussi tremblaient, et il tenait si mal sa cuillère quand il était à table, qu'il renversait souvent de la soupe devant lui, et même parfois manquait sa bouche. Son fils et la femme de celui-ci en étaient dégoûtés, si dégoûtés qu'ils finirent par obliger le vieux grand-père à manger dans un coin, derrière le poêle, où ils le servirent dans une grossière écuelle de terre, ne lui donnant que tout juste de quoi ne pas mourir de faim. Jamais il ne mangeait à sa faim. Et puis un jour, ses pauvres vieilles mains tremblantes laissèrent échapper la malheureuse écuelle qui se cassa. La jeune femme le gronda, mais il ne répondit rien : il soupira seulement. Elle alla lui acheter une écuelle de quatre sous, en bois, dans laquelle il dut manger désormais.

Devant le vieux grand-père assis, comme toujours, dans son coin à l'écart, son petit-fils âgé de quatre ans se mit à assembler quelques planchettes de bois qu'il s'efforçait de faire tenir ensemble.

— Que fais-tu là ? lui demanda son père.

— C'est une petite auge que je fabrique, répondit l'enfant, pour faire manger papa et maman quand je serai grand.

Le mari et la femme échangèrent un long regard, puis commencèrent à pleurer. Ils firent revenir le vieux grand-père à leur table et mangèrent toujours avec lui depuis lors, sans le gronder jamais, quand il lui arrivait de se tacher ou de répandre un peu de soupe sur la table.

la nixe ou la dame des eaux

Un jeune garçon et sa petite sœur jouaient au bord d'une fontaine, et voilà qu'ils tombèrent dedans. Au fond, il y avait une nixe. C'est le nom qu'on donne à ces dames des eaux.

— A présent, je vous tiens, leur dit-elle, et vous allez maintenant travailler dur pour moi !

Elle les entraîna avec elle. A la fillette, elle donna à filer de la vilaine filasse toute sale et toute emmêlée, et aussi à porter de l'eau dans un tonneau sans fond ; le garçonnet, lui, eut à couper un arbre avec une hache tout émoussée ; mais pour toute nourriture, ils n'avaient que des boulettes dures commes pierres. Ce régime et ces travaux exaspérèrent les enfants à tel point qu'ils attendirent le dimanche, quand la dame des eaux se rendait à la messe, et alors ils s'enfuirent.

A son retour de l'église, la nixe vit que les oiseaux n'étaient plus au nid et se lança à leur poursuite avec des bonds énormes. Mais les enfants la virent venir de loin, et la fillette jeta une brosse derrière elle ; la brosse se multiplia et se dressa en une immense montagne de brosses avec une infinité de piquants, des milliers et des milliers de piquants pointus, que la nixe dut escalader à grand-peine, mais qu'elle finit tout de même par escalader. Voyant qu'elle avait franchi ce Mont des Brosses, le garçonnet jeta derrière lui un peigne, qui devint un énorme Mont des Peignes avec des milliers de milliers de dents pointues dressées devant la nixe. Mais elle savait se tenir sur ces dents et elle finit par franchir le Mont des Peignes.

Alors la fillette jeta derrière elle un miroir, qui donna une montagne de miroirs, mais si brillants, si polis et si lisses que jamais elle ne put s'y tenir et monter par-dessus.

— Je vais vite rentrer à la maison prendre ma hache, pensa la nixe, et je briserai ce Mont des Glaces.

Mais, le temps qu'elle revienne, les enfants avaient pris le large et s'étaient enfuis bien plus loin, si bien que la dame des eaux n'eut plus qu'à s'en retourner vivre dans sa fontaine.

mort de poulette

Dans le temps, Poulette s'en était allée avec Poulet sur la Montagne des Noyers, et ils avaient arrangé ensemble que celui qui trouverait une noix devrait la partager avec l'autre. Mais quand Poulette vint à trouver une grosse, grosse noix, elle se garda bien d'en rien dire, voulant manger toute seule la belle noix. Seulement elle était si grosse, cette noix, que Poulette ne réussit pas à l'avaler et qu'elle lui resta dans le gosier. Effrayée et se sentant étouffer, Poulette appela :

— Vite, Poulet, je t'en prie, cours me chercher de l'eau, sinon je vais m'étouffer !

Poulet courut de toutes ses forces jusqu'à la source et lui dit :

— Donne-moi vite un peu d'eau, Source, je t'en prie : Poulette est couchée là-bas, sur la Montagne des Noyers, et elle est en train d'étouffer pour avoir voulu avaler une trop grosse noix !

— Cours d'abord chez la fiancée, répondit la source, et fais-toi donner de la soie rouge.

Poulet courut chez la fiancée.

— Fiancée, lui dit-il, tu dois me donner de la soie rouge, parce que la soie rouge, je dois la donner à la source, qui doit me donner de l'eau pour que je l'apporte à Poulette, couchée sur la Montagne des Noyers et qui s'est étouffée en voulant avaler une trop grosse noix.

— Cours d'abord me chercher ma couronne, lui répondit la fiancée ; elle est accrochée à un saule.

Poulet courut de toute sa vitesse jusqu'au saule, prit la couronne qui était accrochée à une branche, et la rapporta à la fiancée ; et la fiancée lui donna la soie rouge, qu'il rapporta à la source ; et la source lui donna de l'eau. Mais lorsqu'il arriva avec son eau près de Poulette pour la lui donner, Poulette était morte étouffée et gisait là, immobile pour toujours. Poulet en eut un si grand chagrin qu'il se mit à hurler de douleur, et tous les animaux arrivèrent et pleurèrent avec lui sur la poulette morte. Six petites souris confectionnèrent un petit corbillard pour la conduire et l'enterrer ; et quand elles eurent achevé la voiture mortuaire, elles s'y attelèrent toutes les six et emmenèrent Poulette au tombeau. Et c'était Poulet qui tenait les rênes. Mais en chemin, le convoi funèbre rencontra le renard.

— Où vas-tu comme cela, Poulet ? demanda le renard.

— Je vais enterrer ma Poulette.

— Veux-tu me prendre avec toi ? Je voudrais t'accompagner, dit le renard.

Oui, mais à condition que tu montes derrière :
Devant, pour mes chevaux, ça ne fait pas l'affaire.

Alors le renard s'installa derrière, et puis ce fut le loup, et puis l'ours, et puis le cerf, et le lion, et tous les animaux de la forêt sans exception. Le convoi poursuivit son voyage, mais arriva devant un ruisseau où il fut arrêté.

— Comment allons-nous faire pour passer de l'autre côté ? s'inquiéta Poulet.

Il y avait là, sur le bord du ruisseau, un bout de paille qui proposa de s'étendre en travers et de lui faire un pont pour qu'il puisse passer. Mais lorsque l'attelage des six petites souris s'avança sur la paille, elle plia sous le poids et tomba dans l'eau ; et les souris tombèrent aussi et se noyèrent.

Poulet, sur le petit corbillard, se trouva de nouveau dans le même embarras ; mais voici que survint une braise de charbon qui proposa : « Je suis bien assez grosse : je vais me coucher d'un bord à l'autre et vous pourrez passer. » Le morceau de charbon brûlant fit comme il avait dit, mais il toucha l'eau par mégarde, seulement un tout petit peu, c'est vrai, mais c'était bien assez pour son malheur : il siffla et chuinta, s'éteignit et mourut.

Un caillou, qui avait assisté au désastre, s'en émut et voulut rendre service au poulet, en se mettant à son tour en travers du ruisseau pour qu'il pût passer. Poulet descendit et se mit à tirer tout seul le corbillard, avançant péniblement sur ce pont improvisé. Il était déjà presque sur l'autre rive avec le corps de Poulette, presque ! mais quand il voulut tirer les autres qui étaient tous assis derrière, ils étaient trop et il n'eut pas la force de monter sur le sec l'arrière de la voiture qui repartit avec sa charge et tomba dans l'eau, où ils se noyèrent tous.

Il ne restait plus que Poulet tout seul avec sa poulette morte, pour laquelle il creusa une tombe dans laquelle il la coucha, là, sur le bord du ruisseau ; puis il remplit et referma la fosse en faisant un petit tertre par-dessus. Désespéré, il s'assit sur le petit tertre, et son chagrin était si grand qu'il pleura et se désola assez longtemps pour en mourir. Comme cela, tout le monde était mort.

frère loustic

Une fois, il y avait une grande guerre ; et quand la guerre fut finie, tous les soldats furent licenciés. Frère Loustic était du nombre, et tout ce qu'il avait reçu avec son congé, c'était une petite miche de pain de munition et quatre sous de cuivre. Mais saint Pierre, déguisé en mendiant, s'était mis sur sa route et il lui demanda l'aumône quand il passa.

— Mon cher mendiant, que pourrais-je te donner ? lui répondit-il. J'étais soldat et ils m'ont licencié en me donnant en tout et pour tout ces quatre liards et cette petite miche de pain. Je n'aurai plus qu'à mendier comme toi quand ce sera mangé. Mais quoi ? Je vais tout de même te donner un petit quelque chose !

Alors il partagea sa miche en quatre et tendit un quartier à l'apôtre avec un sou de cuivre, des quatre qu'il avait. Saint Pierre l'en remercia et partit sur la route, mais seulement pour aller, sous une autre forme, se porter un peu plus loin et attendre de nouveau le soldat en mendiant. Frère Loustic lui répondit comme il l'avait fait la première fois, mais non sans lui donner un second quartier de son pain et un second sou de cuivre.

Saint Pierre remercia et s'en alla plus loin, changeant encore d'apparence, mendier de nouveau en interpellant pour la troisième fois frère Loustic, qui finit par lui donner le troisième quart de son pain et le troisième sou. Saint Pierre le remercia et frère Loustic s'en alla, n'ayant plus qu'un seul quart de sa miche et un unique sou de cuivre, avec lesquels il entra dans une auberge où il mangea son pain en se faisant servir une bière d'un sou.

Quand il sortit de l'auberge et reprit sa route, il retrouva bientôt saint Pierre qui vint à sa rencontre, mais cette fois sous l'apparence d'un soldat licencié, et qui l'interpella :

— Salut, camarade ! N'aurais-tu pas un bout de pain à me donner et un sou pour boire un verre ?

— Où les prendrais-je ? répondit frère Loustic. J'ai été licencié avec un pain de munition et quatre liards. Trois mendiants m'ont demandé l'aumône sur ma route, et à chacun j'ai donné le quart de mon pain et un rouge liard. Je viens de manger le quart qui me restait à l'auberge, où je me suis payé une bière avec mon dernier sou. Maintenant je suis complètement à sec, et si tu n'as plus rien non plus, nous n'avons qu'à rester ensemble pour mendier !

— Non, répondit saint Pierre, ce ne sera pas tout de suite nécessaire : je m'y connais un peu en médecine, et cela me permettra de gagner autant que j'en aurai besoin.

— Tu as raison, dit frère Loustic ; mais moi qui n'y connais rien de rien, j'irai mendier mon pain tout seul.

— Pourquoi ne viendrais-tu pas avec moi ? proposa saint Pierre. Si je gagne quelque chose, tu en auras la moitié.

— Oh ! c'est d'accord, répondit frère Loustic ; cela me convient tout à fait.

Et ils s'en allèrent tous les deux ensemble. Comme ils passaient devant une ferme, ils entendirent des cris et des gémissements à l'intérieur de la maison, des plaintes et des lamentations qui perçaient les murs. Ils entrèrent et trouvèrent le maître à l'article de la mort, qui agonisait sur son lit ; à son chevet, c'était son épouse qui pleurait et se lamentait à grands cris.

— Séchez vos larmes et arrêtez vos plaintes, lui dit saint Pierre, je vais vous le guérir, votre mari !

Il tira une fiole de sa poche et, avec l'huile parfumée qu'elle contenait, il guérit instantanément le moribond qui put se lever aussitôt, parfaitement alerte et vif, en excellente santé.

— Comment nous acquitter ? Comment vous récompenser de cela ? Que pouvons-nous faire ? s'exclamèrent à l'envi le mari et la femme qui débordaient de joie.

Saint Pierre ne voulut rien accepter, et plus les paysans insistaient, plus il refusait fermement. A la fin, frère Loustic le poussa du coude et lui dit : « Mais prends donc quelque chose, nous en avons besoin ! » La femme alla chercher un agneau et supplia saint Pierre de bien vouloir l'accepter, mais saint Pierre ne voulait toujours rien entendre.

— Mais prends-le donc, bougre d'idiot ! lui dit frère Loustic avec une nouvelle bourrade. Nous en avons bigrement besoin !

— Bon, finit par dire saint Pierre, l'agneau, je veux bien l'accepter, mais je ne le porterai pas. Si tu y tiens tant que cela, tu n'as qu'à le porter, toi.

— Si ce n'est que cela, répondit frère Loustic, je m'en chargerai.

Il prit l'agneau et l'emporta sur son épaule. Quand ils arrivèrent dans un bois, après un bon bout de chemin, l'agneau lui pesait d'autant plus qu'il commençait à avoir grand-faim.

— C'est l'endroit rêvé pour faire cuire et manger notre agneau, tu ne trouves pas ? dit-il à son compagnon.

— Moi, je veux bien, dit saint Pierre ; mais pour ce qui est de la cuisine, je n'y entends rien. Si tu veux le faire cuire, alors tiens : voici une marmite. Moi, pendant ce temps-là, je vais aller voir un peu les environs ; mais attends-moi et ne commence pas à manger sans moi : je serai de retour à temps.

— Bon, bon, vas-y ! répondit frère Loustic. Je sais très bien me débrouiller pour ce qui est de la cuisine et je vais faire ce qu'il faudra, ne t'en fais pas !

Saint Pierre s'éloigna et frère Loustic égorgea l'agneau, le prépara, fit un bon feu, mit sa viande dans la marmite et la fit cuire. Mais quand l'agneau fut cuit à point, le saint apôtre n'était toujours pas de retour ; frère Loustic sortit néanmoins sa viande de la marmite et commença à la découper ; lorsqu'il eut enlevé le foie de l'intérieur, il se dit que c'était sûrement le meilleur et le plus fin morceau : après l'avoir goûté, il ne put se retenir et le mangea en entier.

Saint Pierre finit par arriver en déclarant :

— Tu peux le manger en entier si cela te chante ; tout ce que je demande, moi, c'est le foie.

S'armant du couteau et de la fourchette, frère Loustic fit

mine de chercher parmi les viandes le foie qu'il ne trouvait toujours pas.

— Il n'y en a pas ! finit-il par déclarer sèchement.

— Mais il faut bien qu'il soit quelque part, dit saint Pierre ; qu'est-il donc devenu ?

— C'est ce que je voudrais bien savoir ! commença frère Loustic, qui ajouta bientôt d'un air très convaincu : Mais regarde-moi un peu quelle belle paire d'idiots nous faisons tous les deux : un agneau, cela n'a pas de foie !

— Ah oui ? reprit saint Pierre. Eh bien, voilà qui est nouveau ! Jusqu'ici tous les animaux avaient pourtant un cœur et un foie ! Pourquoi donc l'agneau, tout à coup n'en aurait-il point ?

— Mais non, je t'assure, camarade, les agneaux n'ont pas de foie ! Réfléchis-y sérieusement et cela va te revenir d'un coup : ils n'en ont pas.

— Très bien, très bien, concéda saint Pierre ; puisqu'il n'y a pas de foie, en tout cas, je ne veux rien manger d'autre et tu peux tout prendre pour toi.

— Ce que je n'arriverai pas à manger, dit frère Loustic, je l'emporterai pour un autre repas.

Il mangea la moitié de l'agneau et garda le reste dans son sac. Ils se remirent en route et saint Pierre fit en sorte qu'il y eut un grand flot pour leur couper le chemin, les obligeant à passer dedans.

— Passe le premier, dit saint Pierre.

— Non, vas-y d'abord : je te suis ! dit frère Loustic, tout en pensant que si l'eau était trop profonde, il rebrousserait chemin.

L'apôtre s'avança dans l'eau, qui ne lui monta pas plus haut qu'aux genoux ; mais quand ce fut le tour de frère Loustic, le niveau avait tellement monté qu'il eut de l'eau jusqu'au menton.

— A l'aide ! Au secours, camarade ! cria-t-il.

— Le foie de l'agneau, avoues-tu maintenant que tu l'as mangé ? lui demanda le saint.

— Que non, je ne l'ai pas mangé !

L'eau monta davantage et il en eut jusqu'à la bouche.

— Au secours ! Camarade, au secours ! cria-t-il.

— Avoues-tu que tu as mangé le foie ? demanda une seconde fois le saint.

— Que non, je ne l'ai pas mangé ! répéta le soldat.

Mais comme saint Pierre ne voulait pas qu'il fût noyé, il fit baisser le niveau de l'eau et l'aida à sortir.

Ils poursuivirent leur marche et arrivèrent dans un royaume où ils apprirent que la fille du roi était à la mort.

— Dis donc, camarade, c'est une affaire pour nous ! s'empressa frère Loustic. Si tu la guéris, nous serons pour toujours à l'abri du besoin. Pressons-nous d'y aller.

Mais saint Pierre, à son gré, ne marchait pas assez vite :

— Allons ! mon vieux, un peu de nerf, que diable ! Sinon nous risquons d'arriver trop tard !

Saint Pierre ralentit le pas plus encore, et d'autant plus que frère Loustic le houspillait et s'impatientait. Bref, ils finirent par apprendre que la fille du roi était morte.

— Et voilà ! vitupéra frère Loustic, tout est à l'eau maintenant ! Uniquement à cause de ta lenteur et de tes façons de traîner derrière !

— Allons, calme-toi un peu ! lui dit saint Pierre. Je suis capable de faire mieux que de guérir les malades, vois-tu, je sais aussi ressusciter les morts.

— Oh ! alors, cela n'en est que mieux si c'est comme tu le dis ! se réjouit frère Loustic. Mais laisse-moi te dire que dans ce cas, tu dois au moins réclamer la moitié du royaume.

Ils étaient arrivés au château du roi et ils entrèrent. Tout le palais était dans le deuil et la désolation, mais saint Pierre dit au roi qu'il voulait ramener la princesse à la vie. On les conduisit dans la chambre de la morte, où le saint demanda un chaudron empli d'eau. Quand on le lui eut apporté, il fit sortir tout le monde, sauf frère Loustic, qu'il garda avec lui. Il commença par découper tous les membres de la morte et les jeta dans l'eau du chaudron ; puis il fit un grand feu sous le chaudron et entretint l'ébullition jusqu'à ce que la chair se détachât des os. Quand il eut tous les os bien lisses et blancs, il les prit un à un et les rangea sur une table dans leur ordre et leur position naturels. Cela fait, il se plaça devant et prononça par trois fois :

— Au nom de la Très Sainte Trinité, morte, lève-toi !

A la troisième fois, la morte se retrouva en vie, belle et fraîche, pleine d'allant. Le roi en eut une telle joie qu'il dit à saint Pierre :

— Demande-moi ce que tu voudras pour ta récompense, et quand ce serait la moitié du royaume, je ne te la refuserai point !

— Je ne demande ni ne veux rien pour cela ! dit saint Pierre.

« Mais il est fou, cet idiot ! » pensa frère Loustic, qui poussa son camarade du coude et lui chuchota :

— Ne fais donc pas l'idiot ! Si tu ne veux rien, va pour toi ! Mais moi, ce n'est pas la même chose et j'en ai grand besoin !

Saint Pierre ne voulut quand même rien accepter ; seulement le roi avait vu le manège et compris que l'autre était tout disposé à prendre quelque chose. Alors, il lui fit remplir son sac de pièces d'or.

Ils quittèrent le château royal et reprirent la route, et lorsqu'ils furent dans une forêt, le saint apôtre proposa à frère Loustic de faire le partage de l'or.

— Oui, répondit frère Loustic, c'est une bonne idée.

Saint Pierre prit les pièces d'or et les partagea en trois parts égales. « Qu'est-ce qu'il a encore comme lubie dans sa tête ? pensa frère Loustic. Le voilà qui fait trois parts de l'or quand nous ne sommes que deux ! »

— J'ai fait trois parts, lui expliqua justement saint Pierre : une pour toi, une pour moi et une pour celui qui a mangé le foie de l'agneau.

— Ah ! pour ça, c'est moi qui l'ai mangé, je peux bien te le dire ! s'exclama frère Loustic en empochant d'un geste vif la troisième part.

— Comment est-ce possible ? s'étonna saint Pierre. Un agneau n'a point de foie !

— Quelle idée, camarade ! protesta frère Loustic. Si tous les autres animaux en ont un, comment l'agneau n'en aurait-il pas un ?

— Parfait, parfait, approuva saint Pierre, garde l'or pour toi seul ; mais moi je ne reste plus avec toi et je continue seul mon voyage.

— Comme tu voudras, mon cher camarade, répondit frère Loustic. Adieu donc !

Ils se séparèrent et chacun partit de son côté. « C'est une bonne chose qu'il s'en aille ailleurs, songea frère Loustic, c'est un trop drôle de type, ce type-là ! »

De l'or, il en avait à suffisance, assurément ; mais il s'y prit si mal, dépensa à tort et à travers, fit des largesses à tout propos, si bien qu'après un certain temps il avait déjà tout gaspillé et il ne lui restait plus rien de rien. Il se retrouvait donc sans le sou comme devant, mais dans le pays où il arriva, il entendit dire que le roi venait d'avoir la douleur de perdre sa fille. « Tudieu ! songea-t-il, voilà qui ne saurait mieux tomber : je vais la ressusciter et me faire rétribuer de la bonne manière ! » Il s'en fut donc devant le roi et s'offrit à faire revivre la morte, ce qui ne surprit pas le roi, car il avait entendu dire qu'un soldat licencié, qui voyageait par là, ressuscitait les gens. Il pensa que frère Loustic n'était autre que celui-là. Mais à le voir, il n'avait pas grande confiance en lui et voulut tout d'abord consulter son conseil, qui fut d'avis qu'il pouvait toujours essayer puisque, de toutes façons, la princesse était morte. Frère Loustic, une fois dans la chambre, se fit apporter un grand chaudron, mit tout le monde dehors, coupa les membres qu'il fit bouillir en entretenant sous le chaudron un feu ardent, ainsi qu'il l'avait vu faire à saint Pierre. Quand la chair se détacha en laissant les ossements bien nets, il les mit sur la table et s'efforça de les ranger comme il convenait ; mais il n'y connaissait rien et tout fut disposé à tort et à travers. Il se planta devant et prononça les paroles : « Au nom de la Très Sainte Trinité, morte, lève-toi ! » Lorsqu'il l'eut dit trois fois, rien ne se produisit et rien ne bougea. Il recommença la triple invocation, qui fut tout aussi vaine.

— Vas-tu te lever, bougre de diablesse ? s'exclama-t-il. Lève-toi, je te dis, ou alors gare à toi !

Il venait de crier ces paroles quand saint Pierre se trouva là tout à coup, sous la figure du soldat licencié qu'il avait prise naguère. On eût dit qu'il était entré par la fenêtre, et aussitôt il parla.

— Impie ! Que fabriques-tu là ? lui cria-t-il. Comment veux-tu ressusciter la morte, quand tu as placé son squelette tout de travers ?

— C'est tout ce que j'ai pu faire, camarade, et j'ai fait de mon mieux ! répondit frère Loustic.

— Je vais te tirer d'affaire pour cette fois, dit saint Pierre, mais ne t'avise pas de recommencer, malheureux ! C'est moi qui te le dis ! Et ne t'avise pas non plus de demander ou d'accepter quoi que ce soit du roi cette fois-ci !

Saint Pierre remit les os en bon ordre et prononça par trois fois : « Au nom de la Très Sainte Trinité, morte, lève-toi ! » Et la princesse se leva, fraîche et belle et en parfaite santé. Puis le saint disparut comme il était venu, sans doute par la fenêtre, et frère Loustic fut bien content que les choses eussent bien tourné malgré tout, mais il enrageait de ne pouvoir rien demander en échange.

— Je voudrais bien savoir quelle mouche l'a piqué, disait-il en songeant à son étrange camarade, pour qu'il défasse d'une main ce qu'il a fait de l'autre. Cela n'a pas plus de sens que de raison !

Aussi, lorsque le roi lui demanda ce qu'il désirait avoir comme récompense, frère Loustic lui répondit-il qu'il ne devait rien recevoir, qu'il ne pouvait rien demander ni accepter ; mais il le dit avec de si transparentes réticences et une ruse si consommée, que le roi passa outre et lui fit remplir son sac de pièces d'or. Frère Loustic quitta le château ainsi chargé, mais en sortant il trouva saint Pierre qui l'attendait devant la porte et qui lui dit :

— Tu vois quel homme tu es ? Je t'avais pourtant bien défendu de prendre quelque chose, et te voilà avec ton sac plein d'or !

— Eh ! je n'y peux rien, moi, s'ils me l'ont rempli sans rien me dire ! répondit frère Loustic.

— En tout cas, tâche de te rappeler ce que je t'ai dit et ne t'avise pas de recommencer ce genre de choses, sinon, je te le dis, cela ira mal pour toi !

— Ne te fais donc pas tant de bile, camarade ! répondit-il. Avec l'or que j'ai maintenant, j'ai de quoi durer sans avoir à nouveau à me livrer à cette cuisine d'os !

— Je te crois oui ! Ton or va te durer longtemps ! se moqua saint Pierre. Mais pour qu'après, tu ne t'engages pas à nouveau sur ces voies interdites, je vais quand même donner à ton sac la vertu de contenir tout ce que tu pourras désirer avoir dedans. Et là-dessus, adieu ! Tu ne me reverras plus.

— Dieu te garde ! lui dit frère Loustic, tout en pensant par-devers soi : « Bien content que tu t'en ailles, mon drôle de bonhomme, ce n'est pas moi qui vais te retenir ! »

Quant à la vertu merveilleuse dont son sac avait été doué, il n'y avait seulement pas pris garde et il n'y songea plus du tout par la suite. Son or lui fila entre les doigts aussi vite et aussi joyeusement que la première fois, et le jour vint qu'il se retrouva avec exactement quatre sous pour toute fortune. Alors il entra dans une auberge. « L'argent est fait pour être dépensé ! » pensait-il. Il se fit servir du vin pour ses trois sous et du pain pour le quatrième et dernier. A la table où il buvait son vin, il respira soudain de suaves effluves qui venaient de la cuisine, et le parfum appétissant de l'oie rôtie vint lui caresser les narines. Il alla y jeter un œil, l'air de rien, et vit en effet l'aubergiste qui arrosait de jus deux oies dodues et bien dorées qui rôtissaient à la broche. Se rappelant tout à coup ce que lui avait dit son camarade au sujet de son sac qui contiendrait tout ce qu'il pourrait désirer avoir dedans, frère Loustic se décida soudain : « Eh bien, tu n'as qu'à essayer avec les oies ! » Il quitta donc l'auberge, et une fois devant la porte il dit : « Ces deux oies sur la broche, je les désire dans mon sac ! Voilà ! »

Ouvrant son sac aussitôt après ces paroles, il regarda et vit dedans les deux oies rôties. « Ah ! c'est juste ce qu'il me fallait ! pensa-t-il. Avec cela, me voici devenu un gars à la hauteur ! » Il s'éloigna pour gagner un joli pré où il s'installa, bien à son aise, pour déguster ses volailles rôties. Au beau milieu de son repas, arrivèrent deux gaillards qui étaient manifestement des journaliers, qui jetèrent des regards d'envie sur l'oie encore entière. « Avec une, tu en as bien assez ! » se dit frère Loustic, sensible à ces regard de convoitise. Et il les appela : « Venez, les gars, prenez cette oie et mangez-la à ma santé ! »

Ils le remercièrent et se rendirent tout droit à l'auberge, où ils commandèrent un pichet de vin et un gros pain pour accompagner leur repas. Ils mirent l'oie sur la table et commencèrent à manger ; mais la femme de l'aubergiste trouva que cette oie ressemblait beaucoup à celle qui était sur la broche, et elle le fit remarquer à son mari, qui courut jeter un coup d'œil à la cuisine et vit que les volailles n'y étaient plus.

— Holà, bande de voleurs ! Venir me manger mes propres oies sous le nez ! C'est un peu fort ! leur cria-t-il. Vous allez me les payer sans attendre, sinon comptez sur moi, je vais vous caresser le dos avec le gourdin que j'ai là !

— Hé ! nous ne sommes pas des voleurs, protestèrent les deux gars ; c'est un soldat licencié qui nous a fait cadeau de cette oie, là-bas, sur le pré !

— N'essayez pas de me raconter des histoires, cela ne prend pas avec moi ! leur répondit l'aubergiste. Le soldat était ici il n'y a qu'un instant et je l'ai vu sortir moi-même, je le surveillais : lui, c'est un honnête homme, mais vous, vous n'êtes que des voleurs ! Et vous allez payer, c'est moi qui vous le dis !

Mais les malheureux bougres n'avaient pas le sou et ne purent rien payer ; aussi l'aubergiste se paya-t-il lui-même, armé de son gourdin, avant de les pousser dehors.

Frère Loustic, de son côté, s'était remis en route après son excellent repas ; il arriva quelque part où il vit un superbe château, puis à côté, une misérable auberge. Il alla à l'auberge et demanda à y coucher ; mais l'aubergiste lui répondit qu'il n'avait plus de place, que toutes ses chambres étaient prises par des gens distingués.

— C'est quand même étonnant que ces gens distingués soient descendus chez vous, remarqua frère Loustic, au lieu d'aller dans le beau château que j'ai vu !

— Bien sûr, mais le château est hanté, figurez-vous ! répondit l'aubergiste. Il ne fait vraiment pas bon y passer la nuit : de tous ceux qui s'y sont essayés, il n'en est pas un seul qui en soit revenu vivant.

— S'il y en a qui l'ont tenté, je veux le tenter aussi ! répondit frère Loustic.

— Oh ! non, ne faites pas cela, lui conseilla l'aubergiste, vous y laisseriez votre peau.

— Bah ! j'ai la peau dure, déclara l'insouciant frère Loustic. Donnez-moi seulement les clefs et une bonne collation. Le danger, j'en fais mon affaire. Mais je ne veux pas risquer de mourir de faim ou de soif.

L'aubergiste lui remit les clefs, de quoi boire et de quoi manger plus qu'honnêtement, et, nanti de la sorte, frère Loustic s'en alla au château. Sa première occupation, une fois là-bas, fut de manger et de boire tout son soûl, bravement ; après quoi, il se sentit lourd de sommeil et se coucha par terre, n'ayant pas trouvé de lit. Il s'endormit aussitôt pesamment, mais en pleine nuit, un énorme vacarme le réveilla brusquement. Il se releva sur un coude, chercha à voir ce qu'il se passait et aperçut neuf horribles petits démons qui dansaient une ronde infernale autour de lui.

— Dansez tant qu'il vous plaît, leur dit frère Loustic, cela m'est égal tant que vous restez où vous êtes. Mais gare à vous si vous approchez !

Les diables tournoyants continuèrent leur ronde en la resserrant de plus en plus et en arrivèrent à taper du pied tout contre sa figure.

— Tenez-vous tranquilles, diables d'enfer ! leur jeta-t-il.

Mais les démons continuèrent de plus belle leur ronde enragée, et frère Loustic se fâcha.

— Halte ! je vous dis. Vous allez voir que je vais vous calmer, moi !

Il attrapa une chaise par un pied et se mit à taper dans le tas. Mais neuf diables contre un seul soldat, c'était quand même trop ; et tandis qu'il frappait par-devant, les autres, par-derrière, lui empoignaient les cheveux et les lui tiraient férocement.

— Canailles de démons, j'en ai plein le dos à présent de vos diableries ! cria-t-il. Je vais vous faire voir ce que c'est, moi ! Allez, ouste ! dans mon sac : tout le paquet !

Du coup, ils s'y trouvèrent tous les neuf ; frère Loustic ferma le sac et le jeta dans un coin. Ce fut le calme parfait dès cet instant. Il se recoucha et s'endormit sans autre trouble jusqu'au matin. Aussi, quelle stupéfaction pour l'aubergiste et pour le châtelain quand ils arrivèrent pour voir comment les choses avaient tourné pour frère Loustic, de le trouver tout gaillard, en parfaite santé de corps et d'esprit !

— Les mauvais esprits ne vous ont donc rien fait ? demandèrent-ils.

— Et pourquoi m'auraient-ils laissé tranquille ? rétorqua-t-il. Mais je les ai fourrés tous les neuf dans mon sac, vlan ! Et rien ne vous empêche plus de revenir tranquillement vivre dans votre château que plus personne ne hante.

Le châtelain l'en remercia chaleureusement et l'en récompensa fort généreusement ; après quoi, il lui demanda s'il ne voulait pas rester à son service jusqu'à la fin de ses jours pour se tenir à tout jamais à l'abri du besoin.

— Non merci, dit frère Loustic, je suis trop habitué à ma vie errante, voyez-vous, et il faut que je reparte à l'aventure.

Il les quitta donc et s'en alla sur le grand chemin pour entrer dans la première forge qu'il vit. Posant alors son sac sur l'enclume, avec les neuf démons qui étaient dedans, il pria le forgeron et ses assistants de taper dessus à tour de bras. Ils allèrent chercher leurs plus lourdes masses et se mirent à cogner de toutes leurs forces en rythmant leurs coups, han ! han ! han ! et han ! ce qui arracha aux diables des gémissements et des cris pitoyables, effrayants.

Lorsque frère Loustic ouvrit son sac, finalement, il y en avait huit de morts, et le neuvième, qui avait réussi à se cacher dans un pli, était encore vivant, mais tellement épouvanté qu'il sauta dehors et fila tout droit à l'enfer. Frère Loustic repartit et courut le monde encore un bon bout de temps, d'une aventure à une autre aventure. Qui sait ce qu'il y aurait à raconter là-dessus ? Mais celui qui ne le sait pas ne peut rien dire de tout ce qui a bien pu lui arriver encore ici et là !

Tout ce qu'on sait, c'est que finalement il était devenu vieux. Alors frère Loustic, en songeant à sa fin prochaine, s'en alla trouver un ermite qui avait une grande réputation de piété.

— Je commence à être fatigué des voyages, lui dit-il, et j'aimerais maintenant gagner le royaume des cieux.

— Il y a deux chemins, lui répondit l'ermite : une grande route facile et agréable qui, celle-là, mène à l'enfer, et un sentier droit et escarpé qui, celui-là, mène au ciel.

« Il faudrait que je sois bien fou, pensa frère Loustic, pour aller prendre le mauvais sentier, difficile et étroit ! »

Aussi s'en alla-t-il par la belle grande route facile et agréable, au bout de laquelle il se trouva devant une immense porte toute noire, qui n'était autre que la Porte de l'Enfer. Frère Loustic frappa à la porte, et le gardien ouvrit le guichet pour voir qui était là. Mais dès qu'il reconnut frère Loustic, il fut pris d'épouvante et referma bien vite en tirant le verrou : ce gardien, en effet, se trouvait être le diable qu'il avait enfermé avec les autres dans son sac et qui avait échappé de justesse à la mort, réussissant à s'en tirer avec un œil poché. Il courut en grande hâte faire son rapport au grand capitaine des diables.

— Il y a là dehors un gaillard avec un sac qui demande à entrer, lui dit-il. Mais ne le laissez surtout pas entrer, non, surtout pas ! A aucun prix ! Il n'aurait qu'à souhaiter, sinon, fourrer l'enfer tout entier dans son sac, et ce serait fait ! Je le sais, moi qui ai été pris dedans et frappé très horriblement à grands coups de marteaux !

La porte resta close et frère Loustic s'entendit crier de l'intérieur qu'il avait à passer son chemin, que jamais on ne le laisserait entrer !

— Puisqu'ils ne veulent pas de moi ici, il faut que j'aille voir au ciel si je peux trouver un abri, se dit alors frère Loustic.

Il repartit et marcha jusqu'à ce qu'il fût devant la porte du ciel, à laquelle il frappa.

Or, le gardien de la Porte du Ciel était précisément saint Pierre, que reconnut immédiatement frère Loustic. « Tiens, se dit-il, voici une vieille connaissance et les choses se présentent bien pour moi. »

— Dois-je comprendre que tu prétends entrer au ciel ? lui demanda saint Pierre.

— Oh ! laisse-moi entrer, camarade, dit frère Loustic. Il faut bien que je puisse entrer quelque part, et ils n'ont pas voulu de moi à l'enfer. S'ils m'y avaient reçu, je ne serais pas venu jusqu'ici !

— Non, dit saint Pierre, pas de toi ici : tu n'entres pas !

— Bon, répondit frère Loustic, puisque tu ne veux pas que j'entre, alors tiens, reprends ton sac. Je ne veux plus rien de toi !

— Passe-le-moi par ici, lui indiqua saint Pierre en s'avançant vers la grille.

Frère Loustic lui passa le sac à travers le guichet ; saint

Pierre le lui prit des mains et alla l'accrocher à sa chaise, à l'intérieur du ciel.

— Et maintenant, je désire être moi-même à l'intérieur de mon sac ! prononça frère Loustic aussitôt.

Et hop ! il fut à l'intérieur du sac, et bel et bien au ciel où saint Pierre ne put que le laisser.

le jean joueur

Il y a eu une fois un homme qui ne s'occupait de rien que du jeu, qui ne faisait rien d'autre que de jouer, et alors les gens l'avaient appelé le Jean Joueur ; et comme il jouait toujours et sans cesse, sa maison et tout le reste y avait passé et il avait tout perdu. Mais voilà que la veille même du jour où devait venir le créancier pour prendre possession de la maison, Notre-Seigneur et saint Pierre y vinrent et demandèrent au Jean d'y passer la nuit.

— Pour ce qui est de moi, vous pouvez bien rester cette nuit, dit Jean ; mais je ne puis vous offrir ni un lit, ni de quoi manger. Je n'ai rien.

Alors Notre-Seigneur déclara qu'ils allaient rester et qu'il n'aurait, lui, qu'à aller leur acheter ce qu'il faudrait. Le Jean donna son accord et saint Pierre lui remit trois liards en lui disant d'aller chez le boulanger chercher du pain. Jean s'en alla, mais quand il passa devant la maison où se trouvaient les autres tricheurs qui lui avaient déjà tout gagné au jeu, il s'entendit appeler :

— Allez, viens !

— C'est cela, leur dit-il, vous voulez encore me faire perdre mes trois liards !

Les autres insistèrent et le Jean Joueur finit par céder : il entra, joua ses trois sous et les perdit. Saint Pierre et Notre-Seigneur, après l'avoir un bon moment attendu et voyant qu'il ne revenait toujours pas, sortirent à sa rencontre. Le Jean Joueur arriva finalement et prétendit qu'il avait laissé tomber les sous dans un trou d'eau et qu'il était resté tout ce temps à les chercher, mais en vain. Saint Pierre lui donna donc trois autres liards, bien que Notre-Seigneur ne fût pas dupe et sût parfaitement qu'il les avait perdus au jeu. Le Jean Joueur prit les trois sous, mais cette fois ne se laissa pas entraîner et rapporta le pain. Notre-Seigneur lui demanda alors s'il n'avait pas de vin.

— Oh ! Seigneur, tous les tonneaux sont vides et sonnent le creux !

Mais Notre-Seigneur lui dit alors qu'il n'avait qu'à descendre à la cave et qu'il y trouverait du vin dans les tonneaux, et bien meilleur que celui qui s'y trouvait auparavant. Jean resta longtemps sans le croire, mais enfin il consentit à descendre, non sans affirmer qu'il savait mieux que quiconque qu'il n'y avait pas de vin dans ses tonnes. Au premier tonneau qu'il ouvrit, le vin coula, et de la meilleure qualité. Alors il leur monta le vin, et les deux hôtes passèrent la nuit là. Le lendemain, de bonne heure, avant de s'en aller, Notre-Seigneur offrit à Jean de lui accorder les trois vœux qu'il formulerait, pensant qu'il lui demanderait le ciel. Mais le Jean Joueur lui demanda une carte qui gagnerait toujours, des dés qui gagneraient toujours et un arbre qui porterait toujours toutes les sortes de fruits, mais d'où ne pourrait plus jamais descendre celui qui y serait grimpé, à moins qu'il ne l'y autorise lui-même. Notre-Seigneur lui accorda les trois choses, puis s'en alla en compagnie de saint Pierre.

Ce fut alors que notre Jean Joueur a vraiment commencé à jouer, cela on peut le dire, car bientôt il avait gagné la moitié du monde. Mais alors saint Pierre en parla à Notre-Seigneur et lui dit :

— Seigneur, cela ne peut pas durer comme cela sans finir mal, car bientôt il aura gagné le monde en entier. Il faut que nous lui envoyions la Mort !

Et ils lui envoyèrent la Mort. Et quand la Mort arriva, le Jean Joueur était assis à une table de jeu. Et la Mort l'appela :

— Jean, viens donc, sors un peu !

— Attends-moi un petit moment, répondit-il, juste le temps de finir cette partie. En attendant, tu n'as qu'à grimper dans l'arbre nous cueillir quelques fruits, afin que nous ayons de quoi nous rafraîchir en cours de route !

La Mort est donc montée dans l'arbre, mais quand elle voulut redescendre, elle ne le put ; et le Jean Joueur l'y a laissée pendant sept ans perchée, et pendant tout ce temps-là, personne sur terre ne mourait plus. Alors saint Pierre en a parlé à Notre-Seigneur et lui a dit :

— Seigneur, cela ne peut pas continuer comme cela sans mal finir : voilà qu'à présent il ne meurt plus personne. Il faut que nous y allions nous-mêmes !

Et ils y sont allés eux-mêmes. Et quand Notre-Seigneur lui a ordonné de faire descendre la Mort de l'arbre, Jean y est allé tout de suite et a dit à la Mort : « Descends ! » La Mort a pu descendre aussitôt, et alors elle l'a pris sur-le-champ et elle l'a étranglé. Puis ils sont tous partis ensemble pour l'autre monde. Une fois là-bas, notre Jean le Joueur est allé aussitôt se présenter à la porte du ciel et a frappé.

— Qui est là ?

— Le Jean Joueur.

— Oh, la, la ! Pas de besoin de toi ici ! Va-t'en !

Alors, Jean est allé se présenter à la porte du Purgatoire et il a frappé.

— Qui est là ?

— Le Jean Joueur.

— Oh, la, la ! Comme si nous n'avions pas ici assez de détresse et de chagrin pour vouloir encore jouer ! Va-t'en plus loin !

Alors Jean est allé se présenter à la porte de l'Enfer, et là ils l'ont laissé entrer. Tous les autres diables ayant à ce moment-là affaire dans le monde, il n'y avait alors que Lucifer et ses petits diables crochus, là-bas. Le Jean Joueur s'est aussitôt assis et a commencé à jouer avec Lucifer, qui n'avait rien à perdre que ses diables crochus, et qui les perdit tous, puisque le Jean Joueur ne pouvait que gagner avec les cartes qu'il avait. Alors Lucifer et ses diables crochus s'en sont allés jusqu'à Hohenfurt, où ils ont arraché les perches à houblon pour remonter ensuite vers le ciel, ainsi armés, et se mettre à ébranler tout le ciel avec leurs grandes perches. Quand le ciel commençait déjà à craquer, saint Pierre a parlé à Notre-Seigneur :

— Seigneur, lui a-t-il dit, cela ne peut pas continuer comme cela, sinon cela va mal finir : ils vont nous chavirer en bas du ciel, si nous ne le laissons pas entrer ici !

Alors ils l'ont laissé entrer au ciel, et le Jean s'est remis aussitôt à jouer, et cela a fait un tel vacarme et un tel tapage que bientôt on ne s'y entendait plus, mais plus du tout : c'est bien simple, on n'entendait seulement plus sa propre voix !

Une fois de plus, saint Pierre l'a dit à Notre-Seigneur :

— Seigneur, cela ne peut pas continuer sans tourner au plus mal. Il faut que nous le jetions dehors, sinon il va rebeller tout le ciel !

Et ils y sont allés et l'ont jeté dehors, et son âme s'est brisée en mille petits morceaux qui sont entrés dans tous les maudits joueurs qui vivent encore de nos jours.

jean-la-chance

Lorsqu'il eut travaillé durant sept ans chez son maître, Jean lui parla ainsi :

— Monsieur, j'ai fini mon temps et je voudrais maintenant retourner chez ma mère. Réglez-moi mon salaire.

— Comme tu m'as bien et fidèlement servi, répondit le maître, tes gages seront aussi bons que le fut ton travail. Tiens donc !

Il lui donna un gros morceau d'or, au moins aussi gros que la tête de Jean. Alors Jean sortit son mouchoir de sa poche et en enveloppa le morceau d'or, qu'il se mit à l'épaule, et en route ! Le voilà parti sur le chemin de chez lui.

Il était là sur son chemin à marcher sans arrêt, à mettre sans arrêt un pied devant l'autre, quand il vit venir à sa rencontre un cavalier qui trottait allégrement, bien à l'aise sur son fier cheval.

— Ah ! soupira Jean à haute voix, voyager à cheval, quelle belle et bonne chose ! On est là, assis comme dans un fauteuil, et l'on avance sans se cogner le pied aux pierres, sans user ses semelles ; on arrive sans même savoir qu'on a fait le chemin !

Le cavalier l'avait entendu. Il s'arrêta et l'interpella :

— Dis donc, Jean, pourquoi est-ce que tu vas à pied ?

— Il le faut bien, répondit Jean, et encore ai-je un sacré fardeau à rapporter à la maison ! C'est vrai que c'est de l'or, mais il m'empêche tout de même de tenir la tête droite et il me pèse bougrement sur l'épaule !

— Et si nous faisions un échange, qu'en dirais-tu ? proposa le cavalier. Je te laisse mon cheval et tu te débarrasses de ton fardeau en me le donnant.

— Bien volontiers et de tout cœur, dit Jean. Mais je vous préviens, vous allez vous traîner péniblement avec cela : c'est pesant au possible !

Le cavalier sauta à terre, prit le gros morceau d'or des mains de Jean, qu'il aida à monter en selle. Il lui donna les rênes à tenir et lui dit :

— Quand tu voudras accélérer l'allure, ce n'est pas difficile : tu fais claquer la langue et tu dis hop ! hop ! hop ! Voilà tout.

Monté sur son cheval, bien assis, libre et léger, Jean se sentit au ciel. Au bout d'un moment, il eut envie d'aller plus vite et fit claquer sa langue en disant : « Hop ! hop ! hop ! » D'un seul coup, le cheval partit au grand galop et Jean, qui ne s'y attendait pas, partit en l'air et retomba lourdement dans le fossé, au bord de la route. Pendant ce temps, le cheval filait droit devant lui, et il eût même disparu tout à fait s'il n'avait pas été arrêté dans son galop par un paysan qui arrivait en sens inverse sur la route, avec sa vache qu'il menait au marché. Jean se releva en se tâtant les membres, qui lui faisaient mal partout. Une fois debout, il n'était pas encore très sûr de n'avoir rien de cassé, et tout en se frictionnant les côtes, il dit au paysan :

— Une sale blague, l'équitation, par moments ! Surtout si vous montez une mauvaise carne comme celle-là, qui s'emballe et vous flanque par terre d'un seul coup, quitte à vous rompre les os ! Moi, c'est fini : ni maintenant ni jamais je ne monterai à cheval. Parlez-moi d'une vache comme vous avez ! Cela, au moins, c'est quelque chose : on peut marcher tout tranquillement derrière, d'un pas paisible, et encore elle vous donne son lait en plus, et du beurre et du fromage chaque jour ! Ah ! j'aimerais, oui !

— Ecoutez, dit le paysan, si cela vous fait vraiment un tel plaisir, moi je veux bien vous échanger ma vache contre votre cheval.

Jean sauta avec joie sur l'occasion, et le paysan sauta en selle pour s'éloigner au triple galop. Poussant sa vache devant lui, le Jean poursuivit son voyage en se félicitant de l'excellente affaire qu'il avait faite. « Tu penses, se disait-il, avec le simple bout de pain qui ne me fera certes jamais défaut, j'aurai toujours le beurre et le fromage à manger ; et si j'ai soif, je n'aurai qu'à traire ma vache pour me désaltérer de son lait ! Qu'est-ce que tu pourrais souhaiter de mieux, mon petit cœur joli ? »

Comme il passait devant une auberge, il y fit halte ; et dans son allégresse, il mangea tout à la fois son déjeuner et son dîner : tout ce qu'il avait de nourriture avec lui, s'offrant avec ses derniers sous un demi-verre de bière par-dessus. Puis il continua sa route en poussant sa vache devant lui, s'en allant vers le bourg qu'habitait sa mère. Il faisait une chaleur torride, et vers midi, au beau milieu d'une lande qui avait plus d'une lieue d'étendue, Jean avait tellement soif que la langue lui collait au palais. « Facile d'y remédier, se dit Jean : je n'ai qu'à traire ma vache pour avoir de quoi boire ! » Aussitôt dit, aussitôt fait : il attacha sa vache à un tronc sec qu'il y avait là, et se mit à la traire dans sa casquette, puisqu'il n'avait ni seau ni aucun autre récipient. Mais il eut beau s'escrimer, il ne lui tira pas la moindre goutte de lait. Il s'obstina pourtant, mais si maladroitement que, pour finir, la vache s'impatienta et lui lâche un maître coup de pied qui le toucha à la tête et l'envoya valser à la renverse, complètement assommé. Il resta évanoui par terre un long moment sans seulement savoir où il était, mais par bonheur pour lui, un boucher arriva sur la route avec un porcelet dans une brouette. Il courut à lui et l'aida à se relever.

— Quel coup de massue vous avez pris ! s'exclama le boucher, tout apitoyé en voyant le misérable état de Jean qui lui raconta le malheur de sa mésaventure.

— Allons, buvez un coup pour vous remettre, lui dit le boucher en lui tendant sa gourde. Cette vache-là, c'est une vieille bête qui n'a plus de lait : elle est tout juste bonne pour le joug ou pour l'abattoir.

— Oh ! misère de misère ! se désola Jean en s'arrachant les cheveux, qui aurait pu s'imaginer une chose pareille ! Encore, quand on est chez soi, une vache pareille, on peut l'abattre et en avoir la viande ! Mais moi, pour ce qui est de la viande de vache, je ne suis pas fort, ça je peux vous le dire ! Parlez-moi d'un jeune cochon comme celui que vous avez là : cela, c'est de la viande fameuse ! Sans parler des saucisses et de tout le reste !

— Si cela peut t'arranger, mon vieux, moi je veux bien t'échanger mon cochon contre ta vache, ne serait-ce que pour te faire plaisir ! dit le boucher.

— Que Dieu vous bénisse de votre grande bonté ! dit Jean, tout heureux de se débarrasser de sa vache et de tirer le porcelet hors de la brouette pour lui passer au cou le lien qu'il avait aux pattes.

Tirant son cochon par ce licol, Jean se remit en route, en songeant que tout s'arrangeait pour lui comme par miracle et qu'à chaque fois qu'il se trouvait dans l'embarras, c'était pour en sortir de la plus heureuse manière. « Quelle veine ! »

Il allait ainsi quand il croisa un jeune gars qui portait une oie sous le bras : une belle grosse oie blanche. Ils échangèrent un salut, puis bavardèrent un peu ; et Jean ne put s'empêcher de lui parler de la chance qu'il avait, lui racontant comment il venait coup sur coup de trouver moyen de faire des échanges aussi avantageux. L'autre lui raconta que cette oie, il la portait pour un festin de baptême.

— Mais quelle oie ! ajouta-t-il, plein d'admiration. Soupèse-moi ça un peu ! fit-il en lui tendant la volaille qu'il tenait par les ailes. Tu te rends compte du poids qu'elle a ? Engraissée et gavée pendant deux mois entiers : tu te rends compte ? Un rôti de cette qualité, ça vous jute dans la bouche et la graisse vous coule sur les lèvres !

— C'est vrai qu'elle est lourde, reconnut Jean en la soupesant. Mais mon cochon, il n'est peut-être pas gras ?

L'autre avait des mines inquiètes et jetait des regards de méfiance de tous les côtés à la ronde.

— Ecoute, finit-il par dire d'un air de confidence, le cochon, je ne dis pas, mais c'est une affaire qui n'est peut-être pas très claire. Dans le dernier village où j'ai passé, on venait justement d'en voler un dans la porcherie du maire ; et j'ai bien peur, oui, j'ai bien peur que ce ne soit celui-ci. Tous les villageois sont partis à sa recherche en se jurant de prendre le voleur. S'ils te trouvent à présent avec cet animal, tu vas être dans de beaux draps, c'est moi qui te le dis ! Et tu pourras t'estimer heureux si tu t'en tires avec du cachot !

— Oh ! mon Dieu ! s'affola l'honnête Jean, quelle histoire ! Aide-moi à me sortir de ce pétrin, veux-tu ? Toi, tu connais le pays et les gens : alors prends le cochon et laisse-moi ton oie. C'est la meilleure solution !

— Eh ! fit le gars, c'est un sacré risque à prendre ! Mais d'un autre côté, je ne voudrais pas qu'il soit dit que je te laisse dans le malheur. Donne vite !

Il empoigna la corde et tira prestement le cochon vers un chemin de traverse, tandis que le bon Jean continuait sa route avec l'oie sous le bras. « Tout compte fait, réfléchissait-il tout en marchant, cet échange ne me fait rien perdre, mais gagner : d'abord le fameux rôti que cela va donner, et ensuite l'énorme quantité de bonne graisse à s'en faire des tartines pendant un trimestre au moins ! Et encore les belles plumes blanches qui me feront un oreiller si confortable ! On n'aura pas besoin de me bercer là-dessus ! Tu peux le dire, mon petit Jean : ta mère va se montrer un peu contente ! » Et il allait ainsi, le pas léger, tout guilleret, sur le chemin qui le rapprochait de chez lui.

En traversant le dernier village, il y trouva un rémouleur qui chantait en faisant tourner sa meule :

Au fil, au fil du vent j'aiguise
Tous les ciseaux fins comme brise.

Il resta un moment à le regarder, puis il lui dit :

— Vous avez la belle vie pour chanter si joyeusement en travaillant !

— Bien sûr, répondit le rémouleur, ce métier, c'est une mine d'or ! Jamais un rémouleur ne se trouve le gousset vide. Mais vous en avez une belle oie ! Où l'avez-vous achetée ?

— Je ne l'ai pas achetée, dit Jean, je l'ai troquée contre mon cochon.

— Et le cochon ?

— Je l'avais eu en échange de ma vache.

— Et la vache ?

— Je l'avais échangée avec mon cheval.

— Et le cheval ?

— Contre un gros morceau d'or qui me pesait : il était gros comme ma tête.

— Mais l'or, d'où venait-il ?

— C'étaient mes gages pour sept ans de service.

— A ce que je vois, dit le rémouleur, vous avez toujours su vous débrouiller ; mais si vous arriviez maintenant à vous mettre en poche autant d'argent que vous voulez en dépenser, vous seriez un homme heureux tout à fait.

— Et qu'est-ce que je devrais faire ? demanda Jean.

— Facile : devenez rémouleur comme moi. Une meule, c'est tout ce qu'il faut avoir ; le reste, cela se trouve tout seul. Et justement j'en ai une ici, qui n'est qu'un tout petit peu endommagée et que je suis prêt à vous donner en échange de l'oie. Qu'en dites-vous ?

— Comment pouvez-vous me le demander ? s'étonna le brave Jeannot. Je serai l'homme le plus heureux du monde. De quoi pourrais-je avoir encore à me tracasser, si j'ai de l'argent dans ma poche chaque fois que j'y mets la main ?

Il tendit son oie au rémouleur et reçut la meule en échange.

— Et ce n'est pas tout, dit le rémouleur en ramassant à ses pieds un gros caillou, tout ce qu'il y a d'ordinaire : je vous donne en plus une autre pierre très commode pour redresser vos vieux clous. Et vous pouvez cogner, vous savez : c'est du solide ! Emportez-la et prenez-en bien soin !

Jean prit les pesantes pierres et s'en alla la joie au cœur et les yeux tout pétillants de bonheur. « Il faut que je sois vraiment un Jean-la-Chance, un véritable enfant du dimanche, exulta-t-il. Tout ce que je peux souhaiter me tombe entre les mains ! »

Oui, mais il commençait aussi à se sentir bien fatigué, lui qui était debout et qui avait marché depuis la pointe du jour. La faim le tenaillait sérieusement, depuis le temps qu'il avait mangé toutes ses provisions, quand il avait été si heureux d'obtenir la vache contre son cheval. Et puis les pierres étaient terriblement lourdes, en vérité, et il lui fallait s'arrêter à tout bout de champ pour se reposer et souffler un peu. Il n'avançait plus guère et ne cessait de penser que ce serait merveilleux s'il pouvait n'avoir plus rien à porter. On ne peut pas s'empêcher de penser des choses comme cela quand on est tellement las ! Tel un escargot, le malheureux se traîna péniblement vers une source pour s'y reposer et se rafraîchir. Soigneusement, précautionneusement, pour ne pas les abîmer, il déposa ses deux pierres sur le sol à ses pieds, tout près de l'eau, puis il se laissa lui-même tomber à terre et s'avança en se penchant pour boire, touchant les pierres par inadvertance et les faisant basculer dans l'eau. Plouf !

En les voyant disparaître au fond de l'eau, Jean en sauta de joie et se mit à genoux pour remercier le Seigneur, les larmes aux yeux, de la grâce qu'Il lui avait faite en le débarrassant si parfaitement et si définitivement de ces pierres accablantes, exténuantes, suppliciantes ; et cela sans qu'il eût lui-même à se reprocher de l'avoir fait exprès ni d'y avoir seulement pensé !

— Un plus heureux que moi, cela n'existe pas sous le soleil ! s'exclama-t-il.

Le cœur léger, libre de tout fardeau, il se leva et s'en alla d'un pas alerte, gagnant d'une traite la maison qu'habitait sa mère.

jean marié

Il était une fois un jeune paysan appelé Jean, que son cousin désirait beaucoup marier à une fille riche. Il installa donc le Jean derrière le poêle chauffé à blanc, lui mit dans la main un beau sou tout neuf et bien brillant, alla lui chercher un bol de lait frais et une tranche de pain blanc.

— Là, lui dit-il, tu ne bouges plus de là jusqu'à mon retour, mon petit Jean : tu gardes le sou dans ta main sans le lâcher et tu tremperas ton pain blanc dans le lait. Mais surtout ne bouge pas de là avant que je revienne.

— C'est entendu, dit Jean, je ferai comme tu dis.

Là-dessus, le marieur enfila un vieux pantalon tout rapiécé et se rendit au village voisin chez une fille de riches fermiers.

— Que diriez-vous d'épouser mon cousin Jean ? lui demanda-t-il. Vous auriez là un mari courageux et intelligent, un homme qui vous plairait.

— Et ses biens ? demanda le père qui était bien avare. Est-ce qu'il a des moyens ? Comment vit-il ? A-t-il au moins quelque chose à tremper dans son bol ?

— Pour cela, mon cher ami, répondit le marieur, vous devriez le voir ! Il est assis bien au chaud, un beau sou dans la main, en train de tremper son pain blanc sans se faire de souci. Quant à ses terres, il ne doit pas avoir moins de pièces que moi !

Et en disant cela, il tapait joyeusement sur les pièces de sa culotte. Puis il reprit :

— Vous n'avez qu'à venir avec moi, si vous voulez bien vous en donner la peine, maintenant, tout de suite, et vous verrez que je n'ai pas menti.

C'était une occasion que l'avare ne voulait certes pas manquer, puisqu'elle était si bonne, et il donna son consentement en disant :

— S'il en est ainsi, je n'ai rien contre ce mariage.

Le jour des noces fut donc fixé et le mariage fut célébré ; et quand l'épouse voulut aller voir les propriétés de son époux,

Jean commença par quitter son bel habit des dimanches pour passer une vieille blouse qui avait des pièces un peu partout.

— Je ne veux pas abîmer ou salir mon beau costume ! expliqua-t-il.

Ils s'en allèrent ensemble à travers champs. Montrant une vigne qui se dessinait devant eux, ou des prés, ou un champ cultivé, Jean frappait sur une pièce de sa blouse et disait : « Cette pièce est à moi, et cette autre pièce aussi, et celle-là encore. Mais regarde bien, mon cœur, regardes-y de près ! » En insistant, il voulait que sa femme ne restât pas comme cela la bouche ouverte à regarder les champs, mais regardât, au contraire, les pièces qu'il avait à sa blouse : ces pièces qui étaient bien à lui.

— Y étais-tu, à ce mariage ?

— Bien sûr que j'y étais, et dans tous mes plus beaux atours ! J'avais un chapeau de neige, mais le soleil est venu et il a fondu ; ma robe était de fin fil de toile d'araignée, mais en passant dans les buissons elle s'est toute déchirée ; et mes escarpins étaient de cristal, mais en cognant contre un caillou ils ont fait kling ! et ils se sont brisés.

les enfants d'or

Il était une fois un homme pauvre et sa femme, qui n'avaient rien qu'une misérable cahute pour s'abriter et le produit de la pêche pour se nourrir ; ils ne vivaient qu'au jour le jour. Mais il arriva qu'une fois le mari, qui avait jeté son filet, tira de l'eau un poisson tout en or. Le pêcheur l'admirait avec émerveillement, quand le poisson se mit à parler tout à coup et lui dit :

— Ecoute, pêcheur ! Si tu me rejettes à l'eau, je ferai un château de ta hutte misérable.

— Que ferais-je d'un château si je n'ai rien à y manger ? rétorqua le pêcheur.

— Je peux m'en occuper aussi, dit le poisson d'or. Tu auras une armoire dans ton château, et tu n'auras qu'à l'ouvrir pour y trouver tous les meilleurs plats que tu pourras souhaiter.

— Dans ce cas, dit le pêcheur, je ne vois pas pourquoi je ne te rendrai pas service !

— Seulement il y a une condition à la chose, dit le poisson d'or : c'est que personne au monde ne sache par ta bouche, quel qu'il puisse être, d'où te vient ton bonheur. Au premier mot que tu en dis, tout est fini, perdu, anéanti.

L'homme alors rejeta le merveilleux poisson à l'eau, puis s'en retourna chez lui. Mais quand il arriva à l'endroit où se trouvait sa hutte, c'était un magnifique château qui se dressait là. Il ouvrit de grands yeux pour mieux voir, puis il y entra. Sa femme l'attendait, assise dans un salon merveilleux, habillée de façon somptueuse, souriante et heureuse.

— Dis donc, dit-elle en voyant son homme, comment cela s'est-il fait tout à coup ? Cela me plaît, tout cela !

— Eh bien oui, cela me plaît bien à moi aussi, répondit l'homme ; mais donne-moi d'abord quelque chose à manger : je meurs de faim.

— C'est que je n'ai rien, tu sais, dit la femme ; et comme je ne connais pas encore cette nouvelle demeure, j'ignore où cela se trouve.

— Tu n'as pas à t'en faire, répondit le mari. Je vois là une grande armoire ; ouvre-la un peu pour voir.

Gâteaux, fruits, viandes rôties et en sauce, vins fins : il y avait de tout, sous leurs yeux, quand la porte fut ouverte ; et c'était à se demander quel plat avait l'air le plus appétissant ! La femme en rit de plaisir et s'exclama : « Que peux-tu désirer d'autre, mon cœur ? » Ils se mirent à table tous les deux, mangeant et buvant avec délices. Et quand ils eurent bien mangé, la femme revint à sa question.

— Alors, dit-elle, d'où te vient toute cette richesse ?

— Ne me demande rien là-dessus, je te prie ! répondit le mari. Je n'ai pas le droit de te le dire, parce que si j'ai le malheur d'en dire quoi que ce soit à qui que ce soit au monde, tout notre bonheur s'en va.

— Très bien, dit la femme, si je ne dois rien savoir, je ne veux rien demander.

Mais ce qu'elle avait dit là, elle l'avait dit du bout des lèvres et sans y croire, parce que cela la tracassait continuellement et elle voulait à tout prix le savoir. Elle y pensait tout le temps et ne laissa plus de repos à son homme ; elle y revenait sans cesse, le tracassait, l'importunait, le tourmentait nuit et jour, tant et si bien qu'impatienté, à force, il finit un beau jour par lui répondre que cela venait d'un poisson tout en or, un poisson magicien, qui lui avait donné tout cela pour qu'il le rejette à l'eau ; ce qu'il avait fait, bien sûr !

Mais le pêcheur avait à peine fini de dire ce qu'il venait de dire, que le beau château avait disparu avec tout ce qu'il contenait, et l'armoire merveilleuse aussi, pour laisser place à l'ancienne cabane misérable, dans laquelle ils se retrouvèrent. Alors le mari dut s'en retourner à la pêche pour chercher de quoi manger, et il eut la grande chance de prendre une seconde fois le poisson d'or dans son filet.

— Ecoute, lui dit le poisson, si tu me remets encore cette fois à l'eau, je te rendrai le château et l'armoire toujours pleine de tout ce qu'il faut pour se régaler. Mais tâche de te conduire fermement cette fois-ci et ne révèle à personne par qui et comment tu as eu tout cela, sinon tu le perdras encore !

— Je m'en garderai bien ! promit le pêcheur, qui rejeta le poisson d'or à l'eau.

Chez lui, tout avait retrouvé la splendeur perdue, et sa femme ne se tenait plus de joie en voyant son bonheur retrouvé. Mais sa curiosité fut pourtant la plus forte, et elle recommença à torturer son mari pour savoir comment il s'y était pris, et comment la chose avait pu se faire. L'homme resta coi sur le sujet pendant des jours et des jours, gardant le secret ; mais elle réussit à l'agacer tellement, qu'une bonne fois il perdit patience de nouveau et lui raconta tout pour avoir la paix.

Instantanément, le château disparut et ils se retrouvèrent dans leur cabane d'autrefois.

— Et voilà ! ragea le mari. Il ne nous reste plus qu'à crever de faim désormais !

— Ah ! soupira la femme, je préfère encore me passer de la richesse que de ne pas savoir d'où elle vient. Comme cela, au moins, je suis tranquille.

Le mari s'en retourna à la pêche jour après jour pendant quelque temps, et voilà qu'il reprit le poisson d'or dans son filet pour la troisième fois !

— Ecoute, lui dit le poisson, je vois bien qu'il me faut retomber toujours entre tes mains. Alors emporte-moi chez toi, à la maison : tu me couperas en six morceaux et tu en feras manger deux à ta femme, deux à ton cheval, et les deux derniers tu les mettras en terre. Comme cela, tu auras assuré ton bonheur et ta prospérité.

Le pêcheur emporta le poisson à la maison et fit tout ce qu'il lui avait dit de faire. Des deux morceaux qu'il avait enterrés, il sortit deux lis d'or ; sa jument, qui avait mangé deux autres morceaux, mit bas deux poulains d'or ; et sa femme mit au monde deux garçons qui étaient d'or également.

Ces enfants grandirent et devinrent de beaux et forts jeunes gens, et tout comme eux grandirent les lis d'or et les jeunes chevaux.

— Père, lui dirent-ils alors, nous voulons monter nos chevaux d'or et partir voir le monde.

— Comment pourrais-je supporter que vous partiez au loin sans que je sache rien de vous, mes enfants ? leur répondit leur père tout bouleversé à l'idée de cette séparation.

— Mais il vous reste les deux lis d'or, répondirent-ils à leur tour, et rien qu'à les voir, vous saurez toujours comment nous allons : s'ils sont frais et beaux, c'est que nous allons bien ; s'ils se fanent, ce sera que nous sommes malades ; et s'ils tombent à terre, vous saurez que nous sommes morts.

Montés sur leurs chevaux, ils s'en allèrent sur la grand-route, et vers le soir, voyant une auberge où il y avait beaucoup de monde, ils s'y arrêtèrent pour y faire étape ; mais dès que les gens aperçurent les deux jeunes gens d'or, ils se mirent à s'esclaffer, à se moquer d'eux à n'en plus finir. L'un des deux ne put supporter les plaisanteries et les railleries qui l'intimidèrent : il renonça à courir le monde et s'en revint, tout honteux, chez son père. L'autre, par contre, continua son chemin et finit par arriver à une vaste forêt. Comme il voulait s'y enfoncer, les gens l'arrêtèrent et lui dirent :

— N'y allez pas ! Cette forêt est pleine de bandits et vous n'arriverez jamais à la traverser vivant. Déjà pour un voyageur ordinaire, c'est dangereux ; mais vous, quand ils vous verront tout en or, ainsi que votre cheval, ils vous tueront à coup sûr !

— Il faut que je passe et je passerai ! affirma le jeune homme sans se laisser impressionner.

Il se couvrit lui-même et couvrit son cheval entièrement avec des peaux d'ours, de manière à ne pas laisser voir la moindre parcelle d'or, puis, ainsi camouflé, il chevaucha sans crainte et s'enfonça dans la forêt. Au bout d'un moment, il entendit un remue-ménage dans les taillis et surprit des voix qui s'interpellaient.

— Holà ! criait une voix d'un côté, il y a quelqu'un !

— Laisse-courir ! répondait une autre voix de l'autre côté, c'est un grand fainéant de propre à rien, plus pauvre et plus sec qu'un rat d'église. Il n'y aurait rien à en tirer !

Et ce fut ainsi que le jeune homme d'or traversa sans mal et sans dommage la forêt infestée de bandits, monté sur son cheval d'or. Il arriva dans un village où il vit une jeune fille si belle, mais si belle qu'il sentit aussitôt que jamais il n'en pourrait voir de plus belle au monde. Il courut à elle, enflammé du plus grand amour, et lui dit :

— Tout l'amour de mon cœur est allé vers toi. Veux-tu devenir ma femme ?

— Oui, je le veux de tout mon cœur, répondit-elle, poussée comme lui par un immense amour, et je te resterai fidèle toute ma vie !

Ils s'unirent et célébrèrent leurs noces dans le plus bref délai, et ils étaient en pleine joie quand le père de la jeune femme rentra chez lui. Fort étonné de voir que sa fille se mariait, il lui demanda qui était son mari. Elle lui désigna le jeune homme d'or, toujours revêtu et caché sous ses peaux d'ours.

— Quoi ? explosa le père en fureur, ce loqueteux ? ce vaurien ? Jamais je ne consentirai à ce qu'il ait ma fille ! Je le tuerai plutôt !

Et il voulait vraiment l'assassiner ; mais sa fille le supplia et le conjura de son mieux, l'assurant qu'il était son homme une fois pour toutes, et le seul qu'elle aimerait jamais : son mari, son époux, le seul et unique de sa vie ! Elle y mit tant d'insistance et de passion qu'elle finit par le calmer, au moins pour éviter le pire. Mais le père ne se sentait quand même pas tranquille dans ses pensées, et le lendemain, de très bonne heure, il se leva sans faire de bruit pour aller voir un peu comment était vraiment le mari de sa fille et vérifier s'il était véritablement un pauvre hère et un mendiant loqueteux, car cela l'étonnait quand même beaucoup. Comme il s'approchait du lit sur la pointe des pieds, il y vit un merveilleux jeune homme d'or, et les peaux d'ours dont il s'était défait gisaient à terre en désordre.

— Heureusement que j'ai su contenir ma colère, murmura le père en se retirant. Quel crime c'eût été !

Dans son sommeil, le jeune homme d'or rêva qu'il était à la chasse, poursuivant un cerf magnifique, une bête superbe ! Et à son réveil, le matin, il dit à sa jeune femme qu'il voulait aller à la chasse.

— Oh ! non, je t'en prie, pas de chasse ! le supplia-t-elle. Reste avec moi : il pourrait si facilement t'arriver quelque accident malheureux. Je le sens...

— Je dois y aller et il faut que j'y aille ! lui répondit-il.

Il se leva et sauta aussitôt à cheval pour gagner la forêt, où il ne tarda pas à voir devant lui le même superbe cerf que dans son rêve. Mais quand il le mit en joue pour l'abattre, l'animal bondit et lui échappa. Il se lança à sa poursuite, bondissant derrière lui par-dessus les fossés et les buissons, courant et galopant dans la forêt sans se lasser de toute la journée. Vers le soir, pourtant, le cerf disparut comme par enchantement, et quand le jeune homme d'or regarda autour de lui pour se repérer, il ne sut plus où il se trouvait ; mais il vit devant lui une petite chaumière, dont il ne pouvait pas savoir qu'elle était la maison d'une sorcière. Il frappa à la porte, et une vieille grand-mère sortit à petits pas en lui demandant ce qu'il voulait.

— Et puis, qu'est-ce que vous faites si tard par ici, en pleine forêt ? ajouta la vieille.

— N'auriez-vous pas vu un grand cerf ? demanda-t-il.

— Oui, le cerf, je le connais très bien.

Un drôle de petit chien noir, qui était sorti de la maison sur les talons de la vieille femme, se mit alors à aboyer furieusement contre le jeune homme.

— La paix, espèce de noir crapaud ! lui lança le jeune homme. Tais-toi un peu, ou si tu fais le méchant je vais te tuer raide !

— Comment ? glapit la sorcière enragée, tu voudrais tuer mon petit canichon ?

Dans l'instant même, elle le transforma en le pétrifiant sur place ; et il resta là, figé en pierre. Sa femme, à la maison, attendit en vain son retour. « Je le savais bien, pensait la malheureuse : il est sûrement arrivé, le grand malheur que je pressentais et qui me pesait si lourdement sur le cœur ! »

Son frère, l'autre jeune homme d'or qui était rentré chez son père, se tenait justement à ce moment-là devant les lis d'or, et tout d'un coup l'une des deux fleurs s'abattit.

— Oh ! mon Dieu ! un grand malheur vient de frapper mon frère ! s'exclama-t-il. Il faut que je parte au plus vite pour lui porter secours, s'il en est encore temps.

— Reste, lui dit son père. Qu'est-ce que je deviendrais, si je devais te perdre aussi ?

— Je dois partir et il faut que je parte ! répondit le jeune homme qui sauta sur son cheval d'or et galopa sans se relever jusqu'à la grande forêt, allant tout droit à la place où son frère, devenu une pierre, était couché.

La vieille sorcière sortit de sa maison pour l'attirer, elle l'appela et voulut le toucher comme elle avait touché l'autre pour le transformer en pierre également. Mais il se garda bien de l'approcher, la menaçant de mort si elle ne rendait pas immédiatement la vie à son frère. Il avait si peu l'air de plaisanter que la vieille, qu'elle le voulût ou non, toucha la pierre du doigt et rendit ainsi sa forme et sa vie au jeune homme d'or. Tout heureux de se retrouver et de se revoir, les deux frères d'or tombèrent dans les bras l'un de l'autre, s'embrassèrent et se réjouirent cordialement, puis s'en allèrent ensemble à travers la forêt au pas semblable de leurs deux chevaux d'or. Ils se quittèrent bientôt, l'un pour aller chez son épouse, et l'autre pour rentrer chez son père.

— Je le savais que tu avais délivré ton frère, dit le père à son fils quand il arriva, parce que d'un seul coup le lis d'or s'est redressé et sa fleur s'est épanouie.

Depuis ce jour, ils ont vécu dans le bonheur et tout est bien allé pour eux jusqu'à leur dernier jour.

le renard et les oies

Le renard tomba un jour au beau milieu d'un troupeau d'oies bien grasses et bien dodues qui paissaient dans un champ. Il éclata de rire et dit :

— On ne saurait arriver mieux à point ! On croirait que vous m'avez appelé, mes jolies, à vous voir toutes là, bien gentiment, à attendre que je vous croque l'une après l'autre !

Tout le troupeau se mit à caqueter d'épouvante, tête dressée, et ce fut un concert de lamentations et de supplications pour obtenir vie sauve. Le renard ne se laissa point attendrir pour si peu.

— Il n'y a pas de grâce qui tienne, leur dit-il, et vous allez toutes mourir !

Pour finir, il y eut une oie qui rassembla tout son courage et qui lui dit :

— Puisqu'il est dit que nous devons mourir toutes dans la fleur de notre jeunesse, malheureuses oies que nous sommes, tu nous accorderas au moins la grâce que personne n'oserait refuser à personne, et tu vas nous laisser faire notre prière afin que nous ne mourions pas en état de péché ! Après, nous nous alignerons en bon ordre, et tu n'auras qu'à choisir au fur et à mesure la plus grasse et la meilleure à ton goût.

— Oui, reconnut le renard, c'est une juste requête et une pieuse intention. Faites donc votre prière ; j'attendrai.

Alors la première commença avec ses ca-ca-ca une longue, mais vraiment longue litanie qui n'en finissait pas, et ca-ca-ca, et ca-ca-ca, si longue et si interminable que la deuxième n'attendit pas la fin pour prier à son tour ; elle commença, elle aussi, ca-ca-ca, sa litanie interminable ; et la troisième, à son tour, commença sans attendre son tour ; puis la quatrième, et enfin toutes les autres, ca-ca-ca : toutes les oies du troupeau prièrent et caquetèrent ensemble la litanie des oies.

(Et quand elles auront fini, on pourra vous raconter la fin du conte ; mais pour le moment, elles sont toujours en train de prier.)

le pauvre et le riche

Dans les temps d'autrefois, quand le bon Dieu se promenait encore en personne parmi les hommes, sur la terre, il se trouva qu'un soir, alors qu'Il était bien fatigué, la nuit vint Le surprendre avant qu'Il eût pu trouver une auberge. Devant Lui, sur la route, se trouvaient deux maisons qui se faisaient vis-à-vis : l'une grande et belle d'apparence, l'autre petite et misérable. La grande et belle demeure était celle d'un riche, et la petite maison était celle d'un homme extrêmement pauvre. Notre-Seigneur, voyant cela, se dit : « Chez le riche, je ne serai pas une gêne et je ne tomberai pas inopportunément. C'est donc chez lui que je vais aller passer la nuit. »

Le riche, quand il entendit qu'on frappait à sa porte, ouvrit une fenêtre à l'étage pour demander à l'étranger ce qu'il voulait.

— Je voudrais un gîte pour la nuit, répondit le Seigneur.

Le riche examina le voyageur de la tête aux pieds, et comme le Bon Dieu portait des vêtements très simples et n'avait aucunement l'air que se donnent ceux qui ont beaucoup d'argent en poche, l'homme secoua négativement la tête et déclara :

— Je ne peux pas vous recevoir. J'ai mes chambres pleines de grain et du fruit de mes autres récoltes. S'il me fallait accepter tous ceux qui frappent à ma porte, j'aurais tôt fait moi-même d'avoir en mains le bâton du mendiant. Allez plus loin vous chercher un abri.

Sur ces mots, il referma sa fenêtre bruyamment et laissa Notre-Seigneur planté là, devant la porte. Alors le bon Dieu fit demi-tour et s'en alla frapper à la porte de la petite maison. Il avait tout juste frappé, que déjà le pauvre manœuvrait le loquet pour ouvrir et inviter le voyageur à entrer.

— Vous passerez la nuit chez moi, voulez-vous ? lui offrit-il. Il fait déjà trop sombre pour que vous poursuiviez votre route plus loin aujourd'hui.

Cela plut au bon Dieu et il entra chez lui. La femme du pauvre arriva, la main tendue pour l'accueillir, lui souhaita la bienvenue et le pria de faire comme chez lui, ajoutant qu'ils n'avaient pas grand-chose à lui donner, mais qu'ils le partageraient de bon cœur avec lui. Elle alla mettre des pommes de terre à bouillir, et pendant qu'elles cuisaient, elle passa dans la petite étable pour y traire la chèvre et apporter un peu de lait qui accompagnerait les pommes de terre. Quand la table fut mise, le bon Dieu s'y assit et mangea avec eux ce modeste repas, qu'Il trouva bon, car la plus maigre cuisine est bonne avec des mains ouvertes et des visages souriants.

Le repas terminé, lorsque vint le moment de dormir, la femme prit à part son mari et lui dit en secret :

— Ecoute, mon cher mari, nous allons, pour cette nuit, nous préparer un lit de paille et laisser notre bon lit à ce voyageur fatigué, afin qu'il puisse bien dormir et se reposer. Marcher toute une longue journée, c'est épuisant ! Qu'en dis-tu ?

— Très volontiers et de tout cœur, répondit le mari. Je vais lui en parler tout de suite.

Il rejoignit Notre-Seigneur pour lui demander s'Il voulait bien accepter, comme une chose juste, de dormir dans leur lit afin de bien se reposer de sa fatigue. Le bon Dieu ne voulait pas les priver de leur couche habituelle, mais le mari et la femme s'y mirent tous deux et tinrent bon jusqu'à ce qu'Il y consentît, finalement. Pour eux, ils se firent une couche de paille et dormirent par terre.

Le lendemain, ils se levèrent à la première aube et préparèrent, pour leur hôte, le meilleur petit déjeuner qu'ils pouvaient lui offrir avec ce qu'ils avaient. Le soleil brillait déjà à travers la fenêtre quand le bon Dieu se leva. Il mangea avec eux cette fois encore, puis Il se prépara à partir. Sur le seuil de la porte, Il se retourna pour leur dire :

— A cause de votre piété et de votre charité profondes, vous pouvez faire trois vœux qui seront exaucés.

— Que puis-je souhaiter, dit le pauvre, sinon la félicité éternelle, et aussi que nous ayons la santé tous les deux, avec notre pain quotidien, aussi longtemps que nous vivrons ? Pour la troisième chose, je ne sais vraiment pas que demander.

— N'aimeriez-vous pas une nouvelle maison à la place de celle-ci ? demanda le bon Dieu.

— Oh, oui ! s'exclama l'homme, si nous pouvions avoir cela encore, nous en serions comblés !

Notre-Seigneur exauça leurs vœux et changea la vieille petite maison en une belle demeure toute neuve. Il leur donna à tous deux une nouvelle fois Sa bénédiction, puis s'en alla.

La matinée était déjà bien avancée et le soleil assez haut quand le riche se leva. En ouvrant sa fenêtre, il vit devant chez lui une maison toute neuve et coquette, avec son toit de tuiles rouges, à la place de la vieille chaumière qui s'y trouvait la veille. Il s'en frotta les yeux, puis appela sa femme.

— Peux-tu me dire ce qu'il s'est passé ? Hier soir encore, il y avait en face la vieille et misérable chaumière que nous connaissons depuis toujours ; et ce matin, c'est une jolie maison toute neuve qui est là. Vas-y voir et tâche d'apprendre comment cela a pu se faire.

La femme s'en alla aussitôt questionner le pauvre, qui lui raconta :

— C'est un voyageur qui est venu hier soir nous demander abri pour la nuit ; et ce matin, au moment des adieux, il nous a exaucé trois vœux : d'abord la félicité éternelle, ensuite la santé et notre pain de chaque jour jusqu'à la mort, et enfin une jolie maison neuve, à la place de la vieille chaumière.

La femme du riche s'en retourna en hâte raconter la chose à son mari, qui s'exclama avec dépit :

— Ah ! si j'avais pu savoir ! Je me battrais, quand j'y pense ! Car l'étranger a frappé ici avant d'aller chez eux : il voulait passer la nuit chez nous, et je l'ai renvoyé !

— Saute à cheval et dépêche-toi, lui dit sa femme, tu pourras encore rattraper cet homme et te faire exaucer trois vœux, toi aussi !

Le riche reçut le bon conseil, monta à cheval et partit au

galop, réussissant, en effet, à rejoindre le bon Dieu, auquel il tint un beau discours tout fleuri d'excuses et de gentillesses, le suppliant de ne pas lui en vouloir s'il ne lui avait pas ouvert sa porte immédiatement. Il voulait le faire, mais il n'avait pas trouvé la clef tout de suite : le temps de la trouver et d'ouvrir, il était trop tard.

— Vous étiez parti, lui dit-il. Mais si jamais vous repassez par ici, je vous en prie, ne manquez pas de venir chez nous !

— Certainement, dit le bon Dieu, si je repasse un jour par ici, je le ferai.

Le riche lui demanda alors s'il ne lui serait pas permis de faire trois vœux comme son voisin, et le bon Dieu lui répondit qu'il le pouvait, bien sûr, mais qu'Il le lui déconseillait fortement.

— Ce ne serait pas bon pour vous, lui dit-il, et vous feriez beaucoup mieux de ne rien désirer du tout.

— Oh ! dit le riche, pourvu que je sois sûr d'être exaucé, je saurai bien choisir quelque chose qui m'apportera le bonheur.

— Très bien, dit le bon Dieu, rentre chez toi. Les trois vœux que tu formuleras seront accomplis.

Le riche tourna bride et prit le chemin du retour en réfléchissant à ce qu'il allait souhaiter, et comme il était tout plongé dans ses pensées, il lâcha et perdit les rênes de sa bête qui se mit à caracoler, à sauter et à faire des écarts, l'empêchant tout le temps de rassembler ses idées. « Tout doux, Bijou, calme-toi ! » dit-il au cheval en lui caressant l'encolure et en le flattant. Mais le cheval recommença de plus belle ses cabrades et ses ruades, et le riche, emporté de colère, lança inconsidérément : « Sale bête ! Je voudrais que tu te rompes le cou ! »

Floc ! le cheval s'abattit au sol avec son cavalier et resta étendu sans un seul mouvement : il était mort, et le premier vœu se trouvait accompli. Rapace et avare comme il l'était, le riche ne voulut pas s'en aller de là en laissant, sur sa bête morte, le précieux harnachement et surtout la selle, qui avait de la valeur. Il coupa donc la sous-ventrière et enleva la selle du dos de son cheval mort pour l'emporter sur son dos à lui, maintenant qu'il lui fallait rentrer à pied. A la pensée qu'il lui restait encore deux vœux à faire, il se consolait un peu de son malheur. Mais à pied, on n'avance guère, et comme il cheminait dans le sable et sous le soleil accablant de midi, écrasé sous le poids de la selle, il avançait encore moins et suffoquait de chaleur. Le dos scié, la gorge sèche, suant et soufflant, il était d'une humeur d'autant plus exécrable qu'il n'arrivait toujours pas à trouver les vœux qu'il devait faire. « Même après que j'aurais souhaité la possession de tous les royaumes et de tous les trésors du monde, se disait-il, j'aurai encore envie d'une chose ou de l'autre qui me manquerait, cela j'en suis sûr d'avance ! Le vœu que je veux faire, il faut que j'arrive à l'imaginer de telle sorte qu'il ne me laisse plus rien à désirer, absolument plus rien à désirer une fois que je l'aurai fait ! » Et il cherchait, cherchait sans rien trouver de satisfaisant à son gré. Avec un soupir. « Eh oui ! reprit-il en suivant le fil de ses pensées, si j'étais comme ce paysan bavarois qui avait aussi trois vœux à formuler : lui, au moins, il a su y faire en souhaitant pour commencer beaucoup de bière, puis comme second vœu autant de bière qu'il en pourrait jamais boire, et enfin comme troisième vœu encore un tonneau de bière par-dessus ! » Par moments, il pensait bien avoir trouvé ce qu'il fallait demander ; mais à la réflexion, il lui apparaissait que ce n'était pas assez, qu'il manquerait encore ceci ou cela. Et il se remettait à chercher.

En peinant comme il peinait, voilà que tout à coup il se représenta combien sa femme, à la maison, devait se sentir bien à l'aise, tranquillement assise au frais, en train de se régaler ; et cette pensée le mit hors de lui, l'cxaspéra à tel point qu'il s'exclama : « Ah ! je voudrais qu'elle soit assise sur cette maudite selle et n'en puisse plus descendre, au lieu que je l'aie, moi, sur le dos comme je l'ai ! » Mais à la seconde même où il finissait de grommeler le dernier mot, voilà que la selle s'était envolée de son dos ! Non, elle n'y était plus, et il comprit que son second vœu venait d'être accompli.

S'il avait eu chaud jusqu'alors, il eut encore bien plus chaud dès ce moment, et même il se mit à courir pour arriver plus vite et se retirer tout seul dans sa chambre, afin de réfléchir longuement, calmement, dans le silence, à la chose extraordinaire qu'il allait demander pour son troisième et dernier vœu. Mais que vit-il quand il arriva chez lui, aussitôt qu'il eut poussé la porte ? Sa femme à cheval sur la selle, au beau milieu du salon, gémissant et pleurant parce qu'il lui était impossible de descendre de là.

— Calme-toi ! lui dit-il, je vais souhaiter que tu aies toutes les richesses du monde, pourvu seulement que tu restes assise là.

Elle le traita de tous les noms qu'on peut donner à un imbécile, et lui dit pour finir :

— A quoi me serviraient les richesses du monde, je te le demande, si je dois passer ma vie assise sur cette selle de malheur ? Tu as souhaité m'y voir : il ne te reste plus qu'à souhaiter que j'en sois délivrée ! Un point, c'est tout .

Il eut beau dire et beau faire, il fallut bien qu'il usât de son troisième vœu pour demander qu'elle pût descendre de cette maudite selle et qu'elle en fût délivrée. Il formula son vœu, qui fut exaucé sur l'heure. Mais à son grand dépit, tout ce qu'il avait tiré de l'affaire n'avait été que beaucoup de mauvais sang et de fatigue, des insultes et un cheval mort ; alors que les pauvres, de l'autre côté, vécurent dans le bonheur et dans la paix sereine de leur pieuse existence jusqu'au jour bienheureux de leur entrée au Paradis.

la fauvette-qui-saute-et-qui-chante

Il était une fois un homme qui allait partir pour un grand voyage. A l'heure des adieux, il demanda à ses trois filles ce qu'elles aimeraient avoir à son retour. L'aînée désirait des perles, la seconde des diamants, mais la troisième lui dit :

— Je voudrais, mon cher père, pour moi une fauvette qui saute et qui chante.

— Oui, mon enfant, si je peux m'en procurer une, tu l'auras ! dit le père, qui les embrassa toutes les trois et s'éloigna.

Le temps passa et quand vint le moment, pour lui, de prendre le chemin du retour, il avait fait l'acquisition de perles et de diamants pour ses deux filles aînées, mais nulle part il n'avait pu trouver la fauvette qui saute et qui chante que désirait la cadette ; il en était bien peiné, parce que c'était aussi sa fille préférée. Son chemin traversait une grande forêt au cœur de laquelle se dressait un superbe château, et tout contre le beau château, il y avait un arbre ; et tout en haut, à la pointe de l'arbre, il y avait une fauvette qui sautait et chantait. Il la vit et s'exclama, tout heureux : « Voilà qui tombe bien ! » Et vite, il dit à son serviteur de monter à l'arbre pour attraper le petit oiseau ; mais quand l'homme approcha de l'arbre, un lion surgit de dessous, hérissant le poil et hurlant si férocement que les feuilles en tremblaient partout alentour.

— Celui qui veut me prendre ma fauvette qui saute et qui chante, je le dévore ! menaça le fauve d'une voix terrible.

— Je ne savais pas que l'oiseau fût à toi, répondit le voyageur ; mais je suis prêt à réparer mon tort et à me racheter à prix d'or, pourvu que tu me laisses la vie sauve.

— Rien ne peut te sauver, répondit le fauve, à moins que tu ne me promettes la première créature que tu rencontreras en arrivant chez toi. Si tu le fais, par contre, je t'accorde non seulement la vie, mais aussi l'oiseau pour ta fille.

Le voyageur ne voulait pas accepter.

— Ce sera peut-être ma cadette, réfléchit-il. C'est celle qui m'aime le plus et elle vient toujours en courant à ma rencontre.

— Pourquoi serait-ce justement votre fille ? observa le serviteur dans son épouvante. Cela pourra tout aussi bien être un chat ou un chien !

Le père finit par se laisser convaincre, prit la fauvette qui saute et qui chante et promit au lion, en échange, la première créature qu'il rencontrerait en arrivant.

Mais quand il arriva chez lui et fut dans sa maison, la première personne qu'il rencontra n'était autre que sa fille cadette, la bien-aimée : elle accourut vers lui, lui sauta au cou et l'embrassa, tout heureuse et n'arrivant plus à contenir sa joie quand elle vit qu'il lui avait rapporté une fauvette qui saute et qui chante. Devant cette explosion de joie, le malheureux père ne sut pas retenir ses larmes.

— Ma chère, chère enfant, lui dit-il, ce petit oiseau, hélas ! je ne l'ai eu qu'à un prix énorme : il a fallu qu'en échange je te promette à un lion féroce qui va te déchiqueter et te dévorer dès qu'il te verra.

En sanglotant, il lui raconta comment les choses s'étaient passées ; puis il la supplia de ne pas se livrer, quoi qu'il pût advenir. Mais elle le consola et lui dit :

— La promesse que vous avez faite, mon cher père, il faut la tenir : je me livrerai et je saurai attendrir le fauve suffisamment pour vous revenir en vie et en santé, croyez-moi.

Dès le lendemain matin, elle se fit montrer le chemin, dit adieu et s'enfonça sans crainte au cœur de la forêt. Elle avait pleine confiance.

Quant au lion, la vérité était qu'il avait été enchanté, ainsi que tous les siens, et qu'il était un prince, ne devenant lion que pendant le jour pour retrouver sa forme humaine pendant la nuit. Et tous ses gens, de même, étaient des lions le jour, mais des hommes la nuit. Parvenue au château, la cadette y reçut bon accueil ; et quand la nuit fut venue, elle connut le prince qui était fort bel homme, et leurs noces furent célébrées en grande joie et magnificence. Ils s'aimaient et se plaisaient beaucoup l'un avec l'autre, dormant le jour et veillant la nuit.

Le temps passa, puis vint une fois que le prince lui dit : « Demain on donne une grande fête dans la maison de ton père pour le mariage de ta sœur aînée ; s'il te plaît de t'y rendre, mes lions te feront escorte. » Elle accepta, tout heureuse de revoir son père, et elle y alla avec les lions qui l'accompagnèrent.

Ce fut la plus grande joie à son arrivée, car ils avaient tous cru que le fauve la déchirerait, et ils la croyaient morte et dévorée depuis longtemps. A son tour, elle leur raconta quel bel homme était le prince et combien elle était heureuse de l'avoir comme époux, les assurant que tout allait au mieux pour elle ; tout le temps qu'on fêta les noces de sa sœur, elle resta avec eux ; ensuite, elle repartit pour aller vivre au cœur de la forêt.

Lorsqu'elle sut que sa deuxième sœur allait se marier et qu'elle était invitée à ses noces, elle dit à son lion : « Cette fois-ci, je n'irai pas seule : il faut que tu viennes avec moi. » Mais le lion s'en défendit, déclarant que c'était trop risqué pour lui, car si jamais le moindre rayon de lumière venait à le toucher là-bas, il serait changé en colombe pour sept ans et s'en irait voler avec les autres oiseaux de cette race.

— Oh ! insista-t-elle, viens quand même avec moi : je saurai bien veiller à ce qu'aucune lumière ne te touche !

Ils partirent donc ensemble et prirent encore avec eux leur petit enfant. Là-bas, elle fit murer une pièce en redoublant l'épaisseur et la solidité des cloisons pour être bien sûre que nul rayon n'y pût passer ; ainsi, quand on allumerait les flambeaux de la noce, il n'aurait qu'à s'y enfermer et il ne courrait aucun risque. Seulement, la porte avait été faite de bois trop frais et il s'y fit, à l'insu de tous, une imperceptible fente que nul ne vit ; et lorsque le brillant cortège revint de l'église avec tous ses flambeaux et ses lanternes, il défila devant la porte et un fil de lumière pas plus gros qu'un cheveu toucha le prince, qui fut à l'instant même transformé. Quand elle revint dans la pièce murée, elle le chercha mais ne le trouva point : il n'y avait là qu'une colombe blanche se tenait à la place du prince. Et la colombe lui parla :

— Il faut que pendant sept ans je vole d'un bout à l'autre du monde ; mais pour t'indiquer le chemin, je vais laisser tomber tous les sept pas une goutte rouge de sang et une blanche plume. Si tu suis cette trace, tu peux me délivrer.

Alors l'oiseau s'envola par la porte et elle le suivit, et tous les sept pas il tombait une goutte rouge de sang avec une blanche plume qui lui montraient le chemin. Elle alla ainsi toujours plus loin et plus loin encore dans le vaste monde, sans voir ni regarder jamais rien autour d'elle, sans jamais prendre de repos ; et les sept ans eurent tôt fait de passer, pas tout à fait, mais presque, et déjà elle se réjouissait en pensant que la délivrance était proche, alors qu'elle en était bien loin encore ! Oui, bien loin, car une fois, il n'y eut plus de petite plume qui tomba devant elle, ni la moindre petite goutte rouge de sang. Elle leva les yeux, mais la colombe avait disparu. Que faire ? « Les hommes, pensa-t-elle, ne peuvent ne m'être d'aucun secours en pareille occurrence. » Alors, elle monta jusqu'au soleil et lui dit :

— Toi qui déverses tes rayons sur les pics les plus hauts comme dans les plus creux vallons, n'as-tu pas vu une colombe blanche qui volait ?

— Non, répondit le soleil, je n'ai rien vu de ce genre ; mais je vais te donner un petit coffret, que tu ouvriras quand tu seras en grand péril.

Elle remercia le soleil et s'en alla, marchant jusqu'au moment du soir où apparut la lune, qu'elle s'en fut questionner :

— Toi qui brilles toute la nuit durant sur les champs et sur les forêts, n'as-tu pas aperçu une colombe blanche qui volait ?

— Non, répondit la lune, je n'en ai vu aucune ; mais je vais te donner un œuf, que tu casseras si jamais tu te trouves en grand péril.

Elle remercia la lune et s'en alla plus loin, où elle rencontra le vent de la nuit qui s'était mis à souffler, et elle l'interrogea :

— Toi qui souffles sur tous les bois et par-dessous toutes les feuilles, n'as-tu pas aperçu une colombe blanche qui volait ?

— Moi je n'en ai pas vu, répondit le vent nocturne, mais je vais demander aux trois autres vents si, peut-être, ils l'ont aperçue.

Le vent d'est et le vent d'ouest arrivèrent, mais ils n'avaient rien vu ; par contre, le vent du sud avait quelque chose à dire :

— La colombe blanche, oui, je l'ai vue qui volait : elle est allée jusqu'à la mer Rouge où elle est redevenue un lion, maintenant que les sept ans sont passés ; et ce lion se bat avec un dragon, qui est lui-même une princesse enchantée.

— Je vais te donner un bon conseil, lui dit alors le vent de la nuit. Tu vas aller jusqu'à la mer Rouge où tu verras, sur le rivage de droite, de grands roseaux ; ces roseaux, tu les compteras, et le onzième tu le couperas pour en frapper le dragon, ce qui permettra au lion de le vaincre. Alors ils reprendront tous les deux leur vraie forme humaine. A ce moment, tu chercheras des yeux autour de toi et tu verras l'oiseau-griffon : c'est là-bas qu'il se tient, au bord de la mer Rouge ; tu monteras sur son dos avec ton bien-aimé, car l'oiseau vous ramènera tous les deux par-dessus la mer Rouge jusque chez vous. Et voici une noix que tu devras jeter quand vous serez au milieu de la mer, car elle va croître aussitôt et donner un immense noyer qui sortira de l'eau ; c'est là que le griffon viendra se reposer ; parce que s'il ne pouvait pas se reposer, il n'aurait pas la force de vous porter sur toute la distance ; et si tu oubliais de lancer la noix, il vous laisserait tomber à la mer.

Elle se rendit là-bas et y trouva toutes choses comme le lui avait dit le vent de la nuit. Elle compta les roseaux de la mer et coupa le onzième, dont elle frappa le dragon ; et le lion triompha. Les deux animaux reprirent instantanément leur forme humaine. Mais dès que la princesse, qui avait été un dragon, se trouva délivrée de l'enchantement, elle serra le jeune prince dans ses bras et sauta avec lui sur le dos de l'oiseau-griffon, qui prit son vol et les emporta tous les deux. Celle qui avait tant voyagé, et si loin, la malheureuse ! se trouva là toute seule et abandonnée à nouveau ; alors elle se laissa tomber par terre et pleura. Mais après ce premier moment de désespoir et de lassitude, elle reprit tout son courage et dit : « Tant que le coq chantera, et aussi loin que soufflera le vent, j'irai et je le trouverai. »

Ainsi elle marcha et fit un long chemin, un chemin immensément long, jusqu'au jour qui l'amena enfin au château où ils vivaient tous les deux : celle qui avait été dragon et celui qui avait été lion. Et la première chose qu'elle entendit, c'est qu'il allait y avoir une grande fête au château, parce que le prince et la princesse célébraient leurs noces.

— Que Dieu m'assiste encore et vienne à mon secours ! s'exclama-t-elle en apprenant la chose.

Elle ouvrit alors le coffret que le soleil lui avait donné et trouva dedans une robe aussi belle et aussi brillante que le soleil même. Elle prit la robe et s'en revêtit pour monter ensuite au château, émerveillant tout le monde sur son passage, et la fiancée elle-même, à qui cette robe plut tellement qu'elle songea aussitôt à la porter comme robe nuptiale.

— Ne consentiriez-vous pas à la vendre ? demanda-t-elle.

— Ni pour or, ni pour argent, fut la réponse, mais chair et sang en sont le prix.

La fiancée voulut savoir ce que signifiaient ces paroles et ce qu'elle entendait par là.

— Que je puisse une nuit dormir dans la chambre où dort le fiancé, répondit la jeune femme.

La fiancée ne voulait pas de cela, mais elle voulait pourtant tellement la robe qu'elle finit par consentir, non toutefois sans obliger le serviteur personnel du prince à lui administrer un puissant somnifère. La nuit venue, quand le prince fut endormi, elle fut introduite dans sa chambre ; une fois seule avec lui, elle vint s'asseoir près de son lit et lui parla.

— Pendant sept ans, je t'ai suivi partout ; je suis allée chez le soleil et chez la lune et chez les quatre vents me renseigner sur toi ; et contre le dragon je t'ai aidé à vaincre, lui dit-elle. Peux-tu vouloir m'oublier complètement ?

Mais le sommeil du prince était si profond qu'il lui sembla seulement entendre le bruissement du vent dehors, dans les sapins. A l'aube, on vint la chercher et il fallut qu'elle donnât la robe de soleil. Quelle tristesse et quel désespoir pour elle, de voir que même cela n'avait encore servi à rien ! Tristement, elle quitta le château et s'en fut dans un pré, où elle se laissa tomber à terre et pleura. Au milieu de ses larmes, elle songea soudain à l'œuf que lui avait donné la lune : elle le cassa pour l'ouvrir, et il en sortit une poule avec douze poussins qui étaient d'or, d'or vivant, et qui couraient et sautillaient et picoraient et pépiaient, tournant autour de la mère poule ou se glissant par-dessus pour se cacher sous ses ailes : quelque chose de plus joli à voir cela, n'existe pas ! Séchant ses larmes, elle se leva et les poussa doucement devant elle, sur le pré, afin de les amener jusque sous les fenêtres de la fiancée, qui en fut si charmée qu'elle descendit aussitôt et lui demanda s'ils ne seraient pas à vendre.

— Ni pour or, ni pour argent, mais chair et sang en sont le prix. Laissez-moi passer encore une nuit dans la chambre où dort le fiancé, dit-elle.

— Oui, je veux bien, répondit aussitôt la fiancée, qui comptait bien utiliser le même subterfuge que la veille.

Mais cette fois le prince, en allant se coucher, demanda à son serviteur quels étaient ces murmures et ces bruissements qu'il avait entendus dans la nuit ; et le serviteur lui raconta comment il avait dû lui administrer un somnifère parce qu'une pauvre demoiselle avait secrètement dormi dans sa chambre, et il ajouta que ce soir encore, il devait lui faire absorber le narcotique.

— Tu n'auras qu'à le verser à côté du lit, lui dit le prince.

La nuit venue, on la réintroduisit dans la chambre ; mais il reconnut sa voix dès qu'elle commença à vouloir lui conter combien les choses étaient tristes pour elle, et il sauta sur pieds en s'exclamant, à l'adresse de son épouse adorée :

— C'est maintenant seulement que je suis délivré ! Je vivais comme dans un étrange rêve, car cette princesse inconnue m'avait ensorcelé afin que je t'oublie ; mais Dieu m'a quand même arraché au bon moment à cet égarement de l'esprit et des sens !

Tous les deux, en cachette, dans la nuit, se glissèrent hors du château et s'éloignèrent ensemble, car ils avaient à redouter le père de la princesse qui était un sorcier. Ils se mirent sur le dos de l'oiseau-griffon qui les enleva au-dessus de la mer Rouge, et lorsqu'ils furent au beau milieu de la mer, elle laissa tomber la noix. Un énorme noyer poussa aussitôt, sur lequel le griffon se reposa, après quoi il les porta d'un coup d'aile jusque chez eux, où ils retrouvèrent leur enfant, un grand et beau garçon maintenant ; et depuis lors, ils ont vécu heureux ensemble jusqu'à la fin de leurs jours.

la gardeuse d'oies

Il était une fois une vieille reine qui avait depuis longtemps perdu son mari, le roi. Elle avait une fille, qui était très jolie et qui fut promise, quand elle en eut l'âge, à un prince qui demeurait au loin. Le temps du mariage étant venu, comme elle devait partir pour le royaume étranger, sa vieille mère mit dans ses bagages quantité de joyaux et de vaisselle précieuse, de l'or et de l'argent, des coupes et des bijoux, bref, tout ce qui convenait à une dot royale : cette mère, en effet, aimait beaucoup sa chère enfant. Elle tint aussi à la faire accompagner dans son voyage par une suivante, qui la servirait et qui la remettrait aux mains du fiancé. Les deux jeunes filles reçurent chacune un cheval pour le voyage, mais le cheval de la princesse savait parler et s'appelait Fallada. A l'heure des adieux, la vieille reine monta dans sa chambre, prit un canif et s'entailla le doigt pour le faire saigner ; elle prit alors un chiffon blanc et fit tomber dessus trois gouttes de sang, puis elle donna le chiffon à sa fille, en lui montrant les trois gouttes et lui disant : « Garde-les bien, ma chère enfant, elles te seront précieuses et tu en auras grand besoin en cours de route. »

Elles prirent congé l'une de l'autre avec beaucoup d'émotion, puis la jeune princesse glissa le chiffon blanc dans son corsage, monta à cheval et partit vers son fiancé. Au bout d'une heure de chevauchée, se sentant une grande soif, elle dit à sa suivante :

— Je voudrais boire : descends et remplis-moi ma coupe à ce ruisseau, c'est toi qui l'as sur ton cheval.

— Si vous avez soif, répondit la suivante, vous n'avez qu'à descendre vous-même et vous pencher sur l'eau pour boire ; je ne suis pas votre servante !

La princesse descendit de cheval à cause de la grand-soif qu'elle avait, se pencha sur le ruisseau et y but à longs traits, puisqu'elle ne pouvait pas boire dans sa coupe d'or.

— Ah ! mon Dieu ! soupira-t-elle. Et les trois gouttes de sang lui répondirent :

— Si ta mère le savait, elle qui t'aime tant, son cœur se briserait !

Mais la princesse, dans sa modestie, n'osa rien dire et remonta à cheval. Pendant quelques lieues encore elles chevauchèrent, mais la journée était chaude et le soleil brûlait, si bien que la princesse ne tarda pas à avoir soif de nouveau. Quand elles longèrent une rivière, elle dit à sa suivante : « Descends et donne-moi à boire dans ma coupe d'or. » Car elle avait depuis longtemps oublié la réponse insolente de tout à l'heure. La suivante, par contre, ne s'en montra que plus insolente encore :

— Buvez donc toute seule, si vous avez envie de boire ! lui dit-elle. Je ne suis pas votre servante !

A cause de la grand-soif qu'elle avait, la princesse descendit et alla se pencher pour boire, mais elle était humiliée et elle soupira en pleurant :

— Oh ! mon Dieu !

— Si ta mère le savait, elle qui t'aime tant, son cœur se briserait ! répondirent de nouveau les trois gouttes de sang.

Mais comme elle était penchée pour boire, le torchon blanc taché des trois gouttes de sang glissa de son corsage, sans qu'elle s'en aperçût, et s'en alla au fil de l'eau. La suivante, par contre, l'avait bien remarqué et elle s'en réjouit : la fiancée tombait en son pouvoir, parce qu'en perdant les trois gouttes de sang, elle avait aussi perdu toutes ses forces et devenait impuissante dans son extrême faiblesse. Quand elle voulut remonter sur son beau cheval, l'autre l'en empêcha : « Sur Fallada, lui dit-elle, c'est à moi de monter ; toi, tu te contenteras de ma vieille rosse ! » Et la pauvre dût l'accepter et s'en contenter. Parlant sec, la suivante exigea ensuite qu'elle changeât ses beaux vêtements contre ceux qu'elle portait elle-même, qui étaient ordinaires ; et finalement la princesse dut jurer qu'elle n'en dirait jamais rien à personne et prendre le ciel à témoin de son serment solennel, parce que l'autre la menaçait, si elle ne le faisait pas, de lui ôter la vie sur-le-champ. Fallada, qui avait tout vu et entendu, en prit bonne note dans sa mémoire.

Ce fut donc la suivante qui monta Fallada, et la véritable fiancée dut chevaucher l'autre bête ; elles arrivèrent ainsi au château royal et y firent leur entrée, saluées par les vivats et une grande explosion de joie. Le prince accourut pour leur faire accueil et aida la suivante à descendre de cheval, croyant que c'était elle, sa fiancée. Avec elle, il monta les marches du perron et entra dans le palais, tandis que la véritable princesse restait là sans que personne s'occupât d'elle.

Le vieux roi, qui s'était mis à la fenêtre pour assister à la scène, remarqua combien jolie, fine et distinguée était la jeune fille qui restait dans la cour ; il quitta aussitôt la fenêtre pour aller au-devant de la fiancée et lui demander qui était la jeune personne qui l'accompagnait et qui était restée toute seule en bas.

— C'est une fille que j'ai prise avec moi en cours de route pour me tenir compagnie, répondit-elle, une servante, à laquelle vous ferez bien de donner quelque besogne afin qu'elle ne reste pas oisive.

Le roi, qui n'avait pas d'emploi pour elle et qui ne savait trop que faire, finit par dire néanmoins : « Eh bien, j'ai un gamin qui me garde les oies ; elle peut l'aider. » Et ce fut ainsi que la véritable fiancée dut aller garder les oies avec ce jeune garçon, qu'on appelait le petit Conrad.

Il se passa peu de temps avant que la fausse fiancée revînt à la charge et dît au jeune prince :

— Voudriez-vous, mon cher époux, me faire un grand plaisir ?

— Bien volontiers, ma chère ; que puis-je faire pour vous ?

— Appelez, je vous prie, l'équarisseur et faites abattre et couper le cou au cheval que je montais pour venir : il m'a fâchée en cours de route. (Mais sa vraie raison était qu'elle craignait que Fallada ne se mît à parler et ne vînt à révéler comment elle avait agi avec la princesse authentique.)

Au point où en étaient arrivées les choses, il fallait donc que le fidèle Fallada fût mis à mort, et il le fut. Mais lorsque la princesse apprit cela, elle alla discrètement trouver l'équarisseur pour lui glisser une pièce d'or en échange d'un léger service, s'il le voulait bien : pour sortir de la ville, il y avait une grande porte obscure dans le mur d'enceinte, par laquelle elle passait matin et soir avec le troupeau d'oies ; tout ce qu'elle lui demandait, c'était de clouer la tête de Fallada sous cette voûte, de façon qu'elle pût la voir, en passant, pendant quelques jours encore après qu'il serait mort. L'assistant de l'équarisseur lui promit de le faire, et quand la tête du cheval fut coupée, il vint et la cloua solidement sous la voûte sombre de cette porte.

Le lendemain matin, de bonne heure, quand elle passa par-là avec le petit Conrad, elle la vit et s'exclama, sans toutefois s'arrêter pour autant :

O Fallada, te voilà là !

et la tête lui répondit :

O Majesté qui passez là,
Si votre mère savait ça,
Son cœur volerait en éclats !

Elle ne dit rien et sortit de la ville en silence, poussant ses oies avec le petit Conrad pour les mener paître dans la campagne. Quand ils furent dans le pré, elle s'assit par terre et défit sa chevelure, étalant sur ses épaules ses beaux cheveux qui coulaient comme de l'or pur. Le petit Conrad s'en émerveilla, les trouvant si beaux et si brillants qu'il voulut lui en arracher quelques-uns pour les garder. Alors elle dit bien vite :

Soufflez, sifflez, bons ventelets,
Que Conrad perde son bonnet,
Emportez-le, qu'il coure après
Pour que je puisse me peigner
Et aussitôt me recoiffer !

Il se leva un brusque coup de vent qui enleva le bonnet du petit Conrad et l'emporta à travers champs ; le jeune garçon partit à la course pour le rattraper, mais le bonnet volait toujours plus loin. Quand il revint enfin, elle avait eu le temps de peigner ses longs cheveux, de refaire ses nattes et de les bien serrer sur sa tête, de sorte qu'il ne pouvait plus lui enlever même un cheveu.

Fâché, le petit Conrad ne lui adressa plus la parole de toute la journée ; ils gardèrent leurs oies jusqu'au soir, puis rentrèrent avec le troupeau.

Le lendemain, quand ils repassèrent sous la sombre voûte, la jeune fille dit :

O Fallada, te voilà là !

et la tête lui répondit :

O Majesté qui passez là,
Si votre mère savait ça,
Son cœur volerait en éclats !

Ils gagnèrent la campagne avec leur troupeau d'oies ; et quand ils furent dans le pré, elle défit ses cheveux et commença à les peigner, mais le petit Conrad accourut pour les toucher, et bien vite elle dit :

Soufflez, sifflez, bons ventelets,
Que Conrad perde son bonnet,
Emportez-le, qu'il coure après
Pour que je puisse me peigner
Et aussitôt me recoiffer !

Le vent souffla aussitôt, enlevant le bonnet de la tête de Conrad et l'emportant bien vite au loin pour qu'il dût courir après. Et quand il revint, elle avait depuis un bon moment déjà remis sa coiffure en ordre et son foulard par-dessus ; il ne pouvait plus lui tirer un seul cheveu. Alors ils gardèrent leurs oies jusqu'au soir.

Mais quand ils furent rentrés, ce soir-là, le petit Conrad s'en alla devant le roi et lui dit :

— Avec celle-là, je ne veux plus garder les oies !

— Et pourquoi donc ? demanda le vieux roi.

— Parce qu'elle me fait enrager toute la journée, tiens ! dit le gamin.

Le vieux roi voulut savoir de quoi il retournait, et lui ordonna de tout lui raconter en détail, et comment allaient les choses depuis le commencement à la fin.

— Le matin, quand nous passons avec le troupeau sous la voûte sombre de la porte, il y a une tête de cheval qui est là, sur le mur, et elle lui parle :

O Fallada, te voilà là !

Elle lui dit comme cela, et la tête répond :

O Majesté qui passez là,
Si votre mère savait ça,
Son cœur volerait en éclats !

Et puis après, le petit Conrad raconta tout le reste, et comment ils arrivaient sur le pré, et ses beaux cheveux qu'elle défaisait, et le vent qui chaque fois lui emportait son bonnet à lui, l'obligeant à courir après.

Le roi, qui l'avait écouté tout au long, lui ordonna d'aller garder encore les oies le lendemain avec la demoiselle ; et lui-même, tôt matin, s'alla cacher en se postant sous la voûte sombre de la porte avant leur venue, et il entendit de ses propres oreilles comment elle parlait avec la tête du cheval et ce que la tête répondait. Le roi se rendit ensuite près du champ où ils gardaient les oies, se dissimulant derrière une haie, d'où il vit de ses propres yeux arriver la gardeuse d'oies et le garçon avec elle, puis comment elle dénouait ses éblouissants cheveux d'or une fois assise dans l'herbe ; tout de suite après il l'entendit :

Soufflez, sifflez, bons ventelets,
Que Conrad perde son bonnet,
Emportez-le, qu'il coure après
Pour que je puisse me peigner
Et aussitôt me recoiffer !

Souffla alors un coup de vent qui enleva le bonnet du petit Conrad, et le garçon s'acharna à le poursuivre bien loin, cependant que la fille peignait sa chevelure, tressait ses nattes et les serrait bien fort autour de sa tête, avant de tirer son fichu pardessus. Tout cela sous les yeux du vieux roi, qui s'éloigna discrètement et se retira sans être vu ; mais le soir, quand la gardeuse d'oies fut rentrée, il l'appela près de lui et lui demanda pourquoi elle faisait tout cela.

— Je n'ai pas le droit de le dire, avoua la jeune fille, et je ne peux pas non plus m'ouvrir de ma peine à un être vivant, quel qu'il soit, parce que je l'ai juré à la face du ciel et qu'autrement, c'en serait fait de moi et de ma vie.

Le roi eut beau la presser de questions, insister et ne lui laisser point de repos, il ne put néanmoins rien lui tirer de plus.

— Puisque tu ne veux pas me le dire, ni te confier à moi, finit-il par lui conseiller, alors raconte ton chagrin et dis ta peine au poêle que voilà !

Et il se retira, la laissant seule. Elle se glissa vers le poêle, incapable de retenir plus longtemps ses larmes et ses gémissements, et elle lui ouvrit son cœur.

— Je suis là, maintenant, abandonnée du monde entier, moi qui suis pourtant une fille de roi ! soupira-t-elle. Et tout cela par la faute d'une hypocrite et brutale suivante, qui m'a forcée à quitter mes vêtements royaux pour s'en habiller elle-même et prendre ma place auprès de mon fiancé, alors que je dois faire la gardeuse d'oies et servir comme la dernière des servantes ! Si ma mère le savait, elle en aurait le cœur brisé, elle qui m'aime tant...

Le vieux roi, qui n'était sorti que pour aller se coller l'oreille à l'autre bout du tuyau, écouta et entendit tout ce qu'elle disait. Il rentra dans la chambre et l'appela, la faisant quitter sa cachette. Alors on s'affaira et on la revêtit de ses habits royaux, et ce fut une merveille de voir comme elle était belle ! Le vieux roi fit venir son fils et lui découvrit qu'il avait une fausse fiancée, une simple suivante de la vraie princesse qu'il avait là, alors que l'autre en avait fait une pauvre gardeuse d'oies.

Le prince se réjouit dans son cœur de la voir si belle et si vertueuse, et les ordres furent donnés pour un festin grandiose, auquel furent conviés les bons amis et tous les gens de la cour. Lorsque la grande table fut dressée, le fiancé prit place entre la princesse, d'un côté, et la suivante, de l'autre, au haut bout de la table. Eblouie par tant de magnificence et sûre déjà de son complet bonheur, la suivante n'avait pas reconnu la princesse dans ses atours étincelants. Le festin fut servi, et lorsqu'on eut bien mangé et bien bu, quand tout le monde fut dans l'allégresse, le vieux roi se tourna vers la suivante et lui demanda, sous forme de devinette, quel traitement mériterait quelqu'un qui aurait trompé son maître de telle et telle manière. Presque sans rien déguiser, il lui exposa tous les faits de l'aventure entière, pour terminer en demandant :

— Eh bien, quel est le jugement ?

— Une telle personne, répondit l'hypocrite suivante, ne mérite pas mieux que d'être enfermée nue dans un tonneau tout hérissé de clous pointus à l'intérieur, et traînée ainsi par deux chevaux de rue en rue jusqu'à ce que mort s'ensuive.

— Tu es celle-là, dit alors le vieux roi, et c'est ta propre sentence que tu viens de prononcer. Il sera fait de toi ce que tu as voulu.

Après l'exécution, le jeune roi célébra ses noces avec sa vraie fiancée, et ensuite ils régnèrent tous deux dans la paix et le plus grand bonheur.

table

Préface 5

Le Roi-Grenouille ou Henri-le-Ferré 11
Chat et souris associés 16
L'Enfant de Marie 19
Histoire d'un qui s'en alla pour apprendre le tremblement 25
Le loup et les sept chevreaux. 37
Jean-le-Fidèle 41
La bonne affaire. 51
Le merveilleux ménétrier 57
Les douze frères. 61
De la racaille. 68
Frérot et sœurette. 71
Raiponce 79
Les trois petits hommes de la forêt. 84
Les trois fileuses. 91
Jeannot et Margot. 94
Les trois feuilles du serpent 104
Le serpent blanc. 109
Bout de paille, braise et haricot. 114
Le pêcheur et sa femme *(en patois hambourgeois)*. . . 116
Sept d'un coup, ou le hardi petit tailleur. 127
Cendrillon *(en dialecte hessois)*. 138
L'énigme 147
Du souriceau, de l'oiselet et de la saucisse 151
Dame Holle *(Conte hessois et westphalien)*. 153
Les sept corbeaux *(Version viennoise)* 157
Le Petit Chaperon Rouge *(Version bavaroise)*. . . . 160
Les musiciens de la fanfare de Brême. 165
L'os chanteur. 169
Le Diable et ses trois cheveux d'or. 172
Pucette et Petit-pou 181
La jeune fille sans mains. 184
Jean-le-Finaud *(Conte paysan du Mein)*. 192

Les trois langages. 195
La sage Elise *(Conte paysan du Mein)*. 198
Le tailleur au ciel 203
Petite-table-sois-mise, l'Ane-à-l'or et Gourdin-sors-du-sac . 206
Tom Pouce. 220
Les noces de dame Renard. 228
Les lutins 232
Le fiancé brigand 236
Monsieur Corbis. 241
Monsieur le Parrain 243
Dame Trude (la sorcière) 246
La mort marraine. 248
Le voyage du Petit-Poucet 252
L'oiseau d'Ourdi (ou Barbe-Bleue dans la poésie populaire allemande) 258
Le conte du genévrier *(en patois poméranien)*. 263
Le vieux Sultan. 275
Les six frères cygnes. 278
La Belle au Bois Dormant (ou la Princesse Fleur-d'Epine). 284
Volétrouvé. 289
Le roi Barbabec. 293
Blanche-Neige 299
La sacoche, le vieux chapeau et la petite trompette. . . 310
Outroupistache 319
Roland le Bien-aimé 323
L'oiseau d'or 329
Le Chien et le Moineau *(Région de la Zwehrn)*. 339
Le Frédé et sa Chattelise *(Conte hessois)*. 344
Les deux frères 354
Le Bouffron *(Conte paysan de la Zwehrn)*. 383
La reine des abeilles *(Version hessoise)*. 391
Les trois plumes. 394
L'oie d'or 398
Toutes-Fourrures 403
La fiancée du petit lapin *(en patois mecklembourgeois)* . 410

Les douze chasseurs *(Conte hessois)* 412
L'apprenti larron et son maître *(en bas-allemand)* . . . 416
Yorinde et Yoringue 419
Les trois enfants-gâtés de la fortune. 423
Six à qui rien ne résiste. 427
Le Loup et l'Homme. 435
Le Loup et le Renard 437
Le Renard et la mère Louve. 440
Le Renard et le Chat 442
L'Œillet. 444
Margot-la-Malice. 450
Le vieux grand-père et son petit-fils 454
La Nixe ou la Dame des Eaux. 455
Mort de Poulette 456
Frère Loustic. 459
Le Jean Joueur *(en patois germano-bohémien)*. 474
Jean-la-Chance 478
Jean marié. 485
Les enfants d'or 487
Le Renard et les Oies. 494
Le pauvre et le riche 495
La fauvette-qui-saute-et-qui-chante 501
La gardeuse d'oies. 509

L'impression de ce livre
a été réalisée sur les presses
des Imprimeries Aubin
à Poitiers/Ligugé

pour les Éditions Flammarion

Achevé d'imprimer en juillet 1986
N° d'édition, 10977 — N° d'impression, L 21796
Dépôt légal, 1er trimestre 1967.

Imprimé en France

71,50